滁州学院校徽

滁州学院校旗

滁州学院校训

修德求是　博学笃行

滁州学院精神

思变尚新　务实求真

滁州学院校歌

滁州学院历史沿革图

皖北滁州师范学校
（1950.4）

皖北区滁县师范学校
（1951）

安徽省滁县师范学校
（1952.8）

安徽省滁县东方红师范
（1966.4）

安徽省滁县师范学校（1972.7） ➡ 滁县师范学校（1979.2）

安徽师范大学滁县教学点
（1977.11）

安徽师范大学滁州分校
（1979.4）

滁州师范专科学校
（1980.5）

滁州学院
（2004.5）

中共滁州学院第三届委员会常务委员会

陈　润	党委书记(中)
郑朝贵	党委副书记、校长(右四)
张　勇	党委副书记(左四)
吴开华	党委常委、副校长(右三)
谭中元	党委常委、纪委书记(左三)
陈桂林	党委常委、副校长(左二)
李庆宏	党委常委、副校长(左一)
邢存海	党委常委、组织部部长(右二)
吉晓华	党委常委、宣传部(统战部)部长(右一)

《滁州学院校史（2011～2021）》编写组　编

滁州学院校史 2011～2021

中国科学技术大学出版社

内容简介

本书以传承滁州学院文化、滁州学院精神为宗旨，坚持尊重史实、实事求是原则，以史为线、论从史出，在承接《滁州学院校史资料汇编（1950~2010）》的基础上，以2011~2021年滁州学院建设与发展中的重要事件、重点工作为主，突出历史演变，沿着历史脉络编写而成，记叙了滁州学院的办学历史，反映了滁州学院这11年的发展轨迹和取得的办学成就。适合滁州学院师生员工、校友、高等教育研究、高校校史研究人员等阅读。

图书在版编目（CIP）数据

滁州学院校史：2011~2021/《滁州学院校史（2011~2021）》编写组编. —合肥：中国科学技术大学出版社，2023.4
ISBN 978-7-312-05659-8

Ⅰ.滁… Ⅱ.滁… Ⅲ.滁州学院—校史—2011~2021 Ⅳ.G649.285.43

中国国家版本馆CIP数据核字（2023）第063286号

滁州学院校史（2011~2021）
CHUZHOU XUEYUAN XIAOSHI（2011~2021）

出版	中国科学技术大学出版社
	安徽省合肥市金寨路96号，230026
	http://press.ustc.edu.cn
	http://zgkxjsdxcbs.tmall.com
印刷	安徽国文彩印有限公司
发行	中国科学技术大学出版社
开本	787 mm×1092 mm　1/16
印张	26.5
字数	562千
版次	2023年4月第1版
印次	2023年4月第1次印刷
定价	190.00元

《滁州学院校史（2011~2021）》编纂委员会

主　任

陈　润　郑朝贵

副主任

张　勇（常务）　吴开华　谭中元

陈桂林　李庆宏

委　员

（以姓氏笔画为序）

丁荣祥　王诗根　孔令十　邢存海

吉晓华　祁世明　佘预卓　庚丽娜

郝德新　晋秀龙　诸立新　蔡　华

《滁州学院校史（2011～2021）》编写组

组　长

丁荣祥

副组长

吴文杰　刘克忠　刘海涛

成　员

（以姓氏笔画为序）

马　良　王　果　王小婷　王亚斌

王精明　邢金卫　刘　一　江　岭

祁世明　许兴华　郑晓华　胡　娜

桂　莉　屠　磊

前　言

欲知大道，必先为史。在学校七秩华诞之际，编写《滁州学院校史（2011~2021）》，总结办学经验、展示办学成果、汇聚发展力量，是一件继往开来、意义深远的事情。本书承续建校60周年之际出版的《滁州学院校史资料汇编（1950~2010）》，展现了滁州学院从2011年至2021年这11年的发展历程。

"山积而高，泽积而长。"新中国成立后，百业待兴、人才短缺，1950年滁州学院的前身皖北滁州师范学校应运而生。此后，学校历经安徽省滁县师范学校、安徽师范大学滁县教学点、安徽师范大学滁州分校办学阶段，于1980年更名为滁州师范专科学校。师专时期，学校在校园建设、人才培养、师资队伍建设等方面得到了较好的发展，为教师的培养作出了重要贡献。在此基础上，抢抓世纪之交高等教育的发展机遇，适应地方经济社会发展需要，学校确立了"专升本"的发展目标，全校上下进一步解放思想、深化改革、凝心聚力、扎实苦干，办学实力不断提升。2004年，经教育部批准，学校升格并定名为滁州学院。

栉风沐雨，跨越发展。升本之后，学校把握大势，把转型发展确立为发展主题，明确办学定位，迈过了由"办像"到"合格"的成长之阶，探索出一条"由师范专科向多科性应用型本科转变"的发展之路。尤其是2011年至2021年，学校认真贯彻落实党的十八大、十九大及历次全会精神，坚持以习近平新时代中国特色社会主义思想为指导，与新时代发展要求同步同向、与新形势新任务同频共振，坚守为党育人、为国育才的初心使命，坚持把立德树人作为根本任务，持续加强党对学校的全面领导，奋力书写滁州学院新时代高质量发展奋进之笔，经历了由"办像"到"合格"、由"合格"到"上水平"发展阶段的成功转型，学校党的建设和事业发展取得了显著成绩。

初心如磐，笃行不辍。纵览校史，几代滁州学院人薪火相传、踔厉奋发，举思变尚新之旗帜，奉务实求真之圭臬，抓住了一个又一个机遇，渡过了一个又一个难关，闯出一条具有鲜明特色的地方应用型高水平大学发展之路。

这11年，奏响了一曲不负韶华的"青春之歌"。学校解放思想抓机遇，敢为人先克艰难，坚持"地方性、应用型、开放式、信息化"的办学定位，坚定走内涵发展质量提升之路，顺利通过教育部本科教学工作合格评估和审核评估，成为教育部教学评估中心向全国推荐的13所转型发展典型经验高校之一、安徽省地方应用型高水平大学建设单位、安徽省新增硕士学位授予单位立项重点建设单位、安徽省首批党建工作示范高校培育创建单位。凤阳花鼓入选国家级传承基地，地理学入选安

I

徽省高峰学科，荣获全国文明单位、全国文明校园、全国创新创业教育典型经验高校、全国深化创新创业教育示范高校等一批"国字号"荣誉。学校第二次转型探索发展之路、高质量党建引领高质量发展治校方略得到《中国教育报》、中宣部《党建》杂志报道。

这11年，书写了滁州学院人的"奋进之笔"。学校勠力同心力同心谋发展，实干为先强内涵。2012年12月，学校第二次党代会提出"全面加强合格本科院校建设，努力建成高水平应用型本科院校"的中长期发展目标，确立了"加强内涵建设、夯实发展基础"的主题，为地方应用型高水平大学建设指明了方向。2018年7月，学校第三次党代会提出了未来15年分"三步走"，把学校全面建成"国内知名、省内一流、特色鲜明的地方应用型高水平大学"的奋斗目标，明确了"12348"发展思路，进一步明晰了地方应用型高水平大学建设路径，明确了"十四五""五个蔚园"规划，引领学校发展新开局。

这11年，学校各项事业驶入高质量发展"快车道"。学校奋楫争先启新程，扬帆逐梦谱新篇，立德树人彰显新成效，人才培养质量实现新提高，学科专业建设水平得到新提升，师资队伍建设得到新加强，科研和社会服务能力迈上新台阶，开放办学得到新拓展，内部治理得到新提升，大学文化建设取得新成果，办学经费、条件保障得到新改善，校园面貌发生新变化，党建和思想政治工作呈现新气象，统筹做好疫情防控和改革发展，师生工作、学习获得感、幸福指数不断提升，综合办学实力和社会声誉显著提升，走在安徽省应用型高校前列，艾瑞深中国校友会网等全国大学排行榜排名大幅跃升，为建成特色鲜明的地方应用型高水平大学奠定了坚实基础，为美好安徽建设和地方经济社会发展作出了重要贡献。

以史为鉴、以史为师。习近平总书记指出，历史是一面镜子，从历史中，我们能够更好看清世界、参透生活、认识自己；历史也是一位智者，同历史对话，我们能够更好认识过去、把握当下、面向未来。《滁州学院校史（2011~2021）》是对学校办学历程的一份记录，也是对学校办学经验和办学规律的一份总结，我们更希望它能成为学校后续发展的一份重要参考。让我们从校史中汲取丰厚滋养，看清发展规律，把握发展大势，顺势而为、乘势而上、聚势而强，为实现"申硕更大"，把学校建设成为特色鲜明的地方应用型高水平大学携手并进、共创辉煌！

《滁州学院校史（2011~2021）》编纂委员会主任：陈润
郑朝贵

2022年4月

目 录

前言 / I

绪论　滁州学院70年校史述略 / 1
　　第一节　五十四载薪火相传 / 1
　　第二节　十七载接续奋斗 / 5

第一章　党的领导和内部治理 / 14
　　第一节　召开党员代表大会 / 14
　　第二节　完善治理结构 / 18
　　第三节　深化综合改革 / 24
　　第四节　实施发展规划 / 29

第二章　应用型本科教育 / 46
　　第一节　加强人才培养顶层设计 / 46
　　第二节　聚力专业与课程建设 / 55
　　第三节　推进实践教学体系建设 / 66
　　第四节　深化创新创业教育 / 72
　　第五节　加强质量保障体系建设 / 77
　　第六节　推进本科教学评估工作 / 83

第三章　学科建设与科技工作 / 90
　　第一节　加强学科建设 / 90
　　第二节　推进科学研究 / 99
　　第三节　办好《滁州学院学报》 / 104

第四章　人事人才工作 / 106
　　第一节　实施"人才强校"战略 / 106

第二节 建设"双能"教师队伍 /117
第三节 深化人事制度改革 /124

第五章 学生工作 /136

第一节 加强思想政治教育 /136
第二节 完善工作体制机制 /138
第三节 建设过硬学工队伍 /140
第四节 打造学生工作品牌 /144

第六章 开放办学 /158

第一节 深化校地合作 /158
第二节 加强与港澳台地区的合作 /165
第三节 推进国际合作 /172
第四节 庆祝建校70周年 /180
第五节 推动校友工作 /182
第六节 做好新冠肺炎疫情防控工作 /184
第七节 持续发展继续教育 /185

第七章 文明创建和大学文化建设 /193

第一节 开展精神文明建设 /193
第二节 加强大学文化建设 /198

第八章 资源保障 /209

第一节 丰富图书馆藏 /209
第二节 建设智慧校园 /217
第三节 健全财务管理 /225
第四节 强化资产管理 /227
第五节 完善内部审计 /230

第六节 加强校园基本建设 / 234
  第七节 建设平安校园 / 239

第九章 党的建设和思想政治工作 / 242

  第一节 加强领导班子和干部队伍建设 / 242
  第二节 加强基层组织建设 / 250
  第三节 加强思想政治工作 / 258
  第四节 全面从严治党 / 284
  第五节 加强统一战线工作 / 292
  第六节 加强工会共青团工作 / 300
  第七节 加强离退休工作 / 313

附录一 二级学院发展概况 / 318

附录二 2011年以来滁州学院大事记 / 357

附录三 2011年以来历任党政领导一览表 / 378

附录四 2011年以来党政机构设置一览表 / 379

附录五 2011年以来历年全校教职员工统计表 / 387

附录六 2011年以来历年招生人数统计表 / 388

附录七 2011年以来考取研究生人数统计表 / 400

附录八 2011年以来受到省级以上表彰优秀教师名录 / 401

附录九 2011年以来校园、校舍面积变化示意简图 / 402

后记 / 403

绪论　滁州学院70年校史述略

滁州学院建校70年来,伴随着新中国的建设、改革和发展而不断茁壮成长,经过一代又一代滁院人的勠力同心、艰苦创业,思变尚新、务实求真,成功探索出一所地方应用型本科高校跨越式发展之路。学校现已成为以工、管为主,工、管、文、理、经、教、农、艺八大学科协调发展的应用型大学,是全国创新创业典型经验高校、全国深化创新创业教育改革示范高校、全国文明校园、安徽省地方应用型高水平大学建设学校、安徽省首批党建工作示范高校培育创建单位、安徽省新增硕士学位授予单位立项重点建设单位。

70载波澜壮阔,新征程催人奋进。学校以习近平新时代中国特色社会主义思想为指导,深入学习贯彻党的十九大和十九届历次全会精神,认真贯彻落实全国全省教育大会精神,加强党的全面领导,落实立德树人根本任务,按照学校第三次党代会提出的"三步走"发展战略和"12348"发展思路,突出内涵发展,推进质量提升,朝着国内知名、省内一流、特色鲜明的地方应用型高水平大学目标阔步前行!

第一节　五十四载薪火相传

1950～2004年,学校艰苦创业、勇于探索,经历了从中专到大专的发展,办学条件得到改善,办学规模迅速扩大,师资队伍结构优化,教学质量稳步提高,各项工作成效明显,为升格成为本科院校打下了坚实基础。

1950年,新中国鸿基初创,百业待兴,教育成了国家建设的重中之重,4月滁州学院前身皖北滁州师范学校应运而生,校址暂设在原滁州中学内(图0.1)。

1951年,学校迁至定远县炉桥镇,校址设于已停办的私立绍舟中学内,并更名为"皖北区滁县师范学校"。1952年8月7日,学校改称"安徽省滁县师范学校"。1953年,学校在琅琊山脚下新建校舍,即现琅琊校区。1964年,郭沫若先生题写校名"安徽省滁县师范学校"(图0.2)。1966年,学校改名为"安徽省滁县东方红师范学校"。1972年7月,学校名称恢复为"滁县师范学校"。

图 0.1　皖北滁州师范学校办学旧址

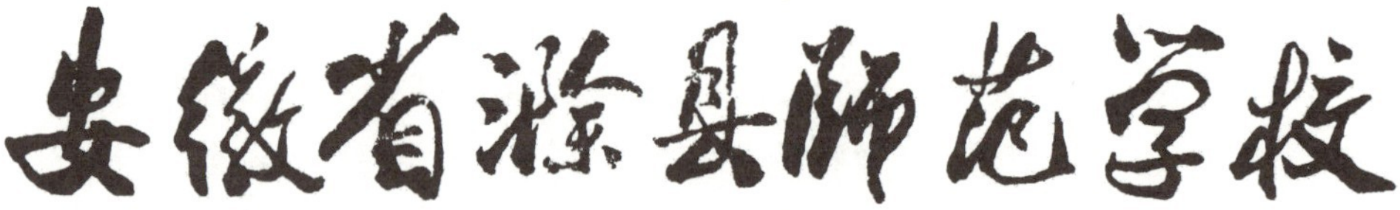

安徽省滁县师范学校

图 0.2　郭沫若题写的校名

1977年11月21日,学校获批创建安徽师范大学滁县教学点,1979年4月30日改名为"安徽师范大学滁州分校"。教学点、分校为学校后来本科办学做了初步探索和有益尝试。

1980年5月,安徽省人民政府〔1980〕101号文件命名学校为"滁州师范专科学校"(图0.3)。

图 0.3　滁州师专老校门

1993年,学校与滁州市联办滁州工业高等专科学校。师专阶段,学校遵循高等教育规律,规范管理,严谨治学,精心育人,形成了良好的校风学风,积累了丰厚的文化底蕴,为学校升格本科院校打下了厚实的基础。

1999年1月22日,学校召开全校教职工大会,明确"专升本"奋斗目标。2001年11月10日,中国共产党滁州师范专科学校党员大会召开,提出了要在近两年内努力实现"专升本"目标,把学校建设成为一所立足滁州、面向全省,以本科教育为主,多学科、综合性的文理学院,并在此基础上继续努力,向综合性大学迈进。

2002年1月11日,省教育厅发文,同意学校进行"专升本"申报工作。3月28日,滁州市委、市政府联合下文,决定成立滁州师专"专升本"工作领导小组。5月24日,省教育厅、滁州市人民政府举行省市"共建滁州师专,筹建皖东学院"意见书签字仪式。8月27日,南校区正式启用。

2003年6月10日,"安徽工业大学滁州师专学区"挂牌。8月6日至7日,安徽省人民政府委托省教育厅在合肥召开滁州师专升格为滁州学院省级论证会。经论证,会议一致同意在滁州师专的基础上设置滁州学院,省政府将在论证意见基础上形成书面报告,以公函形式呈送教育部。

2004年1月10日,国家教育部高校设置评议委员会专家组一行7人抵达滁州,就学校升格为滁州学院进行考察评议。3月27日,国家教育部院校设置评议委员会在四川省成都市召开会议,高票通过了滁州师专升格为滁州学院。5月17日,国家教育部正式批准学校升格改建为本科层次的普通高等院校"滁州学院",并专门给安徽省人民政府下发了《教育部关于同意滁州师范专科学校改建为滁州学院的通知》(教发函〔2004〕133号)(图0.4)。6月9日,安徽省人民政府正式发文《关于同意滁州师范专科学校升格为滁州学院的批复》(皖政秘〔2004〕64号)(图0.5),同意滁州师专升格并定名为滁州学院,同时撤销滁州师专建制。6月20日,滁州学院揭牌庆典在琅琊校区音乐厅隆重举行(图0.6)。

图0.4 教育部关于同意滁州师范专科学校改建为滁州学院的通知

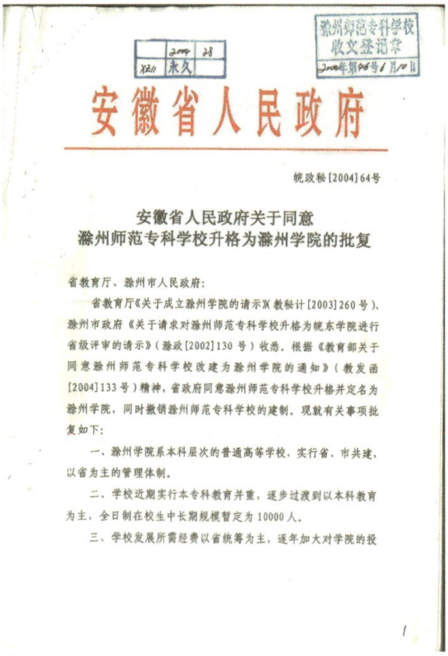

滁州师范专科学校
收文登记章
2004年第96号6月10日

2004 28
X211 永久

安徽省人民政府

皖政秘[2004]64号

安徽省人民政府关于同意
滁州师范专科学校升格为滁州学院的批复

省教育厅、滁州市人民政府：

省教育厅《关于成立滁州学院的请示》(教秘计[2003]260号)、滁州市政府《关于请求对滁州师范专科学校升格为皖东学院进行省级评审的请示》(滁政[2002]130号)收悉。根据《教育部关于同意滁州师范专科学校改建为滁州学院的通知》(教发函[2004]133号)精神，省政府同意滁州师范专科学校升格并定名为滁州学院，同时撤销滁州师范专科学校的建制。现就有关事项批复如下：

一、滁州学院系本科层次的普通高等学校，实行省、市共建，以省为主的管理体制。

二、学校近期实行本专科教育并重，逐步过渡到以本科教育为主，全日制在校生中长期规模暂定为10000人。

三、学校发展所需经费以省统筹为主，逐年加大对学院的投

1

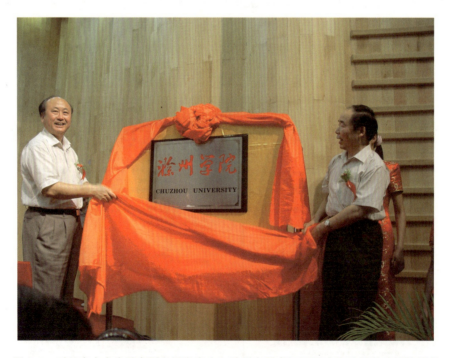

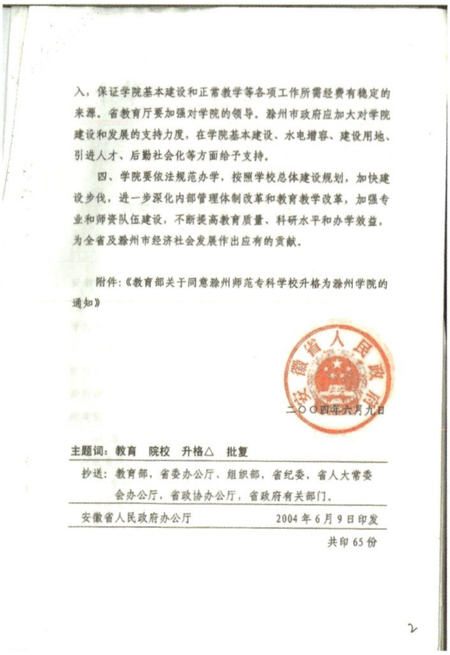

入，保证学院基本建设和正常教学等各项工作所需经费有稳定的来源。省教育厅要加强对学院的领导。滁州市政府应加大对学院建设和发展的支持力度，在学院基本建设、水电增容、建设用地、引进人才、后勤社会化等方面给予支持。

四、学院要依法规范办学，按照学校总体建设规划，加快建设步伐，进一步深化内部管理体制改革和教育教学改革，加强专业和师资队伍建设，不断提高教育质量、科研水平和办学效益，为全省及滁州市经济社会发展作出应有的贡献。

附件：《教育部关于同意滁州师范专科学校升格为滁州学院的通知》

安徽省人民政府

二〇〇四年六月九日

主题词：教育　院校　升格△　批复

抄送：教育部，省委办公厅、组织部，省纪委，省人大常委会办公厅，省政协办公厅，省政府有关部门。

安徽省人民政府办公厅　　2004年6月9日印发

共印65份

2

图 0.5　安徽省人民政府关于同意滁州师范专科学校升格为滁州学院的批复

图 0.6　时任省人大常委会副主任张春生和滁州市委书记汪国才为滁州学院校牌揭幕

第二节 十七载接续奋斗

一、实施转型与发展(2004年5月~2012年10月)

作为由单一师范专科升本科的学校,升本后继续师范教育也不失为一种选择。但是,面对安徽省高等教育进入大众化阶段,大力实施科教兴皖战略,破解高等教育趋同发展与经济社会多样化需求不相适应的难题,突出地方性、应用性、服务性和"科学定位、分类指导、多元发展、特色办学"的应用性高等教育发展方针,学校把握大势,从地方经济社会发展需求和新建本科院校发展需要出发,确立办学定位,坚定走转型发展之路,构建本科框架体系,明确办学指导思想,以专业调整改造为切入点,全面推进学校由专科教育向本科教育、由以教师教育为主向多科性应用型教育转型,探索出一条"由师范专科向多科性应用型本科转变"的发展之路。

实施转型发展,思想观念是先导。学校组织开展了"学校升本了,我该怎么办""以科学发展观为指导,把滁州学院办成一所什么样的大学和怎样办好滁州学院"等教育思想观念大讨论,围绕学科专业调整与建设、本科教学基本建设、管理体制与机制等10个方面的问题进行深入研讨,提出了办学指导思想,确立了办学定位。按照本科办学需要,调整管理机构和教学系(部),配备干部,建立各类管理制度,构建本科框架体系。开展"本科教学工作规范年""学风建设年"活动,建立教学管理制度,加强教学考核,确立本科教学的基本规范。

2005年5月,在学校升本后的首次教学工作会议报告中,学校提出了今后一个阶段的办学定位,即立足滁州、面向安徽、服务全国,以应用技术和教师教育为特色,以文理学科专业为主,加速工科发展,以培养各类高级应用型人才和合格中学教师为主要任务,逐步把学校办成一所以文、理、工专业并重,经济、管理、教育等学科专业协调发展的多科性普通本科院校。2006年学校升本后的首届教代会上,又进一步明确了这一办学指导思想。

2006年,安徽省"十一五"规划提出了"建设一百来所高校,拥有一百来万在校大学生"的高等教育"双百工程"。学校认真贯彻落实安徽省高等教育发展要求,科学制订了《滁州学院2006~2010年事业发展规划》等"三大规划",明确了学校办学指导思想和发展目标,理清了发展思路。学校提出以加快发展为主题,以培育人才为根本,以师资队伍建设为关键,以学科专业建设为龙头,以增强特色和创建品牌为重点;立足皖东,面向安徽,融入"长三角",服务全国;以普通本科教育为主,适度开展师范教育和特色专科教育,适时开展研究生教育;重点发展各类应用型学科专业,实现文、理、工、经、管、教等多学科协调发展;坚持深化改革,强化管理,重点建设,科学发展;实施质量立校、人才强校、特色兴校战略;培养知识结构优、实践能力强、综合素质好,适应社会需要的社会主义合格建设者和接班人,努力把学校建设成为具有较强办学实力、较高办学质量、鲜明办学特色的多科性、区域性、应用型本科大学。

2007年12月,学校第一次党代会在认真总结升本以来办学经验的基础上,提出学校已较好实现由一所师范专科学校向多科性、区域性、应用型本科院校的转型,明确了今后一个时期的发展目标和办学指导思想,大力实施"质量立校""人才兴校""科研强校""管理增效""新区建设"五大工程(图0.7)。

图0.7 滁州学院第一次党代会召开

2008年,学校在申报学士学位授予权报告中对办学指导思想进行了修订,作出新的表述,第一次明确提出"应用型"办学定位,并对学校发展目标定位、学校类型定位、办学层次定位、学科专业定位、服务面向定位、人才培养目标定位逐一进行了明确。省学士学位授予权专家组对学校升本后的工作给予了较高的评价,专家组组长、原省政协副主席、合肥工业大学原校长陈心昭教授认为,学校升本以来的工作思路和学科专业调整,充分体现了多科性、应用型的办学定位,内涵建设、开放办学等也取得明显成绩,颇具特色。同年6月,学校成为学士学位授予单位。

2009年,安徽省明确提出"坚持扩大规模和提高质量并举,强力推进双百工程和质量工程,努力建设高等教育强省",政府工作报告也明确要求"扎实推进高等教育质量工程,全面提升各类高校办学水平"。学校深入开展了学习实践科学发展观活动,把进一步修订完善办学指导思想作为重要内容,以"建设较高水平应用型本科院校,培养高素质应用型人才,为地方经济社会发展服务"为核心内容,对办学思路和办学定位都做了大幅度调整,学校办学指导思想进一步完善,办学定位更加明确,发展思路更加清晰,明确提出了"建设较高水平应用型本科院校,培养高素质应用型人才"的阶段性办学目标。根据这一办学指导思想和阶段性办学目标,学校在承担安徽省高校(部分)应用型人才培养方案研讨会上,在安徽省内率先制定了《滁州学院关于进一步加强较高水平应用型本科院校建设的意见》(图0.8)、《滁州学院关于进一步加强较高水平应用型本科院校建设的实施方案》、《滁州学院关于进一步推进较高水平应用型本科院校建设,服务区域自主创新和经济社会发展的实施意见》等文件,进一步明确了学校应用型本科院校建设方向和实施路径,明确了应用型人才的培养目标,首次提出"文理交融、理实结合、学以致用"的人才培养理念。

图0.8 滁州学院关于进一步加强较高水平应用型本科院校建设的意见

2009年10月,学校第二届教职工暨工会会员代表大会第一次会议以科学发展观为统领,以大力推进较高水平应用型本科院校建设为主题,提出以建设较高水平应用型本科院校为目标,以培养高素质应用型人才为主要任务,全面探索和实践具有中国特色的现代大学制度,进一步深化教育教学改革,调整学科专业结构,构建本科层次应用型人才培养模式,强化实践教学环节,加强校地产学研合作,凝练与培育办学特色,提高人才培养质量和服务地方经济建设及社会发展的能力,努力把学校建设成为具有较强办学实力、较高办学质量、明显办学优势和特色的较高水平应用

型本科院校。

2010年，学校全面加强较高水平应用型本科院校和"迎评促建"工作，解放思想，深化改革，扩大开放，提升内涵，突出重点，培育特色，各项工作取得了新进展，为"十一五"画上圆满句号。以"总结经验、提升内涵、凝聚人心、扩大影响"为指导思想，以"隆重、热烈、高雅、特色、务实、节俭"为活动原则，以突出学术性，扩大对外交流为主题，成功举办了庆祝建校60周年系列活动。校庆庆典大会于2010年11月13日举行，提出努力把学校建设成一所具有较强办学实力、较高办学质量、鲜明办学特色的多科性、区域性、应用型本科大学。

2011年是"十二五"开局之年，全国全省教育工作会议以及高校党建及高教工作会议召开。安徽省出台了《中长期教育改革和发展规划纲要（2010～2020年）》，明确提出优化高等教育结构，建设一批高水平大学，重点推进应用型本科高校和示范高职院校建设。学校组织开展了以"解放思想，深化改革，进一步推进应用型本科院校建设"为主题的教育思想观念大讨论，进一步深化对应用型本科的认识。在此基础上，学校科学制定2011～2015年事业发展规划，提出紧紧围绕建设较高水平应用型本科院校、培养高素质应用型人才阶段性主要目标任务，以学科专业建设为龙头，以师资队伍建设为关键，以市场和社会需求为导向，以培育特色和创建品牌为重点，走注重内涵建设和适度扩大规模并举之路，深化改革，强化管理，重点建设，特色发展，实现规模、结构、质量和效益协调发展，不断提高学校总体办学水平和综合竞争能力，为区域经济社会发展提供更加有力的人才支持和智力支撑。学校明确了提高质量、优化结构、提升层次、强化服务、增强活力、开放办学、彰显特色的发展思路，大力实施质量提升、迎评促建、科研强校、人才兴校、校园建设、民生工程、大学文化建设、开放办学等"八大工程"。

这八年是滁州学院发展历史上承上启下、继往开来的八年，是在转型中发展和在发展中转型的八年。学校坚持解放思想、深化改革、规范管理、重点建设、培育特色、丰富内涵、优化环境、提升质量、科学发展，较好地实现了由一所师范专科学校向多科性、应用型本科院校转型，为学校事业向更高水平发展奠定了良好基础。

二、推进转型与提升（2012年11月～2017年9月）

2012年，党的十八大提出高等教育内涵式发展要求。学校审时度势，提出走内涵式发展道路符合滁州学院的实际需要和发展要求，认真贯彻落实国家和省教育规划纲要以及学校办学指导思想和"十二五"事业发展规划，以"迎评促建"为抓手，扎实开展"教学质量提升年"活动，建设较高水平应用型本科院校，培养高素质应用型人才，服务地方经济社会发展。2012年12月，学校第二次党代会提出"建设特色鲜明的高水平应用型本科院校"的发展目标和"三步走"发展战略，提出了加强内涵建设、夯实发展基础的主题，明确了"适度增加规模，调整优化结构，凝练培育特色，大力提升质量"的总要求，坚持突出应用型地方性,加强学科内涵建设,加强师资队伍建设,推进教育教学改革、推进管理体制改革、推进大学文化建设,加快学校向应用型转变(图0.9)。

图0.9 滁州学院第二次党代会召开

2013年,学校开展了以"加强内涵建设,提升办学水平"为主题的系列研讨活动,围绕教学评建中心工作,抓内涵、强基础、提水平。强力推进教学评建工作,学校以良好状态接受了教育部本科教学工作合格评估。专家组考察意见指出:学校实现了从师范专科向多科型本科的转型。地方性、应用型的办学定位符合实际,应用型人才培养目标在干部教师中得到了较好的贯彻,在办学实践中得到了较好的体现和落实。顺利通过本科教学工作合格评估,表明把学校办合格的目标已经实现,学校事业发展站在了由"合格"向"上水平"的新的历史起点上。

2014年,安徽省教育厅、财政厅制定了《安徽省高等教育振兴计划》,立项建设地方特色高水平大学、地方应用型高水平大学、地方技能型高水平大学,科学构建地方应用型高等教育体系。学校抓住机遇,全力做好地方应用型高水平大学项目申报工作。2015年11月,安徽省教育厅印发《关于下达2015年高等教育振兴计划部分项目的通知》(皖教秘高〔2015〕123号),学校成功获批安徽省地方应用型高水平大学建设单位。学校坚定把建设地方应用型高水平大学作为办学目标,制定了《中共滁州学院委员会滁州学院关于加强地方应用型高水平大学的意见》《滁州学院地方应用型高水平大学建设方案》,按照"动态管理、竞争择优、统筹兼顾、开放合作"和"整体设计、全面推进、重点突破、培育特色"的思路,通过五年或更长一段时间的建设,建成一批与区域产业紧密结合的高水平应用型专业,建成一批支撑应用能力培养的高质量应用型课程,建立一套产教高度融合的实践育人体系,产出一批服务地方经济社会发展的高水平科技创新成果,建成一支满足应用型人才培养需要的高素质"双能型"教师队伍,建设一个环境优美资源高效利用的数字化校园,形成适应地方应用型高水平大学建设需要的充满活力科学有效的体制机制,培育引领地方应用型高水平大学发展要求的积极向上、宽松和谐的大学文化,使学校成为在全省同层次高校中处于领先水平、全国同类高校中有较大影响力的地方应用型高水平大学。

2015年,学校组织开展了"提升办学理念,深化转型发展,加快建设地方应用型高水平大学"教育思想观念大讨论,围绕"为什么要向应用型深度转变、转变什么、怎样转变"等问题,深入开展讨论,进一步解放思想,更新观念,进一步深化地方性、应用型办学定位,进一步明确办学特色、办学规划和办学举措,引导学校从"身躯转型"向"灵魂转变"(图0.10)。学校正确认识所处的发展阶段,鲜明地提出了提高质量、提升水平、办出特色的阶段性目标,坚定一手抓转型,一手抓提升。逐步深化对学校已经确定的办学定位的认识,在坚持地方性、应用型基础上,旗帜鲜明地提出特色办学的问题,并拓展提出开放式、信息化特色定位。

图0.10 "提升办学理念,深化转型发展,加快建设地方应用型高水平大学"教育思想观念大讨论动员会

2016年,学校认真学习领会《教育部、国家发展改革委、财政部关于引导部分地方普通本科高校向应用型转变的指导意见》《安徽省教育厅关于地方高水平大学立项建设分类发展的意见》等政策,认真梳理"十二五"转型发展成效,科学分析发展面临的机遇和挑战,制定《滁州学院"十三五"事业发展规划》,明确提出建设特色鲜明的地方应用型高水平大学目标和"提高质量、提升水平、办出特色"的阶段性目标,转型与提升的发展主题,"地方性、应用型、开放式、信息化"办学定位,坚持内涵发展、创新发展、特色发展、开放发展、协调发展,推动学校向应用型深度转变。

这四年,学校紧扣"加强内涵建设、夯实发展基础"的主题,坚持突出应用型地方性,加强学科内涵建设,加强师资队伍建设,推进教育教学改革、推进管理体制改革、推进大学文化建设,深入推进学校向应用型转变,综合办学实力不断提升。

三、突出内涵发展推进质量提升(2017年10月～2021年12月)

2017年,党的十九大提出"加快一流大学和一流学科建设,实现高等教育内涵式发展"。学校深入学习贯彻党的十九大精神,组织开展了以"坚持内涵发展,推进全面提升,加快建设地方应用型高水平大学"为主题的"对标大调研、思想大解放、能力大提升、发展大谋划、工作大落实"专题活动。学校强力推进迎评促建工作,以良好状态接受了教育部本科教学工作审核评估,实现了向应用型成功转型,由"合格"向"上水平"发展阶段成功转换。教育部正式反馈意见:学校秉承"思变尚新、务实求真"的精神,以地方经济社会发展需求为导向,坚定走转型发展之路。经过多年办学,学校的社会影响力不断提升,办学能力逐步增强,科研经费逐年增加,教育教学改革卓有成效,"三三制"实践育人模式硕果累累,为国家和地方经济社会发展及区域支柱产业发展提供了强有力的人才及智力支撑。

2018年7月,学校深入学习贯彻党的十九大精神,牢牢把握立德树人根本任务和"双一流"建设要求,胜利召开第三次党代会(图0.11)。大会以"突出内涵发展,推进质量提升"为主题,全面总结第二次党代会以来取得的工作成绩和基本经验,深刻分析和准确把握学校发展面临的新形势,科学描绘了学校未来发展蓝图,确立了未来一段时期把学校全面建成国内知名、省内一流、特色鲜明的地方应用型高水平大学奋斗目标和"三步走"战略安排,开启学校"上水平"发展新征程。大会提出了今后五年"12348"的发展思路,紧扣"突出内涵发展、推进质量提升"的"一个主题",突出"培养一流应用型人才和建设一流学科专业"的"两个重点",强化"质量导向、创新导向、争先导向"的"三个导向",实施"人才强校、深耕地方、开放合作、特色发展"的"四大战略",全力落实好学校全面发展的"八项任务"。

图0.11 滁州学院第三次党代会召开

2019年1月,学校召开第四届教代会暨工代会第一次会议,以"改革创新强内涵,凝心聚力抓落实,奋力开创地方应用型高水平大学建设新局面"为主题,以学科建设为龙头,以立德树人为根本,以师资队伍建设为关键,以改革开放为动力,以党的领导为保证,全面落实学校第三次党代会目标任务。学校深入开展了"发展大调研、风险大排查、作风大提升、制度全覆盖"活动,加快推进地方应用型高水平大学建设。

2020年是全面建成小康社会、实现第一个百年奋斗目标的决胜之年,是收官"十三五"、谋划"十四五"的关键之年。学校以习近平新时代中国特色社会主义思想为指导,深入贯彻党的十九大和十九届二中、三中、四中、五中全会精神,深入学习贯彻习近平总书记关于教育的重要论述和全国全省教育大会精神,坚持和加强党的全面领导,全面贯彻党的教育方针,坚持稳中求进、创新实干工作基调,把握高质量发展要求,立足新发展阶段,贯彻新发展理念,服务新发展格局,落实学校第三次党代会目标任务,深化综合改革,突出内涵发展,推进质量提升。出台《中共滁州学院委员会滁州学院关于落实〈安徽省地方应用型高水平本科院校建设标准(试行)〉推进高水平大学建设的实施方案》。面对突如其来的新冠肺炎疫情,学校抓早抓实,外防输入,推出"五个一"举措,实行"五全三不"制度,落实"六个一律"要求,推动"十个落地见效",实施"停课不停教、停课不停学、延期不延工"方案。在全省率先全面开展在线教学,荣获安徽省线上教学示范高校称号。学校持续保持疫情"零状态",守护了师生员工健康安全和校园安全。认真谋划和开展了庆祝建校70周年、硕士学位点创建提升、综合改革深化和人才工作推进"四个年"工作,打好打赢了"新冠肺炎疫情防控、接受省委政治巡视、庆祝建校70周年""三大战役",各项工作全面推进,实现了"双胜双赢","十三五"规划主要目标任务顺利完成。科学制定"十四五"事业发展规划,明确"上水平"发展主题和"12345"发展路径及重点打造"五个蔚园"目标,引领新阶段地方应用型高水平大学建设。

2021年是中国共产党成立100周年,是"十四五"开局之年,是学校实施创建硕士学位授予单位三年行动计划的攻坚之年,也是学校实施教育评价改革的突破之年。学校以习近平新时代中国特色社会主义思想为指导,深入贯彻党的十九大和十九届历次全会精神,贯彻落实习近平总书记关于教育的重要论述和考察安徽重要讲话指示精神及我省第十一次党代会精神,加强党对学校工作的全面领导,完整准确全面贯彻新发展理念,统筹抓好疫情防控和改革发展稳定,疫情防控有序有效,党建工作坚强有力,事业发展稳步推进,各项工作取得新进展,实现了"十四五"良好开局。

2017年以来,学校坚定地方应用型高水平大学建设目标,深化落实地方性、应用型、开放式、信息化办学定位,以应用型人才培养为根本,以应用型学科建设为龙头,以应用型专业建设为基础,以应用型教师队伍建设为关键,以改革创新和开放合作为动力,以办学条件建设为支撑,全力推进向应用型深度转变,综合办学实力和社会影响力不断提升,为"申硕更大"和全面建成国内知名、省内一流、特色鲜明的地方应用型高水平大学奠定了更加坚实的基础(图0.12)。中国教育报先后以《一所地方高校的第二次转型:滁州学院专业再造记》《以高质量党建引领高质量发展》为题,报道了学校党建和事业发展取得的成效。

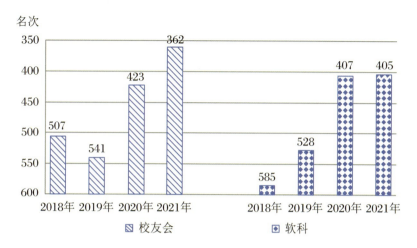

图 0.12 2018～2021 年滁州学院大学国内排名变化情况

第一章 党的领导和内部治理

2011年以来,学校充分发挥党委领导的核心作用,加强党对学校工作的全面领导,坚持党委领导下的校长负责制,完善治理结构、深化综合改革、实施发展规划,内部治理能力和治理水平不断提升,地方应用型高水平大学建设加快推进。

第一节 召开党员代表大会

两次党员代表大会召开,全校各级党组织和党员干部以习近平总书记治国理政新理念新思想新战略和习近平新时代中国特色社会主义思想为指导,全面学习贯彻党的十八大、十九大及历次全会精神,发挥党委领导核心、党总支政治核心、党支部战斗堡垒作用,为创建特色鲜明的地方应用型高水平大学提供了坚强的思想、政治和组织保证。在此过程中,学校党委还召开了5次年会。

一、召开第二次党代会及年会

2012年12月21~23日,中国共产党滁州学院第二次代表大会召开。省委教育工委常务副书记高开华,省委组织部企事业干部处处长张日升,中共滁州市委副书记袁华,省委教育工委组干处处长王忠出席开幕式,来自全校各基层党组织的118名正式代表出席大会。学校的老领导,各级人大代表、政协委员,民主党派和无党派代表人士,学校副处级以上干部列席了会议。庆承松代表学校第一届党委向大会作了题为《加强内涵建设,夯实发展基础,为创建高水平应用型本科院校而奋斗》的工作报告(图1.1)。报告回顾了学校过去五年的工作,总结了升本八年来的经验,明晰了"融入滁州、立足安徽、面向全国,服务地方经济社会发展"的服务面向定位,描绘了学校未来发展蓝图,提出了学校中长期发展目标是"全面加强合格本科院校建设,努力建成高水平应用型本科院校";主要奋斗目标是"人才培养质量稳步提升,师资队伍建设显著增强,学科专业结构更加优化,科技创新能力明显提升,基本办学条件显著改善,民生工程推进扎实有效",具体为两个"521"建设目标。王永富代表上届纪委作了题为《扎实推进反腐倡廉建设,为创建高水平应用型本科院校提供坚强保证》的报告。大会选举产生了学校第二届党委和新一届纪委,王永富、邢存海、庆承松、许志才、许雪峰、吴开华、郑朝贵、倪阳、程曦同志(按姓氏笔画为序)当选新一届党委委员;王永富、王诗根、史贤华、李道琳、江文贵、高维红、辜庆志同志(按姓氏笔画为序)当选新一届纪委委员。大会表决通过《中国共产党滁州学院代表大会常任制实施办法(试行)》《中国共产党滁州学院代表大会代表提案提议实施办法(试行)》,表决通过了党委工作报告决议和纪委工作报告决议。新一届党委召开第一次全委会议,庆承松当选书记,许志才、倪阳当选副书记,审议并通过了新一届纪委第一次全委会议上王永富当选书记、高维红当选副书记的选举结果。

图1.1 庆承松代表学校第一届党委作工作报告

根据《中国共产党高校基层组织工作条例》《中国共产党安徽省省属普通高等学校代表大会常任制实施办法(试行)》《中国共产党滁州学院代表大会常任制实施办法(试行)》的规定,学校从第二次党代会开始,实行党代会常任制,每年召开一次年会。2014年3月15日,学校党委召开第二次党代会2013年年会。校党委书记庆承松在会上作了题为《深化改革,推动发展,为创建高水平应用型本科院校而奋斗》的党委工作报告。党委委员、纪委书记王永富作了题为《聚焦中心任务,强化监督执纪,深入推进党风廉政建设和反腐败工作》的纪委工作报告。会议审议通过了《滁州学院关于进一步深化改革提升内涵的意见的决议》。

2015年3月21~22日,学校党委召开第二次党代会2014年年会(与第三届教代会工代会第二次会议合并召开)。党委副书记、校长许志才作了题为《加强党的建设,全面深化改革,推进依法治校,为建设地方应用型高水平大学而努力奋斗》的党政工作报告。学校纪委向大会作了题为《聚焦中心任务,强化监督执纪,为建设地方应用型高水平大学提供有力保证》的书面工作报告。会议审议通过了《滁州学院关于建设地方应用型高

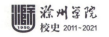

水平大学的意见》《滁州学院章程》《滁州学院绩效工资实施方案》。校党委书记庆承松作了总结讲话,号召全校各级党组织、共产党员和广大师生员工,以科学发展观为指导,深入贯彻落实党的十八届三中、四中全会精神和习近平总书记系列重要讲话精神,振奋精神、同心同德、开拓进取、扎实工作,为建设地方应用型高水平大学作出积极贡献。

2016年4月15~17日,学校党委召开第二次党代会2015年年会(与第三届教代会工代会第三次会议合并召开)。党委副书记、校长许志才作了题为《凝心聚力,共谋发展,为建成地方应用型高水平大学而努力奋斗》的党政工作报告。学校纪委向大会作了题为《强化监督执纪问责,把纪律挺在前面,为建设地方应用型高水平大学提供有力保证》的书面工作报告。校党委书记庆承松作了总结讲话。会议审议通过了《关于滁州学院"十三五"事业发展规划的决议》。会议指出,"十三五"是学校从"合格"到"上水平"的转换期、综合改革的攻坚期、地方应用型高水平大学建设的关键期,学校发展的总体要求是深入贯彻习近平总书记系列重要讲话精神,落实"五大发展"理念,以转型与提升为主题,推进内涵发展、创新发展、特色发展、开放发展、协调发展,把学校建设成为特色鲜明的地方应用型高水平大学。

2017年3月31日~4月1日,学校党委召开第二次党代会2016年年会(与第三届教代会工代会第四次会议合并召开)。党委副书记、校长许志才作了题为《加强党的建设,落实"十三五"规划,推动审核评估,以优异成绩迎接学校第三次党代会胜利召开》的党政工作报告。学校纪委向大会作了题为《坚持全面从严治党,强化监督执纪问责,为建设地方应用型高水平大学提供坚强保证》的书面工作报告。党委书记庆承松作了总结讲话。会议审议了《滁州学院"专业应用性品质提升年"活动方案》《滁州学院推进基层党组织标准化建设实施方案》《滁州学院教学骨干评选与奖励办法》《滁州学院科研骨干评选与奖励办法》《滁州学院"最受学生欢迎的好老师"评选与奖励办法》《滁州学院关于加强班主任(班导师)队伍建设的若干规定》《滁州学院关于加强学风建设的若干规定》等相关文件讨论稿。会议指出,2017年是党的十九大召开之年,学校工作的总体要求是全面贯彻党的十八大和十八届三中、四中、五中、六中全会精神,深入学习贯彻习近平总书记系列重要讲话精神,牢固树立和贯彻落实新发展理念,以转型与提升为主题,推进地方应用型高水平大学建设,提高质量、提升水平、办出特色,以良好状态接受教育部本科教学工作审核评估,为学校第三次党代会的召开营造良好氛围,以优异成绩迎接党的十九大胜利召开。

二、召开第三次党代会及年会

鉴于学校2017年12月接受教育部本科教学工作审核评估的实际情况,报经中共安徽省委批准,学校第三次党代会延期至2018年7月召开。

为进一步加强学校党的建设,经校党委研究,2018年3月16日,学校党委向中共安徽省委提交《关于设立中共滁州学院常务委员会的请示》,拟设立中共滁州学院常务委员会。4月17日,中共安徽省委组织部正式批复同意设立滁州学院党委常务委员会,学校在全省应用型高校中率先实行党委常委制。

2018年7月17~19日,中国共产党滁州学院第三次代表大会召开。省委教育工委副书记庆承松,省委组织部企事业干部处副处长周军,中共滁州市委副书记朱诚,省委教育工委组干处处长程宗林等出席大会,来自全校各基层党组织的125名正式代表参加了大会。陈润同志代表学校第二届党委,向大会作了题为《突出内涵发展,推进质量提升,为建设特色鲜明的地方应用型高水平大学而努力奋斗》的工作报告(图1.2)。报告确立了未来一段时间把学校全面建成国内知名、省内一流、特色鲜明的地方应用型高水平大学奋斗目标和"申硕更大""三步走"战略安排,即第一步,到升本二十年,一流学科、一流专业建设和一流人才培养成效显著,成为硕士学位授权单位,初步建成地方应用型高水平大学。第二步,到升本二十五年,办学实力和水平进一步提升,开放办学深度拓展,信息化办学特色彰显,成为安徽省立项建设一流大学,实现大学更名,建成省内一流的地方应用型高水平大学。第三步,到升本三十年,人才培养质量和水平明显提高,学校社会影响力、美誉度和综合竞争力显著提升,跻身全国高校前400名,全面建成国内知名、省内一流、特色鲜明的地方应用型高水平大学。大会号召全校共产党员和师生员工,以习近平新时代中国特色社会主义思想为指导,不忘初心,牢记使命,以更加自觉的担当意识、更加有为的精神风貌、更加得力的工作举措,写好新时代滁州学院人的"奋进之笔"。学校纪委向大会作了书面报告,回顾了过去五年的工作和体会,提出了今后五年的工作总体思路。大会选举产生了中国共产党滁州学院第三届委员会和中国共产党滁州学院新一届纪律检查委员会。大会选举产生了中国共产党滁州学院第三届委员会委员

图1.2　陈润代表学校第二届党委作工作报告

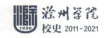

19名(以姓氏笔画为序):孔令十、叶高、邢存海、吉晓华、江文贵、孙艳辉、李庆宏、吴开华、张勇、陈润、陈桂林、郑朝贵、郝德新、音坤、晋秀龙、诸立新、蔡华、谭中元、戴仕宝;选举产生了中国共产党滁州学院第三届纪律检查委员会委员7名(以姓氏笔画为序):王诗根、李道琳、宋德如、姚志英、姚树林、黄永青、谭中元;表决通过了党委工作报告决议和纪委工作报告决议。新一届党委召开第一次全委会议,选举党委常委9名:陈润、郑朝贵、张勇、吴开华、谭中元、邢存海、陈桂林、吉晓华、李庆宏,陈润当选书记,郑朝贵、张勇当选副书记,审议并通过了新一届纪委第一次全委会议上谭中元当选书记、姚树林当选副书记的选举结果。

2020年3月14日,学校党委召开第三次党代会2019年年会(与2020年全面从严治党工作会议合并召开)。本次会议受新冠肺炎疫情影响,以视频会议的方式进行,校领导陈润、郑朝贵、张勇、吴开华、谭中元,党委常委邢存海、陈桂林、吉晓华、李庆宏等出席主会场会议,各二级学院党委(党总支)、后勤党总支、离退休党委设立分会场,参加人员有党代会代表、非代表的副处以上干部、基层党组织纪检委员、党风党纪监督员和特约监察员。党委书记陈润作了题为《坚守初心使命强党建,奋力谱写学校高质量发展新篇章,以优异成绩向建校70周年献礼》的党委工作报告。党委常委、纪委书记谭中元作了题为《强化监督检查,履行首要职责,为实现学校第三次党代会目标任务提供坚强保障》的纪委工作报告。会议指出,2020年是全面建成小康社会、实现第一个百年奋斗目标决胜之年,是收官"十三五"、谋划"十四五"关键之年,是学校硕士学位点创建提升、综合改革深化和人才工作推进之年,要加强党对学校工作的全面领导,坚持稳中求进工作总基调,落实学校第三次党代会目标任务,坚定不移全面从严治党,进一步提振精神、凝心聚力,深化综合改革,突出内涵发展,推进质量提升,加快地方应用型高水平大学建设,以优异成绩庆祝建校70周年。

第二节 完善治理结构

学校贯彻落实加快推进教育治理体系和治理能力现代化的目标要求,以滁州学院章程为核心,完善内部治理结构,探索构建具有滁州学院底色的现代大学治理体系。

一、坚持和完善党委领导下的校长负责制

学校认真贯彻落实中共中央办公厅《关于坚持和完善普通高等学校党委领导下的校长负责制的实施意见》,实行党委统一领导、党政分工合作、协调运行的工作机制。严格执行《中共滁州学院委员会工作规则(试行)》《滁州学院院长工作规则(试行)》,学校党

委总揽全局,对学校工作实行全面领导,履行管党治党、办学治校主体责任,发挥把方向、管大局、作决策、抓班子、带队伍、保落实领导作用;校长在学校党委领导下,组织实施学校党委有关决议,行使高等教育法等规定的各项职权,全面负责教学、科研、行政管理工作;凡是学校重大决策、重要干部任免、重大项目安排、大额资金使用,必经学校党委集体研究决定。

2016年1月,根据《中共中央办公厅关于坚持和完善普通高等学校党委领导下的校长负责制的实施意见》精神,出台《中共滁州学院委员会工作规则(修订)》和《滁州学院校长工作规则(修订)》,进一步强调了校党委是学校领导核心、校长是学校法定代表人,进一步完善了党委中心组学习制度、党政领导碰头会制度、党委工作务虚会制度、党委工作报告制度等党委工作制度和校长办公会议制度、分工负责制度、决策咨询制度、工作报告制度等校长工作制度。

2018年9月,根据学校第三次党代会精神和党委行政工作调整实际,相继出台《中国共产党滁州学院全委会工作规则(试行)》《中国共产党滁州学院常委会议事规则(试行)》《滁州学院行政议事规则(试行)》,进一步明晰了党委全委会、党委常委会和校长办公会主要议事范围、主要工作职责和会议制度等方面的要求。2019年10月,印发《滁州学院"三重一大"事项决策实施办法(修订)》,进一步细化了"三重一大"事项主要内容、决策程序和规则。2019年12月,根据相关议事规则试行情况,出台《中共滁州学院委员会常务委员会会议议事规则(修订)》《滁州学院校长办公会议议事规则(修订)》,进一步完善领导决策制度体系。2020年1月,出台《滁州学院党委领导下的校长负责制实施办法》,从党委主要职责、校长主要职责、议事决策制度、协调运行机制、检查与监督等方面对进一步落实党委领导下的校长负责制作了细化要求,以制度形式确定了党委在学校工作中的领导核心地位,进一步明晰了党委、行政职权范围及相互关系。

学校党委全委会在学校党员代表大会闭会期间领导学校工作,由党委常委会召集,由校党委书记主持或由书记委托副书记主持。全委会会议议题由常委会确定,全委会会议须有三分之二以上人数到会方能召开。

学校党委常委会在党委全委会闭会期间,行使全委会职权,执行上级党组织的指示、决定以及全委会的决议、决定,主持经常工作。党委常委会会议由党委书记召集并主持。会议出席成员为党委常委会委员。党委常委会会议议题由党委书记提出,也可以由党委常委会其他委员或学校领导班子其他成员提出建议、经党委书记综合考虑后确定。会议议事和决策实行民主集中制,在充分讨论基础上,按照少数服从多数原则形成决议或决定。如对重要问题发生较大意见分歧,一般应当暂缓作出决定。党委书记应当最后表态。

校长办公会议是学校行政议事决策机构,主要研究提出拟由党委常委会讨论决定的重要事项方案,具体部署落实党委常委会决议的有关措施,研究决定教学、科研、行政管理工作。会议由校长召集并主持,校长不能参加会议的,可以委托副校长召集并主持。

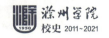

校长办公会议成员一般为学校行政领导班子成员,会议必须有半数以上成员到会方能召开。校长办公会议议题由校长提出,也可以由学校领导班子其他成员提出、校长综合考虑后确定。

学校党委会议和校长办公会议历年召开情况见表1.1。

表1.1 学校党委会议和校长办公会议历年召开情况

年度	学校党委会议次数		校长办公会议次数
2011年	28		15
2012年	31		14
2013年	17		14
2014年	21		13
2015年	14		12
2016年	20		11
2017年	22		13
2018年	4	12(党委会19次)	17
2019年	2	23	14
2020年	2	33	25
2021年	1	27	18

二、制定落实《滁州学院章程》

（一）《章程》起草过程

2013年12月,根据《高等学校章程制定暂行办法》和省教育厅关于大学章程建设工作要求,学校正式启动了《滁州学院章程》(以下简称《章程》)制定工作。《章程》起草分为前期准备、学习研讨、外出调研、草拟文本、征求意见、修改完善、提交研究、教代会审议、校长办公会议讨论、校党委会议审定和签发、申报核准等阶段,历时一年零七个月,经过多次讨论修改,几易其稿。

2013年,学校将制定《章程》列入年度工作要点。成立了《章程》起草工作小组,由副校长倪阳担任组长,有关部门主要负责同志为成员。经过近半年调研、研讨、起草等工作,2014年5月底,形成《章程》草稿,呈送校领导审阅,并进一步征求成员单位意见,对《章程》相关内容进行了数次修改完善。2014年11月,校长办公会议听取了学校《章程》起草情况汇报,原则同意《章程》作为征求意见稿,进入广泛征求意见环节。11月中旬,校党委会议听取了学校《章程》起草情况和主要内容汇报,要求《章程》起草工作小组办公室根据会议意见修改后,开始广泛征求意见。

（二）《章程》审核与发布

2015年1月底,《章程》提交三届二次教代会审议。2015年3月,学校三届二次教代会会议表决通过《滁州学院章程》。2015年7月,《滁州学院章程》经校长办公会和学校党委会议审议通过。学校《章程》起草工作小组根据校党委会议意见,进一步修改完善《章程》,按照省教育厅的工作要求,形成《章程》核准申报材料,由校长签发,上报省教育厅核准。

《滁州学院章程》经安徽省高等学校章程核准委员会评议,2015年12月安徽省教育厅常务会议审议通过,予以核准。同年12月底,省教育厅正式印发《关于核准〈滁州学院章程〉的批复》,学校及时通过校园网站等对外公开发布。

（三）《章程》主要内容

《章程》包括序言和正文两部分,序言主要阐述学校历史沿革、办学定位和发展愿景,正文分别是总则、举办者与学校、学校功能与教育形式、管理体制与组织机构、学生、教职员工、经费、资产、后勤、学校与社会、学校标识、附则,共10章93条。

三、加强学术委员会建设

（一）学术委员会设置与更替

学校高度重视学术委员会建设。2011年10月底,根据学术委员会章程等规定,校学术委员会完成第二轮换届。第三届学术委员会由23名委员组成,主任委员:许志才,副主任委员:程曦。委员会下设办公室。

2011年12月,为加强和规范校院两级学术及科研管理工作,促进学科及专业建设,学校在校学术委员会下首次分设了院(部)级学术委员会机构。全校14个院(部)均成立了由院(部)院长(主任)任主任的院(部)分学术委员会。

2016年2月,根据新修订的学术委员会章程,校学术委员会完成第三轮换届。第四届学术委员会主任委员:许志才,副主任委员:程曦、郑朝贵、梁辉。第四届学术委员会由25名委员组成,其中担任学校及职能部门党政领导职务的委员共6人,不超过委员总数的1/4,不担任党政领导职务及院(部)主要负责人的委员13人,不少于委员总数的1/2,进一步向一线学者倾斜。

2016年12月,校学术委员会秘书处启动校学术委员会二级学院分委员会设立工作,并明确了人员组成、产生程序、工作职责。全校15个二级学院相应成立了由院长任主任的二级学院分学术委员会。

2020年7月,根据学术委员会章程等规定,校学术委员会完成第四轮换届。第五届

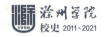

学术委员会主任委员:郑朝贵,副主任委员:陈桂林、李庆宏、王春。

学术委员会围绕学校中心工作,按照章程规定,认真履行工作职能,在学科专业建设、学术评价与发展、学术道德和学风建设等方面发挥了建设性作用。认真做好学校重点学科、硕士点建设学科、科研机构、科研团队、专业调整与设置等方面的论证评议以及学校教学和科研成果奖励、挂职锻炼和"双能型"教师期满考核结果等方面的研究审议,切实在重大学术事务中发挥作用。持续加强学术道德和学风建设。2012年3月成立校学风建设领导小组,同年6月印发《滁州学院学术道德和学风建设实施细则》,持之以恒抓好学术规范、学术诚信,对学术不端行为"零容忍"。着力推进学术委员会工作规范化、制度化,积极发挥二级学院分学术委员会等学术组织作用,营造良好学术氛围。

（二）学术委员会章程建设

2014年1月,教育部印发第35号令《高等学校学术委员会规程》。根据《高等教育法》《高等学校学术委员会规程》及教育部和省教育厅的工作要求,学校结合《滁州学院章程》制订工作,于2015年初启动了《滁州学院学术委员会章程》修订工作,成立了校学术委员会章程起草小组。2015年7月,起草完成了《滁州学院学术委员会章程(讨论稿)》,经过广泛调研、反复论证、征求意见及第三届学术委员会副主任委员、主任委员修改后,形成章程(修订)审议稿。2015年11月底,学校党委会议听取了校学术委员会章程起草小组关于校学术委员会章程修订情况汇报,会议经过讨论,原则通过学校学术委员会章程。2016年1月,《滁州学院学术委员会章程》正式发布。新修订的学术委员会章程,在组成人员上,注重学科专业差异,向一线学者倾斜,严格限定学校及职能部门党政领导人员人数,在委员产生程序、委员构成、职责权限、运行制度等方面进行了有益探索。

《滁州学院学术委员会章程》共分5章24条,包括总则、组成规则、职责权限、运行制度、附则。明确学术委员会为校内最高学术机构,统筹行使学术事务的决策、审议、评定和咨询等职权。学术委员会委员由校长聘任,实行任期制。学术委员会实行例会制度,每学期至少召开1次全体会议。学术委员会议事决策实行少数服从多数原则,重大事项须与会委员的2/3以上同意,方可通过。学术委员会须建立年度报告制度。

四、加强教代会工作

2012年3月,学校第二届教职工暨工会会员代表大会第三次会议召开。大会听取并审议了许志才作的题为《扎实开展迎评促建,全面提升办学质量,大力推进较高水平应用型本科院校建设》的校长工作报告,讨论并审议了《校长工作报告》《教代会、工会工作报告》《学校财务工作报告》《学校"教学质量工程"建设工作报告》。

2013年3月,学校第二届教职工暨工会会员代表大会第四次会议召开。大会听取并审议了许志才作的题为《凝心聚力,扎实工作,以良好状态顺利通过本科教学工作合格评估》的校长工作报告,讨论并审议了《校长工作报告》《教代会、工会工作报告》《学校财务工作报告》《教学评建工作报告》。

2014年3月,学校第三届教职工暨工会会员代表大会第一次会议召开,120名正式代表、94名列席代表参加了会议。省教育工会主席夏建华到会祝贺并致辞。大会听取并审议了许志才作的题为《凝心聚力、改革创新,为创建特色鲜明的高水平应用型本科院校而奋斗》的校长工作报告,工会主席左勤作的题为《围绕中心,服务大局,为创建特色鲜明的高水平应用型本科院校贡献力量》教代会工会工作报告,大会还审议了《教代会提案工作报告》《学校财务工作报告》《学校教学、科研工作量计算办法》等。大会选举产生第三届教代会执委会委员15名,第三届工会委员会委员21名。在第三届教代会执委会第一次全体会议上,倪阳当选主任,在第三届工会委员会第一次全体会议上,张玉虎当选主席。

学校实行教代会年会制度,每年召开教代会年会。2015年、2016年、2017年,先后召开了第三届教职工暨工会会员代表大会第二次、第三次、第四次年会,讨论并审议了《校长工作报告》《教代会、工会工作报告》《教代会提案工作报告》等。

2019年1月,学校第四届教职工暨工会会员代表大会第一次会议召开。大会听取并审议了郑朝贵作的题为《改革创新强内涵、凝心聚力抓落实,奋力开创地方应用型高水平大学建设新局面》的校长工作报告,选举产生第四届教代会执委会委员15名,第四届工会委员会委员21名。第四届教代会执委会第一次全体会议上,张勇当选主任,第四届工会委员会第一次全体会议上,张玉虎当选主席。

2020年4月,学校第四届教职工暨工会会员代表大会第二次会议召开。大会听取并审议了郑朝贵作的题为《凝心聚力强内涵、改革创新提质量,以高水平大学建设优异成绩庆祝建校70周年》的校长工作报告,讨论并审议了《校长工作报告》《教代会工会工作报告》《财务工作报告》《教代会提案工作报告》《中共滁州学院委员会滁州学院关于落实〈安徽省地方应用型高水平本科院校建设标准(试行)〉推进高水平大学建设的实施方案(讨论稿)》及制定情况的说明。

2021年3月,学校第四届教职工暨工会会员代表大会第三次会议召开。大会听取并审议了郑朝贵作的题为《聚力新阶段、奋进新征程,以硕士学位授予单位创建工作优异成绩确保"十四五"开好局起好步》的校长工作报告,听取了关于《滁州学院创建硕士学位授予单位三年行动计划(2021～2023年)(讨论稿)》《滁州学院"十四五"事业发展规划(讨论稿)》的编制情况说明。讨论并审议《校长工作报告》《教代会、工会工作报告》《财务工作报告》《教代会提案工作报告》《滁州学院"十四五"事业发展规划(讨论稿)》《滁州学院创建硕士学位授予单位三年行动计划(2021～2023年)(讨论稿)》。

学校重视提案工作。广大代表认真履行民主管理、民主监督、参政议政职责,围绕学校中心工作和师生关心关注的热点、难点问题,2014~2017年,以提案形式提出意见建议155件,涉及民生工作、教学科研、师资队伍、学生工作、校园建设等方面。归纳整合并经教代会执委会审查,确定立案107件、议案32件。2019～2020年,以提案形式提出意见建议106件,归纳整合并经教代会执委会审查,确定立案53件、意见或建议43件。

学校高度重视提案办理工作,重要提案由校主要领导亲自督办。在教代会执委会领导下,提案工作委员会积极协调各有关单位办理落实。教代会执委会每年对提案办理情况进行督察。绝大多数提案涉及的事项和问题在限定时期内得到较好办理,提案人对承办单位工作满意度较高,共评选优秀提案24件,表彰提案办理先进单位10个。2012年,学校在机械学院、外语学院、经管学院试点二级教代会;2020年,二级学院均完成了二级教代会换届工作。

第三节　深化综合改革

学校坚持深化改革开放,深入推进改革创新,加强顶层设计,着力破解深层次体制机制障碍,以综合改革方案为统领,统筹推进教学、科研、人事、后勤等领域改革,激发办学活力,增强内生动力,把制度优势更好转化为治理效能。

一、制订综合改革方案

（一）制订过程

2011年3月,学校开展了以"解放思想,深化改革,进一步推进应用型本科院校建设"为主题的新一轮教育思想观念大讨论,活动历时10个月。大讨论期间,学校以落实实践教学体系建设推进年活动为重点,明确提出了着力解决应用型人才培养模式改革、重点学科和特色专业建设、实践教学体系建设、机构调整设置和干部聘任、高层次领军人才培养和引进、人事分配制度改革、管理体制机制创新、开放办学和服务地方、后勤改革、优化育人环境等十个方面的体制机制突出问题。

2012年,为贯彻落实教育部《关于全面提高高等教育质量的若干意见》(高教30条)等文件精神,稳步推进建设较高水平应用型本科院校和"迎评促建"两大阶段性主要任务,学校以落实教学质量提升年活动为重点,继续深化教育教学等关键领域体制机制改革,有力推动教学内涵建设。

2012年11月,党的十八大明确提出了全面深化改革战略部署,对"深化教育领域综合改革"作出了重要部署。2013年11月,党的十八届三中全会通过《中共中央关于全面深化改革若干重大问题的决定》(简称《决定》)。《决定》对"深化教育领域综合改革"提出了明确要求,为"创新高校人才培养机制,促进高校办出特色争创一流""深入推进管办评分离,扩大省级政府教育统筹权和学校办学自主权,完善学校内部治理结构"等提供了根本遵循。为贯彻落实党的十八大和十八届三中全会精神,教育部、省教育厅多次印发相关文件,指导推动高等教育领域综合改革工作。

2013年下半年,为贯彻落实党的十八届三中全会和《国家中长期教育改革和发展规划纲要(2010~2020年)》等精神,学校在总结以往体制机制改革经验的基础上,围绕第二次党代会提出的奋斗目标,进一步明晰改革总体思路,强化改革顶层设计,擘画全面深化综合改革蓝图。2014年5月,经过多个层面的座谈调研、征求意见,并经校第二次党代会2013年年会审议、校党委会议审定,学校出台了《滁州学院关于进一步深化改革提升内涵的意见》(简称《意见》)。

《意见》共分为6个部分24条,突出了"深化改革提升内涵"的主题,明确了深化改革提升内涵的基本要求。坚持突出重点、统筹兼顾、稳步推进原则,以教育教学改革为核心,以管理体制机制改革为切入点,以人事分配制度改革为突破口,以相关配套制度改革和制度、文化等建设为支撑,建立与学校发展相适应的体制机制,提升学校治理能力,推进学校内涵建设,推动学校转型发展,创建特色鲜明的高水平应用型本科院校。《意见》提出深化改革提升内涵的目标任务及保障改革任务落实的措施和要求,做到"三个深化、两个推进",即"深化教育教学改革、深化管理体制机制改革、深化人事分配制度改革,推进制度建设创新、推进文化建设创新"。

2015年初,学校及时启动了综合改革方案编制工作。同年6月,学校成立综合改革领导小组,党委书记庆承松、校长许志才任组长,副校长程曦、郑朝贵任副组长,全面加强综合改革工作领导,统筹推进综合改革各项工作;7月,印发《滁州学院加快推进地方应用型高水平大学建设综合改革方案》(简称《方案》)。

(二)主要内容

《方案》明确综合改革指导思想:"深刻认识学校发展所处阶段及阶段性特征,进一步解放思想,更新观念,以立德树人为根本,以提高质量为核心,以评价为切入点,以重点领域和关键环节为突破口,统筹谋划,协同推进,建立充满活力、富有效率、更加开放,与学校发展相适应的体制机制,提升学校综合实力和办学水平,为建成地方应用型高水平大学而奋斗。"基本原则:"目标引领、问题导向、注重评价、循序渐进、科学民主"。总体目标:"人才培养质量进一步提升,各类人才积极性创造性进一步发挥,内部治理体系进一步优化,以激励为导向的绩效考核评价制度进一步健全,办学特色得到进一步彰显,构建形成'依法办学、自主管理、民主监督、社会参与'的现代大学制度和治理体系,为建设地方应用型高水平大学提供重要制度保障和条件支持。"

《方案》确定8个方面、36项改革任务,重点聚焦强化社会评价,推动管办评分离改革;强化综合评价,深化校院两级管理体制改革;强化绩效评价,深化人事管理改革;强化质量评价,深化人才培养机制改革;强化贡献评价,深化科研体制机制改革;强化效益评

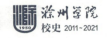

价,深化资源管理改革;强化服务评价,深化后勤管理服务改革;强化能力评价,深化内部管理体制改革。

二、推进综合改革实施

学校高度重视综合改革方案落实,多次召开专题会议研究部署推进,精心制定路线图、时间表,明确责任分工,完善工作机制,力促改革落地见效。从2016年开始,学校有计划、分阶段地把综合改革内容纳入年度工作要点,加强工作落实督察。

2016年3月,学校召开综合改革推进会,研究确定年度重点工作安排。经学校综合改革领导小组会议讨论,校党委会议研究,2016年4月,印发了《2016年度综合改革清单》,明确7个方面20条具体改革任务,综合改革进入了实质性实施阶段。深刻认识学校当前发展阶段所面临的问题和挑战,以重点领域和关键环节为突破口,统筹谋划,协同推进,通过深化综合改革,在解决基本问题的过程中推进学校"上水平",在学校"上水平"发展引领下促进基本问题的解决,以评价为切入点,为建设地方应用型高水平大学提供重要制度保障。

2017年3月底,学校召开第二次党代会2016年年会暨第三届教代会工代会第四次会议。校党委书记庆承松在大会上强调,要深入推进综合改革,为推动审核评估提供强劲动力,紧紧抓住以评价为切入点,在"八个着力"上聚焦用力,即着力完善目标管理、着力加强教师队伍建设和教风学风建设、着力深化人才培养模式改革、着力加强学生工作队伍建设、着力简化办事程序提高工作效率、着力做好后勤改革后续工作、着力加强实验室和仪器设备管理提高使用效益,为推动审核评估提供保障。

2017年4月,校综合改革领导小组召开2017年度工作会议,研究推进年度综合改革工作。会议强调,要紧紧抓住改革、用好改革、参与改革,通过综合改革激发活力、增强动力,促进学校提高质量,提升水平,办出特色,学习借鉴其他高校综合改革好的做法和经验,结合学校实际,整体把握和统筹推进综合改革工作,明确综合改革重点目标任务,实施年度改革清单管理,设计好路线图和时间表。同年5月,印发《2017年度综合改革清单》,确定了8类17项具体改革任务,推动综合改革不断走向深入。

三、优化综合改革方案

(一)优化调整过程

2018年学校第三次党代会报告提出,今后5年要以改革开放为动力,加快地方应用型高水平大学建设,并对深化人才培养模式、人事管理制度、校院两级管理体制等方面改革提出了明确要求。2018年底,为深入贯彻党的十九大精神,全面落实全国教育大会精神,紧紧围绕学校第三次党代会提出的"三步走"战略安排和"全面建成国内知名、省内一流、特色鲜明的地方应用型高水平大学"的奋斗目标,立足新时代新阶段新要求,以更新的理念、更大的力度、更实的举措推进《滁州学院加快推进地方应用型高水平大学建设综合改革方案》,推动全面综合改革走向深入,学校决定启动综合改革方案调整优化工作。

学校及时调整了综合改革领导小组,党委书记陈润、校长郑朝贵任组长,党委副书记张勇、副校长吴开华、纪委书记谭中元任副组长。领导小组多次召开专题会议,听取汇报、研究讨论,要求"紧紧围绕地方应用型高水平大学建设和学校第三次党代会提出的目标任务,把握新时代高等教育发展面临的形势任务,找准制约和影响学校'上水平'发展的问题,明确路径,制定切实可行的改革措施,进一步深化综合改革,真正以改革增活力、促发展",加快研究制定进一步深化综合改革方案(图1.3)。

图1.3　校综合改革领导小组听取综合改革方案调整优化工作汇报

经过近10个月校内外广泛调研、多次研讨、不同层面的座谈论证,不断完善形成《中共滁州学院委员会滁州学院关于进一步深化综合改革的实施方案》(简称《实施方案》),经2019年第14次校长办公会议研究、第23次校党委常委会审议、校三届七次党委全体(扩大)会议通过,《实施方案》于2019年12月底正式印发。

(二)主要内容

《实施方案》指导思想是:"以习近平新时代中国特色社会主义思想为指导,深刻把握学校'上水平'发展面临的新机遇新挑战,以立德树人为根本,以'突出内涵发展、推进质量提升'为主题,以构建科学评价体系为着力点,坚持目标引领和问题导向相结合,坚持系统推进和重点突破相结合,持续深化重点领域和关键环节的体制机制改革,为学校成功获批硕士学位授予单位、初步建成特色鲜明的地方应用型高水平大学奠定坚实基础。"

《实施方案》总体目标是:"到升本20年,学校治理体系更加完善,治理能力有效提

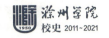

升,应用型人才培养能力和服务地方经济社会发展能力全面提升,人才培养、科技创新、人事管理、内部治理、开放合作、评价激励等方面的体制机制障碍得到有效破解,形成一套充满活力、富有效率、更加开放、推动更高质量更高水平发展的体制机制,学校核心竞争力和办学特色更加凸显。"

《实施方案》由指导思想、总体目标、主要任务和保障措施四部分组成,共有 6 个方面、22 条举措、50 条要点,涉及持续提升人才培养能力、持续提升科技创新能力、持续深化人事管理改革、持续提升内部治理能力、持续提升开放合作能力、持续深化评价激励改革等。

(三)全面实施

2020 年是学校综合改革深化之年。同年 1 月,为做好《实施方案》贯彻落实工作,学校印发了《关于做好〈中共滁州学院委员会滁州学院关于进一步深化综合改革的实施方案〉任务分解的通知》。4 月印发《滁州学院 2020 年度全面深化综合改革任务清单》,6 个方面 18 项工作举措 62 条改革任务取得积极成效。出台并落实学校学科综合改革实验区试点实施办法(试行);修订教学工作量计算办法;深入推进思想政治理论课教学改革,完善"三位一体"教学模式改革;推进公共体育艺术俱乐部制教育教学改革;深化素质拓展和创新创业教育实践第二课堂育人体系改革,进一步完善第二课堂成绩单实施办法;推进大学计算机、大学外语等课程改革;强化综合考核结果运用,充分发挥考核指挥棒作用;实施辅导员职称评审改革;推进科技工作考核评价机制改革;健全科教协同育人机制。2021 年是学校实施教育评价改革突破之年,认真学习贯彻《深化新时代教育评价改革总体方案》,出台深化新时代教育评价改革工作任务清单及负面清单,确定 6 大类 52 条改革举措,年度 13 项改革任务取得实效。《教师工作量综合评价改革》《基于五育并举的学生综合素质测评方法改革》2 个项目获全省首批深化新时代教育评价改革试点立项。"三全育人"综合改革试点工作顺利通过省委教育工委验收。着力破"五唯",进一步完善二级单位任期目标管理和年度综合考核管理办法,建立专职思政课教师转任工作机制,修订完善教师职称评审办法和科研业绩考核方案。

四、提升综合改革成效

11 年来,学校以综合改革为统领,以体制机制改革为核心,以评价为切入点,不断深化人才培养、科学研究、人事管理、内部治理等方面的改革,从局部体制机制改革走向全面综合改革,逐步提升改革层次能级,不断扩大改革范围影响,相关体制机制和规章制度已基本健全。

在人才培养改革上,学校以人才培养模式改革为重点,持续深化"产教融合、协同育人"培养模式改革、"三个课堂一体、三个平台联动"实践育人改革、"一线贯穿、三点发力"

创新创业教育改革、"筑牢基础-强化专业-多样发展""三段式"改革、社会责任教育改革、信息技术深度融合教育教学模式改革,出台《本科专业设置与调整管理暂行办法》《"三全育人"综合改革试点工作实施方案》《深化实践育人工作实施方案》《关于深化创新创业教育改革的实施方案》《课程思政建设与改革实施方案》等,不断完善高水平应用型人才培养体系。

在科学研究改革上,学校建立健全学科建设体系,不断完善科研管理机制,创新成果转移转化机制,出台《重点学科建设管理办法》《科研项目管理暂行办法》《科研机构管理办法》《科技创新团队管理办法》《科技成果转移转化实施管理办法(试行)》《专利申请管理暂行办法》《科技经费管理办法》《学术道德和学风建设实施细则》《科学研究成果奖励办法》《科技突出贡献奖评选办法》《科研工作量计算办法》等相关文件,激励教师加强科学研究,积极服务社会发展。

在人事管理改革上,学校相继推进目标管理、"引育留用"、师德师风、绩效评价等方面改革,出台了《目标管理实施暂行办法(试行)》《绩效工资实施方案(试行)》《专业技术职务聘任办法(试行)》《教师和实验系列职称评聘工作实施办法(试行)》《教学骨干评选与奖励暂行办法》《科研骨干评选与奖励暂行办法》《"双能型"教师认定与管理办法》《关于教师年度考核评价工作实施意见》《建立健全师德建设长效机制实施办法(修订)》《教师教学能力提升计划实施方案》等系列文件,激发人才活力,增强干事动力。

在内部治理改革上,学校以《滁州学院章程》为统领,坚持系统推进、问题导向、务实管用,常态化、分阶段开展规章制度"废改立"工作。2016 年,制定《滁州学院制度规范全覆盖工作方案》,加强制度顶层设计,强化关键点、风险点、薄弱点制度建设,增强制度系统性、针对性、有效性、严肃性和权威性。2018 年 1 月,印发《滁州学院关于进一步开展规章制度"废改立"工作的实施方案》,成立了规章制度清理工作领导小组。2019 年 6 月,印发了《滁州学院规章制度管理办法》,进一步加强制度建设领导和规划,建立规章制度建设长效机制。同时,围绕后勤、资产、财务、审计等工作,深化改革创新,相继出台了《后勤综合改革方案》《国有资产管理暂行办法》《大型仪器设备使用管理办法(试行)》《预算管理办法》《建立预算执行与财务收支年度审计制度的实施方案》等文件,不断提高治理能力、提升治理效能。

第四节 实施发展规划

贯彻落实学校第二次、第三次党代会精神和综合改革方案等决策部署,科学制订并实施"十二五"事业发展规划和"十三五"事业发展规划,科学编制"十四五"事业发展规划,一以贯之推进地方应用型高水平大学建设。

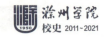

一、制订和实施"十二五"事业发展规划

(一)"十二五"事业发展规划体系

"十二五"时期是我国全面建设小康社会的重要战略机遇期,是实现学校第一次党代会确立第二步发展目标的关键期。在科学研判战略机遇、办学基础以及风险挑战、问题困难的基础上,学校确立了"十二五"期间事业发展的指导思想、发展思路和目标任务。学校"十二五"规划由学校事业发展规划和学科专业建设规划、师资队伍建设规划、校园建设规划三个专项规划组成,经学校二届二次教代会讨论通过,校党委会议审定,于2011年10月印发。

"十二五"事业发展规划共分五个部分:第一部分是发展基础;第二部分是发展机遇与挑战;第三部分是指导思想、发展思路和目标任务;第四部分是保障措施。具体可概括为:围绕两个目标(建设较高水平应用型本科院校、培养高素质应用型人才)、落实四项抓手(以学科专业建设为龙头,以师资队伍建设为关键,以市场和社会需求为导向,以培育特色和创建品牌为重点)、打通七条思路(提高质量、优化结构、提升层次、强化服务、增强活力、开放办学、彰显特色)、推进八大工程(质量提升工程、迎评促建工程、科研强校工程、人才兴校工程、校园建设工程、民生工程、大学文化建设工程、开放办学工程),"地方性、应用型"得到充分体现。

(二)"十二五"主要目标

"十二五"主要目标为实现全日制在校生达18 000人,其中本科生17 000人左右,专科生1 000人左右;积极开展联合培养研究生教育和硕士专业学位研究生培养项目工作;学科门类增加到8个,本科专业数增加到50个,其中工科专业数增加到20个以上;争取建设省级重点学科2~3个,国家级特色专业2~3个,省级特色专业4~5个,培育校级重点学科5~6个;教学仪器设备值达到1.9亿元左右;力争获批国家级本科教学工程项目5项左右;力争取得省部级立项课题40项以上,国家级科研项目10项以上,科研经费达1 600万元以上;专兼职教师数达1 000人左右,其中专任教师力争达到800人,新增校园建设面积150 000 m^2 左右,校园建筑面积达450 000 m^2 左右。馆藏纸质图书总量达120万册。

2013年8月,学校组织开展了"十二五"规划中期自评工作。根据"十二五"规划及三个专门规划中期实施情况,结合学校第二次党代会提出的发展目标,为进一步明确阶段性发展目标及主要任务,保证规划后半期顺利实施,学校对"十二五"规划及三个专门规划部分指标和内容作了适当调整。经校党委研究同意,印发《滁州学院2011~2015年事业发展规划及三个专门规划(修订)》。

(三)"十二五"期间取得成就

"十二五"期间,学校紧紧围绕第一次党代会和第二次党代会确立的目标任务,解放思想,开拓创新,强化内涵,夯实基础,全面加强合格本科院校建设,推进学校向应用型转变,办学质量、办学水平明显提高,"十二五"圆满收官,为地方应用型高水平大学建设奠定了坚实基础。

学科专业布局更加优化。以地方经济社会发展需求为导向,通过增设、调整、改造、停办等措施,稳步增加本科专业数量,不断优化专业结构。现有本科专业50个,应用型专业占90%以上,其中工科专业21个,管理类专业6个,涵盖文、理、工、经、管、教、农、艺等8个学科门类(图1.4);在校生规模稳步增加(图1.5)。

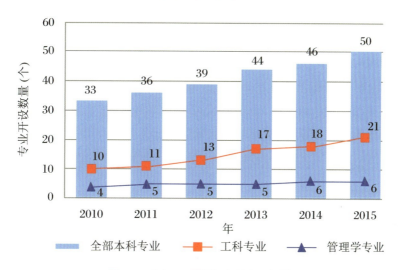

图1.4 "十二五"期间本科专业规模

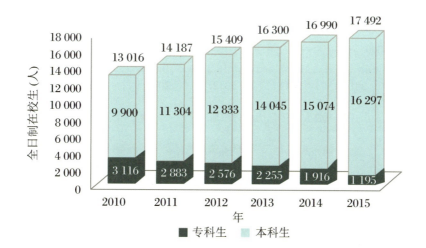

图1.5 "十二五"期间全日制在校生规模

学校构建了信息技术类、化学化工类、生物与食品类、机械制造类、经济与管理类和文化艺术类等6个专业群,形成了以工管为主、多学科协调发展的应用型学科专业格局,内涵得到提升,特色初步显现。建有1个省级重点建设学科,1个国家级特色专业建设点,1个国家级综合改革试点专业,7个省级特色专业。"单一师专升本院校应用型学科专业调整建设路径的探索与实践"获得省级教学成果一等奖。与安徽工业大学联合开展专业硕士学位研究生培养。

人才培养质量不断提高。学校围绕办学定位,根据应用型人才培养要求,以产教融合、校企合作为主要路径,探索实施多种形式的应用型人才培养模式,成人教育及短期培训规模不断扩大(图1.6)。与企业共建8个校企合作班。突出学生实践能力和综合素质的培养,初步构建了"三个课堂一体,三个平台联动"实践育人模式。全面实施本科教学质量与教学改革工程,获批省级以上本科教学质量与教学改革工程项目、振兴计划项目共234项。积极开展创新创业教育,学生2.2万余人次参加各级各类学科竞赛,6 500余人次获得国家级奖项189个、省级奖项858个。学校获得首届中国"互联网+"大学生创新创业大赛国家级铜奖1项,省级金、银、铜奖各1项,优秀奖2项;立项国家级大学生创新创业训练计划项目174项,省级338项。学校荣膺"安徽省高校毕业生就业工作标兵单位",毕业生就业率始终保持在90%以上。

图1.6 "十二五"期间成人教育及短期培训规模

科研和社会服务能力持续增强。学校加强应用研究和技术研发,科研水平不断提高,社会服务能力不断增强。承担省部级以上科研项目150项,其中国家级项目18项,与企事业单位签订产学研合作项目270多项,科研到账经费累计达到4 241万元(图1.7、图1.8)。获得国家授权专利234项。发表论文2 126篇,其中被SCI、SSCI、EI收录236篇。获得省部级科技成果奖7项。获批"安徽地理信息集成应用协同创新中心"省级"2011协同创新中心"等省级科研平台6个。深入开展教授博士进企业活动,选派教师353人赴企事业单位挂职锻炼，服务基层和企业。

图1.7 "十二五"期间省部级以上科研项目

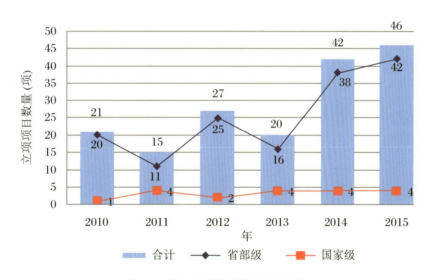

图1.8 "十二五"期间科研到账经费

师资队伍建设得到加强。坚持外引内培，大力引进博士、教授等高层次人才，实施"双百""双证"和"青蓝"计划，推进"博士化"工程，教师数量稳步增长，结构逐步优化，整体素质不断提高。现有专任教师770人，其中，高级职称人员245人，博士124人；认定"双能型"教师306人；新增省级教学团队5个、省"115"产业创新团队1个、省级学术和技术带头人2人及后备人选2人、省战略性新兴产业领军人才2人、省高校领军人才3人、省优秀科技工作者1人、省级教学名师7人、享受省政府特殊津贴1人、兼职博士生导师6人、兼职硕士生导师20人；柔性引进国内外高校专家学者、企业优秀工程技术专家担任客座教授或兼职教师254人（图1.9）。

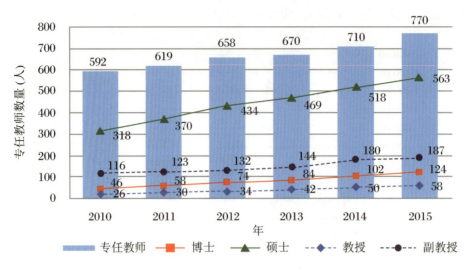

图1.9 "十二五"期间师资队伍规模

办学条件明显改善。学校积极争取地方支持,征地拓展校园空间;优先购置教学科研仪器设备,改善实验实训条件;校园网络基础设施完善,信息化建设和应用水平逐步提升;校园占地面积1 022 800 m²,建筑面积382 300 m²,固定资产总值近9亿元,其中教学科研仪器设备总值3.1亿元(图1.10);藏书量达到纸质图书114万册,电子图书92万种;加强校内外实验实习实训场所建设,建有省级示范实验实训中心5个、校级综合实验室和实验实训中心19个,国家级、省级大学生校企合作实践教育基地7个,校外实习实训基地186个。

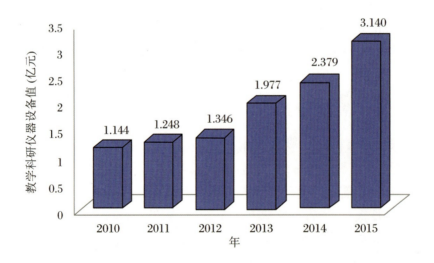

图1.10 "十二五"期间教学科研仪器设备总值

开放合作取得重要进展。学校与滁州市人民政府签订战略合作框架协议,加入滁州市人民政府与合肥工业大学产学研合作战略联盟;与合肥工业大学、安徽工业大学等开展校校合作;与韩国韩瑞大学、美国布里奇波特大学、英国斯旺西大学等高校开展实质性合作办学;与台湾地区的清华大学、淡江大学、实践大学、真理大学、程曦集团等多所高校和企业建立了良好的合作关系,成功举办两届皖台物联网研讨会,成立了"皖台物联网中心";选派师生赴国(境)外高校研修学习450人次,邀请国(境)外专家学者来校讲学160余人次;接受27名留学生来校学习。

体制机制改革稳步推进。学校坚持问题导向,确立"深化改革,提升内涵,推进发展"的工作思路,出台《滁州学院关于进一步深化改革提升内涵的意见》;紧紧抓住以评价为切入点,制定《滁州学院关于加快推进地方应用型高水平大学建设综合改革方案》;深化人才培养机制改革,着力提高人才培养质量;实施目标管理和绩效工资制度,推进管理重心下移和收入分配制度改革;建立校内中级职称评审和高级职称聘任制度,推进教师聘任制度改革;核准发布《滁州学院章程》,推进依法治校。

党建和思想政治工作切实加强。学校深入开展"创先争优""群众路线教育""三严三实"等主题教育活动,扎实推进学习型党组织建设;认真贯彻执行民主集中制和党委领导下的校长负责制;顺利完成两轮干部聘任工作,干部队伍结构进一步优化,整体素质进一步提升;优化党总支、党支部设置,基层党组织作用得到有效发挥;落实立德树人根本任务,扎实做好大学生思想政治工作;严格执行中央"八项规定"和省委、省政府"三十条",切实改进工作作风;压实"两个责任",党风廉政建设有力推进。加强群团、统战、关工委、离退休工作,充分调动各方面的积极性,服务学校改革发展;深入开展文明创建活动,蝉联"全国文明单位"。

二、制订和实施"十三五"事业发展规划

（一）编制过程

"十三五"是学校从"合格"到"上水平"的转换期、综合改革的攻坚期、地方应用型高水平大学建设的关键期。制定并实施好学校"十三五"规划,明确发展愿景、主要任务与举措,描绘好未来五年发展蓝图,对学校实现"提高质量、提升水平、办出特色"阶段性发展目标,建成特色鲜明的地方应用型高水平大学,具有十分重要的意义。

学校党委、行政高度重视规划起草工作,将规划编制工作列为2015年重点工作,印发《关于做好"十三五"规划编制工作的通知》,全面启动学校事业发展规划、四个专项规划和院(部)规划编制工作,成立了由党委书记和校长任组长、其他校领导任副组长的规划编制工作领导组以及专项规划和院(部)规划编制工作领导小组,成立了规划起草工作组,明确了规划编制工作安排和相关要求。在经过校内外调研、高等教育发展趋势分析、发展现状、面临发展任务和要求等基础上,2016年初,规划起草工作组经过反复研讨,确定了《滁州学院"十三五"事业发展规划》(简称《规划》)总体框架,3月初,形成《规划》初稿,后经多次征求意见、修订完善。

2016年3月,学校召开校外专家论证会,邀请金陵科技学院党委书记陈小虎,长春光华学院院长张德江,合肥学院党委书记蔡敬民,徐州工程学院原党委副书记、院长韩宝平,常熟理工学院党委副书记、院长朱士中,省教育厅高教处处长储常连等知名专家,为学校"十三五"事业发展把脉(图1.11)。规划起草工作组在吸收专家意见和建议的基础上,对《规划》进一步修改完善。

图1.11 学校邀请校外专家论证"十三五"事业发展规划

2016年3月中旬至4月初,学校分别召开专业建设和人才培养、学科建设和科学研究、师资队伍建设、信息化建设、大学文化建设等5个专题座谈会以及院(部)负责人,院(部)师生代表,机关人员代表,教代会(工代会)委员、民主党派无党派人士、离退休老同志代表和党代会代表等4个座谈会,广泛征求全校意见建议。在此基础上,规划起草工作组再次修改完善,形成了《规划》草案。

2016年4月,学校召开第二次党代会2015年年会暨第三届教代会工代会第三次会议,会议听取了《规划》编制情况说明,通过了《关于滁州学院"十三五"事业发展规划的决议》。2016年6月,学校党委会议原则通过学校"十三五"事业发展规划和四个专项规划。

2016年7月,学校印发《中共滁州学院委员会滁州学院关于印发"十三五"事业发展规划及四个专项规划的通知》。

2017年4月,为科学谋划各二级学院事业发展,适应学校总体战略发展需要,学校组织各二级学院对学院"十三五"规划进行了修订和完善,经各二级学院党政联席会议研究、学院教代会讨论通过,学校相关部门审核,形成了各二级学院"十三五"事业发展规划(修订)。同年9月,学校对二级学院"十三五"事业发展规划予以印发,要求各学院抓好落实,确保规划目标实现。

（二）体系构成

学校"十三五"规划由学校事业发展规划、专业建设与人才培养规划、师资队伍建设规划、科技工作规划、校园建设规划5个专项规划以及16个二级学院"十三五"事业发展规划组成。

"十三五"事业发展规划共分5个部分：第一部分是发展基础；第二部分是发展机遇与挑战；第三部分是发展愿景；第四部分是主要任务与举措；第五部分是保障措施。具体可概括为：抓住一个主题（转型与提升）、落实三项任务（提升水平、提高质量、办出特色）、推进五大发展（内涵发展、创新发展、特色发展、开放发展、协调发展）、强化三十条措施、实现一个目标（建成地方应用型高水平大学）。

（三）总体目标

向应用型深度转变取得实质性进展，"地方性、应用型、开放式、信息化"的办学定位得到落实，"产教融合、校企合作"的人才培养模式改革取得显著成效，学生实践能力和创新创业能力明显增强。学科专业结构更加优化、内涵得到充实，专业群与区域主导产业链对接更加紧密。师资队伍结构显著改善、"双能"素质明显提升，科技创新和服务地方经济社会发展能力显著增强。办学基本条件显著改善。科学有效的体制机制逐步形成，建成省内有优势、国内有影响、办学有特色的地方应用型高水平大学。

（四）全面实施

2016年9月，为推动《滁州学院"十三五"事业发展规划》及专项规划落实，学校分别从"人才培养、专业建设、学科建设、科学研究、师资队伍、办学条件、开放合作、体制机制、大学文化"等方面，制订学校"十三五"规划目标任务分解一览表，细化年度工作目标和任务，明确责任部门。同时，学校将规划目标任务一并分解到各二级学院，协同推进规划落实。

为全面加强"十三五"规划执行情况监控与评价，有效推进规划目标任务落实，学校每年末均开展规划年度执行情况专项检查，要求各二级学院和相关部门，对照规划目标任务和举措分解表，就规划实施以来的年度预期目标任务和举措完成情况、取得的建设成效以及存在的主要问题进行全面梳理总结，保证了年度规划工作任务落实。

2018年7月，学校组织开展了"十三五"各项规划实施情况中期检查工作。同年9月，根据《安徽省教育厅关于开展高等学校"十三五"规划中期评估工作的通知》要求，在中期检查基础上，对学校"十三五"规划前半期实施情况进行了全面评估。

（五）"十三五"期间取得成就

"十三五"期间，学校以立德树人为根本，以学科专业建设为重点，以师资队伍建设为

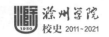

关键,以改革创新为动力,突出内涵发展、推进质量提升,地方应用型高水平大学建设迈出坚实步伐。2016年,开展"创新创业教育推进年"活动,"双创"工作取得明显成效;2017年,开展"专业应用性品质提升年"活动,以良好状态顺利通过教育部本科教学工作审核评估;2019年,开展"学科建设推进年"活动,获批安徽省立项建设新增硕士学位授予单位;2020年,开展庆祝建校70周年、硕士学位点创建提升、综合改革深化和人才工作推进"四个年"活动,签订滁州市人民政府支持滁州学院创建滁州大学战略合作框架协议,疫情防控和改革发展实现"双胜双赢"。

学校先后荣获全国创新创业典型经验高校、全国深化创新创业教育改革示范高校、全国文明校园、全国普通高校中华优秀传统文化传承基地(凤阳花鼓)、安徽省首批党建工作示范高校培育创建单位、安徽省立项建设新增硕士学位授予单位、安徽省"三全育人"综合改革试点高校、安徽省"双一流"国内一流学科建设学校、安徽省智慧校园试点高校、安徽省就业工作先进集体等称号,综合办学实力迈入全省同类高校前列。

1. 党建与思想政治工作开创新局面

学校加强党的全面领导,巩固深化"不忘初心、牢记使命"主题教育成果,扎实开展"讲看齐、见行动"学习讨论和"讲重作""讲严立""三个以案"警示教育,谱好"三部曲"、弹好"四重奏"、推进"五化"联动,以高质量党建推动事业高质量发展;获批安徽省首批"党建工作示范高校"培育创建单位,2个党支部入选"全国党建工作样板支部",基层党建创新案例被人民网刊载;成立马克思主义学院、党委教师工作部,推进思政课"三位一体"教学模式改革,强化师德师风建设,评选"最受学生欢迎的好老师"40人,大学生社会实践活动连续7年受到团中央表彰,获批安徽省课程思政建设先行高校。学校荣获全国无偿献血促进奖,1名同志被授予"全国无偿献血促进奖个人奖"。

2. 学科专业建设取得新突破

学校将学科建设摆在更加重要的位置,实施"369"学科建设规划,构建并完善了"工管为主、多科协调、应用为本、信息见长"的应用型学科专业体系;地理学学科成功获批安徽省"双一流"建设国内一流学科B类,入选安徽省高等学校Ⅲ类高峰学科;"实景地理环境实验室"获批安徽省重点实验室;入选"应急安全智慧学习工场(2020)"暨应急管理学院建设首批试点学校;建有本科专业62个,其中,工科专业占比50%,新增本科专业14个;建有国家级一流本科专业3个、综合改革试点专业1个、特色专业1个,省级一流本科专业14个、综合改革试点专业12个、特色专业8个;测绘工程、食品质量与安全2个专业认证申请被中国工程教育专业认证协会受理;获批国家级、省级一流课程等117门。《中国教育报》头版报道了我校以信息化为突破口,通过"信息化+"模式对专业再造,促进学校第二次转型的探索发展之路。

3. 应用型人才培养质量实现新提高

学校构建"转型为基、实践为要、双创为核"人才培养模式,积极推进"五位一体"教育教学改革、"三三"实践育人模式改革;获批省级教学成果特等奖2项、一等奖5项;签订校企合作协议的专业（群）覆盖率达到100%，建有校外实习实训基地284个（新增200个）、校企合作班29个（新增20个），建设产业学院3个，获批教育部产学合作协同育人项目33项、省级卓越人才教育培养计划12项、省级一流本科人才示范引领基地3个、省级校企合作实践教育基地12个。学生获批国家授权专利222项、发表论文254篇，在各类学科竞赛和创新创业类比赛中共获国家级奖项230项、省级奖项3 662项，其中，五届"互联网＋"大赛获国家级铜奖2项、省级奖项97项（图1.12）。毕业生就业率多年保持在95%以上，学校获全省就业工作先进集体。第三方评估报告显示，毕业生毕业三年后获得职位晋升比例、自主创业比例和月收入均高于全国同类院校平均水平。

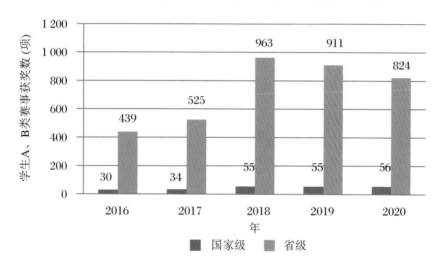

图1.12 "十三五"期间学生A、B类赛事获奖情况

4. 科技与服务地方工作迈上新台阶

学校坚持服务需求，深化产学研用合作，科技水平与服务地方能力显著提高；建有省部级以上科技创新平台12个，其中"安徽省院士工作站"1个、"安徽省博士后科研工作站"1个，市级科技创新平台15个；建有市厅级以上科研团队10个；获批省部级以上科技和社会科学类奖励12项，其中国家科技进步二等奖1项；累计获批省部级以上科研项目347项、签约产学研合作项目854项；累计科技到账经费2.2亿元，其中横向项目到账经费1.69亿元，占比76.82%（图1.13）。获批国家授权发明专利107项，连续4年名列全省发明专利百强榜，稳居全省高校前列；设立滁州学院科技服务与成果转化天长分中心、来安分中心，企业"科技副总"得到省市领导高度肯定并批示要求推广；研发的"智慧消防无人机系统"作为安徽省公安厅十大科技成果之一，在习近平总书记2016年视察安徽期间作汇报展示；持续助力精准脱贫，定点帮扶定远县大桥镇义和村贫困村出列；利用自主研发的先进地理信息技术，高质量完成金寨、岳西、潜山、太湖、利辛等贫困县和蚌埠市淮上区等地宅基地腾退整治复垦的测绘与复垦方案编制工作，为地方增收200多亿元；为地方各级政府单位编制规划及评估项目40项。

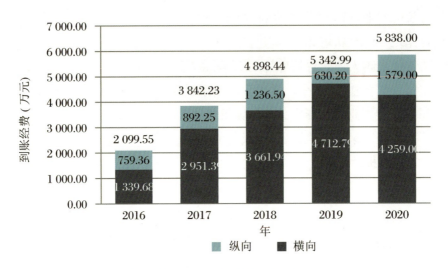

图 1.13 "十三五"期间科技到账经费

5. 师资队伍建设取得新进展

学校实施"人才强校"战略、"博士化"工程和"双百""双证""青蓝"计划,新增专任教师 236 人,现有教职工 1 300 人,其中专任教师 1 006 人、教授等正高职称 104 人、副教授等副高职称 254 人,高级职称比例 35.6%;博士 236 人、硕士 697 人,硕士以上教师占比 92.7%;具有海外学习与研修经历的教师 193 人,占比 19.2%;"双能型"教师 520 人,占比 51.7%;"刚柔并济"引进国家级人才 11 人(图 1.14)。获批省高校领军人才团队 1 个,省委组织部省人才办Ⅱ、Ⅲ类引才平台各 1 个;现有全国模范教师、优秀教师 3 人,省模范教师、优秀教师 12 人,省"特支计划"人才 2 人;外聘兼职教师 238 人,其中来自行业企业中、高级人才 106 人;1 名教授作为全国基层科技工作者代表,应邀出席 2018 年全国"两院"院士大会;2 名教授当选教育部高等学校教学指导委员会委员。

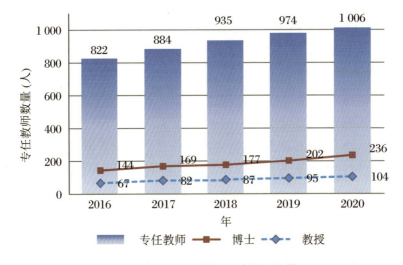

图 1.14 "十三五"期间师资队伍规模

6. 基本办学条件得到新优化

学校征用正大公司地块 68 300 m²,校园面积达到 1 089 000 m²;校舍总建筑面积达到 462 100 m²,其中新增校舍面积 70 900 m²。教学行政用房面积达到 204 800 m²;建有省级示范实验实训中心 9 个、虚拟仿真实验教学中心 3 个,校级综合实验室和实验实训中心 20 个;教学科研仪器设备总值达到 3.13 亿元;校藏纸质、电子图书总量分别达到 132.25 万册和 154.1 万种,各类数据库 57 个(其中外文 17 个);获批安徽省首批智慧校园试点高校,开发了综合服务门户 PC 端和移动端"掌上蔚园"APP;建有泛雅、安徽慕课两个网络教学平台,建成省内第一个面向应用型高校共建共享的慕课平台,获批教育部 2019 年度网络学习空间应用普及活动优秀学校;建设网络资源课程 1 535 门次,其中学习访问量超过 5 000 人次的课程 600 余门;成功获批地方非标专项债 3.5 亿元;建成校史馆、艺术馆、地方特色文化馆,艺术馆入选"安徽省社会科学普及基地";完成校内"廊桥路湖亭"等校园景观设施命名。

7. 对外交流合作进入新阶段

学校深化与地方政府的深度合作、融合发展,与安徽省 14 个市(县、区)签订合作协议,实现滁州市全覆盖;签订滁州市人民政府支持滁州学院创建滁州大学战略合作框架协议;与华为技术有限公司、中煤地质局湖北局、康佳集团、全柴集团等大中型企业建立实质性合作关系;与省内 5 所大学联合开展研究生培养工作。与美国、英国、韩国、泰国等国(境)外 17 所高校签订交流合作协议,与泰国易三仓大学合作举办的电气工程及其自动化专业本科教育项目获批教育部中外合作办学项目;"安徽省桥梁结构数据诊断与智慧运维国际联合研究中心"获批安徽省国际科技合作基地;共有教师 205 人次、学生 416 人次赴国(境)外高校研修,20 名韩国留学生来校学习,国(境)外师生 398 人次来访交流;每年举办"皖台物联网研讨会",成为皖台教育交流合作品牌;承担国台办 2019 年对台交流重点项目"鼓乡情韵-凤阳花鼓"艺术团赴台湾地区有关高校及中小学巡演,开创了安徽高校对台文化巡演交流的先河;5 年来,累计培养成人高等学历教育人数 10 885 人,开展社会培训超过 20 000 人次。

8. 内部治理能力建设取得新成效

学校实施《滁州学院章程》,持续推进制度创新与建设工作,形成了以学校章程为统领、以各项管理制度为支撑、覆盖党的建设和事业发展各方面的制度体系;认真贯彻执行党委领导下的校长负责制,建立健全并严格执行党委全委会、常委会、校长办公会议事规则,落实二级党组织委员会会议和二级学院党政联席会议议事规则;完成学术委员会换届工作,充分发挥其在学术事务决策、审议、评定和咨询中的重要作用;新设马克思主义学院、土木与建筑工程学院,组建机械与电气工程学院;成立信息化建设与管理中心、科技服务与成果转化中心;深化目标管理,与二级单位签订新一轮任期目标责任书;积极发挥学校教代会工代会等群团组织的民主管理和民主监督作用;依法推进党务、校

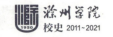

务和信息公开,每年发布本科教学质量年度报告、毕业生就业质量年度报告。

三、制订"十四五"事业发展规划

"十四五"时期是学校全面实现第三次党代会提出的第一步战略目标的决胜期、迈向第二步战略目标的攻坚期。科学制订学校"十四五"规划,事关落实"三步走"战略安排全面建成地方应用型高水平大学这一大局。2020年4月,学校即着手启动相关准备工作。2020年6月,印发《滁州学院"十四五"事业发展规划工作方案》,成立了由校党委书记和校长任组长、其他校领导任副组长、各职能部门负责人为成员的规划编制工作领导小组,明确了4个阶段的工作安排,确立了"1+6+15"的规划体系(即1个总体规划、6个专项规划、15个二级学院规划),全面启动规划编制工作。2020年7月17日,学校成立了"十四五"事业发展规划起草组及7个专项规划编制工作小组,正式启动规划起草工作。

在规划起草过程中,学校重点抓好五个方面工作:一是扎实开展学习培训,先后组织观看教育部学校规划建设发展中心、中国教育干部网络学院等单位举办的教育"十四五"规划线上公开课、专题网络培训10余次,印发相关学习材料;举办教育部政策法规司领导专题报告会、高等教育领域专家报告会、滁州市经济社会发展专家报告会,邀请相关领导、专家、学者分别就"十四五"期间高等教育政策、高教事业发展、高校规划编制、地方经济发展等方面作辅导报告。二是积极开展课题研究,围绕"十四五"期间学校事业发展的重大问题,依托2020年度学校高等教育研究项目,设定4个委托课题,由人事处、教务处、科技处、发展规划处等部门作为申报单位,组织开展专题研究,形成相关研究成果,服务规划决策。三是认真做好校外调研,对发展比较靠前、特色明显的两所应用型高校淮阴工学院、安徽科技学院进行学习考察,交流办学治校成功经验和规划编制思路及特色做法。四是广泛征求意见建议,2020年6月,组织开展"创想蔚园'十四五'"建言献策活动,通过掌上蔚园等平台,征求师生员工、校友、社会各界对学校事业发展的意见建议,共有1 238人次参与,收到有效问卷427份;先后6次召开"十四五"规划编制调研座谈会、征求意见座谈会,听取二级学院书记、院长、相关管理人员,教授、博士、教师代表,离退休老领导,民主党派人士代表对学校"十四五"规划的意见建议,积极推动规划起草工作。五是切实做好专家论证,2021年3月,邀请长春工业大学原校长张德江教授、金陵科技学院党委书记陈小虎教授、上海工程技术大学党委副书记鲁嘉华教授、安徽农业大学发展规划处处长方明教授、中国高等教育学会院校研究分会应用型院校研究中心主任顾永安教授等知名专家对学校"十四五"事业发展规划进行函评论证。

2021年3月19日,《滁州学院"十四五"事业发展规划(讨论稿)》经学校四届三次教代会工代会审议通过。规划文本包括发展基础与发展环境、指导思想与发展目标、主要任务举措与重大工程、保障措施4个部分，重点描述了未来发展目标和2035年远景目标以及"12345"实现路径，即明确"一个主题"、实现"两个突破"、强化"三个导向"、深化"四大战略"、打造"五个蔚园"。

四、编制和实施地方应用型高水平大学建设方案

（一）项目立项与建设方案制定过程

2013年5月，为贯彻落实国家和省《中长期教育改革和发展规划纲要（2010～2020年）》以及省委、省政府《关于建设高等教育强省的若干意见》，打牢高校发展基础，振兴安徽高等教育，安徽省教育厅、财政厅联合出台《安徽省支持本科高校发展能力提升计划》和《安徽省高等教育振兴计划》，按照"科学定位、分类指导、多元发展、特色办学"的高等教育发展方针，正式启动有特色高水平高校建设重大项目，重点立项、分类建设一批高水平大学。

能否跻身安徽省地方应用型高水平大学建设行列，事关学校转型提升、"上水平"发展大局，事关学校能否高质量完成第二次党代会确立的奋斗目标。学校党委、行政高度重视，广泛调研论证，深入考察交流，精心组织申报。2014年6月，学校党委会议研究通过了省级特色鲜明高水平应用型本科院校项目建设方案申报稿，成立了由校长许志才任组长的高水平应用型本科院校项目申报领导小组，全面启动项目申报各项工作。

2014年7月，学校顺利通过省教育厅组织的项目答辩。7月中旬，安徽省教育厅印发《关于下达2014年高等教育振兴计划部分项目的通知》，学校成功入选首批"安徽省地方应用型高水平大学建设学校"。

2014年9～10月，学校召开"地方应用型高水平大学"项目建设方案校内论证会。省教育厅副厅长李和平到会指导。由金陵科技学院党委书记陈小虎任组长，省政协副主席、合肥工业大学副校长赵韩，福建省委教育工委副书记、省教育厅副厅长黄红武，长春工业大学原校长张德江，合肥学院党委书记蔡敬民等组成论证工作专家组，为学校地方应用型高水平大学建设方案诊断把脉。

在综合省教育厅反馈意见、专家论证反馈意见和广泛征求校内意见的基础上，学校组织完成了地方应用型高水平大学建设方案完善、定稿工作，进入全面实施建设阶段（图1.15）。

图1.15 学校邀请校外专家论证高水平大学建设方案

（二）建设目标

学校坚持地方性、应用型办学定位，紧紧抓住地方应用型高水平大学建设基本问题，按照"动态管理、竞争择优、统筹兼顾、开放合作"和"整体设计、全面推进、重点突破、培育特色"的思路，通过5年或更长一段时间的建设，建成一批与区域产业紧密结合的高水平应用型专业，建成一批支撑应用能力培养的高质量应用型课程，建立一套产教高度融合的实践育人体系，产出一批服务地方经济社会发展的高水平科技创新成果，建成一支满足应用型人才培养需要的高素质"双能型"教师队伍，建设一个环境优美、资源高效利用的数字化校园，形成适应地方应用型高水平大学建设需要的充满活力、科学有效的体制机制，培育引领地方应用型高水平大学发展要求的积极向上、宽松和谐的大学文化，使学校成为在全省同层次高校中处于领先水平、全国同类高校中有较大影响力的地方应用型高水平大学。

（三）全面推进高水平大学项目建设

2015年4月，为加强地方应用型高水平大学建设的指导与管理，学校印发《关于建设地方应用型高水平大学的意见》。同年6月，成立了地方应用型高水平大学建设领导小组和应用型专业建设组、应用型课程建设组、应用型人才培养组、应用型教师队伍建设组、应用型科学研究组、校园基础能力建设组、体制机制创新建设组、大学文化建设组等8个子项目建设组，进一步明确了项目建设责任主体和工作职责，签订了子项目年度建设工作任务书。领导小组办公室设在发展规划处。

在整体推进地方高水平大学建设项目的同时，学校以项目为载体，遴选一批优势专业和创新平台进行了重点建设。2014 年，首批重点建设地理信息科学、物联网工程、化学工程与工艺、机械设计制造及其自动化、财务管理、食品科学与工程 6 个本科专业和安徽省地理信息集成应用协同创新中心、江淮分水岭生态环境与区域发展研究中心、滁州食品加工研究院、盐化工产业研究院、装备制造研究院、物联网应用工程技术研究中心创新平台 6 个创新平台。2015 年，再次遴选了食品质量与安全、测绘工程、通信工程、商务英语、自动化、金融工程等 6 个专业进行重点建设。

在历年省教育厅开展的高等教育质量工程项目和振兴计划部分项目年度检查验收工作中，学校地方应用型高水平大学建设项目均获得较好评价。2015 年和 2016 年阶段检查结果为"良好"等次，2017 年和 2018 年阶段检查结果为"优秀"等次。

2020 年 4 月，根据《安徽省教育厅关于开展地方特色高水平大学和地方应用型高水平本科院校建设项目中期检查的通知》要求，学校对地方应用型高水平大学建设项目立项以来在办学定位、办学条件、师资队伍、人才培养、科学研究、社会服务、文化传承创新、国际合作与交流、内部治理、办学特色等方面取得的建设成效和任务完成情况进行了全面评估，项目总体进展良好，各项指标达到预定目标。

为更好推进学校"申硕更大"工作见行见效，顺利完成第三次党代会提出的"三步走"战略目标的"第一步"，并为实现"第二步"目标打下坚实基础，2021 年下半年，学校出台《中共滁州学院委员会关于强化高质量发展加快新阶段地方应用型高水平大学建设的实施意见》（以下简称《意见》）。11 月，学校成立《意见》起草小组。12 月下旬，学校连续召开 2 次"高质量发展意见"征求座谈会，分别听取各职能部门负责人、二级学院负责人、基层党委（党总支）负责人的意见建议，吸收修改完善意见文本。12 月 24 日和 25 日，学校分别召开党委常委会会议和党委全体会议，听取起草小组关于意见文本起草情况的汇报，审议通过意见文本。实施意见分为 4 个部分共 23 条，其中，第一部分强调"强化高质量发展，加快新阶段地方应用型高水平大学建设的重要性和紧迫性"的认识；第二部分是强调"强化高质量发展，加快新阶段地方应用型高水平大学建设"的总体要求，提出"三个坚持""三个更大"；第三部分强调"强化高质量发展，加快新阶段地方应用型高水平大学建设"的 12 项重点举措；第四部分是从内部治理能力提升、办学资源建设、大学文化建设三个方面，强调"强化高质量发展，加快新阶段地方应用型高水平大学建设"的支撑保障。

第二章　应用型本科教育

2011年以来，学校紧紧围绕"培养什么人、怎样培养人、为谁培养人"这一根本问题，落实立德树人根本任务，牢固树立学生中心理念，以一流专业建设为抓手，持续构建应用型人才培养体系，深化人才培养模式改革，扎实开展专业评估和专业认证，应用型人才培养能力和水平稳步提升，学校以良好状态接受了本科教学工作合格评估和审核评估。

第一节　加强人才培养顶层设计

坚持"以本为本"，推进"四个回归"，以年度教学工作会议为统领，以专业人才培养方案为载体，以质量工程项目为抓手，强化人才培养顶层设计，持续推进专业内涵建设和人才培养模式改革，全面提升人才培养质量。

一、召开年度教学工作会议

学校坚持每年召开教学工作会议，围绕相关主题，讨论、研究学校人才培养和教育教学工作中的一些全局性、关键性、突出性问题，出台有关政策方案。

2011年12月23~25日，学校召开了2011年度教学工作会议（图2.1）。会议主题为"以教学工作合格评估为契机，大力推进教学基本建设，全面提升教育教学质量"。金陵科技学院党委书记陈小虎、省教育厅高教处处长储常连应邀出席。党委书记余在岁强调，以"迎评促建"工作为抓手，全面加强教学基本建设，提高人才培养质量，并就"迎评促建"工作提出了六点要求（图2.2）；校长许志才作了题为《全面提高教育教学质量，以良好状态顺利通过本科教学工作合格评估》的教学工作报告；陈小虎就本科教学工作合格评估作专题辅导报告；储常连作了题为《开放课程与高校课程改革》专题报告；副校长程曦就《滁州学院本科教学工作合格评估总体方案》作了说明；教务处负责人作了《滁州学院"实践教学体系建设推进年"活动总结》报告。此次会议正式吹响了学校迎接本科教学工作合格评估的号角。

图 2.1　学校召开 2011 年度教学工作会议

图 2.2　校党委书记余在岁发表讲话

2012 年 12 月 28 日,学校召开了 2012 年度教学工作会议。会议主题为"落实高教 30 条,完善内部质量保障体系,大力提升内涵建设,全面提高人才质量"。党委书记庆承松强调,将评建工作作为学校工作主线和抓手,以此带动全校教学、科研、管理、服务等各项工作,推动学校事业全面发展(图 2.3);校长许志才作了题为《加强内涵建设,提高教学质量,以良好状态顺利通过本科教学工作合格评估》的教学工作报告(图 2.4);副校长郑朝贵对《滁州学院内部教学质量保障体系纲要》进行了详细介绍和说明;教务处负责人对学校"教学质量提升年"活动进行了总结。

2013 年 12 月 27 日,学校召开了 2013 年度教学工作会议,会议主题为"深化教育教学改革,提高人才培养质量,为创建高水平应用型本科院校而努力奋斗"。省教育厅高教处处长储常连应邀出席,并对地方性应用型高水平大学建设作指导。党委书记庆承松

图 2.3 校党委书记庆承松在学校 2012 年度教学工作会议上发表讲话

图 2.4 校长许志才在学校 2012 年度教学工作会议上发表讲话

指出:在本科教育的办学征程中,学校刚刚跨过合格线,迈出了可喜的一步,但仅仅是第一步;要正视成绩和不足,采取得力措施,抓好整改和建设工作,促进学校又好又快发展。校长许志才作了题为《深化教育教学改革,提高人才培养质量,为创建高水平应用型本科院校而努力奋斗》的教学工作报告。副校长郑朝贵解读了合格评估整改方案和任务分解。

2015 年 1 月 19 日,学校召开了 2014 年度教学工作会议,会议主题为"深化教育教学改革,提高人才培养质量,为建设地方应用型高水平大学而努力奋斗"。党委书记庆承松强调,以审核评估、地方应用型高水平大学建设、教学成果奖培育和申报等三项工作为引领,加强内涵建设,深化教育教学改革,不断提高教育教学质量,努力开创学校教学工作新局面。校长许志才作了题为《深化教育教学改革,提高人才培养质量,为建设地方应用型高水平大学而努力奋斗》的教学工作报告。副校长郑朝贵就学校重点专业建设实施办法作了说明。

2016年1月8～9日,学校召开了2015年度教学工作会议,本次会议延续了上一年度教学工作会议主题。省教育厅高教处处长储常连应邀出席,并作了题为《大力推进向应用型深度转变,破解应用型高校创新创业人才培养难题》的报告。党委书记庆承松强调,把创新创业教育改革作为学校综合改革突破口,通过深化创新创业教育改革,不断提高人才培养质量和办学水平,形成学校特色和优势。校长许志才作了题为《深化创新创业教育改革,提高应用型人才培养质量,为建设地方应用型高水平大学而努力奋斗》的教学工作报告。副校长郑朝贵就学校《关于深化创新创业教育改革的实施方案》《专业人才培养通用标准》《关于实践育人工作的实施方案》等作了说明。

2017年1月13日,学校召开了2016年度教学工作会议,会议主题为"深化创新创业教育改革,推动教学工作审核评估,全面提升应用型人才培养质量,为建设地方应用型高水平大学而努力奋斗"。党委书记庆承松强调,本着对学校事业发展高度负责的态度,统一思想,增强信心,齐心协力,加强建设,严格按照评价指标体系全面做好各项准备工作,以积极的姿态、良好的状态迎接审核评估,为学校教育教学质量再上新台阶、为建设特色鲜明的地方应用型高水平大学做出更大的贡献。校长许志才作了题为《深化创新创业教育改革,推动教学工作审核评估,为建设地方应用型高水平大学而努力奋斗》的教学工作报告。副校长郑朝贵作了《审核评估重点建设项目》的说明。

2018年1月18～19日,学校召开2017年度教学工作会议,会议主题为"强化专业内涵建设,落实审核评估整改,提高人才培养质量,为建成地方应用型高水平大学而努力奋斗"。党委书记陈润强调,进一步统一思想、提高认识,切实将审核评估整改工作作为促进人才培养质量提升的重要抓手,作为当前和今后一段时期学校建设发展的有利契机,全力以赴把审核评估整改工作做实做好(图2.5)。校长许志才作了题为《强化专业内涵建设,提高人才培养质量,为建成地方应用型高水平大学而努力奋斗》的教学工作

图 2.5　校党委书记陈润在学校 2018 年度教学工作会议上发表讲话

报告。副校长郑朝贵就本科教学工作审核评估整改方案作了说明(图2.6)。

图2.6 校长郑朝贵在学校2018年度教学工作会议上发表讲话

2019年2月24日,学校召开2018年度教学工作会议,会议主题为"完善人才培养体系,提高人才培养能力,为建成地方应用型高水平大学而努力奋斗"。党委书记陈润强调,贯彻落实全国全省教育大会精神,准确把握大势,完善立德树人落实机制,强化专业内涵建设,建设高素质教师队伍,落实以学生为中心理念,全面提升人才培养质量。校长郑朝贵作了《完善人才培养体系,提高人才培养能力,为建成地方应用型高水平大学而努力奋斗》的教学工作报告。

2020年1月10日,学校召开2019年度教学工作会议(图2.7),会议主题为"强化内涵建设,推进质量提升,打造一流应用型本科教育,为建设地方应用型高水平大学而努

图2.7 学校召开2019年度教学工作会议

力奋斗"。党委书记陈润强调,以习近平新时代中国特色社会主义思想为指导,不忘初心、牢记使命,努力奔跑、奋力追梦,推动学校教学工作不断迈上新台阶,书写好学校建设一流应用型本科教育的"奋进之笔"。校长郑朝贵作了题为《强化内涵建设,打造一流本科,为建成地方应用型高水平大学而努力奋斗》的教学工作报告。

2021年11月3日,学校召开第十次教学工作会议。党委书记陈润作了《教育报国守初心,立德树人担使命,加快构建高水平应用型本科教育体系》的讲话。校长郑朝贵作了题为《聚力一流本科建设,完善高质量人才培养体系,为建设地方应用型高水平大学而努力奋斗》的教学工作报告。

二、优化专业人才培养方案

2011年以来,根据高等教育发展新形势和地方经济社会发展新要求,结合办学实际,学校依次开展了2012版、2014版、2016版、2019版本科专业人才培养方案修订工作。

2012年5月,学校出台《关于制(修)订应用型人才培养方案(2012版)的原则意见》,在全面总结2006版和2009版人才培养方案成功经验的基础上,启动新版人才培养方案修订工作(图2.8)。各学院成立专业建设指导委员会,聘请两名以上来自行业、企业、政府的专家,联合开展专业培养目标与规格、课程体系、教学内容等论证工作。

图2.8 学校召开2012版应用型人才培养方案修订工作会议

该版方案以"重视基础,增强能力,强化应用,提高素质"为指导思想,构建了基本素质、专业基础、专业应用三个模块,公共基础、公共选修、专业基础、专业选修、实践教学五类课程的"三模块、五类别"课程体系,实行"三证书"制(本科毕业证书、学士学位证书和专业实践能力鉴定证书)。理工类各专业总学分控制在190学分左右,实践教学所占比例控制在25%~40%;人文社科类专业总学分控制在180学分左右,实践教学所占比例控制在20%～35%；公共基础课46.5学分，公共选修课5学分，素质拓展与创新创业实践10学分。

2014年，结合本科教学工作合格评估整改和地方应用型高水平大学建设，学校以"能力本位、市场需求、职业适应"为导向，以"产教融合、校企合作"为主要路径，再次修订人才培养方案。8月初，学校召开2014版本科专业人才培养方案审议会议，邀请省内外高校专家学者、政府部门和知名企业的领导专家参加论证（图2.9）。该版方案构建了"三层次"（通识基础实践层次、专业实践层次、素质拓展与创新创业实践层次）、"四类别"（课程实践类、实践课程类、课外实践类、综合实践类）实践教学体系，进一步强化学生实践应用能力养成。理工类专业总学分控制在180学分以内，人文社科类专业总学分控制在170学分以内。同步推进公共基础课改革，思想政治理论课采用"课堂教学＋网络教学＋实践教学"的"三位一体"教学模式，大学英语课程采用"通识＋应用"的分级教学模式，大学计算机基础课采用"慕课教学＋翻转课堂教学＋实践教学"的教学模式。

图2.9　学校召开2014版本科专业人才培养方案审议会议

为深入贯彻落实《国务院办公厅关于深化高等学校创新创业教育改革的实施意见》《滁州学院地方应用型高水平大学建设方案》《滁州学院加快推进地方应用型高水平大学建设综合改革方案》，学校开展了2016版本科专业人才培养方案修（制）订工作，推进创新创业教育改革、"产教融合、协同育人"模式改革、"三个课堂一体、三个平台联动"实践育人模式改革、"筑牢基础—强化专业—多样发展""三段式"培养模式改革以及社会责任教育改革等"五位一体"教育教学改革措施融入人才培养方案。各专业以能力培养为主线，绘制课程地图，制作专业综合素质能力要求实现矩阵，优化课程体系设置。该版方案突出了创新创业教育，学生在校期间至少应修读创新创业教育10学分，增设了《大学生创新创业基础》公共课，将创新创业实践必修学分提高至4学分；在大一、大二、大三暑期，全面推行"实践教学小学期制"，时间不少于2周。落实安徽省教育厅《关于深化高校教学改革加强大学生社会责任教育的意见》，首次单独设立社会责任教育5学分。

2019年3月，为深入贯彻落实全国全省教育大会及新时代全国高等学校本科教育工作会议精神，聚焦"德智体美劳五育并举""对接国家新教学质量标准""深化OBE改革""加强课程思政""安徽省'三起来一出去'教育教学改革"，学校重新修订专业人才培养方案(图2.10)。各专业对照《普通高等学校本科专业类教学质量国家标准》(2018),从培养目标、培养规格、课程体系等10个方面对专业现状进行分析,查找与国家标准的差距,对标完善。在此基础上,各工科类专业参照工程教育专业认证通用标准,对专业培养目标、毕业要求进行了细分,建立了"培养目标——毕业要求""课程体系——毕业要求"对应矩阵。该版方案首次设置了艺术教育、劳动教育学分,将创新创业教育调整为6学分,社会责任教育调整为4学分;思想政治理论课实践教学由课外实践调整为课内实践;将大学英语课程分级由原来的A、B、C三级调整为A、B两级;大学计算机基础课全部采用"慕课教学+实践教学"模式;大学体育课程实施俱乐部制教学改革;鼓励各类课程设置网络学时,将优质网络教学资源引入教学内容,实施混合式教学改革。

图2.10 学校召开2019版本科专业应用型人才培养方案修订启动会

三、实施质量工程项目建设

2011年以来,学校在安徽省高等学校教学质量与教学改革工程指导下,落实《滁州学院本科教学质量与教学改革工程实施方案》,从学科建设、专业建设、课程建设、师资队伍建设、教学质量监控与评价体系建设、实践教学与人才培养模式改革创新建设、教学研究与成果建设等七个方面推进质量工程项目建设工作。

2014年,学校出台《滁州学院本科教学质量与教学改革工程建设规划》,对质量工程项目的建设范围进行调整,从质量标准建设、专业建设与改革、优质教学资源开发与建设、实践创新能力培养、教师教学能力提升、突出教学贡献奖励、教学成果奖励及推广等七个方面,继续加强本科教学内涵建设。学校逐步建立起以校级质量工程项目建设为基础、省级质量工程项目建设为重点、国家级质量工程项目建设为引领的三级质量工程体系。

2008~2015年,校级质量工程项目设置类别基本上与省级质量工程项目相同,学校根据质量工程项目年度建设计划,按需设置校级项目;根据国家级、省级质量工程项目申报通知,择优推荐省级和国家级项目(图 2.11)。自 2016 年起,校级质量工程项目开始围绕当年度教学工作重点设置;省级项目从以往立项的校级项目中择优推荐,省级新设项目学校组织自由申报,凡被推荐参评省级项目的,均默认为校级质量工程项目。

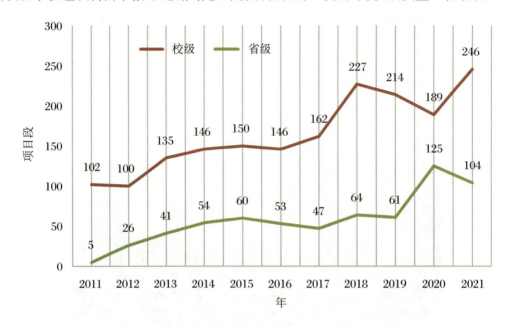

图 2.11 学校 2011~2021 年质量工程项目立项情况

2016 年,学校以"创新创业教育融入专业教育和课程教学"为主题设置项目,立项建设 10 支创新创业类教学指导团队,围绕创新创业教育改革、"三个课堂一体,三个平台联动"实践育人模式主题,立项建设 45 项教学研究项目。自该年度起,学校开始设置课程综合改革项目,推动专业核心课程在教学内容、教学模式与方法、考核评价、教学质量评价等方面进行改革,通过学校泛雅网络教学平台,向在校生提供优质教学资源,逐步实现网络资源与课堂教学有机融合;当年度立项 87 门综合改革课程。

2017 年,学校以"专业应用性品质提升"为主题设立教学方式方法改革、专业信息化改造、产教融合发展、实践育人模式改革、创新创业教育研究、专业群建设研究等 6 类教学研究招标项目。在产教融合发展招标项目资助下,"轩昂电商班""跳动联盟班""木哥达影视班"等 6 个校企合作班相继开班,学校实现了校企合作育人平台学院全覆盖。

2018 年,以"课堂教学质量提升"为主题立项建设了 63 门综合改革课程、10 门优质在线开放培育课程,并首次在教学研究项目中设立学院自筹项目,由二级学院围绕学院重点工作自行设置、自筹经费支持,当年度立项自筹项目 84 项。

2019 年,学校围绕一流课程培育立项建设了 23 门"课程思政"专业示范课程、5 门创新创业特色类课程、10 门校企共建课程、10 门实验信息化课程、10 门在线开放课程和 10 门线下开放课程;立项建设学院自筹项目 94 项。

2020 年,学校围绕课程思政建设立项了 27 门"课程思政"专业示范课程和 162 项教学研究项目,其中学院自筹项目112项。

2021年,为推进课程思政建设和校企合作,学校立项建设了30门课程思政示范课程、22门校企共建示范课程和11部规划教材。

质量工程项目建设对培育教学改革成果、扩大优质教育资源、锻炼教师队伍、推广教学成果应用、提升人才培养质量起到了较好的推动作用。2020年,学校获批安徽省首批课程思政建设先行高校、线上教学示范高校和"双基"建设示范高校。在各类质量工程项目资助下,教师积极参与教育教学改革,发表的教学研究论文数量不断增加;2011年教师发表教研论文仅有78篇,到2016年上升至112篇,此后每年一直保持在110篇以上(图2.12)。中国高等教育学会发布的全国高校教师教学竞赛状态数据(2012~2020年)显示,学校位居全国本科院校第317位,安徽省属本科高校第10位、同类高校第2位。学校人才培养质量和社会声誉持续提升,中国高等教育学会发布的"2020全国普通高校学科竞赛排行榜"数据显示,我校进入2016~2020年全国新建本科院校大学生竞赛排行榜前100,排名第26位;安徽省教育招生考试院公布的招生数据显示,2020年学校在省内同类高校中的文史类投档线排名由2019年的第6名提升到第3名,理工类投档线由2019年的第6名提升到第5名,是省内同类高校中投档线位次提升的唯一高校。

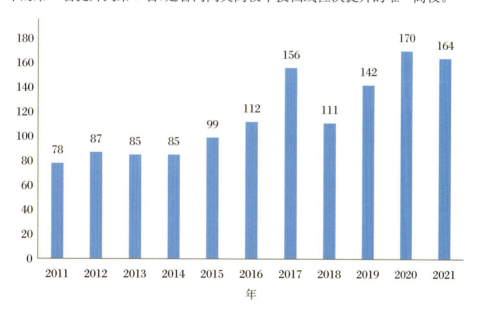

图2.12　学校教师2011~2021年发表教学研究论文情况

第二节　聚力专业与课程建设

学校紧紧围绕地方经济社会发展需求和自身办学定位,制定并实施了"十二五"和

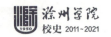

"十三五"专业建设与人才培养规划,按照"适应需求、突出应用、分类指导、培育特色"的思路,科学规划专业布局,优化专业结构,改革课程体系和教学内容,强化实践能力培养,不断提升专业与课程建设水平。

一、加强专业建设

"十二五"期间,学校坚持以社会需求为导向,突破师范单一学科专业格局,通过新建、调整和改造,坚持一般和重点相结合,加强专业建设,不断充实专业内涵,信息技术类专业优势和特色得到彰显。"十三五"期间,进一步推动转型,按照"提高质量、提升水平、办出特色"的要求,完善紧密对接地方支柱产业与战略性新兴产业发展的应用型专业体系,着力提升专业应用性品质,提高优势专业集中度,打造"以工管为主、以信息为特色"的应用型学科专业特色。

2011年,学校新增无机非金属材料工程、旅游管理、商务英语3个本科专业,停招应用物理学专业,专业总数达到36个,网络工程专业获批省级特色专业。13个二级学院35个本科专业面向全国14个省(自治区、直辖市)招收了3800名学生(其中普通本科高考招生3369人,普通专升本招生431人),全日制在校生达9982人。校内转专业学生为230人。学校2011届本科生共计2286人,其中本科毕业生2278人,毕业率为99.65%;授予学位数2274人,学位授予率为99.82%。此外,10个专科专业招收了1000名学生。

2012年,学校新增制药工程、物联网工程、学前教育3个本科专业,停招应用物理学、信息与计算科学、人文教育3个本科专业,网络工程专业获批省级综合改革试点专业。13个二级学院36个本科专业面向全国15个省(自治区、直辖市)招收了4000名学生(其中普通本科高考招生3739人,普通专升本招生261人),全日制在校生达11461人。校内转专业学生为272人。学校2012届本科生共计2372人,其中本科毕业生2332人,毕业率为98.31%;授予学位数2329人,学位授予率为99.87%。此外,9个专科专业招收了800名学生。

2012年10月,教育部启动了全国普通高校现设本科专业整理工作,学校原艺术设计专业拆分出视觉传达设计、环境设计、产品设计3个专业;计算机科学与技术、应用化学2个专业的授予学位从理学调整为工学,应用物理学专业从工学调整为理学,工业设计专业从文学调整为工学;原音乐学、美术学以及原艺术设计专业拆分出的3个专业(视觉传达设计、产品设计、环境设计)授予学位从文学调整为艺术学;原农产品质量与安全专业名称调整为食品质量与安全,原地理信息系统专业名称调整为地理信息科学,原公共管理专业名称调整为公共事业管理。音乐学、美术学、地理科学、数学与应用数学4个专业按非师范进行招生,汉语言文学和英语专业按师范、非师范两者兼招;原工业设计和广告学专业按非艺术类进行招生。经过专业整理和新专业申报,学校专业总数达到41个,涵盖了文学(5个)、理学(6个)、工学(14个)、管理学(5个)、经济学(1个)、教育学

(4个)、农学(1个)和艺术学(5个)等8个学科门类。

2013年,学校新增土木工程、汽车服务工程、食品科学与工程3个本科专业,继续停招应用物理学、信息与计算科学、人文教育3个本科专业,地理信息科学专业获批国家级综合改革试点专业;化学工程与工艺专业获批省级特色专业,测绘工程和工商管理2个专业获批省级综合改革试点专业。13个二级学院41个本科专业面向全国招收了4 100名学生(其中普通本科高考招生3 859人,普通专升本招生241人),全日制在校生达13 553人;校内转专业学生为301人。学校2013届本科生共计2 835人,其中本科毕业生2 753人,毕业率为97.11%;授予学位数2 637人,学位授予率为95.79%。此外,7个专科专业招收了700名学生。

2013年,安徽省启动支持本科高校发展能力提升计划和高等教育振兴计划,学校物联网工程、自动化和食品质量与安全3个专业获批省级专业改造与新专业建设振兴计划项目,应用物理学获批停招停办专业项目。

2014年,学校新增金融工程、通信工程、酒店管理3个本科专业,停招信息与计算科学、人文教育2个本科专业,停办应用物理学专业;物联网工程专业获批省级特色专业,食品质量与安全、地理科学、化学工程与工艺3个专业获批省级综合改革试点专业,机械设计制造及其自动化专业获批省级专业改造与新专业建设振兴计划项目。14个二级学院44个本科专业面向全国招收了4 200名学生(其中普通本科高考招生3 740人,普通专升本招生220人,首次面向中职毕业生对口招生240人),全日制在校生达14 577人。校内转专业学生为227人。学校2014届本科生共计3 195人,其中本科毕业生3 117人,毕业率为97.56%;授予学位数3 012人,学位授予率为96.63%。此外,6个专科专业招收了600名学生。

2015年,学校新增车辆工程、电气工程及其自动化、软件工程、数字媒体艺术4个本科专业,继续停招信息与计算科学、人文教育2个本科专业;新闻学专业获批省级特色专业,学前教育、旅游管理、自动化3个专业获批省级综合改革试点专业,电气工程及其自动化、商务英语、金融工程3个专业获批省级专业改造与新专业建设振兴计划项目。专业建设成果"单一师专升本院校应用型学科专业调整建设路径的探索与实践"荣获安徽省教学成果一等奖。14个二级学院48个本科专业面向全国招收了4 799名学生(其中普通本科高考招生4 239人,普通专升本招生340人,对口招生220人),全日制在校生达15 916人;校内转专业学生为232人。学校2015届本科生共计3 502人,其中本科毕业生3 396人,毕业率为96.97%;授予学位数3 354人,学位授予率为98.76%。根据安徽省教育厅统一部署,学校不再招收专科批次学生。

2015年,学校出台了《滁州学院专业人才培养质量通用标准》,在培养目标、毕业要求、课程体系、师资队伍、支持条件、持续改进等方面提出了基本要求,为各专业开展专业建设、明确培养目标规格提供了依据。

2016年,学校新增经济统计学、网络与新媒体、审计学、空间信息与数字技术、给排水科学与工程5个本科专业,停招信息与计算科学、人文教育、数学与应用数学、公共事业管理4个本科专业;测绘工程专业获批省级特色(品牌)专业,环境设计、汽车服务工程、电子科学与技术3个专业获批省级综合改革试点专业。14个二级学院51个本科专业面向全国招收了4 800名学生(其中普通本科高考招生4 309人,普通专升本招生160人,对口招生331人),全日制在校生达16 727人;校内转专业学生为286人。学校2016届本科生共计3 799人,其中本科毕业生3 689人,毕业率为97.10%;授予学位数3 665人,学位授予率为99.35%。

2017年,学校新增机械电子工程、过程装备与控制工程2个本科专业,继续停招信息与计算科学、人文教育、数学与应用数学、公共事业管理4个本科专业,地理信息科学、物联网工程、网络工程、食品质量与安全等4个专业被艾瑞深研究院列为中国高水平专业。14个二级学院53个本科专业面向全国招收了4 850名学生(其中普通本科高考招生4 300人,普通专升本招生160人,对口招生390人),全日制在校生达17 555人。学校出台《滁州学院转专业实施办法》,在校学生按照"自主申请、统一考核、择优录取"的原则选择专业,在校学习期间有3次申请转专业机会(第一学期、第二学期和第四学期),本年度校内转专业学生达到354人。学校2017届本科生共计3 904人,其中本科毕业生3 799人,毕业率为97.31%;授予学位数3 728人,学位授予率为98.13%。

2018年,学校新增高分子材料与工程、导航工程、物流工程、机器人工程、数据科学与大数据技术5个本科专业,继续停招信息与计算科学、人文教育、数学与应用数学、公共事业管理4个本科专业,物联网工程、食品质量与安全和地理信息科学3个专业获批省级一流(品牌)专业。14个二级学院58个本科专业面向全国招收了5 120名学生(其中普通本科高考招生4 500人,普通专升本招生280人,对口招生340人),全日制在校生达18 381人;校内转专业学生为291人。学校2018届本科生共计4 002人,其中本科毕业生3 916人,毕业率为97.85%;授予学位数3 883人,学位授予率为99.16%。

2018年,学校出台了《滁州学院专业评估与专业认证工作实施方案》,坚持"以生为本、成果导向、持续改进"理念,以专业认证和评估工作为抓手,按照"全面启动、分步实施、突出重点"基本原则,不断强化专业内涵建设,突出人才培养质量提升,着力打造专业优势特色。确定物联网工程、测绘工程、食品科学与工程、自动化、机械设计制造及其自动化、化学工程与工艺等6个专业作为工程教育认证试点专业。物联网工程、测绘工程2个专业提交了工程教育专业认证申请,体育教育专业开展了省级专业评估工作。

2019年,学校出台了《滁州学院本科专业设置与调整管理暂行办法》,对专业准入、预警与退出作出明确规定,健全专业动态调整机制。停招数学与应用数学、公共事业管理、广告学3个本科专业,停办信息与计算科学和人文教育2个专业。测绘工程专业认证申请被中国工程教育专业认证协会受理,27个本科专业接受了省级专业评估。14个二级学院57个本科专业面向全国招收了5 001名学生(其中普通本科高考招生4 400人,普通专升本招生261人,对口招生340人),全日制在校生达18 550人;校内转专业学生为311人。学校2019届本科生共计4 602人,其中本科毕业生4 445人,毕业率为96.59%;授予学位数4 417人,学位授予率为99.37%。"转型·融合·提升——地方应用型本科院校建设一流本科教育的实践探索"项目荣获安徽省教学成果特等奖。

2019年,教育部和安徽省启动一流本科专业建设"双万计划",学校积极组织申报,物联网工程专业成功入选国家级一流本科专业建设点,国际经济与贸易、学前教育、商务英语、地理信息科学、机械设计制造及其自动化、自动化、网络工程、测绘工程、化学工程与工艺、食品质量与安全、产品设计等11个专业被确定为省级一流本科专业建设点。

2020年,学校新增智能科学与技术、风景园林2个本科专业,停招公共事业管理、广告学、园林、通信工程、汽车服务工程5个本科专业,数学与应用数学专业恢复招生。14个二级学院58个本科专业面向全国招收了5 291名学生(其中普通高考招生4 420人,普通专升本招生551人,对口招生320人),全日制在校生达19 433人;校内转专业学生为193人。学校2020届本科生共计4 838人,其中本科毕业生4 677人,毕业率为96.67%;授予学位数4 668人,学位授予率为99.80%。

2020年3月,学校出台了《滁州学院关于一流专业建设的实施方案》,按照"稳规模、优结构、强内涵、创品牌"的发展思路,合理优化资源配置,积极引导专业明确定位、强化特色、提升质量、争创一流。地理信息科学、食品质量与安全2个专业成功入选国家级一流本科专业建设点,金融工程、汉语言文学、土木工程、食品科学与工程、财务管理等5个专业被确定为省级一流本科专业建设点。

2021年,学校新增应急技术与管理专业,停止广告学、园林、通信工程、汽车服务工程、工业设计、电子科学与技术等6个本科专业招生,停办公共事业管理专业。14个二级学院55个本科专业面向全国招收了4 300名学生(其中普通高考招生3 720人,普通专升本招生260人,对口招生320人),电气工程及其自动化中泰合作办学专业首次招生,全日制在校生达18 817人;校内转专业学生为231人。学校2021届本科生共计4 805人,其中本科毕业生4 712人,毕业率为98.06%;授予学位数4 703人,学位授予率为99.80%。

以上各项指标在2011～2021年间的变化情况可见表2.1～表2.3。

表2.1 2011～2021年学校专业调整情况表

年份	专业数	新增专业	停招专业	停办专业
2011年	36	无机非金属材料工程、旅游管理、商务英语	应用物理学	/
2012年	39	制药工程、物联网工程、学前教育	应用物理学、信息与计算科学、人文教育	/
2013年	44	土木工程、汽车服务工程、食品科学与工程	应用物理学、信息与计算科学、人文教育	/

续表

年份	专业数	新增专业	停招专业	停办专业
2014年	46	金融工程、通信工程、酒店管理	信息与计算科学、人文教育	应用物理学
2015年	50	车辆工程、电气工程及其自动化、软件工程、数字媒体艺术	信息与计算科学、人文教育	/
2016年	55	经济统计学、网络与新媒体、审计学、空间信息与数字技术、给排水科学与工程	信息与计算科学、人文教育、数学与应用数学、公共事业管理	/
2017年	57	机械电子工程、过程装备与控制工程	信息与计算科学、人文教育、数学与应用数学、公共事业管理	/
2018年	62	高分子材料与工程、导航工程、物流工程、机器人工程、数据科学与大数据技术	信息与计算科学、人文教育、数学与应用数学、公共事业管理	/
2019年	60	/	数学与应用数学、公共事业管理、广告学	信息与计算科学、人文教育
2020年	62	智能科学与技术、风景园林	公共事业管理、广告学、园林、通信工程、汽车服务工程	/
2021年	62	应急技术与管理	广告学、园林、通信工程、汽车服务工程、工业设计、电子科学与技术	公共事业管理

表2.2 省级以上优势特色专业一览表

建设类别	专业名称
国家级特色专业(1个)	地理信息科学
国家级综合改革试点专业(1个)	地理信息科学
国家级一流本科专业建设点(3个)	物联网工程、地理信息科学、食品质量与安全
省级特色(品牌)专业(8个)	地理信息科学、自动化、食品质量与安全、网络工程、化学工程与工艺、物联网工程、新闻学、测绘工程
省级综合改革试点专业(12个)	网络工程、测绘工程、工商管理、食品质量与安全、地理科学、化学工程与工艺、学前教育、旅游管理、自动化、环境设计、汽车服务工程、电子科学与技术

续表

建设类别	专业名称
省级一流本科专业建设点(17个)	测绘工程、网络工程、化学工程与工艺、自动化、机械设计制造及其自动化、商务英语学前教育、国际经济与贸易、产品设计、金融工程、汉语言文学、土木工程、食品科学与工程、财务管理、小学教育、体育教育、音乐学
省级卓越人才培养计划专业(11个)	网络工程、测绘工程、自动化、汉语言文学、新闻学、食品质量与安全、食品科学与工程、化学工程与工艺、小学教育、机械设计制造及其自动化、国际经济与贸易

表 2.3 2011~2021 年学校专业数量变化情况表

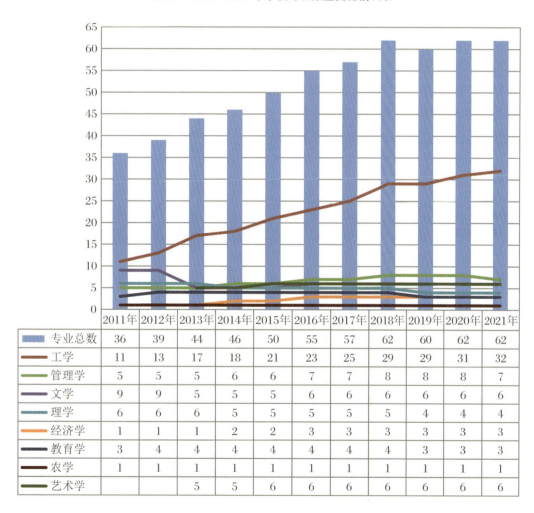

	2011年	2012年	2013年	2014年	2015年	2016年	2017年	2018年	2019年	2020年	2021年
专业总数	36	39	44	46	50	55	57	62	60	62	62
工学	11	13	17	18	21	23	25	29	29	31	32
管理学	5	5	5	6	6	7	7	8	8	8	7
文学	9	9	5	5	5	6	6	6	6	6	6
理学	6	6	6	5	5	5	5	5	4	4	4
经济学	1	1	1	2	2	3	3	3	3	3	3
教育学	3	4	4	4	4	4	4	4	3	3	3
农学	1	1	1	1	1	1	1	1	1	1	1
艺术学			5	5	6	6	6	6	6	6	6

二、强化课程建设

"十二五"期间,学校依据《课程建设实施方案》,逐步形成了"合格课程-优质课程-精品课程"三级课程建设体系。"十三五"期间,学校按照"贴近核心技术,支撑能力培养,注重方法过程,吻合目标规格"的思路,加强应用型课程建设,着力推动课程综合改革,重点建设专业核心课程、创新创业类课程、慕课课程三类课程。

2011年,学校面向本科生开设课程381门、1 135门次。立项建设32门优质课程和5门精品课程。教师公开出版各类教材、指导书16部。

2012年,学校面向本科生开设课程594门、1 497门次。出台《滁州学院精品视频公开课建设方案》,加大学校课程建设及教学改革力度,整合各类教学改革成果,促进信息化教学手段提高。立项建设5门精品视频公开课、6门精品资源共享课,其中"遗传与健康"(校级课程为"遗传学")和"数学建模"2门课程获批省级精品视频公开课,"地理信息系统原理""中国古代文学""高等数学"和"Java面向对象程序设计"4门课程获批省级精品资源共享课。教师公开出版各类教材、指导书24部。为落实2012版人才培养方案,学校对本科专业理论课程和实验课程教学大纲进行了全面制(修)订。

2013年,学校面向本科生开设课程775门、2 151门次;立项建设30门优质课程、6门精品资源共享课和5部规划教材。"单片机应用技术"和"概率论与数理统计"2门课程获批省级精品资源共享课;《化学科学基础实验》《食品检测技术》《园林建设工程》《ArcGIS空间分析基础》和《SuperMap地图数据采集》5部教材获批省级规划教材。教师公开出版各类教材、指导书17部。积极开展公共选修课程教学改革试点工作,首次引进了12门尔雅网络通识课程。

2014年,学校面向本科生开设课程975门、2 901门次;立项建设29门优质课程、4门视频公开课、6门精品资源共享课和5部规划教材。"GIS基础应用技能""大学物理""数据结构"和"旅游地理学"4门课程获批省级精品资源共享课;"大学计算机基础"等10门课程获批省首批大规模在线开放课程(MOOC)示范项目。教师公开出版各类教材、指导书24部。

2014年,以2014版人才培养方案修(制)订工作为契机,学校积极推进公共类课程改革。加大网络通识课程引进力度,开设尔雅网络通识课程40门。全面推进公共基础课程教学改革,大学生思想政治理论课采用"网络+课堂+实践"三位一体教学模式,大学英语课程采用"通识+应用"分级教学模式,大学计算机基础课采用"慕课+翻转课堂+实践"混合教学模式,大学数学采用"基本要求+专业需求+学生需求"分类教学模式。机械与汽车工程学院、经济与管理学院等积极开展"双师同堂"教学活动,教育科学学院积极推行本科生"双导师制",计算机与信息工程学院开展"名师课堂""无手机课堂"活动和"随机考试"改革,美术与设计学院、音乐学院积极开展毕业设计(论文)改革,强化专业能力综合运用。

2015年,学校面向本科生开设课程1 350门、3 591门次;立项建设33门优质课程、4门精品资源共享课和5部规划教材。"欧阳修与醉翁文化"和"凤阳花鼓"2门课程获批省级精品视频公开课,"食品化学"和"教育心理学"2门课程获批省级精品资源共享课。教师公开出版各类教材、指导书32部。进一步完善公共选修课程开设组织与管理机制,网络通识课程增至60门。

2016年,学校面向本科生开设课程1 987门、4 706门次;开设63门网络通识课程,其中新增3门创新创业类课程;与国培认证培训中心合作,开设"ISO 9000质量管理体系"和"GBT 50430施工企业质量管理体系"2门公共选修课。依据《滁州学院"十三五"专业建设与人才培养规划》,学校以课程改革为重点,逐步加强课程内容建设,深化课程教学方式方法改革,完善应用型课程考核评价与质量评估机制,大力推进人才培养向应用型深度转变;立项建设87门综合改革课程。"传感网应用实验""生物化学实验"和"心理实验设计"等3门课程获批省级精品资源共享课;"无线传感器网络""综合商务英语""通信原理""食品化学"和"金融工程学"等5门课程获批省级大规模在线开放课程(MOOC)示范项目。教师公开出版各类教材、指导书30部。

2017年,学校面向本科生开设课程2 295门、5 550门次;开设95门网络通识课程;首次从学校建成的精品视频公开课中遴选出5门深受学生欢迎的课程("微观经济与创业思维训练""遗传与健康""数学建模""凤阳花鼓""欧阳修与醉翁文化")作为全校公共选修课,采用线上、线下相结合方式开展混合式教学;与有关机构和企业合作开设"ISO 9000质量管理体系""精益制造"等特色课程。组织开展新一轮课程大纲编制工作,进一步明晰课程对学生能力培养的支撑作用,优化教学过程。

2017年,学校制订《滁州学院关于深化课程综合改革的实施方案(2017~2020)》,围绕课程内容、教学模式方法、课程考核评价、质量评估等环节,深入推进课程综合改革。学校成为安徽省教育和科研计算机网信息技术与教学融合工作组组长单位,牵头全省相关课程信息化建设工作。立项建设86门综合改革课程。"基础口译""微观经济学与创业思维训练""滁州民间美术赏析"3门课程获批省级精品视频公开课,"数字逻辑"获批省级精品资源共享课;"统计学""软件工程""Java面向对象程序设计""食品加工原理"4门课程获批省级大规模在线开放课程(MOOC)示范项目。5部教材获批省级规划教材。教师公开出版各类教材、指导书31部。

2018年,学校面向本科生开设课程2 377门、6 166门次。深化落实《滁州学院关于深化课程综合改革的实施方案(2017~2020)》,持续推动混合式教学、工作坊教学、项目教学、案例教学等教学方式方法的运用,组织开展课堂教学改革实践成果认定和奖励工作。立项建设63门综合改革课程、10门优质在线开放课程培育项目。"高等数学"4门课程获批省级精品线下开放课程,"信息素养-互联网+时代的学习与生活"等5门课程获批省级大规模在线开放课程(MOOC)示范项目,"金融工程学""园林美术"获批省级

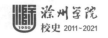

智慧课堂项目,"空气中三苯含量的测定虚拟仿真实验教学项目""恒压过滤常数测定虚拟仿真实验教学项目"获批省级虚拟仿真实验教学项目。8部教材获批省级一流教材建设项目。教师公开出版各类教材、指导书18部。

2018年,为推动信息化教学改革,提升教师教育技术应用能力和信息化教学水平,实现信息化技术与人才培养深度融合,学校举办了首届移动教学大赛,评选出一等奖1名、二等奖3名、三等奖6名;作为安徽省教育科研网信息技术与教学融合工作组组长单位,建成课程3门,上线运行课程1门。

2019年,学校面向本科生开设课程2 444门、5 883门次;立项建设23门"课程思政"专业示范课程、5门创新创业特色类课程、10门实验信息化课程、10门校企共建课程、10门线下开放课程和10门在线开放课程。6门课程获批省级精品线下开放课程,"遥感概论""现代教育技术"和"洪山戏赏析"3门课程获批省级大规模在线开放课程(MOOC)示范项目,"离心泵综合性能测定实验虚拟仿真实验教学项目"获批省级虚拟仿真实验教学项目。

2019年,学校出台《滁州学院在线开放课程建设应用与管理办法》,对教师利用学校建成的在线开放课程、国内外优质在线开放课程实施混合式教学改革给予1.5~2倍工作量认定;出台《滁州学院关于加强和改进新时代思想政治理论课建设的实施方案》《滁州学院课程思政建设与改革实施方案》,深化思政课程和课程思政教学改革,促进思政教育和专业教育有效融合,着力构建全员、全过程、全方位育人新局面。积极推动思政理论课程考核方式创新,依托泛雅网络教学平台,首次实现了"毛泽东思想和中国特色社会主义理论体系概论"和"中国近现代纲要"课程期末无纸化考试。课程建设成果"基于'有限众包式共建、按需独占式共享'的一流课程建设研究与实践"和"以能力培养为主线,课内教学、实践创新与开放合作三位一体的'金课'建设研究与实践"分别荣获省级教学成果奖特等奖和二等奖。遵循坚持立德树人、学生中心、成果导向、产教融合、创新驱动五大原则,启动新版课程教学大纲编制工作。

2019年,教育部启动国家级一流本科课程认定工作,"管理学"课程获批国家首批线下一流课程。

2020年,根据新冠肺炎疫情防控需要,学校探索构建"1+N+2+3"线上教育教学方案。线上授课期间,理论课开课率达98%,实验实践课开课率达57%。在疫情防控常态化阶段,合理安排学生错峰返校、错峰上课,平稳做好线上线下教学有序衔接。学校构建的线上教育教学方案荣获省级教学成果奖一等奖。全年,学校面向本科生开设课程2 500门、5 703门次;立项建设27门校级"课程思政"专业示范课程,7门课程获批省级线上一流课程,10门课程获批省级线上线下混合式和社会实践一流课程,5门课程获批线下一流课程,"高效液相色谱测定可乐中咖啡因含量虚拟仿真实验教学项目"获批省级虚拟仿真实验教学项目;10门课程荣获线上教学优秀课堂;25门课程获批省级教学示范课,17门课程获批省级课程思政示范课程。教师公开出版各类教材、指导书19部。

2021年,学校面向本科生开设课程1 900门、6 434门次;立项建设校级课程思政示范课程 30 门,校企共建示范课程 22 门,"滁州民歌赏析"等 2 门课程获批省级线上课程,"数字化辅助产品设计"等 7 门课程获批省级线上线下混合式课程,"基础心理学"等 7 门课程获批省级线下课程,"化工传热综合实验虚拟仿真实验教学项目"等 4 个项目获批省级虚拟仿真实验教学项目,"空间分析原理与方法"等 9 门课程获批省级课程思政示范课程,"人力资源管理"等 3 部教材获批省级一流教材建设项目。"'行业引领、创新驱动、产教协同'地理信息科学应用型课程体系改革与实践""高校思政课'云教学模式'的探索与实践""更新·重构·变革·多维:'管理学'国家级线下一流课程改革与实践"3 项课程类建设成果荣获省级教学成果奖二等奖。

在此期间,学校面向本科生开设课程情况见表 2.4。

表 2.4　学校面向本科生开设课程情况表

学年		公共基础课	公共选修课	专业基础课	专业选修课	集中性实践环节	合计
2010~2011	门数	37	78	227	21	18	381
	门次	616	116	360	21	22	1 135
2011~2012	门数	54	76	250	183	31	594
	门次	719	104	415	199	60	1 497
2012~2013	门数	52	69	302	301	51	775
	门次	913	95	650	341	152	2 151
2013~2014	门数	58	71	513	253	80	975
	门次	1 195	89	1 089	332	196	2 901
2014~2015	门数	48	40	727	408	127	1 350
	门次	1 229	80	1 434	583	265	3 591
2015~2016	门数	82	63	840	805	197	1 987
	门次	1 262	123	1 650	1 132	539	4 706
2016~2017	门数	81	64	902	961	287	2 295
	门次	1 308	120	1 674	1 358	1 090	5 550
2017~2018	门数	113	102	850	1 016	296	2 377
	门次	1 514	194	1 676	1 442	1 340	6 166
2018~2019	门数	114	101	907	1 013	309	2 444
	门次	1 453	187	1 721	1 418	1 104	5 883
2019~2020	门数	86	106	976	1 029	303	2 500
	门次	1 407	206	1 790	1 479	821	5 703
2020~2021	门数	64	127	615	907	187	1 900
	门次	1 388	239	1 616	1 717	1 472	6 434

第三节　推进实践教学体系建设

学校高度重视实践教学工作,以产教融合、协同育人为重点,构建了"三个课堂一体、三个平台联动"实践育人模式,积极开展暑期小学期等实践教学活动,一体推进实习实训基地建设,不断提升实践育人效果。

一、构建"三三"实践育人模式

2011年,学校开展了"实践教学体系建设推进年"主题年活动,出台了《滁州学院关于进一步加强实践教学体系建设的意见》,以深化实践教学改革为动力,构建完善实践教学体系,着力推动专业实践与学生课外活动、社会实践相融合,不断提高毕业生就业、创业竞争力和发展能力。

2013年,学校在总结实践育人成效的基础上,进一步提炼形成"三三"实践育人模式,将其作为应用型人才培养特色进行打造(图2.13)。教育部本科教学工作合格评估专家组评价意见为:"学校注重应用型人才培养特征,突出学生实践能力和综合素质的培养,初步构建了'三个课堂一体,三个平台联动'的实践育人模式。"

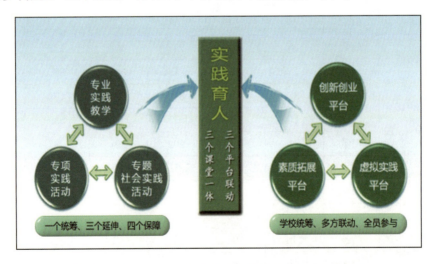

图2.13　"三个课堂一体,三个平台联动"实践育人模式图示

2015年,学校出台《滁州学院深化实践育人工作实施方案》,进一步丰富了"三三"实践育人模式内涵:坚持立德树人根本任务,紧紧围绕提升学生实践应用能力、创新创业能力和综合素质这一主线,着力打造"第一课堂(专业实践教学)、第二课堂(专项实践活

动)、第三课堂(专题社会实践)"的三个优质实践课堂,其中:第一课堂夯实基础,第二课堂提升能力,第三课堂强化应用。建立并完善"一个统筹、三个延伸、四个保障"的工作机制,实现"三个课堂一体"。重点建设"创新创业平台、素质拓展平台、虚拟实践平台"三个实践育人平台,其中:创新创业平台重融合,素质拓展平台重养成,虚拟实践平台重引导。建立"学校统筹、多方联动、全员参与"的联动机制,实现"三个平台联动",充分发挥三个平台的育人功能。学校对实践育人进行系统性设计,明确实践育人的各个要素、各类资源的价值和功能以及责任分工;统筹各类资源配置,加强资源整合,建立健全协同联动机制和激励政策,充分调动教师参与实践育人的积极性和主动性,形成育人合力。

2017年,学校将"'三三'实践育人模式改革的实践探索"作为特色项目写进了本科教学工作审核评估自评报告。教育部审核评估专家组考察意见:"滁州学院秉承'思变尚新、务实求真'的精神,以地方经济社会发展需求为导向,坚定走转型发展之路;经过多年办学实践,学校的社会影响力不断提升,办学能力逐步增强,教学改革卓有成效,'三三'实践育人模式硕果累累,为国家和地方经济建设及区域支柱产业发展提供了强有力的人才及智力支撑。"

2018年,《地方应用型高校"三个课堂一体,三个平台联动"实践育人模式的构建与探索》获安徽省高等学校教学成果奖特等奖(图2.14)。《经济日报》《中国教育报》《安徽日报》等媒体纷纷报道学校实践育人工作成效。

图 2.14 实践育人成果获省级教学成果奖特等奖

二、开展暑期实践教学小学期活动

2011年以来,学校每年利用暑期集中开展不少于2周的实践教学活动,作为培养学生实践应用能力的重要环节,并纳入专业人才培养方案。暑期实践教学小学期活动的开展得到了省应用型高校联盟的大力支持和上级主管部门的高度肯定。

2011年,学校作为安徽省应用型本科高校联盟轮值主席单位,牵头联盟各高校,首次开展暑期实践教学小学期活动,近8 000名学生参加,其中451名学生参加了跨校实践教学小学期活动。学校1 176名学生参加暑期实践教学小学期活动,其中55人参加了跨校实践教学小学期活动。同年,学校出台《滁州学院实践教学小学期制实行办法(试行)》,对小学期制的原则、内容与安排等方面作出了明确规定。

2012年,学校1 155人次参加了实践教学小学期活动,接收了校外47名学生来校参加实践教学,同时安排到外校参加实践教学20人次。

2013年,学校组织校内1 598人次参加多种形式的暑期实践教学小学期活动,承担了安徽大学、安徽科技学院、宿州学院58人次的跨校实践教学小学期活动任务。

2014年,学校组织了36个专业共3 327人次开展了形式多样的暑期实践教学小学期活动。与安徽科技学院、淡江大学进行了实践教学互换活动,接收了安徽大学、合肥学院、皖西学院、铜陵学院等兄弟院校共100余名学生来校开展跨校暑期实践教学小学期活动。

2015年,学校14个学院共5 277人次参加了暑期实践教学小学期活动,活动内容涵盖了专业实践、学年设计、认知实习、生产实习、学科竞赛、"三创"大赛、"互联网+"大学生创新创业大赛等多个方面。98名学生参加了跨校暑期实践教学小学期活动,其中安徽科技学院58人、淡江大学20人、静宜大学20人;同时,学校接收安徽师范大学、安徽科技学院、宿州学院共93名学生来校参加暑期实践教学小学期活动(图2.15)。

图2.15 暑期小学期活动剪影

2016年,学校进一步加强实践教学小学期活动管理,14个学院7 229人次参加了暑期实践教学小学期活动,占在校生数的56.17%;接收合肥工业大学学生20名、淡江大学和静宜大学学生共41名。

2017年,14个学院10 535人次(含跨校40人次)参加了暑期实践教学小学期活动,占在校人数的75.78%;接收池州学院、铜陵学院等联盟高校学生14名。

2018年,15个学院14 000余人次参加暑期实践教学小学期活动,项目数达到280个,校外实践2 775人次,跨校学生数29人,覆盖了所有专业。

2019年,学校13 496人次参加暑期小学期活动,项目数为272个,全面覆盖各个年级专业。

各学院结合专业特点,在实践教学形式上不断探索、打造特色。文学院开展了"欧阳修在滁州"话剧排练;金融学院开展了金融投资仿真交易实训、量化投资策略开发实训;美术学院开展了概念性方案设计、坦培拉绘画技法训练等专业实践类课程;音乐学院组织了暑期合唱团排演;经管学院开展了财务会计手工账、精益生产管理实训等实训课程;信息学院安排学生赴台湾地区参加"皖台大学生物联网暑期学校"学习;马克思主义学院组织开展了大学生暑期实践项目。

2020年,受新冠肺炎疫情影响,结合学校实际,学校调整了实践教学活动形式、内容及安排,积极挖掘校内外虚拟仿真实践教学资源,加强微课程、线上实践项目等校本在线资源开发、建设和应用,不断丰富线上实践项目,为线上实践教学提供了完备项目库。学校开展了各类线上教学活动,保留线上过程管理记录,不断完善线上过程管理机制,采用超星、EduCoder等在线实践教学平台开展实践教学考核,保障了实践教学进度和质量。

2012~2019年暑期实践教学小学期参与人次情况如图2.16所示。

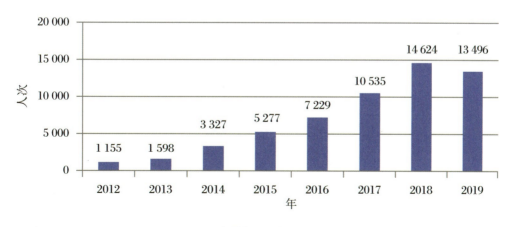

图2.16　2012~2019年暑期实践教学小学期参与人次情况

三、深化校企协同育人

学校深化与地方政府深度合作、融合发展,积极探索"产教融合、校企合作"协同育人人才培养模式,有效支撑了相关学科和专业发展。2011年"苍穹班""金禾班"等企业冠名班分别在地信学院、化工学院开班。2012年新增"迪蒙德班"和"嘉吉班",并与苏州东昱精机有限公司、宁波天邦股份有限公司等企业联合开办了"东台机电班""天邦班"等企业冠名特色班。2014年新增"技鼎软件班""百家争鸣班"等校企合作班,"GIS综合改革试验班""卓越食品工程师班""卓越自动化工程师班"等也相继开设。

2015年,校企合作不断深入,新增"固纬电子班""国图地信班""嘉吉生物班"等校企合作班(学院)5个,累计建立校企合作班12个,其中嘉吉学院成立,成功招收第一届学员。"卓越小学教师教育班""卓越文科人才教育班"等卓越计划班也相继开设。2016年,学校新增"受恩智慧养老与健康学院""宇祺学前教育卓越人才培养班""达诺食品班"等行业学院和校企合作班6个。

2017年以来,学校贯彻落实国务院办公厅《关于深化产教融合的若干意见》精神,大力推进产教融合协同育人工作,探索多样化校企合作模式,在实习实训基地建设、"双能型"师资队伍培养、实践教学模式改革、实践教学过程管理等方面,推出一系列举措。新增"轩昂电商班""跳动联盟班""木哥达影视班""康禾班""精益领导力研究院"等8个校企合作班,实现了校企合作育人平台学院全覆盖。

2019年,学校积极推进与华为、凤凰、海大等知名企业的产学合作协同育人,与华为技术有限公司等100余家企业建立实质性合作关系,签订产学研合作项目180多个。

截至2020年底,学校共建设校企合作班29个,其中行业学院3个、一体化工作室1个;累计获批教育部产学合作协同育人项目50项。在毕业设计(论文)环节中,学校鼓励学生真题真做,切实解决企业生产中遇到的实际问题,2018~2020届毕业设计(论文)在社会实践中完成的比例均在80%以上。

2011年以来,学校充分利用各类资源,以应用型人才培养为核心,立足地方,面向全国,发挥区位优势,不断加强校企合作,实现了校企资源优势互补,共建共享一批高质量实习实训基地,为学校应用型人才培养提供了重要保障。

2011年,学校在国土局、水文局建立了实习实训基地,与安徽省测绘院、北京灵图公司安徽分公司、北京超图公司等数十家单位就校外实习实训基地建设达成了协议,获批了GIS工程实习实训中心和先进制造技术与装备综合训练中心两个省级示范实习实训中心。2012年获批特色农产品深加工与质量控制工程实践中心、应用型信息人才校企合作实践教育基地两个省级基地。2013年5月,"滁州学院-安徽尚善生物科技有限公司工程实践教育中心"获批国家级大学生校外实践教育基地。

2016年,学校印发了《滁州学院关于进一步规范实验室、实习实训场所管理的通知》,进一步规范校外实习基地建设、登记、审批流程。2019年,学校制订了《滁州学院校级示范实习实训基地评选指标体系》,开展了校级示范实习实训基地评选,评选出9个校外实习实训示范基地,有效促进了校外实习实训基地标准化建设(表2.5)。

表 2.5　校外实习实训示范基地一览表

序号	实习基地	所在学院
1	安徽美图信息科技有限公司	地理信息与旅游学院
2	南京华苏科技有限公司	计算机与信息工程学院
3	安徽康佳电子有限公司	机械与电气工程学院
4	安徽盼盼食品有限公司	生物与食品工程学院
5	金鹏建设集团	土木与建筑工程学院
6	滁州市统计局	数学与金融学院
7	合肥轩昂教育咨询有限公司	外国语学院
8	苏州宇祺教育集团	教育科学学院
9	百家筝鸣教育集团滁州分校	音乐学院

2011～2020年，学校校外实习实训基地总体上呈持续增加趋势，截至2020年底，学校与企业共建校外实习实训基地267个（图2.17）。为保障实践教学质量，学校定期对校外实习实训基地进行测评，每年根据测评结果对现有基地进行续签和淘汰。为加强实习实训教学环节规范化管理，学校每年对在基地进行的实践教学活动进行教学检查和督导，及时掌握学生实习岗位设置、岗位培训、过程考核、成绩评定、材料归档及学生学习、生活情况等。

图 2.17　2011～2020年校外实习实训基地建设变化情况

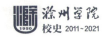

第四节 深化创新创业教育

学校实施创新创业教育改革"5223"行动计划,坚持"一线贯穿,三点发力",构建全过程、全方位、全覆盖创新创业"教学、实训、服务"三大体系,着力培养学生创新精神、创业意识和创新创业能力。

一、构建创新创业教育体系

2011~2014年,学校将大学生创新创业教育工作作为内涵建设的重要抓手,教务处、科技处、学生处、团委等部门分工协作,定期沟通,把创新创业教育与应用型人才培养和大学生素质教育相结合,不断加大创新创业教育硬件投入,建立和完善大学生创新创业教育教学平台、实践平台和孵化平台,强化创新创业指导和实践。

2015年,学校贯彻落实国务院办公厅《关于深化高等学校创新创业教育改革的实施意见》等文件精神,成立了创新创业教育工作领导小组、创新创业教育专家指导委员会和创新创业教育与服务中心。创新创业教育工作领导小组由学校党政主要领导任组长,分管校领导任副组长,教务处、学生处、科技处、团委等部门负责人为成员,小组下设办公室,挂靠教务处,教务处处长任办公室主任。创新创业教育专家指导委员会由分管教学校领导任组长,教务处、学生处、科技处、团委等部门负责人任副组长。创新创业教育与服务中心受学校创新创业教育领导小组领导,挂靠教务处,下设"创新创业教研中心""创新创业训练中心""创业孵化中心",分别由教务处、学生处、团委、科技处负责。

2017年,为进一步整合资源,完善机制,将有关政策措施落到实处,提升学校创新创业教育质量与水平,在原"滁州学院创新创业教育与服务中心"的基础上,成立"滁州学院创新创业学院",由分管教学校领导任院长,设副院长5名,其中专职副院长1名,其他4名副院长由教务处、学生处、团委、科技处有关负责人兼任。2019年,第五轮机构调整,创新创业学院和教务处合署办公。

(一)实施"三阶段"培养,构建了全过程双创教学体系

自2012年以来,分别以"加强实践教学""完善实践教学体系""深化创新创业教育改革""五育并举造就新人"为重点,将产教融合、实践育人、信息技术融合、多样化培养作为实现双创教育目标的主要路径,先后4次修订人才培养方案,设置双创学分,形成了"必修、选修、网络课堂、创业培训"四位一体的双创课程体系,采取优化双创课

程、深化教学管理、完善师资配备等有效措施,实施"三阶段"培养,将双创教育融入人才培养全过程,形成了分阶段分层次培养学生创新精神、创业意识和创新创业能力的教学体系。创业启蒙阶段,开设"大学生创新创业基础""大学生职业发展与就业创业教育"通识必修课,培养学生的创新精神、创业意识;专业融合阶段,设立创新创业类专业选修课和实践环节,将双创教育融入专业教学各环节,打通专业教育与双创教育壁垒,实现专创深度融合;实训强化阶段,设立双创实践学分,以学科竞赛、大创项目为抓手,大力开展双创训练与实践活动,培养学生双创实践能力,助力应用型人才培养质量提升(图2.18)。

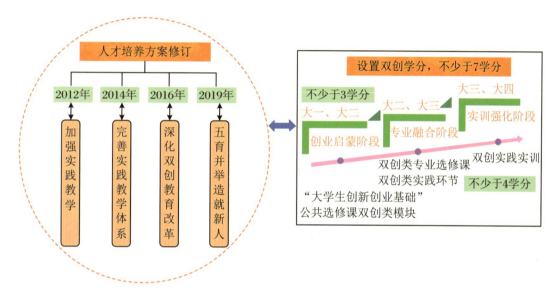

图 2.18 全过程双创教学体系示意图

(二)实行"三平台"联动,构建了全方位双创实践实训体系

以"创新实践育人模式"为关键点,不断完善"三三"实践育人模式,构建校内双创实践实训平台,助力推进创新创业教育;以"强化校地校企合作"为支撑点,积极融入创新驱动战略,与滁州市政府共建"众创空间"和"创业学院",与行业企业合作共建了各级各类创新创业平台,广泛深入开展产学研用合作,搭建校外实践实训平台,协同推进创新创业教育。根据创新创业教育的内在特征,打造"学科竞赛、创业训练、创业实践"三个平台,充分发挥三平台联动效应(图2.19)。

学校建立了"以校级赛事为基础、以省级(或区域)赛事为重点、以国家级赛事为引领"的学科与专业技能竞赛参赛与指导体系,积极组织学生参加"互联网+""挑战杯""中国大学生服务外包""创青春"等国家级、省级大学生创新创业类大赛,提升学生的创新能力(图2.20)。

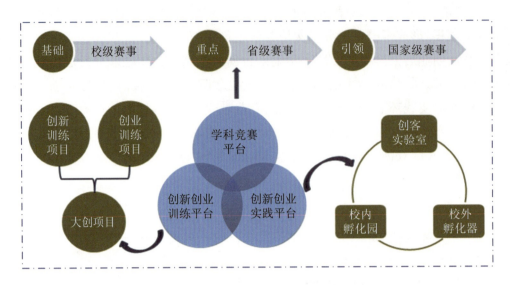

图 2.19　全方位"双创"实践实训体系示意图

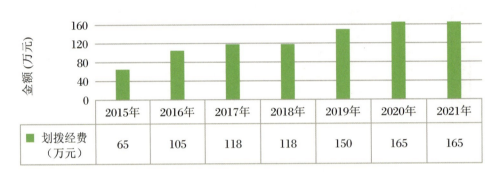

图 2.20　2015～2021 年学校下拨学科竞赛经费统计图

学校设立大学生创新创业训练计划项目,加大经费投入和政策支持力度,校内外所有实践平台和基地免费对学生开放,加强项目过程管理、指导服务,构建"双创"训练平台,开展"双创"训练活动(图 2.21)。

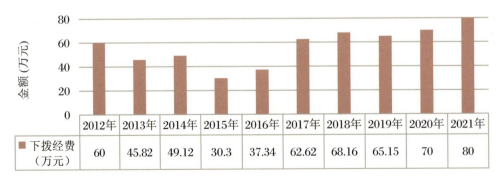

图 2.21　2012～2021 年大学生创新创业训练计划项目专项经费统计图

学校加强创客实验室、校内"双创"孵化中心、校外孵化器建设,打造"双创"实践平台,为提升学生"双创"能力进一步拓展空间和渠道。2015年和2016年获批省级大学生创客实验室建设计划8个。2016年,与滁州市科技局签订合作共建众创空间协议;与滁州市人民政府签订共建创业学院合作协议;与滁州南谯明煌高新技术创业服务公司、滁州市万尚城百货有限公司、滁州启迪之星科技企业孵化器有限公司签订战略合作协议,共计61个项目入驻孵化。2018年,与京东云、上海工程技术大学国家大学科技园滁州园区、滁州工程大科技园有限公司签订学生创业服务战略合作协议。2019年,新增17栋学生公寓一楼"双创"孵化基地,提高校内创业实践平台承载力。2011年以来,累计180个项目入驻大学生创业孵化基地进行孵化。

(三)坚持分类指导,构建了"全覆盖""双创"服务体系

教务处、创新创业学院、学生处、团委、科技处等相关部门联动协作,加强学生创新创业活动组织、指导和服务,形成了面向目标对象分类别、全面服务与重点指导相结合的创新创业指导服务体系,实现了创新创业服务全覆盖(图2.22)。

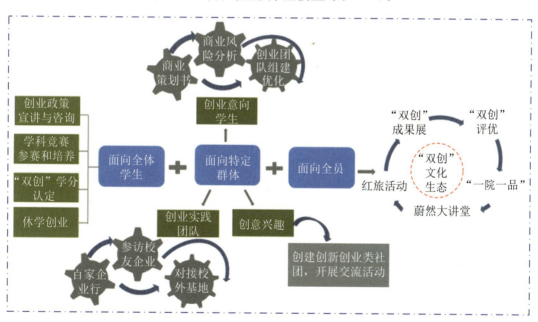

图2.22 "全覆盖"创新创业服务体系

面向全体学生,提供全覆盖指导与服务。服务内容包含创新创业政策宣讲、学科竞赛组织与指导、创新创业学分认证、休学创业办理等,为创业学生免费提供风险评估、融资服务、法律咨询等服务。学生处以就业创业信息服务网为线上服务平台,传播创业政策、普及创业知识、宣传创业典型;教务处负责休学创业咨询和办理;创新创业学院负责全校范围内专业学科竞赛参赛和培训;团委通过第二课堂成绩单推进双创学分认证。职能部门职责明确,强化联动,形成工作合力,确保创新创业指导服务项目全覆盖,确保满足学生创新创业的基本需求。

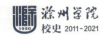

面向特定群体,提供分类指导与服务。学校针对有创业意向的学生开展模拟活动,通过设计模拟沙盘、虚拟经营企业、创业模拟实训等活动,帮助学生了解企业运营流程和环节,增强创业意识。针对创业实践团队,积极开展实践活动,建立"大学生创业孵化基地""校内创业实训基地",与多家地方知名企业共建创新创业实践基地,遴选优秀创业团队深度孵化。针对有创意兴趣的学生开展交流活动,通过建设与完善大学生创客协会、电子设计协会、大学生科技创新协会等创新创业类社团和创客联盟,发挥"自我服务、自我管理"功能,促进创意创新创业信息相互开放和共享整合,帮助学生进一步打开脑洞,碰撞出创新创业"火花"。各类活动既相互独立,又相互补充,服务不同类别需求的学生群体。

面向全员,多举措构建创新创业文化生态。学校评选"双创"先进单位、"双创"优秀导师和工作者、"双创之星",报道优秀导师和校友的成功创业事迹,树立"双创"典型示范效应。组织开展创客训练营、创新创业知识竞赛、创业项目推介展和优秀大创项目成果展、"一院一品"、"蔚然大讲堂"等品牌活动,营造浓郁的"双创"氛围,激发师生参与创新创业的热情。开展青年红色筑梦之旅活动,推进"双创"教育与专业教育、思政教育深度融合,培养学生家国情怀。

二、提升创新创业教育成效

2015年,学校出台《滁州学院关于深化创新创业教育改革的实施方案》,确立了"十三五"期间学校创新创业教育工作的目标任务,将创新创业教育更好更深入地融入人才培养全过程,实施双创教育"5223"行动计划,即推动5项建设(培养方案、课程、师资、平台、校园文化建设),实施2项改革(实践育人模式改革、教学方式方法与评价机制改革),提升2项活动(学科竞赛、大创项目训练质量和实效),落实3项保障(完善教学管理、完善指导与服务、完善经费与改革支持)。2016年是学校"创新创业教育推进年",出台《滁州学院2016年"创新创业教育推进年"活动方案》,深入推进创新创业教育改革,不断提高创新创业教育质量和水平。

2011年,学校获批安徽省大学生创新创业教育示范校,建立大学生创新创业孵化基地;2012年成为首批国家级大学生创新创业训练计划项目实施高校;2014年获批全国高等学校创业教育研究与实践先进单位;2016年获批首批省级"创业学院","皖农乐创新创业孵化基地"入选首批科技部"星创天地"国家级创新创业综合服务平台(全省唯一入选高校),"蔚园蜂巢"众创空间被认定为市级众创空间;2017年获批"全国创新创业典型经验高校""全国深化创新创业教育改革示范高校";2019年,"蔚园蜂巢"众创空间获得省级备案。

2015年以来,学校共有10万余人次参加各A、B类赛事,获国家级奖项380余项、省级奖项4 900余项(图2.23);在七届"互联网+"大赛中,获国家级铜奖5项、省级奖项135项。

2012年以来,共计设立大学生创新创业训练计划项目1 600余项,获批国家级大创项目544项(图2.24);学生获得国家授权专利300余项,发表论文500余篇。

图 2.23　2015～2021 年 A、B 类赛事获奖统计图

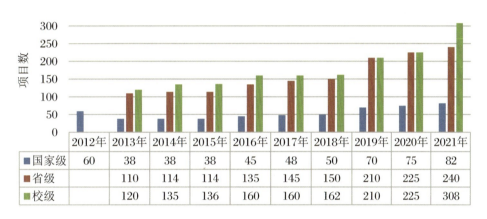

图 2.24　2012～2021 年大学生创新创业训练计划项目数统计图

麦可思调研数据显示,近 3 届(2016～2018 届)毕业生创新能力总体满足度呈现上升趋势,平均为 86.3%,高出全国非"211"本科院校 2.6 个百分点;毕业生自主创业比例平均为 2.4%,高出全国非"211"本科院校 0.3 个百分点。

第五节　加强质量保障体系建设

学校始终把教学质量作为生存和发展的生命线,聚焦应用型人才培养全过程,完善内部教学质量保障体系、优化体系结构、完善组织机构、健全质量标准、加强质量监控、重视持续改进,建立健全自我评估制度,提升体系运行的有效性和实效性,不断提高人才培养质量。

一、优化体系结构和组织机构

2012 年,学校出台《滁州学院内部教学质量保障体系纲要》(以下简称《纲要》),将学校内部教学质量保障体系分为教学质量目标系统、教学质量标准系统、教学质量监测系统、教学质量评估系统、教学质量反馈和改进系统、教学质量组织保障系统 6 个子系统（图 2.25）。

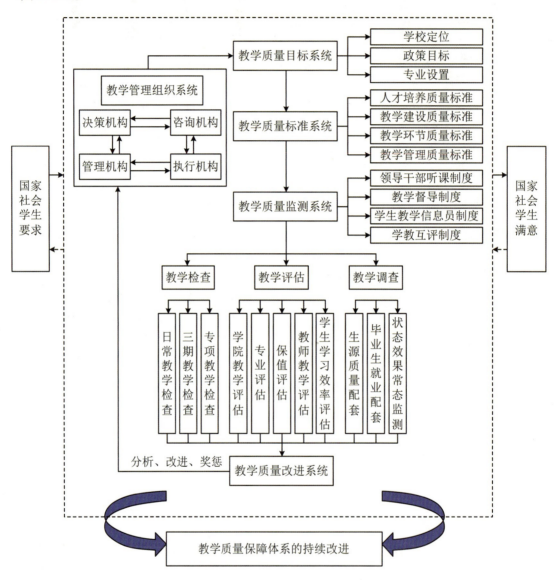

图 2.25　滁州学院内部教学质量保障体系

2017 年,根据体系试运行情况和机构调整需要,学校对《纲要》进行了适当修订,进一步优化结构、明确职责、简化流程。新修订的《纲要》将学校内部教学质量保障体系分为 5 个子系统,即教学质量目标系统、教学质量标准系统、教学质量监测系统、教学质量改进系统、质量管理组织系统。其中,教学质量目标系统包括学校定位、质量目标和专业设置,教学质量标准系统包括人才培养质量标准、教学建设质量标准、教学环节质量标准和教学管理规章制度,教学质量监测系统包括教学检查、教学评估和教学调查,教学质量改进系统包括教学质量分析、教学质量改进和教学质量奖惩,质量管理组织系统包括决策机构、管理机构、咨询机构和执行机构。学校逐步形成了一个逐层向下支持监测、向上负责实施的"责行合一"的校院两级教学质量管理组织体系。

2014年,学校成立质量管理办公室和发展规划处合署办公,具体负责教学质量监控日常管理和协调工作。2018年,学校对机构设置进一步调整,撤销质量管理办公室,成立教学评估中心,和教务处合署办公,下设质量管理科和评估认证科,负责教学质量管理和评估的各项工作。

学校高度重视教学督导工作,将教学督导组作为教学质量监控队伍的重要力量,不断加强教学督导队伍建设。2011年以来,学校先后成立了五届教学督导组。2011年4月成立学校第三届教学督导组,由李敏担任组长;此后分别于2013年7月、2015年9月和2018年9月成立第四届、第五届和第六届教学督导组,均由原校纪委书记汪湘水担任组长;2020年9月学校成立第七届教学督导组,由时任副校长的李庆宏担任组长。先后出台《滁州学院教学督导工作暂行规定》《滁州学院教学督导工作若干细则》《滁州学院优秀教学督导员评选办法》《滁州学院教学督导工作条例》等制度文件,推进教学督导工作制度化、规范化建设,建立健全教学督导体系。

为加强二级学院教学质量监控工作,自2013年起,学校正式成立二级学院教学督导组,形成了校院两级教学督导工作体系。二级学院教学督导组对学院院长负责,接受校教学督导组和教学评估中心双重指导,一般由3~5人组成,设组长1名。

二、加强标准建设、监控和持续改进

完善人才培养质量标准,以立德树人为根本,逐步树立"以生为本、成果导向、持续改进"的理念,优化以能力培养为核心的课程体系,深入推进"五位一体"教育教学改革,依次开展了2012版、2014版、2016版、2019版4次全面的本科专业人才培养方案修订工作。2015年出台《滁州学院专业人才培养质量通用标准》,从培养目标与培养模式、毕业要求、课程、学生、教师队伍、资源条件以及质量保障等方面明确了专业人才培养质量标准的基本要求。

建立教学建设质量标准。学校围绕专业建设、课程建设、实验室及实习实训场所建设、教学档案建设等教学基本建设,2015年出台《重点建设专业遴选与管理办法》,2017年出台《深化课程综合改革实施方案》《二级学院教学档案管理暂行规定》等文件,2019年修(制)订《滁州学院教学工作基本规程》《教学事故认定及处理办法》《滁州学院教师首次任课资格管理规定》等。

细化教学环节质量标准。2013年,学校印发《滁州学院主要教学环节基本规范与质量评价标准(试行)》。针对理论教学、实验教学、实习实训、课程设计、毕业实习、毕业设计(论文)等6大主要教学环节,细化各个教学环节基本规范、工作流程和评价标准,明确职责分工和关键控制点。

学校坚持自我评估制度,构建了"教学检查、教学评估、教学调查"为主的"三位一体"教学质量监测体系,对教学工作实施全方位、全过程质量监控(表2.6)。

表2.6 滁州学院常规教学质量监测活动一览表

类型	措施	实施周期
教学检查	日常教学检查	每学期每周随机进行
	三期教学检查	每学期期初、期中、期末进行
	听课评课活动	每学期随机进行
	实践教学检查	每年度一次
	试卷检查	每学期一次
	毕业设计(论文)检查	每年度跟踪督察
教学评估	学院教学评估	每年度一次
	专业评估	适时开展
	课程评估	适时开展(以学院全面评估为主,以学校项目评估为辅)
	教师教学评估	每年度一次(学生评教每学期一次)
	学生学习效果评估	适时开展(教师评学每学期一次)
教学调查	生源质量调查	每年度一次
	毕业生跟踪调查	每年度一次
	状态数据常态检测	每年度一次

（一）常态化开展教学检查

每学期坚持开展日常教学检查,实行每周值班巡查,及时发现、解决日常教学运行和保障等方面的问题;三期教学检查以二级学院自查、学校督察为主,根据期初、期中、期末3个阶段的教学工作特点和要求定期开展;针对主要教学环节和关键控制点,不定期开展教案检查、课件检查、听课评课活动、试卷检查、实践教学检查、毕业设计(论文)检查等专项教学检查。

（二）多维度组织教学调查

围绕反映人才培养质量的一些重要指标,深度开展专题调研和分析,服务学校决策。从2011年开始,学校每年开展生源质量调查,深入分析专业生源质量、报考率、就读率等情况,发布《年度录取分析报告》,为专业结构调整提供重要参考,促进专业内涵建设、教学模式改革等。从2014年开始,委托第三方机构开展毕业生就业质量调查、用人单位调查,及时收集毕业生、用人单位等利益相关方对学校教育教学工作的意见和建议,不断改进教育教学工作,提高人才培养质量。从2011年开始,每年开展教学基本状态数据采集和填报工作,认真分析相关数据及其变化,摸清家底,找准差距,为教学基本建设和教育教学改革提供重要依据。

（三）分层次实施教学评估

以周期性工作成效评估和整改督察为主,重在目标达成、持续改进,包括学院教学评估、专业评估、课程评估、教师教学评估和学生学习效果评估。

学院教学评估是对二级学院年度教学工作进行全面考核,自2007年开始实施;2015年进一步优化考评指标体系,分为教学改革与建设、质量管理和特色工作3个部分;评估结果与领导任期考核、资源配置、晋职晋级、绩效发放等挂钩。

专业评估包括专业建设项目评估和专业周期性评估。专业建设项目评估以本科教学质量工程专业类建设项目验收评价为主;专业周期性评估依据《滁州学院本科专业综合评价指标体系(试行)》组织开展。2016年,安徽省启动本科专业综合评估试点工作,2017年,学校成立33个专业类合作委员会,全面推进本科专业评估。根据工作安排,2017年,学校组织各二级学院对所属本科专业开展了全面自评,并邀请校内外专家对首批14个专业进行了实地考察和全面会诊。

课程评估以二级学院全面评估为主、学校评估为辅,包括课程建设质量评估和课程教学质量评估。每年的教师教学评估是从师德师风、教学工作量、教学质量、教学成果和教学服务等方面开展教师教学工作考核,将考核结果直接与教师职称评聘、绩效奖惩挂钩。

学生学习效果评估主要是依据学生学业成绩分析开展。2018年,学校出台《滁州学院学业预警管理办法》,实行学业预警制度。

（四）多制度保障质量监测

落实领导干部听课制度。2015年,学校印发《滁州学院领导干部听课制度》,进一步明确规定领导干部听课范围、听课节数、工作内容,加强对领导干部听课任务完成情况的统计分析与通报。

落实教学督导制度。2013年,学校出台《滁州学院教学督导工作暂行规定》;2015年,修订《滁州学院教学督导工作条例》。积极构建校院两级教学督导体系,每学期认真做好听课评课、试卷检查、毕业设计(论文)跟踪检查、学风督察、师生座谈会等常规教学督导工作。从2015年起,每年定期组织开展二级学院教学督导工作专项检查、绩效评优,不断提升学院教学督导工作实效。

落实教学信息员制度。2007年,学校出台《滁州学院学生教学信息员工作暂行办法》;2015年,修订《滁州学院学生教学信息员工作管理办法》。10年来,通过学生教学信息员广泛收集教学管理、教师教学和学生学习过程中的各种信息,了解、掌握教学一线动态和学生关注热点,及时反馈、妥善解决学生反映的问题,较好地维护了学校教学秩序,参加教学信息员队伍学生达到1 700多人次。

落实学生评教和教师评学制度。学校每学期开展学生网上评教活动,组织全体在校生对授课教师的教学质量进行评价,近年来,学生评教优良率均在98%以上;开展教师网上评学活动,从学习态度、学习过程、学习效果等方面,了解广大教师对学生学习状态及学风情况的意见和建议;学生、教师参评率较高,评价效果良好(表2.7、表2.8)。

表2.7 近年来学生评教成绩统计表

学　期	优秀率 (90分以上)	学　期	优秀率 (90分以上)
2010～2011学年第二学期	84.1%	2016～2017学年第一学期	89.9%
2011～2012学年第一学期	83.8%	2016～2017学年第二学期	84.6%
2011～2012学年第二学期	94.4%	2017～2018学年第一学期	92.8%
2012～2013学年第一学期	93.1%	2017～2018学年第二学期	85.7%
2012～2013学年第二学期	85.8%	2018～2019学年第一学期	91.1%
2013～2104学年第一学期	87.4%	2018～2019学年第二学期	85.4%
2013～2014学年第二学期	89.8%	2019～2020学年第一学期	93.0%
2014～2015学年第一学期	88.8%	2019～2020学年第二学期	94.1%
2014～2015学年第二学期	84.1%	2020～2021学年第一学期	98.8%
2015～2016学年第一学期	83.2%	2020～2021学年第二学期	91.6%
2015～2016学年第二学期	85.1%	2021～2022学年第一学期	86.8%

表2.8 近年来教师对学风评价统计表

学　期	评价内容(优良率)			
	学习态度 (学习风气)	学习过程	学习效果	班主任(辅导员) 与任课教师联系情况
2016～2017学年第二学期	88.4%	80.3%	81.6%	97.91%
2017～2018学年第一学期	91.67%	87.02%	88.99%	83.0%
2017～2018学年第二学期	93.71%	90.78%	91.91%	87.97%
2018～2019学年第一学期	93.31%	90.76%	93.31%	93.75%
2018～2019学年第二学期	97.94%	95.19%	92.09%	88.73%
2019～2020学年第一学期	99.22%	97.65%	94.50%	87.59%
2019～2020学年第二学期	99.67%	99.01%	99.01%	99.01%
2020～2021学年第一学期	99.74%	98.97%	98.97%	98.45%
2020～2021学年第二学期	100%	99.34%	98.68%	100%
2021～2022学年第一学期	95.97%	92.96%	93.19%	89.68%

学校高度重视教学质量持续改进工作,建立整改跟踪督察机制,加强对教学质量信息反馈整改工作的持续跟踪督察,确保整改工作落实到位,形成教学质量监控闭环,保证改进效果。在开展新一轮教学质量监测活动时,将上一轮反馈问题是否得到整改以及整改成效作为监测重点。对于专业评估等重大教学质量监测活动,要求制订相应整改工作方案,立行立改、限期整改,对照整改方案组织专项督察。实施目标管理,与二级学院签订年度目标任务书,将教学质量监测反馈与整改成效纳入教学工作考核指标体系。2011年以来,按照教育部高等教育教学评估中心的要求,学校每年定期采集教学基本状态数据,深度剖析本科教学中存在的主要问题。从2013年起,建立年度教学质量报告发布制度,通过学校信息公开网,定期主动向社会公开发布《本科教学质量年度报告》,自觉接受社会监督。

第六节　推进本科教学评估工作

学校深入贯彻落实"以评促建,以评促改,以评促管,评建结合,重在建设"二十字方针,扎实推进本科教学评估工作,以良好状态顺利通过本科教学工作合格评估和审核评估。

一、开展合格评估

根据《教育部关于普通高等学校本科教学评估工作的意见》精神,2013年9月23~26日,学校接受了教育部本科教学工作合格评估专家进校考察评估。学校以"四个促进、三个基本、两个突出、一个引导"的合格评估核心要求为引领,深入扎实地做好本科教学工作,全面提高本科教学水平和人才培养质量,得到教育部合格评估专家高度认可,以良好状态高水平通过了教育部本科教学工作合格评估。

(一)本科教学合格评估工作的开展

2011年11月,出台《滁州学院本科教学工作合格评估总体方案》,对迎评促建工作进行整体谋划,成立了组织机构,明确了宣传与发动、自查与自建、自评与整改、省评与完善建设、国评专家进校评估、整改等6个阶段目标任务。

2011年12月,学校召开年度教学工作会议,对本科教学工作合格评估总体方案进行了说明,正式启动迎接本科教学合格评估工作。同月,学校出台《本科教学工作合格评估督察工作实施意见》,成立督察组,加强评建工作督察落实。

2012年,学校先后赴合肥学院、合肥师范学院、常熟理工学院等学习交流,邀请校外

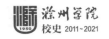

专家来校作专题报告。编印《本科教学工作合格评估操作指南》《本科教学工作评估建档目录》《本科教学工作评建内容参考》。各部门按照"总结成绩、摸清家底、找准差距、把握重点、细化指标、逐步建设"的工作思路,制订了评建实施方案,采取多种有效措施,确保了自查与自建工作任务落实。学校还深入14个教学院(部)开展专题调研,对教学档案、期末考试试卷和毕业设计(论文)等进行了专项检查。

2013年1月,学校印发《关于2013年本科教学合格评估工作的实施意见》,结合专家进校时间及学校工作实际,对《滁州学院本科教学工作合格评估总体方案》进行及时调整,将2013年本科教学评建工作分为"自查和自建""自评和整改""完善和提高""迎评和参评""整改"5个实施阶段,进一步细化了各个阶段目标任务。

2013年2月,为进一步加强教风学风建设,切实提高教育教学水平和人才培养质量,学校开展了课堂教学质量全面提升活动。各工作小组、各院(部)和有关部门深入课堂教学一线,认真开展听课、评课、反馈和帮扶等活动,在促进教职工牢固树立质量意识、提升教学水平、提高教学质量等方面发挥了重要作用。

2013年2~8月,学校开展了两次毕业设计(论文)与试卷专项检查工作,对2011~2013届毕业生毕业设计(论文)和2010~2011学年、2011~2012学年、2012~2013学年的所有试卷进行了专项检查,对存在的问题进行督察与整改,下发《关于进一步完善试卷、毕业设计(论文)等档案材料的通知》,进一步规范了相关工作。学校组织开展了两次实验教学与实习实训教学工作专项检查工作,对2010~2011学年、2011~2012学年、2012~2013学年实验教学与实习实训教学工作组织、实施、管理、考核与评价等方面进行了全面检查,并对结果进行了通报,进一步规范了学校实践教学环节运行和管理,提高了实践教学质量和效果。

2013年4月,学校印发《关于成立滁州学院本科教学工作合格评估自评报告撰写组和支撑材料建设组的通知》《关于做好合格评估校级支撑材料建档工作的通知》,指导和规范教学档案和评估支撑材料收集整理工作,准备迎评材料;下发《滁州学院教学工作合格评估访谈参考材料(公共)》《普通高等学校本科教学工作合格评估36问》等学习手册,供广大师生学习评估知识、了解评估内涵。

2013年5月4~6日,以安徽大学原副校长易佑民教授为组长的省教育厅合格评估专家组一行6人来校考察。根据专家组考察意见,印发《关于进一步落实合格评估专家整改意见的通知》,明确了下一步整改措施。

2013年6~8月,学校在全面整改基础上,进一步检查各院(部)、各部门整改和建设情况,进一步检查完善学校评估支撑材料,进一步完善专家"案头材料";完成2012~2013学年教学基本状态数据采集与上报工作,认真核对教学基本状态数据分析报告;修改、完善、上报《学校自评报告》,认真填报本科教学工作评估管理信息系统数据;检查完善教学专项建设、校风建设、校园环境治理、教学条件保障、后勤保障以及安全保卫工作;做好各个方面、各个环节的应急处理预案制订工作;通过开展教育思想观念、办学定位研讨活动,进一步做好各方面的宣传和展示工作,完善滁州学院校情宣传片和其他宣传材料。

2013年9月,学校成立迎接评估指挥部和相关工作组,制订接待方案,明确职责分工,对相关人员进行培训;开展校园环境综合整治和文化建设,营造氛围,调整状态,积极迎接教育部专家进校评估;印发《关于成立迎接教育部本科教学工作合格评估专家进校考察组织机构的通知》《滁州学院迎接教育部本科教学工作合格评估专家组总体接待方案》等,确保专家进校考察圆满顺利。

(二)专家现场考察

2013年9月22~26日,以长春工业大学校长张德江教授为组长的教育部合格评估专家组一行12人对学校本科教学工作进行了现场考察。在校考察期间,专家组通过听取汇报、调阅材料、听课看课、走访座谈等形式,全面考察了学校本科教学工作。

2013年9月23日,学校召开了本科教学工作合格评估专家见面会,校长许志才以《加快转型发展 提高教学质量》为题,对学校本科教学工作进行汇报。专家组集体考察了部分教学设施和实验室,听课36节,深度访谈学校领导与中层干部40人次,走访了所有教学单位和部分职能部门63人次,走访实习基地和用人单位各2家,考察校内实验室12个,召开各类座谈会6次,考察了图书馆、体育馆、学生食堂和宿舍,调阅了28个专业30门课程的1 851份试卷,26个专业的671份毕业设计或论文,查阅了有关支撑材料(图2.26)。

图2.26 学校召开本科教学工作合格评估专家意见反馈会

2013年9月26日,学校召开了专家意见反馈会,省教育厅厅长程艺出席会议。专家组充分肯定了学校本科教学工作取得的成绩,认为学校党政领导班子团结进取,勤奋务实,带领全校教职员工艰苦奋斗,奋勇拼搏,实现了从师范专科向多科型本科的转型,使学校得到了健康快速发展,学校办学思路明晰,现已初步形成了以社会需求为导向的应用型学科专业群;学校注重应用型人才培养特征,突出学生实践能力和综合素质的培养,初步构建了"三个课堂一体,三个平台联动"的实践育人模式;学校大力加强教师队伍建设以及科研工作,取得了明显的成效,承担的国家和省级研究课题有了突破性进展。在肯定成绩的同时,专家组也指出了学校本科教学工作中存在的主要问题,建议学校要处理好规模扩张和内涵建设的关系、学科建设与专业建设协调发展的关系,加强教师教学能力培养和教学管理队伍建设,深化实践教学改革,加强产学研合作教育,进一步完善教学质量监控体系等。

专家组评估意见经教育部评估中心确认后正式反馈给学校。学校根据专家组意见,形成《滁州学院本科教学工作合格评估整改方案》。

二、开展审核评估

根据教育部《关于开展普通高等学校本科教学工作审核评估的通知》以及省教育厅《安徽省普通高等学校本科教学审核评估工作实施方案》的要求,在自主申报的基础上,2017年12月18~21日,学校接受了教育部本科教学工作审核评估专家组进校考察。

(一)本科教学审核评估工作的开展

2016年10月,学校印发《中共滁州学院委员会滁州学院关于印发本科教学工作审核评估工作方案的通知》,正式启动审核评估工作。评建工作分为"宣传发动""自评自建""预评改进""进校评估""整改提高"5个阶段。

1. 加强组织领导

成立以党委书记、校长为组长的审核评估工作领导小组,下设评建办公室和宣传、督察两个工作组,同时设立"定位与目标""师资队伍""教学资源""培养过程""学生发展""质量保障""特色"等7个专项工作组。院(部)成立以院长(主任)、党总支书记为组长的教学评建工作组。

2017年3~11月,学校分别组织召开了本科教学审核评估重点建设任务推进会、审核评估自评报告撰写工作布置会、审核评估工作推进会、审核评估督察会等,切实推进审核评估各阶段工作任务落实。

2017年11月15日,学校召开审核评估自评整改暨迎评工作布置会(图2.27)。校领导、副处级以上干部,二级学院教学秘书、系(教研室)主任、实验室主任、办公室主任,校教学督导组成员等190余人参加了会议;校长许志才作了《深入学习宣传贯彻十九大精神 强化自评整改落实 以良好状态迎接审核评估》的主题报告。

图 2.27　学校召开审核评估自评整改暨迎评工作布置会

2017年12月6日,学校举办审核评估自评报告宣讲学习会,分3个会场同时进行,教职工对审核评估知识、自评报告内涵和学校"迎评促建"工作有了更加深刻的理解和认识。

2. 专业评估助力

各二级学院参照《滁州学院普通本科专业综合评价指标体系(暂行)》要求,分别从专业办学目标与建设规划、专业与课程建设、师资队伍、教学条件与实践教学环节、教学管理、教学研究、科研水平、教学质量、社会声誉以及专业特色与优势等方面对学院在招本科专业建设和人才培养的成效进行评估。

2017年1月,在学院开展专业自评的基础上,学校开展了第一次本科专业试评估工作,分别对地理信息科学、物联网工程、化学工程与工艺、机械设计制造及其自动化、财务管理、食品科学与工程等6个地方应用型高水平大学建设项目首批立项重点建设专业开展了第一次本科专业试评估工作。

3月18日,学校开展了第二次专业试评估工作,邀请校内外专家组成4个现场考察工作组,对新闻学、金融工程、自动化、学前教育、英语、美术学、音乐学、体育教育等8个本科专业开展试评估工作,做到专业评估学院全覆盖。

3. 专项督察促改

2017年8月14~15日,校领导带队赴15个二级学院开展预评估专项督察,听取各学院党政主要负责人关于自评整改等预评估准备工作开展情况的汇报,查阅学院自评报告、整改过程记录、教学档案等相关资料。

2017年8月25~26日,学校邀请校内外专家组成4个专家组,赴15个二级学院开展审核评估预评估现场考察工作。专家组围绕审核评估"五个度"和学院人才培养特色等方面,通过听取汇报、整改督察、查阅档案、教师座谈、集中评议等多种形式,对15个二级学院合格评估以来的本科教学工作进行了全面诊断。

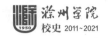

2017年10月24~31日,校领导带队赴15个二级学院开展自评自建工作督察指导。各二级学院院长从学院工作、教师工作、学生工作3个方面,汇报审核评估工作任务进展情况。

4.预评估推进

2017年11月6~8日,根据审核评估工作总体安排,学校开展了本科教学工作审核评估预评估工作。学校邀请了校外专家,按照教育部审核评估专家正式进校工作流程进行,主要包括专家组预备会、专家见面会、专家集体考察、专家个人考察、预评估反馈会等环节。本次预评估是正式评估前的最后一次演练。

(二)专家组现场评估

2017年12月18日,学校召开本科教学工作审核评估专家见面会。以武汉科技大学党委书记孔建益教授为组长的教育部本科教学工作审核评估专家组一行11人对学校进行为期4天的审核评估工作。省委教育工委副书记庆承松,全体校领导出席会议,各二级学院、职能部门主要负责人参加会议。会议由孔建益主持。校长许志才以《加强内涵建设 提高教育教学水平》为题作了审核评估补充汇报。

教育部专家组集中考察了地信学院、信息学院、食品学院实验室和艺术馆,听课41节(次),看课若干课堂;查阅31门课程2 159份试卷,查阅24个专业1 084份毕业论文(毕业设计);走访了全部17个院(部)及19个职能部门;访谈65人次,其中11人(次)与7位校领导进行了深度访谈;召开24次座谈会,262人(次)参加,包括教师、教学管理人员、学生、校友等;考察了3个校外实习基地、11个校内实验室或实训中心;7人(次)考察了学生宿舍、体育馆、操场、图书馆等;2人(次)在学生食堂就餐;调阅了各类制度文件及其他资料;专家组内部3次召开考察交流会,对学校本科教学工作进行了多层次、全方位的分析和评估。

12月21日,学校召开了本科教学工作审核评估专家意见反馈会。教育部专家组全体成员,省教育厅副厅长储常连,全体校领导出席,各二级学院、职能部门主要负责人,校教学工作指导委员会成员,教学督导组组长、副组长,各二级学院教学(科研)秘书和教授代表参加了会议。会议由专家组成员、三峡大学校长何伟军教授主持。专家组组长、武汉科技大学党委书记孔建益教授代表专家组反馈了审核评估总体情况。他指出,学校秉承"思变尚新、务实求真"的精神,以地方经济社会发展需求为导向,坚定走转型发展之路;经过多年办学,学校的社会影响力不断提升,办学能力逐步增强,科研到账率逐年增加,教学改革卓有成效,实践育人模式硕果累累,用人单位和毕业生满意度比较高,为国家和地方经济建设及区域支柱产业发展提供了强有力的人才及智力支撑。专家组肯定了学校本科教学工作成绩,认为学校办学定位与人才培养目标定位准确,顶层设计清晰;学校牢固树立教学中心地位,人才培养效果得到提升;学校深化人才培养模式改革,"双创"效果显著;学校领导班子团结进取,教职员工爱岗敬业;学校"以评促改"效果明显,促进了学校向更高层次迈进。专家组成员逐一进行意见反馈,针对师资队伍建设、专业建设与课程改革、教学资源保障、实践教学建设、质量保障体系等方面存在的问题进行了深入剖析,并提出中肯的意见和建议。反馈会后,专家组形成了审核评估书面报告,经教育部确认后正式反馈给学校。

（三）审核评估整改

2018年5月,学校印发《滁州学院本科教学工作审核评估整改方案》。坚持"以评促建、以评促改、以评促管、评建结合、重在建设"的方针,坚持问题导向和效果导向,以立德树人为根本,以学科专业建设为龙头,以深化教育教学改革为重点,以师资队伍建设为关键,以资源条件建设为保障,深入推进内涵建设,切实解决本科教学工作面临的突出问题,全面提升人才培养质量。通过扎实整改,切实落实教学工作中心地位、教学改革核心地位、教学建设优先地位,强化人才强校战略,高素质教师队伍建设不断加强;加大教育教学投入,教学条件不断改善;深化课程综合改革,课堂教学质量不断提升;积极推进工程认证,工科专业内涵不断加强;不断强化质量意识,教学质量保障体系逐步完善;加强学业指导服务,学生满意度不断提升,学校各项工作都取得了明显成效。

第三章 学科建设与科技工作

学校紧扣地方经济社会发展需求,围绕办学定位,以提高科技创新能力为核心,全面提升科学研究水平、支撑创新人才培养水平、服务经济社会发展水平,推动学科建设和科技工作迈上新台阶。

第一节 加强学科建设

学校高度重视学科建设,党代会报告、事业发展规划、学科专业建设规划、科技工作规划和第二次、第三次科技工作大会都明确了学科建设发展的目标任务。

一、制订学科建设规划

(一)"十二五"学科发展规划

2011年,学校编制《滁州学院2011~2015年学科专业建设规划》,全面总结了学校"十一五"时期学科专业建设成绩、经验及存在的主要问题,明确了"十二五"时期学科专业建设的总体目标和主要任务:优化学科专业结构,进一步构建适应经济社会发展需要的学科专业体系。到2015年,学科门类增加到8个,本科专业数增加到50个,其中工科专业数增加到20个以上;重点建设机械制造类、信息技术类、化学化工类、生物与食品类、经济与管理类等学科专业群;争取建设2~3个省级重点学科,2~3个国家级特色专业,4~5个省级特色专业,培育5~6个校级重点学科;进一步扩展联合培养研究生教育,争取进入安徽省立项建设硕士学位授予单位,力争专业硕士学位授权点取得突破;坚持分类发展,进一步彰显学科专业特色;加强建设文理等基础学科专业群,继续发展信息技术类优势专业群,加快发展机电、化工、食品类专业群,积极发展管理、艺术类专业群,保持教师教育类专业群的特色和水平,培育新的专业群,使专业结构得到优化,内涵得到充实,体系得到完善,自身特色和优势得到显现;积极开展特色学科、特色专业、特色课程和特色教材建设;进一步构建应用技术开发与成果转化平台;重点建设 10 余个科研平台,建立 3~5 个校地、校企共建科研机构、产学研用基地,遴选 2~3 个省级重点实验室、工程技术中心和人文社科基地;加强科研与技术开发,进一步提高服务区域经济社会发展能力和科技成果转化率;力争取得省部级立项课题 40 项以上,国家级科研项目 10 项以上,积极争取厅级项目和横向课题,科研经费达 1 600 万元;加快科技成果转化,促进产学研用结合,签订产学研合作项目 100 项以上;获得省部级科研成果奖 1~3 项,国家发明专利 3~5 项,产生一定社会经济效益的应用成果 5~8 项(表 3.1)。

表 3.1 "十二五"学科主要发展指标一览表

	类 别	数 量
预期性指标	学科门类	8
	省级重点学科	2~3
	安徽省立项建设硕士学位授予单位	力争突破
	省级科技创新团队	力争突破
	省级重点实验室、工程技术中心和人文社科基地	2~3

2012 年 12 月,学校召开第二次党代会,提出未来 5 年学科建设目标:学科专业结构更加优化;加强建设文理等基础学科专业群,继续发展信息技术类优势专业群,加快发展机电、化工、食品类专业群,积极发展管理、艺术类专业群,保持教师教育类专业群的特色和水平,培育新的专业群,使专业结构得到优化,内涵得到充实,体系得到完善,自身特色和优势得到显现;加强学科内涵建设,提升科技创新能力;进一步做好相关学科的建设规划,争取在普遍提高的基础上有所突破;继续抓好专业建设,以专业建设推动学科建设,以学科建设带动专业调整和建设,努力将已形成的专业优势转化为学科优势。

2015 年 1 月 6~7 日,学校召开第二次科技工作大会(图 3.1)。校长许志才作了题为《加强科技工作·服务地方发展·为建设地方应用型高水平大学而奋斗》的科技工作报告,提出要实现"四个提高"(科技创新能力显著提高,对经济社会发展贡献显著提高,科技管理服务水平显著提高,对人才队伍和学科建设支撑度显著提高)。

2015 年 2 月,学校出台《关于进一步加强科技工作的意见》,提出要建设学科,持续增强科研实力。提高对学科建设重要性的认识,进一步明确学科建设和专业建设的关系,"凝练学科方向、汇聚学科队伍、搭建学科平台",坚持重点建设与一般建设相结合;加强现有重点学科建设,动态遴选校级重点学科、重点建设学科,支持符合条件的学科申报省级重点学科。3 月,学校印发《滁州学院 2015 年"科技工作推进年"活动实施方案》,决定 2015 年为"科技工作推进年",加强重点学科建设,培育省级重点学科 1 个,构建多学科互动交流平台,谋划"十三五"学科发展规划。

图 3.1　学校第二次科技工作大会

(二)"十三五"学科发展规划

2016年,《滁州学院"十三五"事业发展规划》明确:把内涵发展落实到学科专业建设,在应用型学科专业建设方面凝练和培育特色;学科专业定位:以工管为主,文学、理学、工学、经济学、管理学、教育学、农学、艺术学多学科协调发展;发展目标:学科专业结构更加优化、内涵得到充实,专业群与区域主导产业链对接更加紧密;科技创新和服务地方经济社会发展能力显著增强;到2020年,获批省级重点学科1~3个,力争1~2个学科进入安徽省一流学科建设行列,引进和培养学科带头人10~15人,形成较高水平的学科团队10支以上,建设省部级科技创新平台6~8个、市级科技创新平台12~15个,达到硕士学位授予权条件学科1~2个(表3.2)。

表 3.2　"十三五"学科主要发展指标一览表

指　　标	数　　量
获批省级重点(一流)学科(个)	1~3
引进和培养学科带头人(人)	10~15
形成较高水平学科团队(个)	≥10
建设省部级科技创新平台及智库数量(个)	6~8
建设市级科技创新平台及智库数量(个)	12~15
达到硕士学位授予权条件学科(个)	1~2

2018年,学校召开第三次党代会,突出"两个重点":培养一流应用型人才和建设一流学科专业。将"成为硕士学位授权单位"纳入学校"三步走"的首要目标,明确以硕士学位点突破为重点,着力提升学科建设水平。制订《滁州学院支持硕士学位授予权单位申报及重点学科建设的措施》,把"强化学科建设龙头地位"作为2018年学科工作的重中之重。

2019年,学校扎实开展"学科建设推进年"。2019年4月15日,党委书记陈润主持召开校党委常委会第10次会议,审定学校创建硕士学位授予单位行动计划(2019~2020年)、关于加强学科建设的实施方案。4月26日,学校隆重召开了第三次科技工作大会。党委书记陈润作了总结讲话,强调要认清形势,正视存在的差距;提高认识,进一步重视科研工作;真抓实干,不断推进科技工作上台阶;强化保障,有力支持科技工作发展。校长郑朝贵作了题为《提升学科水平·加快硕士点创建·为建成特色鲜明的地方应用型高水平大学而奋斗》的报告,强调要构建面向应用的学科体系,全力创建硕士学位授予单位,提升平台团队建设水平,推进开放合作融合创新,促进科教融合协同育人,完善组织领导和保障机制。会后,学校出台《关于加强学科建设工作实施方案》《2019年"学科建设推进年"活动实施方案》,明确学科建设总体目标:面向国家及地方经济和社会发展需求,通过5年努力,建成与学校办学定位与发展目标相契合,以国内一流学科为引领、省内一流学科为重点、各学科整体协同发展的应用型学科体系;建成2~3个达到国内先进水平的国内一流学科、6~8个特色鲜明的省内一流学科;形成一批以关键技术或理论创新为核心、以国家级省级成果奖等高质量产出为标志,具有良好经济和社会效益的系统性研究成果;构建科学、高效管理机制,有效激发活力、增强动力;成功获批硕士学位授权单位及一级学科硕士学位授权点、硕士专业学位授权点;推进内涵发展,提升办学水平,为地方应用型高水平大学建设提供有力支撑。

2019年1月,为加快推进硕士学位授予单位创建及硕士学位授权点申报工作,学校召开硕士点建设工作推进会。签订申请新增硕士学位授予单位工作任务书。5月,制订《滁州学院创建硕士学位授予单位行动计划(2019~2020年)》,成立创建领导组,加强领导与统筹协调,加强过程管理,保证行动计划有效落实。6月30日,学校召开各学科、职能部门负责人参加的申报工作布置会,校长郑朝贵提出申报工作要求。7月2日,学校组织编写新增硕士学位授予单位立项建设规划申报书。7月6日,校学术委员会审议通过规划申报书,提交党委会审批。7月8日,学校召开新增硕士学位授予单位立项建设规划专家论证会。专家组一致同意通过论证,并向安徽省人民政府学位委员会推荐我校申报硕士学位授予单位立项建设学校。8月22日,党委书记陈润主持召开校党委常委会第16次会议,听取新增硕士学位授予单位立项建设申报进展和下一步工作安排汇报,要求坚定信心,强化统筹指导,全力推进各项建设,强化以申促建,补短板、提水平,牢牢盯住核心指标,确保学校成为我省新增硕士学位授予立项建设单位。9月11日,校长郑朝贵在安徽省学位委员会组织召开的全省新增博士硕士学位授权单位立项建设评审会上现场答辩。10月，以地理学一级学科硕士学位点和生物与医药硕士专业学位点为申报点。学校被省教育厅列入新增硕士学位授予单位立项建设学校，"申硕"工作迈出坚实一步。

2020年6月，学校制订《关于开展学科综合改革实验区试点实施办法（试行）》，计划通过4年建设，面向国家战略和前沿科技领域，同时面向地方经济社会发展重点领域，每年建设2~3项以高层次人才团队、国家级项目、国家级平台、高水平原创成果、省部级以上科学技术奖等为标志的学科成果，人才培养成效显著，形成国内知名、具有较强核心竞争力的优势学科，全面达标国内一流学科、省级重点实验室建设条件以及硕士学位授权点条件的要求，成功申报硕士学位授权点。11月，学校与安徽工业大学、安徽理工大学、安徽工程大学、阜阳师范大学签订学科建设合作协议。

（三）"十四五"学科建设与科技工作规划

明确以创建支撑地方经济社会高质量发展的应用人才培养、科技创新与成果转化新高地为主旨，构建协调发展学科体系，打造高端学科平台，提升科技创新服务能力。以工学、管理学、理学为主干学科，重点支持地理学高峰学科达到国内一流、国际知名，动态遴选2~3个高峰培育学科、4~5个高峰扶持学科建设点，力争获批省级一流（高峰）学科1个以上，6个学科（专业学位类别）达到硕士学位授权点申请基本条件，获批硕士学位授予单位，达到大学更名条件。

二、推进重点学科建设

2014年，制订《滁州学院重点学科建设管理办法》，重点学科建设体系分为省重点学科、校重点学科和校重点建设学科，对重点学科实行学校、院（部）和学科三级管理。依据管理办法，在继续支持首批校级重点学科（应用化学、应用数学、地图学与地理信息系统、美术学、思想政治教育）建设的基础上，遴选食品科学与工程、机械制造及自动化、计算机应用技术、工商管理为第二批校级重点学科（表3.3）。

表3.3 滁州学院重点学科一览表

名　　称	级别/批次	立项时间
食品科学与工程	校级/第二批	2014年
机械制造及自动化		
计算机应用技术		
工商管理		

续表

名　称	级别/批次	立项时间
计算机科学与技术	校级/第三批	2017 年
食品科学与工程		
应用经济学		
化学工程与技术		
机械工程		
地理学		
地理学	省级"双一流"建设国内一流学科（B 类）	2017 年
	省高等学校Ⅲ类高峰学科	2020 年

2017 年，学校继续遴选计算机科学与技术、食品科学与工程、应用经济学、化学工程与技术、机械工程、地理学为第三批校级重点学科，同时确定硕士点三年、六年和九年的建设规划。"地理学"获批安徽省国内一流学科 B 类。

2018 年，学校印发《滁州学院支持硕士学位授予权单位申报及重点学科建设的措施》，在经费支持、人才引进等方面给予重点学科倾斜。

2020 年，学校印发《滁州学院关于开展学科综合改革实验区试点实施办法（试行）》，以"地理信息与旅游学院：地理学学科"为学科实验区试点建设单位及学科，实行政策倾斜，在人财物等方面给予大力支持，在国家法律法规和有关政策允许的条件下，试点学院具有人事和财务自主权，自主定岗定编、绩效考核分配等，试点学院负责人在学科高层次人才引进、岗位聘用、绩效考核评估、科研组织和实验室建设等方面具有独立分配权、使用和决定权。学科实验区试点学院实行自主管理、分类指导。7 月，"地理学"入选安徽省高等学校Ⅲ类高峰学科。

2021 年围绕第三次党代会奋斗目标，开启"十四五"学科建设和"申硕"工作。学校出台创建硕士学位授予单位三年行动计划（2021～2023 年），确保创建任务落地见效。当年，学校被列入安徽省新增硕士学位授予单位立项重点建设单位。

三、加强平台团队建设

2011 年，学校启动科技创新团队资助计划，在地理信息科学、应用化工、机械与电子、生物技术、农产品深加工、地方经济与文化等方面打造一批具有自身特色的科技创新平台。

2015 年，《滁州学院地方应用型高水平大学建设方案》进一步明确建设高水平科技创新平台；每年动态遴选建设 2 个高水平科技创新平台；新增省部级科技创新平台 2～3

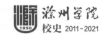

个,市级科技创新平台6个;重点培育装备制造、空间信息集成与应用、农副产品精深加工、物联网、盐化工技术、新材料等6支创新团队。

2016年,学校"十三五"规划提出加强"安徽省高分辨率对地观测系统数据产品与应用软件研发中心""安徽省热敏性物料加工工程技术研究中心""江淮分水岭生态环境与区域发展研究中心"等平台的建设;加强与行业企业合作,在智能家电、汽车及装备制造、新型化工、硅基材料等方面共建实验室、工程研究中心。同年,学校出台《滁州学院科技创新团队管理办法(试行)》。

2019年,《滁州学院2019年"学科建设推进年"活动实施方案》把积极创建高层次科研平台作为重点工作,依托国内一流学科,全面整合校内优势学科与科研资源,推动共建共享与管理机制创新,力争成功申报国家级科研平台;推动省级科研平台建设,通过与企业、科研院所及政府主管部门合作共建并成功申报2~3个省级科研平台;与国(境)外高校共建2~3个研究平台;11月1日"凤阳花鼓"获批全国普通高校中华优秀传统文化传承基地;12月27日"实景地理环境实验室"被认定为安徽省重点实验室。

2020年,学校入选应急管理学院建设首批试点单位。2021年5月28日,学校应急管理学院暨智慧安全与应急技术研究院揭牌。校党委书记陈润,教育部学校规划建设发展中心应急安全产教融合联盟秘书长李德明,滁州市人民政府副市长张其广,省应急管理厅党委委员、副厅长李大华,省教育厅高等教育处处长张尔桂共同为滁州学院"应急管理学院""智慧安全与应急技术研究院"揭牌。

10年来,学校先后成立安徽省地理信息集成应用协同创新中心等21个校级科研平台,组建5个校级科技创新团队,并成功获批13个省部级、14个市级科研平台及2个省部级、11个市级科研团队(表3.4、表3.5)。

表3.4 滁州学院科研平台一览表

序号	名称	级别	立项时间
1	安徽省大学生思想动态分析研究中心	省级	2012年
2	江淮分水岭生态环境与区域发展研究中心(基地)	省级	2013年
3	安徽地理信息集成应用协同创新中心	省级	2014年
4	安徽省热敏性物料加工工程技术研究中心	省级	2014年
5	滁州市特色农产品深加工工程技术研究中心	市级	2014年
6	滁州市智能物流升降设备工程技术研究中心	市级	2014年
7	滁州市冰箱凹模成型工程技术研究中心	市级	2014年
8	滁州市蜂产品深加工工程技术研究中心	市级	2014年
9	滁州市农产品活性成分提取分离工程技术研究中心	市级	2014年
10	滁州市家电用塑料工程技术研究中心	市级	2014年
11	滁州特色农产品深加工工程中心	校级	2014年

续表

序号	名称	级别	立项时间
12	物联网应用工程技术研究中心	校级	2014年
13	地理国情与区域环境研究所	校级	2014年
14	皖东历史文化研究中心	校级	2014年
15	小岗村与农村改革发展研究中心	校级	2014年
16	凤阳花鼓音乐研究所	校级	2014年
17	安徽省地理信息集成应用协同创新中心	校级	2014年
18	江淮分水岭生态环境与区域发展研究中心	校级	2014年
19	滁州食品加工研究院	校级	2014年
20	装备制造研究院	校级	2014年
21	物联网应用工程技术研究中心	校级	2014年
22	江淮分水岭生态环境与区域发展研究中心（智库）	省级	2015年
23	滁州学院安徽省博士后科研工作站	省级	2015年
24	滁州市热塑弹性塑胶工程技术研究中心	市级	2015年
25	滁州市高纯特种气体工程技术研究中心	市级	2015年
26	安徽省高分数据产品与应用软件研发中心	校级	2015年
27	安徽省非物质文化遗产教育传习基地	省级	2016年
28	滁州市汽车回收再利用工程技术研究中心	市级	2016年
29	自动化生产线智能在线监测与诊断创新平台	校级	2016年
30	绿色化工及核心技术科技创新平台	校级	2016年
31	安徽省地理信息智能感知与服务工程实验室	省级	2017年
32	滁州区域文化及文化产业发展研究智库	市级	2017年
33	皖东旅游发展研究智库	市级	2017年
34	滁州市新常态下经济发展战略与路径优化智库	市级	2017年
35	滁州学院安徽省院士工作站	省级	2018年
36	滁州市智慧养老产业工程技术研究中心	市级	2018年
37	滁州大健康与养老产业研究院	校级	2018年
38	金融与统计研究所	校级	2018年
39	土木信息化研究所	校级	2018年
40	智能化食品加工与检测装备研究所	校级	2018年
41	基础教育发展研究中心	校级	2018年
42	翻译研究中心	校级	2018年
43	城镇化与农村景观研究所	校级	2018年

续表

序号	名称	级别	立项时间
44	全国普通高校中华优秀传统文化传承基地	部级	2019年
45	实景地理环境安徽省重点实验室	省级	2019年
46	智能感知与健康养老工程技术研究中心	省级	2019年
47	安徽省桥梁结构数据诊断与智慧运维国际联合研究中心	省级	2020年
48	滁州市第四批博士创新工作站	市级	2020年

表3.5 滁州学院科研团队一览表

序号	名称	级别	立项时间
1	特色农产品活性成分提取关键技术(滁州市"221"产业创新团队)	市级	2011年
2	食品低温加工关键技术研发与应用(安徽省"115"产业创新团队)	省级	2015年
3	智能电力设备仿真与开发(滁州市"221"产业创新团队)	市级	2015年
4	半喂入式花生摘果装置开发(滁州市"221"产业创新团队)	市级	2015年
5	物联网关键技术与应用	校级	2015年
6	食品酶法加工	校级	2016年
7	新型化工关键技术研发及产业化	校级	2016年
8	功能性炼乳生产关键技术研发(滁州市"221"产业创新团队)	市级	2017年
9	蜂产品低温加工关键技术研究与产业开发(滁州市"221"产业创新团队)	市级	2017年
10	大米蛋白深加工(滁州市"221"产业创新团队)	市级	2017年
11	地理信息智能感知与服务	校级	2017年
12	食品智能检测	校级	2017年
13	国产军民卫星星群数据综合处理关键技术及示范应用(安徽省领军人才团队)	省级	2018年
14	特色农产品开发与利用(滁州市"221"产业创新团队)	市级	2018年
15	水处理技术与应用(滁州市"113"产业创新团队)	市级	2021年
16	实景地理环境智能科技产业创新团队(滁州市"113"产业创新团队)	市级	2021年
17	光学快速检测技术及其在菊粉膳食纤维制品中的应用研发团队(滁州市"113"产业创新团队)	市级	2021年
18	薯片深加工品质控制关键技术研发及产业化创新团队(滁州市"113"产业创新团队)	市级	2021年

第二节 推进科学研究

学校重视和持续加强科研工作,在科教育人、科研培育、高级别项目申报、政产学研用合作和成果推广、制度建设等方面取得积极成效。

一、加强科研项目培育

2011年以来,学校获得各级各类纵向科研项目1 724项,总经费7 358.86万元,其中,国家级项目34项,立项经费1 045万元;省部级及其他项目1 508项,立项经费6 313.86万元(表3.6)。

表3.6 2011~2021年各级各类纵向科研项目立项统计数(单位:个)

年份	国家级项目			省部级项目			其他项目			年度统计		
	人文	理工	合计	人文	理工	合计	人文	理工	合计	人文	理工	合计
2011年	0	1	1	4	8	12	69	31	100	73	40	113
2012年	0	2	2	6	15	21	88	45	133	94	62	156
2013年	1	3	4	8	8	16	67	39	106	76	50	126
2014年	0	4	4	12	23	35	121	97	218	133	124	257
2015年	1	3	4	16	17	33	107	89	196	124	109	233
2016年	2	5	7	33	27	60	44	55	99	79	87	166
2017年	0	4	4	26	27	53	45	24	69	71	55	126
2018年	0	0	0	30	33	63	10	25	35	40	58	98
2019年	0	0	0	28	27	55	80	1	81	108	28	136
2020年	1	2	3	38	38	64	42	5	22	81	45	126
2021年	1	4	5	43	57	100	39	43	82	83	104	187
合计	6	28	34	244	280	524	712	454	1166	962	762	1724

二、提升科技成果水平

2011年以来,学校共发表论文5 107篇,其中CSSCI、CSCD、北大核心来源期刊794篇,SCI(E)、EI收录期刊论文786篇,出版著作123部;李虎教授获得2016年度国家科技进步奖二等奖;学校共获得省部级科技成果奖17项;获批专利693项,其中发明专利151项、实用新型专利474项、外观专利68项(图3.2~图3.4,表3.7)。

图 3.2　2011～2021 年发表学术论文情况

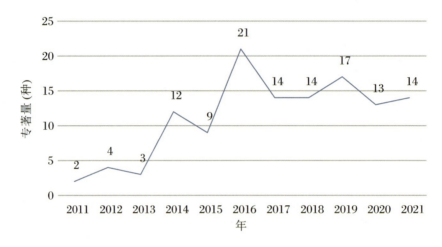

图 3.3　2011～2021 年出版学术著作情况

图 3.4　2011～2021 年授权各类专利情况

表 3.7　2011～2021 年省部级及以上科研成果奖一览表

序号	获奖项目	获奖类别	获奖人	时间	备注
1	植物蛋白挤压组织化技术研究与推广	中华农业科技奖二等奖（农业部）	张余	2011年	生物与食品工程学院
2	废墟上的阳光	安徽省社会科学文学艺术出版奖三等奖（安徽省人民政府）	赵振华	2011年	美术与设计学院
3	WDX60特大比表面积吸附树脂研发	安徽省科学技术进步奖三等奖（安徽省人民政府）	郑建东	2012年	材料与化学工程学院
4	小地老虎性信息素的鉴定及相关生物学研究	贵州省科学技术进步奖三等奖（贵州省人民政府）	向玉勇	2015年	生物与食品工程学院
5	动物线粒体基因组及相关类群的系统进化研究	安徽省科学技术奖二等奖（安徽省人民政府）	诸立新	2015年	生物与食品工程学院
6	棘胸蛙人工扩繁关键技术研究与应用	黄山区科学技术奖一等奖（黄山市黄山区人民政府）	许雪峰、罗来高	2015年	生物与食品工程学院
7	国产陆地卫星定量遥感关键技术及应用	国家科学技术奖二等奖（中华人民共和国国务院）	李虎	2016年	地理信息与旅游学院
8	塔里木盆地荒漠林监测技术与方法研究	新疆科学技术进步奖二等奖（新疆维吾尔自治区人民政府）	李霞	2016年	地理信息与旅游学院
9	半导体纳米材料的合成、生长机理及其物理与化学性能研究	陕西省科学技术奖二等奖（陕西省人民政府）	张丽惠	2017年	材料与化学工程学院
10	专项项目	新疆维吾尔自治区科学技术进步奖一等奖（新疆维吾尔自治区人民政府）	李虎（1）、陈冬花（4）、刘玉锋（6）、邹陈（9）	2017年	计算机与信息工程学院
11	《禅宗北宗研究》（著作）	2013～2016年度安徽省社会科学奖三等奖（安徽省人民政府）	韩传强（独著）	2019年	马克思主义学院
12	《天天向上》（绘画）	2013～2016年度安徽省社会科学奖三等奖（安徽省人民政府）	童鹏	2019年	美术与设计学院

续表

序号	获奖项目	获奖类别	获奖人	时间	备注
13	《禅宗北宗敦煌文献录校与研究》（著作）	2017~2018年度安徽省社会科学奖二等奖（安徽省人民政府）	韩传强（独著）	2019年	马克思主义学院
14	实景地理环境关键技术与示范应用	安徽省科学技术进步奖二等奖（安徽省人民政府）	王春(1)、江岭(3)、王波(7)、陈泰生(8)、赵明伟(9)、戴仕宝(10)	2019年	地理信息与旅游学院
15	长江流域新石器时代以来环境考古	江苏省科学技术奖三等奖（江苏省人民政府）	郑朝贵(6)	2019年	滁州学院(4)
16	入海河流泥沙通量剧减关键诱因及沉积地貌响应规律甄别	上海市科学技术奖二等奖（上海市人民政府）	戴仕宝	2020年	地理信息与旅游学院
17	EOODA空地协同高层建筑火灾救援关键技术与应用	安徽省科学技术进步奖三等奖（安徽省人民政府）	王涛	2021年	计算机与信息工程学院

三、改革科研管理机制

（一）健全科研项目管理制度

为规范科研管理，发挥制度的导向和激励作用，学校相继制（修）订《滁州学院专利申请管理暂行办法》《滁州学院科研机构管理办法》《滁州学院重点学科建设管理办法》《滁州学院关于鼓励在职教职工、在校学生创新创业促进科技成果转移转化的实施细则》《滁州学院科技突出贡献奖评选办法》《滁州学院科研工作量计算办法》《滁州学院横向科研项目及经费管理办法(试行)》《滁州学院举办学术讲座等活动管理办法》《滁州学院学术著作出版资助管理办法》《滁州学院学术会议管理办法》《滁州学院科学研究成果奖励办法》《滁州学院纵向科研项目间接费用管理办法》《滁州学院智库建设与管理办法》等，形成比较完善的科研管理制度体系。

（二）完善科研经费管理制度

为加强科研经费管理，调动教师科研积极性，促进科研工作深入开展，学校相继制（修）订《滁州学院横向科研项目及经费管理办法(试行)》《滁州学院在研纵向科研项目预算调整办法》《滁州学院纵向科研项目绩效支出实施细则》《滁州学院纵向科研项目间接费用管理办法》《滁州学院科研项目管理经费使用暂行办法》以及关于往来款管理办法等制度,规范科研经费使用流程,明确科研项目预算调整过程,提高科研人员经费使用效益。

（三）构建学术道德规范机制

学校高度重视学风建设,积极推进学术诚信宣传教育,制定学风建设制度,完善学风建设体系,规范学术行为,弘扬学术诚信,维护学术道德,促进学术创新与发展。2012年,出台《滁州学院学术道德和学风建设实施细则》。2016年,出台《滁州学院预防和处理学术不端行为办法》。2017年,学校开展科研经费规范管理专项治理工作,把科研经费合理合规使用作为师德师风专项治理的重要内容,出台《教师年度考核评价工作实施意见》《滁州学院师德年度评议制度》《滁州学院师德舆情快速反应制度》《滁州学院师德重大问题报告制度》《滁州学院师德状况调研制度》等。调整充实"滁州学院学风建设领导小组""滁州学院师德建设委员会",不断加强学术诚信建设。2019年,印发《关于开展师德师风专题学习教育的通知》《关于开展教师师德履职践诺专题教育活动的通知》《滁州学院建立健全师德建设长效机制实施办法(修订)和师德负面清单及失范行为处理办法(试行)》,在职称评审中严查学术不端行为,保证职称评审公平公正。

四、推动科教互融互促

学校高度重视科研与教学互融互促,以教学为主的教师需完成一定的科研工作量,同时以科研为主的教师需积极承担专业课程教学、指导学生毕业设计(论文)和课外科技创新活动;科学研究促使教师将科研经历和创新思维传授给学生,将科研成果转化为教学内容,带动教学改革和课程建设,提高教学水平和人才培养质量;80%以上的教师承担或参与各类科研项目,70%以上的教师承担或参与省级以上质量工程项目。

学校鼓励教师将最新科研成果融入教材,化为课程,开设反映学术前沿的选修课;支持教师结合科研课题,指导本科生毕业设计(论文),使学生了解和掌握最新前沿科学知识。据统计,60%左右的科研成果被教师用作课堂教学素材,一些优秀学术著作直接作为教材、教学参考书或文献使用。

学校鼓励学院和科研人员将科研课题相关经费用于购买仪器设备和本科教学,鼓励和支持学科带头人等高层次人才为本科生开设讲座和作学术报告,要求教授、副教授给本科生讲授专业主干课、专业基础课和公共基础课程,倡导教师投身本科教学,使学生了解专业前沿知识,提高学习兴趣。学校各级各类科研平台以多种形式向本科教学和本科生开放,将学科和科研优势条件纳入本科生实验教学中,综合性、设计性实验课程比例均在60%以上,科研平台已成为培养学生创新精神和实践能力的重要基地。

第三节　办好《滁州学院学报》

2011年以来,《滁州学院学报》坚持服务学校事业发展,围绕地方应用型高水平大学建设,开拓创新,不断提升办刊水平。

一、办刊情况

《滁州学院学报》始终坚持正确办刊方向,坚持论文质量第一原则,打造办刊特色,提升刊物质量,助推学校科研工作发展。

2011年以来,学报每年第1、3、4、6期刊登社会科学研究类学术论文;第2、5期刊登自然科学研究类学术论文。目前社会科学版开设"皖东文化研究""经济学·管理学""文学与传媒""艺术与设计""思想政治教育研究""教育理论研究""教学研究""图书馆学研究"等栏目;自然科学版开设"江淮分水岭环境与区域发展研究""信息与应用技术""生物与化学工程""体育""教育""教学"等栏目,其中"皖东文化研究"和"江淮分水岭环境与区域发展研究"是学报特色栏目;封二开设了教授风采专题专栏。2013年,编辑部采用网上编辑系统,提高审稿和编辑效率,同时将学报总页数从128页增加到136页。

近年来,根据人员变动情况,及时调整编委会成员。2012年,许志才任主任,许雪峰、马阳明、方玉萍任副主任。2018年,许志才任主任,程曦、诸立新任副主任。2019年,郑朝贵任主任,诸立新任副主任。

加强学报编辑队伍建设,提高编辑业务水平和编辑水平。改善编辑队伍职称结构和年龄结构,选派编辑人员参加业务培训。2021年,编辑部副主编3人,编辑部办公室主任1人,均具有高级职称。

二、办刊成果

《滁州学院学报》是《中国期刊网》《中国学术期刊网(光盘版)》《万方数据-数字化期刊群》《中国科技期刊全文数据库》《超星数据》全文收录期刊,中国学术期刊综合评价数据库来源期刊。2018年、2019年、2020年,分别被中国人民大学《复印报刊资料》索引转载统计86篇、95篇、76篇。

2011年以来,学报共出版66期,发文2 283篇,其中社会科学论文1 628篇,自然科学论文655篇,平均每期刊载论文35篇,本校稿件不超过30%。近年来,每期载文量逐步降低,每篇文章信息量逐步增加。2021年,70%以上的论文有基金项目支持,其中省部级以上高级别基金支持达 65%。刊载的论文平均约 8 000 字，每期稿件文字量约 25 万字，每期稿件均经过匿名评审和“三审五校”。

2013 年，学报被评为安徽省优秀期刊；2014 年，被评为全国高校社科期刊优秀学报、全国地方高校精品期刊，“皖东文化研究”荣获全国高校社科期刊特色栏目和全国地方高校学报优秀栏目；2018 年，获评“安徽省优秀学报”“全国地方高校学报优秀学报一等奖”，“江淮分水岭环境与区域发展研究”栏目获评“全国地方高校学报特色栏目”；2019 年，再次被评为第六届全国高校社科期刊优秀期刊（图 3.5）；2021 年，在第七届华东地区优秀期刊评选中，学报获评“优秀期刊”；在 2019～2020 年度安徽省优秀期刊、优秀期刊工作者推荐活动中，李应青获评“优秀期刊工作者”；在由安徽省期刊协会、四川省期刊协会、内蒙古期刊协会、河北省期刊协会和河北省科技期刊编辑学会联合组织的首届期刊编校技能大赛中，李应青获得一等奖，陈星宇获得二等奖，李晓春获得三等奖。

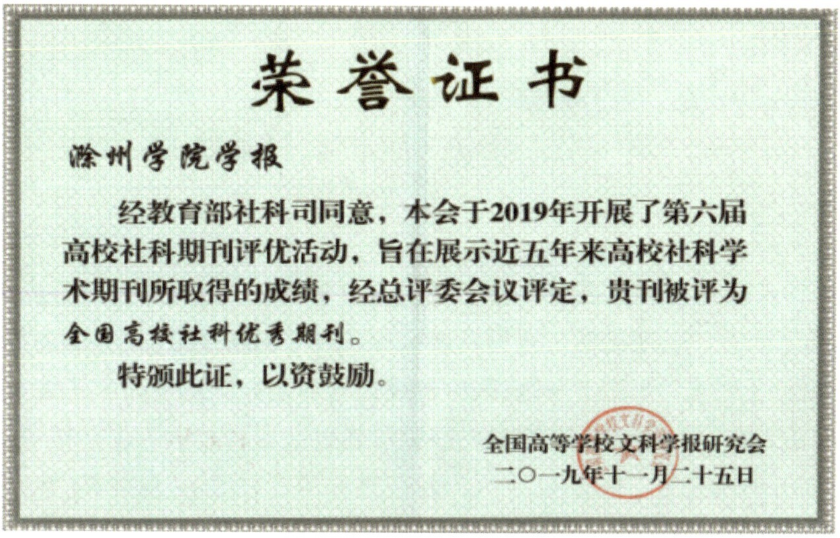
荣誉证书

滁州学院学报

经教育部社科司同意，本会于2019年开展了第六届高校社科期刊评优活动，旨在展示近五年来高校社科学术期刊所取得的成绩，经总评委会议评定，贵刊被评为全国高校社科优秀期刊。

特颁此证，以资鼓励。

全国高等学校文科学报研究会
二〇一九年十一月二十五日

图 3.5　2019 年学报获评第六届全国高校社科期刊优秀期刊

2020 年，中国科学评价研究中心、武汉大学图书馆、中国科教评价网联合推出的《中国学术期刊评价研究报告（2020 年第六版）RCCSE 权威、核心期刊排行榜与指南》显示，学报被评为准核心 B+，在 429 种全国社会科学综合类期刊中排名第 225 名。

2021 年 1 月，学报编辑部承办安徽省高等学校学报研究会会员代表大会暨 2020 年学术年会。为进一步开展和推动党史研究，学报 2021 年增设了“党史研究”专栏。

第四章 人事人才工作

学校坚持外引内培、刚柔并济，以教师队伍转型提升为重点，大力实施人才强校战略，持续优化机构编制与岗位设置管理，统筹推进人才引育、教师转型、职称评聘、目标管理、绩效分配、考核激励等人事制度改革，建设了一支适应学校地方应用型高水平大学建设和"申硕更大"需要的师资队伍。

第一节 实施"人才强校"战略

学校坚持党管人才原则，牢固树立人才是第一资源的理念，加强顶层设计、统筹规划，立足实际、着眼长远，明确队伍建设发展目标、定位，创新举措，扎实推进师资队伍建设。先后编制"十二五""十三五"师资队伍建设规划和地方应用型高水平大学师资队伍建设项目实施方案。大力实施人才强校战略，以教育部本科教学工作合格评估、审核评估为契机，召开两次人才工作会议，加大人才引进和培育力度，多措并举，推进师资队伍迈入"上水平"发展阶段。

一、制订师资队伍建设规划与方案

2011年10月，印发《滁州学院2011~2015年事业发展规划及三个专门规划的通知》，提出了"十二五"师资队伍建设规划目标。2013年8月，学校组织了"十二五"规划中期实施进展情况自评。根据自评结果，结合第二次党代会提出的目标任务，对师资队伍建设规划内容作了调整，印发修订版。

根据"十二五"规划，2015年专兼职教师数达1 000人左右，其中专任教师力争达到800人，具有硕士以上学历、学位教师不低于80%（其中博士不低于15%）；高、中、初级专业技术职务教师结构比例达3.5∶5∶1.5；培养和引进10名省级学术和技术带头人及后备人选，选拔培养30名校级学科带头人；基于省、校级重点学科、专业、实验室等建设，以"名师+团队"模式，组建10支省级教学科研团队，30支校级教学科研团队，力争实现省级科技创新团队零突破;培养和引进5名省级教学名师、20名省级优秀中青年骨干教师、15名省级教坛新秀、30名校级学术技术带头人及后备人选、30名校级教学名师、50名校级优秀中青年骨干教师、30名校级教坛新秀(表4.1)。

表4.1 滁州学院"十二五"时期师资队伍建设目标及完成情况一览表

主要指标		时间	2010年		2015年（规划目标）		2015年12月（完成情况）		完成率
总量指标	教职工总人数		773		1 140		1 120		98.2%
	其中:专任教师		592	76.5%	800	75%	770	68.8%	96.3%
队伍结构	高级职称教师		142	24%	280	35%	245	31.8%	87.5%
	其中:正高职称		26	4.4%	50	6.3%	58	7.5%	116%
	硕士以上学位教师		375	63.4%	640	80%	685	89.2%	107%
	其中:博士学位		67	11.9%	120	15%	123	16%	103%
	省外学习经历教师		368	65.4%	560	70%	691	89.7%	123.4%
	其中:国外学习		20	3.5%	40	5%	90	11.6%	225%
	应用型学科专业教师		421	71.2%	560	70%	547	72.7%	97.7%
	双师、多能型教师		120	20.3%	480	60%	306	39.4%	63.8%
	省级以上科技特派员		7	—	25	—	19	—	76%
优秀人才	省级	学术技术带头人及后备人选	1	—	10	—	3	—	30%
		优秀中青年骨干教师	6	—	20	—	6	—	30%
		教学名师、教坛新秀	4	—	20	—	15	—	75%
	校级	学术和技术带头人及后备人选	0	—	30	—	49	—	163%
		优秀中青年骨干教师	0	—	50	—	82	—	164%
		教学名师、教坛新秀	16	—	60	—	54	—	90%
团队建设	省级教学、科研团队		3	—	10	—	7	—	70%
	校级教学、科研团队		12	—	30	—	41	—	136%

注:① 以上指标统计口径按照"十二五"师资队伍建设规划要求;② 指标统计时点为2015年12月底各类人员;③ 以上统计包括柔性引进和校聘职称人员;④ 专任教师统计包括管理、教辅等岗位具有教师资格和承担教学任务人员。

2014年6月,根据学校地方应用型高水平大学建设方案,师资队伍建设目标任务是:坚持"外引内培、刚柔并济"建设思路,紧紧抓住"引、育、用、留"4个关键环节,深化人事分配制度改革,创新师资队伍建设机制,着力提升教师"双能"素质,大力引进领军人才

和学术技术带头人,充分发挥高层次人才作用,有效集聚高水平应用型人才团队,努力建设一支实践创新能力强、教学科研水平高、富有团队协作精神的高水平应用型师资队伍。

"十二五"期间学校师资队伍总体上处于加快转型发展时期,规模稳步增长、结构不断优化、层次明显提高、水平显著提升,为教学、科研、社会服务及地方文化传承与创新提供了坚实人才队伍保障。教师队伍转型培养体系不断完善,培训力度逐步加大,教师服务地方积极性明显增强,取得应用型实践效果不断显现。初步构建了教学名师、学术技术带头人、优秀中青年骨干教师、教坛新秀等选拔培养体系,采取"择优遴选、重点扶植、动态考核、科学管理"等措施,选拔培养了一批省、校级高层次优秀人才,并积极发挥其在学科梯队、教学及科技团队中的引领作用,推进学科建设和专业发展。

2016年7月14日,学校印发"十三五"师资队伍建设规划,提出到2020年,建成一支规模适当、结构合理、教学科研水平高、实践创新能力强、"双能"特征明显、富有团队协作精神、在同类本科院校中具有较大影响力的高水平应用型师资队伍(表4.2)。

表4.2 滁州学院"十三五"师资队伍建设主要目标任务一览表

主要指标	时间	2020年12月	
数量与结构	教职工总人数	1 420名	
	其中:专任教师	1 000名	70%
	硕士以上学位教师	950名	95%
	其中:博士学位	300名	30%
	高级职称教师	400名	40%
	其中:正高职称	100名	10%
	45岁以下中青年教师	750名	75%
	海外学习经历教师	300名	30%
	应用型专业领军人才	10名	
	特聘行业企业骨干人才	100名	
应用型师资队伍建设	"双能"型教师	60%	
	"双证"教师	50%	
	应用型兼职教师	200名	
	选派省、市科技特派员	40名	
	校级教师社会实践基地	20个	
	校级实践教学团队	20个	
	校级科技(产业)创新团队	8~10个	

续表

主要指标	时间	2020年12月
高水平人才队伍建设	国家级高水平人才	5名
	省级高水平人才	20名
	校级学术技术带头人及后备人选	90名
	校级优秀中青年骨干教师	100名
	省级科技(产业)创新团队	2~3个
	市级科技(产业)创新团队	5~6个
	省级教学团队	12~15个

注:量化目标设计包括柔性引进、兼职聘用等人员。

到2020年12月,学校各类教职工(含柔性引进)1 300人,其中专任教师1 006人,专任教师中教授等正高职称104人,副教授等副高职称254人;博士236人,硕士697人(含在读博士98人);具有海外学习研修经历的教师193人,"双能型"教师520人。与"十二五"末相比,专任教师数增长236人,增长率30.6%;其中正高、副高职称人数分别增长46人、67人,增长率为79.3%、35.8%;博士、硕士分别增长112人、134人,增长率为90.3%、23.8%;具有海外学习研修经历教师由12%上升至19.2%,"双能型"教师比例上升11.6%。

二、推进师资队伍建设规划落实

学校先后制(修)订近50项人事人才、师资队伍建设相关规章制度,召开两次人才工作会议,为教师引进、培养、使用、考核、激励等提供了政策支持,推进了师资队伍建设规划实施。

2011年1月15日,在"十二五"开局之年,为回顾总结升本7年来,特别是"十一五"时期师资队伍建设取得的重要成绩与经验,深入推进下一阶段师资队伍建设,学校召开了首次人才工作会议(图4.1)。校领导余在岁、许志才、倪阳、汪湘水及其他党委成员,副处以上领导干部、副高以上专业技术人员、博士,以及青年教师代表等200余人参加了大会,省教育厅人事处负责人应邀出席会议。

校党委书记余在岁就进一步加强和改进人才工作强调,要做到"五个坚持",做好"五个结合",即坚持引进和稳定并重、培养和使用并重、管理和开发并重、重点和一般并重、专职和兼职并重,坚持人才工作与学科专业、团队建设、打造特色、队伍新老交替、产学研合作等紧密结合,进一步完善人才激励机制,优化人才成长环境,努力培养拔尖人才。党委委员、副校长倪阳作了题为《努力建设一支适应较高水平应用型本科院校发展需要的师资队伍》的报告。

图 4.1　学校召开 2011 年人才工作会议

2018 年 5 月 31 日,为进一步落实"十三五"师资队伍建设规划和教育部本科教学工作审核评估师资队伍建设反馈意见,学校召开第二次人才工作会议(图 4.2)。校领导陈润、许志才、张勇、郑朝贵、吴开华、谭中元,在校教授、博士,副处以上干部,系(教研室、实验室)负责人共 200 余人参加了大会。党委书记陈润作了题为《深刻把握新时代人才工作的新要求,坚定不移地推进实施人才强校战略》的讲话。党委副书记、校长许志才作了题为《立足内涵发展,聚力高素质教师队伍建设,为全面建成地方应用型高水平大学提供坚实的人才保障》的报告。根据会议精神及相关意见、建议,学校先后出台《滁州学院人才引育工作奖励办法》《滁州学院校领导联系服务专家工作制度》《滁州学院科研流动

图 4.2　学校召开第二次人才工作会议

岗设置与管理办法》《滁州学院教学骨干评选与奖励办法》《滁州学院科研骨干评选与奖励办法》《滁州学院教师和实验系列职称评聘工作实施办法》等文件。

2020年,学校扎实开展人才工作推进年活动,加强高层次人才和团队建设;高层次人才引进"一人一策";深入推进"博士化"工程和"双百""双证""青蓝"计划;专任教师中硕士、博士学位占比93%,"双能型"教师占比52%;拥有三类以上人才12人;入选滁州市"113"产业创新团队1个。

2021年,学校坚持"党管人才"原则,深化"人才强校"战略,巩固提升"人才工作推进年"活动成果,专项推进学校人才工作,引进博士65人,高层次人才队伍建设不断改进。

三、加大人才引进力度

随着学校事业发展和人才供需情况变化,2011年以后引进的专业教师和管理人员均为硕士研究生及以上学历,引才层次相比以往有了提高。学校通过提供校内住房或购房资助款、科研启动费、解决配偶工作等优惠政策,大力引进学科专业建设急需的教授、博士等高层次人才,对硕士提供租房补贴。

2011年学校加大人才引进工作力度,成立了由校领导带队的若干人才招聘工作小组,分批、分组带领相关学院负责人赴东北、西北、华中、山东等地,密集开展人才招引工作。人事处负责牵头组织,通过参加大型招聘会、组织专场招聘、走访毕业生培养单位等方式,宣传推介学校,开展人才招引工作。工作组可根据实际在招聘地现场组织面试、试讲等考核工作,对经考核的优秀人才,当即给予拟录用的答复,提高了引才效率。全年引进人才43人,其中教授1人,博士8人(含博士后1人)、硕士35人(图4.3、图4.4)。

图4.3 学校召开2011年外出招聘人才工作总结会议

图 4.4　校领导带队分赴各地开展人才招聘工作

2012 年,学校对人才引进政策进行了修订,适当提高了引进博士、教授等购房资助款标准,分别由 15 万~25 万元增至 20 万~30 万元;首次使用人才招聘工作系统,增加了网上投递、系统筛选简历渠道,提高了选才信息化程度;全年引进人才 64 人,其中教授、副教授 2 人,博士 14 人、硕士 48 人。

2013 年,学校在人才引进中,开始对硕士研究生实行人事代理方式聘用,将博士等高层次人才和教学岗位上少数紧缺专业硕士研究生纳入事业编制;全年引进人才 78 人,其中教授等正高 2 人,博士 7 人、硕士 70 人。

2014 年,学校进一步加大力度,重点引进博士等高层次人才,除提高博士、教授购房资助款、科研启动费标准外,对紧缺专业博士、教授或具有博士学位教授、副教授提供安家费 6 万~10 万元;对硕士研究生继续实行人事代理方式聘用。同时通过加大与人才网站合作等,提升人才招聘宣传效果。全年引进人才 69 人,其中教授 1 人,博士 19 人、硕士 50 人。

2015 年,学校继续大力调整,提高博士购房资助款,将安排校内住房面积由 80 m^2 增至 100 m^2,根据专业紧缺程度对博士、教授提供 5 万~15 万元安家费,区分文、理科和专业紧缺程度提供科研启动费 3 万~15 万元,增强了对人才的吸引力。全年引进人才 79 人,其中博士 13 人、硕士 66 人。为拓展引才渠道,学校于当年出台《滁州学院柔性引进高层次人才和行业企业高端人才暂行办法》,启动柔引机制,引进省级以上高层次人才,尤其注重引进具有行业企业背景和工程实践经历的高层次应用型人才。

2016 年,学校对引才政策进行了微调,细化引才基本条件,提出了学科专业建设和应用型能力方面的要求;全年引进全职人才 54 人,其中博士 12 人(含博士后 2 人)、硕士 42 人;1 人入选 2015 年"安徽省高校三类领军人才"。

2017年,学校共引进全职人才73人,其中教授级高工2人、副高1人、博士11人、硕士62人。尤其是全职引进国务院特殊津贴专家、教授级高工陈冬花博士和国土资源部高层次创新型科技人才、教授级高工王波博士,取得了学校全职拥有国家级人才突破。在团队引进和引才方式上,采用"刚柔并济"引进了由南京航空航天大学博导汪俊教授领衔的"超大规模三维测量与处理"人才团队(图4.5)。2人获批"皖江学者特聘教授"称号,"安徽地理信息集成应用协同创新中心"获省委组织部、省人才办Ⅱ类引才平台奖励。

图4.5　学校引进"超大规模三维测量与处理"人才团队

图4.6　学校获批建设"国产陆地遥感卫星应用"安徽省院士工作站

2018年,学校引进全职人才60人,其中高级工程师1人,博士12人、硕士47人;修订柔性引进高水平人才工作办法,对引进、使用、考核、评价等机制细化规定,进一步完善了柔性人才管理。

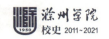

2019年学校引进全职人才73人,其中教授1人、博士11人、硕士62人;聘请2名教授分别担任生物与食品工程学院、土木与建筑工程学院名誉院长,1人入选省第五批"科技计划"。

2020年,学校制订高层次人才及团队引进办法,进一步加大力度,细化人才类别,明确聘期目标任务和考核要求。区别高层次人才引进与一般师资补充办法,分类制订计划、推进工作落实。当年全职引进各类人才68人,其中博士(教授)2人、行业企业人才1人、博士15人、硕士50人。

2021年,学校巩固"人才工作推进年"成果,健全人才工作领导机制,实行人才工作例会制度、信息通报制度;组织召开3次人才会议研究推进人才引育工作。落实校院领导联系服务高层次人才制度;引进人才96人,其中博士(教授)65人,是2020年引进人数的2.7倍;柔性引进博士(教授)8人。

回顾10年引才工作,主要经验是:第一,高度重视,上下协力。学校始终把人才引进作为学科专业和师资队伍建设的重要引擎,尤其是引进高层次人才,全校上下同心协力,营造引才良好氛围。第二,加大力度、创新机制。每年根据实际,及时调整人才政策,加大工作力度,创新工作机制,适时制定柔引办法,拓展渠道,拓宽方式,充分挖掘人才资源潜力,为学校事业发展服务。第三,保障投入,争取支持。设立人才引进与奖励专项经费,校内新建和腾空住房优先保障博士等高层次人才使用。积极推进市校合作、共建高层次人才队伍。滁州市政府自2018年起,连续3年共提供学校人才引进资助经费600万元。

四、做好人才培育工作

学校根据学科专业建设需要和教师发展需求,制订实施教育培训政策和年度计划,有序安排教师进修培训工作;组织开展优秀拔尖人才、骨干人才等遴选培育;启动实施博士化工程、海外研修培训计划等,为提升教师能力、促进队伍可持续发展奠定基础。

2011年,学校选派在职攻读博士9人、硕士5人,各类短期培训35人;制订《滁州学院学术技术带头人及后备人选、优秀中青年骨干教师选拔与培养暂行办法》,组织、评选了首届学术技术带头人7名、学术技术带头人后备人选22名、优秀中青年骨干教师36名,以团队项目形式推动学科专业人才队伍建设;6名教师获批省高校优秀人才基金项目;完成安徽省高校青年教师岗前培训滁州教学点年度培训工作,培训青年教师125人。

2012年,学校选派在职攻读博士10人、硕士4人,国内访学1人、各类短期培训32人;启动国(境)外交流培训计划,首次选派5名教师赴美国、德国、韩国等短期交流培训;组织完成59名青年教师岗前培训工作。制订《滁州学院实施青年教师导师制暂行办法》,首次为当年新进的54名青年教师配备了导师;1人晋升教授二级专业技术岗位,1人获批第九批省学术技术带头人后备人选;14名教师获批省高校优秀青年人才基金项目。

2013年,学校制订《关于加强青年教师队伍建设的若干意见》,修订《滁州学院教职工教育培训管理办法》;选派在职攻读博士8人(从当年起攻读硕士学位不再列入学校选派计划),国内访问学者1人,其他短期培训42人;选派27名教师赴美国布里奇波特大学、罗格斯大学及英国斯旺西大学等交流培训。完成滁州三所高校112名青年教师岗前培训工作,为新进73名青年教师配备导师(图4.7)。1人入选省第二批战略性新兴产业领军人才;5名教师获批省高校优秀青年人才基金重点项目,30名教师获批校级优秀青年人才基金项目。学校对第一批65名校级学术技术带头人及后备人选、优秀中青年骨干教师进行中期考核,遴选第二批校级学术技术带头人5名、后备人选15名、优秀中青年骨干教师46名,进一步加强了学科专业人才团队建设。开通"滁州学院在线学习中心"网站,首批上线50门课程面向全校教师开放,拓宽了教师培训途径。

图4.7 学校开展滁州高校新教师岗前培训工作

2014年,学校选派在职攻读博士9人,国内访问学者5人,单科进修3人,国内短期专业培训45人,国(境)外访问学者和交流培训28人;制订《滁州学院教职工短期培训差旅费管理暂行规定》;完成70名新教师岗前培训工作,为66名新进教师配备导师;2名教师获批省高校优秀青年人才支持计划项目。

2015年,学校出台《滁州学院青年教师博士化工程实施办法(试行)》,启动青年教师博士化工程,通过放宽考博工作年限要求、允许3年全脱产学习、准予调离人事档案、给予读博资助金等,大力支持青年教师提升学历层次,青年教师读博积极性明显提高;选派教师攻读博士17人,国内访学6人,国内短期培训60人,国(境)外访问学者和交流培训28人;完成132名新教师岗前培训工作,为新进65名青年教师配备导师;1个团队入选省"115"产业创新团队,实现省级高水平人才团队突破,获批滁州市第三批"221"产业创新团队2个。

2016年,学校修订教授和博士奖励办法,对晋升教授和取得博士学位待遇进行适当调整,激励教师提升学历、职称层次。选派教师攻读博士16人,国内访学者10人,单科进修4人,短期业务培训75人,国(境)外研修或交流培训42人;完成97名新教师岗前培训工作;为49名新进教师配备导师,进一步完善导师制考核办法;1人获批省人社厅"留学人员创新项目择优资助计划"重点项目,学校获批提升计划人才项目24项,其中省高校二类、三类领导人才各1人,省高校优秀骨干人才培育项目22人。

2017年,学校选派教师攻读博士24人,国内外访问学者12人,海外短期研修34人,国内短期培训61人;完成101名新教师岗前培训工作,为新进52名青年教师配备导师;1人入选第十一批省学术技术带头人后备人选,14名教师获省高校优秀拔尖人才培育项目资助。

2018年,学校制订教学骨干、科研骨干评选与奖励暂行办法、人才引培工作奖励暂行办法等,进一步加大教师选拔培育力度;对紧缺学科专业博士等高层次人才,实行"一人一议"政策。选派攻读博士22人,国内外访问学者11人,海外短期研修36人,单科进修2人,国内短期培训127人;完成101名新教师岗前培训工作,为新进45名青年教师配备导师;获批省高校领军人才团队1个(经费400万元)、市"221"产业创新团队2个,1人获批国家人社部高层次留学人才回国资助项目,15名教师获省高校优秀人才培育项目;陈冬花教授入选"2018年全国百名优秀科技工作者",并参加全国"两院"院士大会及中国科协成立60周年系列活动(图4.8),陈桂林教授、王春教授当选教育部高等学校教学指导委员会委员,李虎教授入选新疆天山英才工程第二期第一层次培养人选。

2019年,学校出台青年教师队伍博士化工程实施办法(试行)补充规定,明确攻读非在职博士教师可参照在职或毕业当年引进人才政策选择执行相关待遇,对少数博士等人才实行"一人一议";选派教师攻读博士16人,国内访学5人,国(境)外访学研修10人、学习交流28人,国内短期培训61人;完成126名新教师岗前培训工作,为新进43名青年教师配备导师;1人入选省第五批"特支计划"创新人才,16名教师获批省高校优秀人才培育项目,19名教师遴选为首批校级科研骨干。

2020年,学校出台《滁州学院校院领导联系服务高层次人才暂行办法(修订)》《滁州学院高级专家延退工作实施办法(修订)》等;落实安排外出攻读博士19人,国内访学进修6人,挂职锻炼67人;完成68名新教师岗前培训任务,56人经认定获高校教师资格;获批省高校优秀拔尖人才培育资助项目17项、留学回国人员创新创业项目2项,市"113"创新产业团队1个。

2021年,学校持续加强教师发展中心建设,实施"博士化"工程,"双百""青蓝"计划;"博士化"工程学成返校14人、新增读博18人;分级评定"双能型"教师92人;2名教授

图 4.8　陈冬花教授应邀参加 2018 年全国"两院"院士大会

分别入选省学术技术带头人和后备人选;获批省高校优秀拔尖人才项目 14 项、留学回国人员创新创业项目 1 项,新增滁州市"113"产业创新团队 3 个。

第二节　建设"双能"教师队伍

围绕高水平、应用型,学校多措并举,推进转型,促进提升,构建师德建设长效机制,大力建设满足应用型人才培养和应用型学科建设需要的高素质"双能"型教师队伍。

一、推进教师转型发展

一是提升教师教育教学能力。2013 年 2 月,学校成立滁州学院教师教学发展中心,挂靠教务处,主要开展教师培训、教学督导与评价、教学改革与研究等方面的活动。2013 年 11 月加入安徽省教师教学发展联盟,成为理事单位。2018 年 11 月,学校机构调整,该中心更名为教师发展中心,挂靠人事处,主要负责指导教师制订职业发展规划,提供教学、学术发展咨询等工作;教务处继续负责教师教学能力提升工作。自该中心成立以来,先后举办了 7 届青年教师课堂教学基本功竞赛,探索举办了教师实践技能大赛、微课教学比赛、移动教学大赛、教师教学创新大赛等赛事,较好地实现了以赛促教、以赛促学、以赛促改、以赛促建的工作目标。自2016年起,开始面向新进青年教师开展为期近1个月的微格教学训练活动,通过开展指导教师示范课、青年教师试讲、面对面辅导、成果汇报等活动,帮助青年教师尽快站稳讲台。截至2020年底,先后邀请校内外教学名师举办了18期教学论坛,邀请校内优秀教师组织开展了18期教学沙龙活动。中国高等教育学会发布的全国高校教师教学竞赛状态数据(2012~2019年)显示,我校位居全国本科院校第302位,安徽省同类高校第1位。

二是强化教师实践应用能力。2011~2012年,学校先后出台加强教师实践创新能力培养办法、进一步做好教师挂职锻炼工作的暂行规定、"双能"型教师认定与管理办法、关于资助教师取得相关职业资格证书的暂行规定等制度,将实践锻炼列入年度教育培训计划,大力推动教师深入经济社会发展一线开展挂职锻炼和产学研合作、推进科技成果转化应用,在服务地方经济社会发展的同时,丰富实践经验、提升创新能力,了解社会对应用型人才培养的需求。学校在省内高校率先制订"双能"型教师认定与管理办法,支持教师取得国家职业资格认证,加快引导教师转型。2011~2014年,学校累计选派教师挂职锻炼239人,支持教师取得中级以上职业资格114人,组织认定"双能"型教师313人。

2014年获批"安徽省地方应用型高水平大学"建设立项后,学校进一步加大对"双能"型教师的引导和激励。2015~2016年先后制订教师挂职锻炼考核管理办法,修订《"双能"型教师认定与管理办法》,进一步明确挂职锻炼考核标准、提升"双能"型教师认定标准,加大考核管理力度,激励教师深度融入企业开展产学研合作,注重实践锻炼质量。启动实施"双百""双证""青蓝"计划,每年选派百名教授、博士进企业,鼓励教师取得专业资格和职业资格证书,选派青年教师深入企业实践锻炼,将教师挂职锻炼和认定"双能"型作为晋升职称的必要条件(图4.9)。出台教师社会实践基地建设与管理办法,

图4.9　学校组织教授、博士进百企活动

支持二级学院以本科专业为单元与企事业单位对口共建教师实践基地,为教师实践锻炼搭建平台。安徽猎豹汽车有限公司、安徽康佳电子有限公司等一批企事业单位先后成为学校教师的社会实践基地。2015~2020年,累计选派教师挂职锻炼580人,支持教师取得中级以上职业资格230人,组织认定"双能"型教师150人,建设教师社会实践基地38个。

学校定期组织开展教师实践应用能力考核工作。对挂职锻炼期满、"双能"型聘期届满教师进行履职考核,突出产学研合作成果导向,促进科技成果转化应用和提升教师实践能力。2016年制订《加强创新创业教育师资队伍建设实施意见》,明确满足"双创型"人才培养需要的师资建设目标任务和举措,对履职"双创"型人才培养的应用型教师加大政策支持。

学校推进教师应用能力提升的做法得到了省级主管部门的肯定,受到省内外兄弟高校的关注。2016年,省教育厅、财政厅在振兴计划中专设安徽省本科高校教师应用能力提升计划培训项目,5所高校承担项目建设任务,我校获批理工类项目,资助经费60万元;出台《滁州学院省级本科高校理工类教师应用能力提升计划培训项目建设方案》,设立省级本科高校理工类教师应用能力发展中心,党委副书记、校长许志才兼任主任,在校内遴选基础上设置相关理工类专业培训点,面向全省高校开展教师应用能力提升培训任务。2016年暑期,学校遴选地理信息科学(GIS)专业和物联网工程专业作为首批培训点,开办相关专业教师应用能力提升研修班,共培训青年教师116人。2017年暑期,又遴选食品科学与工程专业作为第二批培训点,举办"安徽省高校食品类专业教师应用能力提升培训研修班"(图4.10),来自省内高校相关专业的70名青年骨干教师参

图4.10 学校承办全省高校食品类专业青年教师应用能力提升培训研修班

加研修。两批培训班的举办对促进全省高校相关专业教师应用能力提升、展现学校应用型办学和教师转型发展成效起到了重要作用。

通过"建标准、强培训、严考核、促提升"等系列措施,学校持续构建和完善"双能"型教师培养体系,形成了培养教师实践应用能力的有效路径。到2020年,"双能"型教师比例占专任教师比例50%以上,具有半年以上行业企业社会实践经历教师达到70%以上,教师队伍"双能"素质明显增强。

二、完善教师评价机制

学校重视推进教师考核评价工作改革,2011年以来先后开展教授、博士特殊岗位津贴考核、"双能型"教师考核等,优化教师年度考核办法,将考核结果与教师津贴待遇、职业发展挂钩,不断探索完善教师绩效评价机制。

2011年,制订《滁州学院教授、博士特殊岗位津贴发放考核办法(试行)》,对享受特殊岗位津贴的教授、博士,从2012年起开展每两年一次履职考核。

2017年,出台《滁州学院关于教师年度考核评价工作实施意见》,在原教职工年度考核有关规定的基础上,根据教育部关于深化教师考核评价制度改革的指导意见,对教师年度考核工作进行了调整完善。文件明确了教师考核包括师德师风、教育教学、科学研究、社会服务及专业发展等5个方面,细化了考核内容,明确了师德考核评价指标体系,规定了年度考核优秀的基本条件,完善了考核结果的使用。

三、构建师德建设长效机制

学校认真学习贯彻教育部《关于建立健全高校师德建设长效机制的意见》《新时代高校教师职业行为十项准则》等文件精神,始终把师德师风建设放在教师队伍建设的首要位置,加强组织领导,深入宣传教育,注重评价考核,不断健全师德师风建设长效机制,抓紧抓实教师思想政治和师德师风建设工作。

学校坚持把师德建设纳入师资队伍建设规划,在教师引进、培养、晋升、考核及评奖评优等工作中严把师德关,落实师德"一票否决"制;定期召开师德师风建设座谈会(图4.11),开展师德先进评选表彰,利用校园网、微博、微信群、QQ校园公众号、宣传橱窗等,开设师德专栏,编印师德材料,加强师德宣传;通过教师节大会表彰先进集体和个人,弘扬高尚师德,强化典型引领,营造良好氛围。

2012年,学校出台《滁州学院学术道德和学风建设实施细则》,加强和改进学术道德和师风学风建设。2015年,出台关于建立健全师德建设长效机制实施办法,成立由校党政主要负责人任主任委员,组织、宣传、纪检监察、人事、教务、科研、工会、学术委员会等相关责任部门和组织协同配合的师德建设委员会(图4.12);建立"一岗双责"责任追究机制,将师德建设工作作为院(部)绩效考核重要内容。

图 4.11　学校召开师德师风建设座谈会

图 4.12　学校召开师德建设委员会会议

2017年,学校成立党委教师工作部,加强对教师思想政治和管理服务工作的领导;出台关于教师年度考核评价工作实施意见、师德年度评议制度、师德舆情快速反应制度、师德重大问题报告制度、师德状况调研制度等,进一步健全教师考核评价体系和师德建设长效机制;制订《"最受学生欢迎的好老师"评选与奖励办法》,通过学生投票、学院审核推荐、教学督导组随堂听课评课、校评委会评审、校党委会审定等程序,从一线全职在岗教师中评选首批"好老师"20名,引导和鼓励教师争做"四有"好老师;印发师德师风

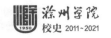

问题专项治理实施方案,成立师德师风问题专项治理工作组,在全校开展"弘扬科学道德、遵守科研纪律"专题教育活动;组织开展黄大年式教师团队创建活动,地信学院和信息学院教师团队获评为"滁州学院黄大年式教师团队"。

2018年,党委教师工作部牵头组织开展师德宣传教育、师德状况调研、师德舆情监测、师德年度评议等工作。组建校、院两级师德舆情监控信息员队伍,开展师德常态化监测,首次组织新进教师进行入职宣誓、开展"为教师亮灯"教师节主题活动;评选年度"最受学生欢迎的好老师"10名,恢复了中断10年的从教30年教职工表彰工作;认真开展《新时代高校教师职业行为十项准则》学习宣传贯彻活动;首次开展了教师师德年度考核工作,全校814名教师参加考核,其中179名教师考核优秀,占22%,其他635名教师考核合格。

2019年,学校修订建立健全师德建设长效机制实施办法,出台师德失范行为负面清单及处理办法,进一步完善师德建设长效机制,严格落实师德"一票否决"制;认真落实师德建设常态化工作要求,组织开展师德状况调研、专题学习、履职践诺、签订承诺书、新教师入职宣誓等系列活动,编印《滁州学院师德建设材料汇编》,加强师德宣传教育;韩传强老师荣获全国优秀教师和安徽省高校思想政治理论课教师年度"影响力提名人物"称号,并作为先进典型在全省教育系统主题教育先进事迹巡回报告会上作报告;评选"最受学生欢迎的好老师"10人,开展"我与祖国共成长"教职工演讲比赛。当年,全校829名教师参加了年度师德考核,其中优秀等次208人,合格等次620人。

2020年,围绕省委巡视整改和推进全国文明校园创建等工作,学校持续深化师德师风建设;出台加强和改进新时代师德师风建设实施方案、教师师德失范行为处理实施细则(试行)等文件,编印《师德建设工作材料》;增设意识形态工作科、教师思想政治工作科,建立学院师德舆情信息员队伍动态调整机制;坚持师德底线要求,及时传达教育部等公开曝光的违反教师职业行为十项准则的典型问题,加强师德师风警示教育。当年,全校877名教师参加师德考核,其中优秀等次222人(占参加考核人数的25%),合格等次652人。

2021年,学校加强教师思想政治工作;落实新时代高校教师职业行为十项准则,师德舆情快速反应、重大问题报告、状况调研等制度,评选"最受学生欢迎的好老师"10人,表彰从教30年教师3人,3名教师分别荣获"全国维护妇女儿童权益先进个人""安徽最美教师""安徽省巾帼建功标兵"等称号,2名教师先进事迹入选省委教育工委、省教育厅《师德优秀典型先进事迹学习读本》。

截至2021年,学校有全国模范教师1人、全国优秀教师2人,全省模范教师2人、全省优秀教师9人、全省教育系统先进工作者1人、全省优秀教育工作者4人、全省高校优秀思想教育工作者1人、全省师德先进个人4人、全省优秀共产党员和优秀党务工作者10人、全省优秀辅导员5人。

四、建设省级博士后科研工作站

2015年11月,根据省人社厅《关于合肥神马科技集团有限公司等30个单位设立安徽省博士后科研工作站的通知》,学校获批设立安徽省博士后科研工作站(博士后创新实践基地),开展博士后培养工作。博士后科研工作站的校内设站单位为生物与食品工程学院。2016年1月10日,学校举行博士后科研工作站揭牌仪式(图4.13)。

图4.13 学校博士后科研工作站正式揭牌

2016年,学校印发《滁州学院博士后管理工作实施细则(试行)》,成立博士后管理委员会,校长担任主任,分管科技工作副校长担任副主任,相关校领导及部门负责人任委员。博士后管理委员会下设博士后工作管理办公室(设在人事处),主任由人事处主要负责人担任,博士后工作管理办公室具体负责博士后日常管理工作;设站教学院(部)成立博士后工作小组,由行政正职担任工作小组负责人。4月,在合肥工业大学的支持下,学校发布《滁州学院联合合肥工业大学食品科学与工程博士后科研流动站招收博士后研究人员公告》,计划在食品低温加工技术、食品快速检测技术、食品生物工程三个研究方向上招收3名博士后研究人员。

2018年,经省委组织部、省人才办综合评审,学校博士后科研工作站获批省Ⅲ类引才平台奖励。省博士后管理办公室对建站3年的博士后科研工作站进行考核验收工作,学校博士后科研工作站获得省级评估优秀等次。

2019年11月15～17日,学校承办了第六届安徽省博士后站羽毛球联谊赛总决赛暨全省博士后管理工作培训班,来自全省各地市人社局、第十批省级博士后科研工作站设站单位和申报2019年国家级博士后工作站的130多家单位管理人员、运动员等350人参加培训和比赛(图4.14)。国家人社部专技司博士后处负责同志,省人社厅专技处负责同志，滁州市人社局负责同志，校党委副书记张勇和党委常委、纪委书记谭中元等出席开幕式。

图 4.14　学校承办第六届安徽省博士后站羽毛球联谊赛总决赛暨博士后管理工作培训班

博士后科研工作站设立以来，在食品科学与工程、食品质量与安全等领域的学科建设、科研工作、人才培养及社会影响方面取得了优异成绩。工作站先后招收博士后研究人员4人，获批国家级项目1项、省部级项目3项、市厅级项目2项、横向项目2项；发表论文14篇，其中一类论文10篇；获批国家发明专利2项，多项科技成果获得转化应用，产生了良好的经济效益和社会效益。

第三节　深化人事制度改革

学校持续推进人事制度改革，先后实施机构与岗位设置改革、目标管理改革、深化职称制度改革、建立绩效分配制度、加强编外人员管理等，推动校院两级管理，调动教职工的积极性、主动性。

一、实施机构与岗位设置改革

为进一步促进学科专业布局优化调整，丰富和拓展办学职能，按照控制总量、深化改革、优化结构、精简高效的原则，学校先后于2011年、2014年、2018年3次集中调整内设二级机构,于 2016 年、2017 年、2020 年 3 次调整、优化编制与岗位设置方案。

(一)调整机构设置

2011 年 6 月 16 日,学校印发《滁州学院处级机构设置及处级岗位职数方案》,对内设二级机构进行调整,按照现代大学架构将系(部)全部升格为二级学院(部),具体如下:

党政管理机构(正处级,共 12 个):办公室(党委办公室、外事办公室合署、档案馆)、党委组织部(离退休工作处合署、党校办公室)、党委宣传部(党委统战部合署)、监审处(与纪委办公室合署)、人事处、教务处(招生办公室、评建办公室、考试中心、高等教育研究所)、科技处(学科建设办公室、服务地方办公室、学报编辑部)、学生处(党委学工部合署、就业指导中心、大学生资助管理中心、大学生心理健康咨询中心)、财务处、后勤管理处(会峰校区二期建设办公室)、国有资产管理处、保卫处(党委保卫部、武装部合署)。

教学机构(正处级,共 15 个):中文系更名为文学与传媒学院,简称文学院;数学系更名为数学科学学院,简称数学学院;计算机科学与技术系更名为计算机与信息工程学院,简称信息学院;电子信息工程系更名为机械与电子工程学院,简称机电学院;国土信息工程系更名为地理信息与旅游学院,简称地信学院;材料与化学工程学院,简称化工学院;生物与食品工程学院,简称生物工程学院;经济管理系更名为经济与管理学院,简称经管学院;外语系更名为外国语学院,简称外语学院;美术系更名为美术与设计学院,简称美术学院;音乐系更名为音乐学院;体育系更名为体育学院;教育科学学院,简称教科院;思想政治理论课教学研究部,简称思政教研部;继续教育学院。大学数学教学部、大学英语教学部、大学体育教学部分别挂靠在数学科学学院、外国语学院、体育学院;信息技术与网络中心、大学计算机基础教学部挂靠计算机与信息学院。

教辅机构(正处级,共 2 个):图书馆、实验实训中心。

科研机构(正处级,共 2 个):地理信息技术研究所、化工技术研究所。

其他机构(正处级,共 4 个):机关党总支、工会、团委、后勤服务集团。

全校设置正、副处级干部岗位共 88 个:正处级干部岗位 46 个,即党政机构 12 个、教学机构及科研机构 28 个、教辅机构 2 个,工会、团委各 1 个,后勤服务集团(后勤党总支)2 个;副处级干部岗位 42 个,即党政机构 17 个、教学及科研机构共 20 个,实验实训中心、图书馆、团委各 1 个,后勤服务集团 2 个。

2014 年 6 月 5 日,学校印发《滁州学院处级机构设置及处级岗位职数方案》,对内设二级机构进行适当调整,具体如下:

党政管理机构(正处级)15 个:增设了发展规划处(质量管理办公室、高教研究所)、国际交流与合作处 2 个正处级机构,将原教务处的质量管理、高教研究职能划归发展规划处,将原外事办职能从原办公室划归国际交流与合作处,将机关党总支列入党政管理

机构序列，单独设置为正处级机构；增设教师发展中心，挂靠教务处，增设学术委员会办公室，挂靠科技处，将后勤管理处更名为后勤管理与基建处，国有资产管理处更名为资产与设备处。

教学机构16个：将原机械与电子工程学院调整为机械与汽车工程学院、电子与电气工程学院，将数学科学学院更名为数学与金融学院（简称金融学院），生物工程学院简称调整为食品学院，将大学物理教学部挂靠电子与电气工程学院。

减少独立设置的科研、教辅机构3个：将原实验实训中心撤并，挂靠教务处；将原地理信息技术研究所、化工技术研究所保留为正式科研机构，分别挂靠地理信息与旅游学院、材料与化学工程学院。

全校设置正、副处级干部岗位共100个：正处级干部岗位52个，即党政机构14个，教学机构31个，图书馆、机关党总支、工会、团委各1个，校学术委员会专职副主任1个，后勤服务集团2个；副处级干部岗位48个，即党政机构21个，教学机构23个，图书馆、团委各1个，后勤服务集团2个。

2015年1月12日，成立港澳台事务办公室，同国际交流与合作处合署办公。2016年11月9日，根据省委宣传部、省教育厅《关于加强马克思主义学院建设的实施意见》，撤销思想政治理论课教学研究部，成立正处级教学单位马克思主义学院，并设置中共马克思主义学院总支部委员会。

2016年7月6日，为进一步深化后勤社会化改革，根据《滁州学院后勤综合改革方案》，对后勤管理与基建处、后勤服务集团机构职能和岗位进行调整，将后勤服务集团更名为后勤服务中心，推进由自办后勤为主向选后勤、监管后勤转变。

2017年1月9日，为深入推进创新创业教育工作，学校成立创新创业学院，挂靠教务处。2017年3月13日，为进一步加强创新创业学院班子建设，校党委对学院班子进行调整，设专职副院长岗位1个。

2017年7月18日，根据省委《关于加强和改进新形势下高校思想政治工作的实施意见》，成立党委教师工作部，正处级建制，与人事处合署办公。

2018年11月12日，印发《滁州学院处级机构设置及处级岗位职数方案》，对二级机构进行优化调整，具体如下：

党政与群团机构16个，新设校友工作办公室，与校办公室合署；撤销监审处，设立审计处，与纪委办公室（纪检监察室）合署；将机关党总支升格为机关党委，与党委组织部合署；将教师发展中心与人事处合署；设立学生学习与发展中心，与学生处合署；将保卫处更名为安全保卫处；将离退休工作处调整与工会合署。

教辅与直属机构4个：图书馆、继续教育学院、信息化建设与管理中心、科技服务与成果转化中心（工程研究院）。

教学机构15个：将土木工程等专业、园林规划等专业从原属学院划出，整合成立土木与建筑工程学院；将原机械与汽车工程学院、电子与电气工程学院整合为机械与电气工程学院,强化以工为主的学科专业定位,做强土木学科、机电学科,强化办学优势,凸显办学特色,集中相关学院学科专业优势、人才师资力量、教学科研资源,更好地提高应用型人才培养质量,提升学院学科、专业综合竞争力。设立公共艺术教育部,挂靠音乐学院。

全校设正、副处级干部岗位共 101 个(不含处级组织员、辅导员):正处级干部岗位 54 个(党政与群团机构 22 个、教辅与直属机构 4 个、教学机构 28 个);副处级干部岗位 47 个(党政与群团机构 19 个、教辅与直属机构 2 个、教学机构 26 个)。根据工作需要另设兼职副处级干部岗位 6 个。

2020 年 11 月,根据上级党组织要求和《关于进一步深化省属本科院校纪检监察体制改革加强纪检监察组织建设的意见》,设立党委巡察办公室,并对纪委办公室机构和岗位进行调整。

(二)优化岗位设置

2008 年 3 月 12 日,省编办下发《滁州学院机构编制方案》,对学校机构编制进行了核定:以 2006 年底在校生 8 096 人为基数,核定事业编制总额 685 名,其中,党政管理机构人员编制 82 名(党务人员 21 名、行政管理人员 53 名、工勤人员 8 名),教学机构人员编制 500 名,教学辅助机构人员编制 41 名,专职科研机构人员编制 14 名,预留编制 48 名(用于引进人才、安排教师脱产进修);编制总额中,含校领导职数 7 名(正厅级党委书记、校长各 1 名,副厅级党委副书记 1 名、副校长 3 名、纪委书记 1 名),内设处级机构领导职数 82 名(正处级领导职数 40 名、副处级领导职数 42 名)。

2010 年 5 月 28 日,根据省委、省政府办公厅《关于印发〈安徽省事业单位岗位设置管理实施意见〉的通知》及有关要求,学校在核定编制总数内进行岗位设置,并报省人社厅、教育厅核准。按照岗位设置方案,设置管理岗位 135 个,专业技术主体岗位 460 个(其中教授 42 个、副教授 133 个、讲师 207 个),专业技术辅助岗位 65 个(其中正高 2 个、副高 12 个、中职 28 个),工勤岗位 25 个。2010 年 6 月,按照核定的岗位设置方案和首次分级聘用办法,学校开展全员岗位聘用工作,实现岗位设置管理改革平稳实施。

2011 年以后,随着学校快速发展、学生规模持续增长和社会服务职能不断拓展,学校教职工编制日趋紧张。2016 年,学校向省厅申请调整岗位设置方案。当年 3 月 1 日省人社厅印发《关于调整滁州学院岗位设置方案的函》,同意学校根据实际适当调整岗位设置,按照逐步社会化要求核减工勤岗位 10 个调至教师岗位;将专业技术正高级岗位设岗比例调至最高限。通过调整,教授、副教授、讲师岗位分别增至 52 个、141 个、212 个,其他系列正高、副高、中职岗位分别增至 3 个、13 个、29 个。

2017 年 5 月 31 日,省编办下发《关于滁州学院编制周转池制度实施方案的批复》,同意将学校纳入省直事业单位编制周转池改革试点单位,学校获批周转池编制 250 个。

10月13日,经省人社厅同意,学校将获批周转池编制纳入岗位设置基数,再次优化岗位设置方案,教授、副教授、讲师岗位分别增至85个、212个、318个;其他系列副高、中职岗位分别增至16个、34个,适当缓解了编制与岗位不足的问题。

2018年7月,省编办下达《关于下达省教育厅新疆籍专职少数民族辅导员事业编制的批复》,学校新增1名新疆籍专职少数民族辅导员(本科学历,正式编制),不占学校事业编制。

2019年11月29日,省委编办印发《关于下达高校专职思政课教师和专职辅导员编制的通知》,新增学校专职思政课教师编制30个(周转池编制),专职辅导员编制26个(事业编制)。至此,学校编制总额增至992个,其中事业编制712个、周转池编制280个。

2020年,根据教师队伍发展状况和申报硕士点、建设地方应用型高水平大学实际需要,经研究学校申请调整优化岗位设置方案。8月8日,省人社厅下发《关于调整安徽大学等8所高校岗位设置方案的函》,核准了学校申请。调整后的教授、副教授、讲师岗位分别增至90个、227个、340个;其他系列正高、副高、中职岗位分别增至4个、18个、39个,专业技术岗位进一步得到加强。

二、推进实施目标管理改革

为深入学习贯彻党的十八届三中全会精神,加快落实"十二五"事业发展规划和第二次党代会提出的目标任务,切实推进高水平应用型本科院校建设,在以良好状态顺利通过教育部本科教学工作合格评估之后,校党委谋划提出"深化改革、探索目标管理"的工作要求,把学校主要办学指标分解到各二级单位,加快推动目标任务层层落实。

2014年1月17日,学校召开机关部门主要负责人会议,对实行目标管理改革进行务虚研讨。2014年3月14日,学校召开专题座谈会,就推行目标管理工作进一步听取意见建议。2014年第四轮处级干部换届后,学校加紧谋划、推进目标管理实施工作,按照地方应用型高水平大学建设目标任务,对班子任期和年度目标进行细化分解。

2015年上半年,学校多次召开专题会议研讨制订目标任务,初步形成了学校目标管理实施方案、二级单位任期和年度目标责任书等。同年6月30日,学校举行任期工作目标责任书签订仪式(图4.15),党委书记庆承松、校长许志才代表学校党政分别与各二级单位主要负责人签订了《2015～2017年任期及年度工作目标责任书》,目标管理改革正式实施。随后,出台《滁州学院目标管理实施暂行办法(试行)》《滁州学院目标管理绩效津贴分配实施暂行方案(试行)》等文件,对目标管理实施范围、原则、程序、考核及分配等作出详细规定。

图 4.15　学校组织签订 2015～2017 年二级单位任期目标责任书

根据实施方案,二级学院共设置教学工作、科技工作、师资队伍建设、资产与实验室管理、学生工作、党建与思政教育等 6 个方面的目标任务,分别占 25%、20%、15%、10%、20%、10%;职能部门、教辅机构分业务目标和共性目标 2 个方面,分别占 70%、30%。在考核上,学院分人文组、理工组,由牵头部门制订目标考核指标体系,对目标完成情况进行考核评价;部门分党务群团组、行政教辅组,其中业务目标由学校对照目标任务完成情况进行考评,共性目标由学院班子测评 40%、职工代表测评 30%、部门互评 30%组成。二级单位目标考核结果与干部个人考核、考察任用、收入分配挂钩。在分配上,按奖励性绩效工资 10%比例设置目标管理绩效津贴,包括单位绩效津贴和考核优秀奖励两部分。学校将津贴打包分配至二级单位,由各单位根据学校指导意见,结合实际进行二次分配,体现"多劳多得、优绩优酬"分配导向。

2018 年二级单位目标责任书期满后,学校根据"十三五"规划和第三次党代会提出的目标任务,对各单位任期目标进行了重新修订。新的目标责任书在上一轮基础上作了较大修改,目标设定更为精简,重点关注核心指标,尤其是重要业绩和标志性成果。第五轮处级干部集中换届后,2019 年 2 月在新学期开学工作会议上,学校组织签订二级单位领导班子新一届任期目标责任书(2019～2022 年),启动第二轮目标管理实施工作(图 4.16)。

2020 年,学校制订《滁州学院处级单位和中层领导人员年度综合考核办法(试行)》《滁州学院年度综合考核奖励津贴分配办法(试行)》(简称《办法》),对目标考核、指标体系及津贴分配办法等进行修订。《办法》进一步完善目标考核指标体系,对二级学院实行党建和事业发展"双百分"制考核,设立综合管理模块,整合师资、资产,增加办学定位、财务管理、对外合作交流、信息化建设等内容。同时,对处级干部进行单独考核,与单位考核结果挂钩,突出负责人履职责任。在分配上,设置单位考核津贴、考核奖励和个人考核奖励等部分,对考核优秀单位负责人加大奖励力度,对不合格的将追究责任、扣减绩效;目标管理津贴所占奖励性绩效工资比例也适当提高。

图 4.16　学校组织签订 2019～2022 年二级单位任期目标责任书

三、深化职称制度改革

为适应岗位管理发展形势,激励和稳定人才队伍,在向上级积极争取编制与岗位的同时,学校积极探索试评中职待遇、推行校内职称聘任制、争取副教授评审权、构建和完善自主评聘制度等,积极探索推进职称工作改革。

2011年,学校核定讲师空岗仅14个,但当年申请讲师且符合资格条件的青年教师有50人左右。为稳定队伍,满足教师发展需求,学校启动校内中职待遇评定工作,在我省"评聘结合"职称政策外,通过校学术委员会再评定一批享受校内中职待遇人员。从当年起,由于岗位指标问题,新入职博士均通过评审晋升讲师职称;根据教育部第24号令和省教育厅文件精神,专职辅导员职称单独设组评审;晋升教授3人、副教授17人、讲师14人,高级政工师1人、政工师3人,评定享受校内中职待遇31人。

2012年,学校制订《其他系列中、初级专业技术资格与聘任条件(试行)》,按照岗位设置管理有关规定,进一步规范其他系列中级职称聘任、初级职称转定工作,尤其是对"以考代评"系列中级职称,统一聘任起点标准;晋升教授5人、副教授23人、讲师26人,高级实验师1人、政工师3人,评定享受中职待遇38人。

2013年,学校副教授岗位指标开始紧张,核岗13个、申报40余人,副高、中级职称评审竞争激烈。为缓解岗位指标与教师需求的矛盾,学校决定对无评审权的副教授参照校内中职待遇评定办法,通过校学术委员会评定校内副教授待遇(仅校内津贴),其他副高暂不执行。对有评审权的讲师、实验师或其他"以考代评"系列,试行校内聘任制度,通过校教师系列中级职称评审委员会评审校内讲师、实验师等职称,校内职称在聘期内享受所聘岗位各项经济待遇。当年晋升教授2人、副教授8人、讲师12人,其他副高1人、政工师3人,校内讲师等中职70人,评定校内副教授待遇17人。

2014年,为进一步缓解编制和岗位紧缺的矛盾,规范校内职称评聘管理,学校制订《滁州学院专业技术职务聘任办法(试行)》,探索实施职称聘任制改革。在岗位设置上,学校根据核定的事业编制和实有在岗人数，分别设置编内、校内岗位，编内岗位按照省厅核准的方案定期进行核查、清理，校内岗位以实有在岗人数包括人事代理为基数，参照省厅核准的岗位结构比例进行设置；对正高级职称和政工专业职务暂不设置校内岗位；对实验等其他系列岗位从严控制，明确设置系列范围和归属单位，推进岗位分类管理；聘任条件以省主管部门各系列任职资格条件为基准，对教师系列增加应用型素质要求，其他系列关注专业技术能力及服务效果，增加服务满意度评价。学校成立专业技术职务聘任工作领导小组，负责政策制订、方案研究、工作部署和统筹指导等；建立校内专家库，根据每年评审需要组建聘任工作专家委员会，按"三三"制原则从专家库抽选校内专家，按不低于专家委员会总数的1/3聘请校外专家，负责开展职称评审工作。当年晋升教授2人、副教授9人、其他副高2人、讲师等其他中职17人、政工师4人、校内副教授等副高31人、校内讲师等中职34人。

2015年，教授岗位指标紧张，学校积极争取省教育厅同意，委托省高评委进行资格评审后开展校内聘任，副高、中职继续按照有关规定进行编内评审和校内聘任，晋升教授6人、副教授4人、讲师等中职9人、政工师1人、校内副教授等副高20人、校内讲师等中职34人。

2016年，为缓解岗位紧张状况，学校积极向省人社厅申请调整岗位设置方案，优化岗位设置，增加教授、副教授岗位数。经争取，省人社厅同意对学校岗位设置方案进行调整，缓解了当时教授职称评聘问题。与此同时，学校积极向省教育厅申请副教授资格评审权。当年省教育厅下发《关于授予安徽医科大学等8所本科院校部分学科副教授资格评审权的批复》，同意授予我校地理学、计算机科学与技术、数学、生物学、化工、食品科学与工程、工商管理等7个一级学科副教授资格评审权（图4.17）。当年，由于校内教师职

图4.17 学校在省内同类高校中率先获批副教授资格评审权

称实行"双线"晋升,申报人数多达227人,晋升教授5人、副教授19人(其中自主评审8人)、其他副高2人、讲师等中职32人,政工师2人,校内副高15人、校内中职53人。

2017年,根据"放管服"改革精神,省教育厅全面下放高校教师职称评审权,当年教师申报人数达到历史峰值273人,占专任教师总数近1/3。鉴于岗位紧缺矛盾得到缓解,学校开始从严控制校内副高、暂停校内中职聘任;人事代理与在编教师职称实行分开评审,对已聘任校内职称的人事代理教师直接确认资格,不再进行评审。当年,晋升教授10人、副教授52人、讲师等中职118人,政工师2人,校内副高5人。

2018年,学校制订《教师和实验系列职称评聘工作实施办法(试行)》(简称《办法》),探索全面构建教师职称自主评审制度体系。《办法》对职称自主评审总体原则、岗位设置、评审条件、组织领导、工作程序、纪律要求等作出详细规定,将师德师风和教学质量作为首要标准和重要条件,将基层量化考核和学校综合评审相结合,将"三公"原则和纪检监督作为必要保障;在省厅规定的基础上结合实际,增加了教师应用型能力与素质条件要求,增设应用推广型教师类别,推进教师分类发展。当年实行编内、校内职称并轨,暂停校内职称聘任,推进职称评审常态化、制度化;晋升教授等正高11人、副教授等副高27人、讲师等中职73人,政工师1人。

2019年,学校完善教师考核评价标准,持续深化改革,破除"五唯",综合评议申报人师德、学识、能力、业绩、贡献等,严把思想政治关,强化师德"一票否决";进一步发挥教学工作考核在职称评审中的作用,将学生网上评教、同行教师评价、学校督导评价等结果量化计分,作为职称考核评价重要内容。当年,晋升教授8人、副教授等副高29人、讲师等中职59人,政工师1人。

2020年,贯彻深化新时代教育评价改革要求,着力破"五唯",出台制度进一步深化职称工作改革,推进落实教师分类发展。学校出台校内转任专职思政课教师暂行办法、专职辅导员职称评聘工作暂行办法,实行思政课教师单列计划、单独评审,进一步加强师德考核。当年,晋升教授9人、副教授26人、讲师46人,高级实验师2人,实验师等其他中职9人,向省高评委推荐正高1人、副高1人。

2021年,破"五唯"、深化职称改革,修订完善教师职称评审办法,完成教师职称自主评审和其他系列职称推荐评聘工作。当年,评聘教授7人、副教授27人,讲师52人、实验师等其他中职6人。

四、建立绩效薪酬制度

学校认真贯彻我省有关政策精神,及时启动收入分配制度改革,建立实施绩效工资制度,落实养老保险改革,发放年度工作奖励,不断完善薪酬管理服务,教职工幸福感和获得感持续提升。

2013年下半年,学校启动绩效工资改革。经调研省内多所高校,结合滁州市有关实际,制订了《绩效工资实施方案(草案)》。2014年上半年在校内组织多次讨论、征求意见,并反复对方案进行修改、测算等;下半年第四轮处级干部换届后,校党委把实施绩效工资改革作为重点工作。

2015年3月,在历时一年多调研、修订、测算后,《绩效工资实施方案(征求意见稿)》提交学校第二次党代会2014年年会暨第三届教代会工代会第二次会议审议并原则通过。会后,进行了征求意见梳理、研究、修改。4月,经校长办公会、党委会研究,印发实施《滁州学院绩效工资实施方案(试行)》。根据方案,绩效工资分为基础性绩效工资和奖励性绩效工资两个部分,各占60%和40%。基础性绩效工资参照滁州市有关标准确定,纳入工资表按月发放,从2012年7月1日起执行。奖励性绩效工资包括额定工作津贴、超工作量津贴和目标管理津贴等3个部分,分别占奖励性绩效总额的55%、35%、10%,其中目标管理津贴是根据学校目标管理实施办法,把奖励性绩效工资一部分作为二级单位年度考核津贴,与单位年度考核结果直接挂钩,学校打包划拨、单位二次分配。奖励性绩效工资从2015年1月1日起执行,按照自然年度进行结算。

绩效工资实施后,在职人员年均收入增长约2.3万元,提高了在职人员的满意度和积极性,也推进了第二次党代会提出的收入倍增计划的落实。在职人员实行绩效工资的同时,学校按照政策规定及时发放了离退休人员生活补贴,从2012年7月1日起开始执行,离退休人员年均收入增长5 000~15 000元,保障了大家可以共享学校改革发展的成果。

2016年,根据省政府《关于机关事业单位工作人员养老保险制度改革的实施意见》规定,从2014年10月1日起,机关事业单位工作人员纳入养老保险制度管理。学校及时启动养老保险制度改革工作,按照属地管理原则,参加滁州市机关事业单位工作人员养老保险数据采集工作大会,开展在编人员数据采集工作,先后采集自2014年10月1日以来在编的在职和退休人员856人信息,为教职工按时顺利参保奠定了基础。

2017年,省教育厅、财政厅召开省属高校机关事业单位养老保险改革推进会,加快推进高校养老保险改革实施工作。学校按照统一部署,加大参保政策学习宣传力度,积极对接省市有关部门,掌握政策、及时推进,校内外联动、全方位动员。当年12月,学校就参保工作向省教育厅作了专门汇报。经省厅核准,按时将在编650多名在职人员和200多名退休人员的参保信息提交至滁州市人社局审批入库,在规定时间内基本完成了在编人员养老保险制度改革工作。

从2018年1月起,全校在职人员正式参加养老保险并按月代扣代缴,退休人员从社保机构领取退休金。根据《关于机关事业单位退休人员基本养老金支付有关事项的通知》,经校党委研究,学校对退休人员纳入社保机构领取退休金后,不属于机关事业单位养老保险基金支付的退休待遇,保留了原渠道支付,保证退休人员纳入养老保险制度后相关待遇不降低,减少了退休人员的忧虑,确保顺利实现平稳过渡。另外,学校按省市统一安排,继续做好对纳入社保机构前养老保险的清算工作,保障制度从国家规定的时

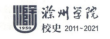

点全面实施。

2017年,学校根据省、市有关发放一次性工作奖励政策,实施在职和离退休人员年度一次性工作奖励发放工作。在广泛调研省内相关高校做法的基础上,根据上一年度学校接受省委综合考核结果及"文明""双拥"工作情况,制订了《2016年度一次性工作奖励发放办法》,对在编(含在职和离退休)和人事代理约1140人核发了一次性工作奖励;同时对校本部劳务派遣约98人发放了年终奖励。2018年底,在考核基础上,按照属地原则,对作为奖励标准的应发工资基数进行了再次核准,核发了2017年度一次性工作奖励。至2020年,按照上级统一部署,比照滁州市有关政策,学校正常核发教职工年度一次性工作奖励。这是继实施绩效工资改革后教职工收入水平的再次大幅提高。

2021年,完成在职在编人员养老保险和职业年金清算工作。根据省市要求,结合党史学习教育"我为师生办实事"实践活动,完成全校在编人员2014年10月1日~2017年12月31日期间的养老保险和职业年金清算工作。

近年来,学校在正常调资的基础上,完成了在编人员养老保险和职业年金等清算工作,调整了在编人员养老保险、职业年金和公积金等缴费基数,教职员工获得感、幸福感不断提升。

五、加强编外人员管理

根据事业发展需要,学校聘用了一批编外人员,主要包括人事代理、劳务派遣(合同制)、任务承包等三种形式。

2012年,在适当增加基本工资和年度岗位津贴的基础上,学校建立了校本部合同制聘用人员基本工资正常增长机制,对在校工作满一年且年度考核结果为合格及以上的合同制人员,次年1月起正常晋升月工资标准。对任务承包、退休返聘人员,不涉及基本费用调整,但在工作完成后考核优秀的,可增加一个月承包费。

2013年,随着事业编制越趋紧张,学校开始对新进非教学岗位的硕士研究生以人事代理形式聘用。到2014年,除极少数教学岗位紧缺专业硕士研究生入编外,其他大多数均为人事代理聘用。自此,编外人员逐渐从以合同制聘用的教辅、后勤岗位本科及以下人员为主,发展到以人事代理聘用的教学、管理岗位硕士研究生为主。2013~2014年,新增人事代理教师90多人。

自2015年起,新进硕士学位教师全部为人事代理。当年,学校加强了对校本部合同制聘用人员年度考核,进一步明确考核对象、内容、标准、程序及结构使用等规定,对年度考核优秀合同制人员,分别发放相应的年度岗位津贴;考核不合格人员不享受年度岗位津贴和工资晋级待遇,并退回劳务派遣机构。

2016年,按照市公积金管理中心有关规定,学校为校本部95名合同制聘用人员缴存住房公积金。同年7月,学校对后勤实施综合改革。根据改革方案,后勤服务集团在撤改前将自主聘用的劳务派遣人员按法律程序解除用工关系,确因工作需要保留的岗位重新组织招聘,并纳入校本部统一管理。改革后,原后勤服务集团有19名聘用人员由后勤服务中心接管。2018年第五轮处级机构调整后,后勤服务中心撤归后勤管理与基建处,所属人员转校本部管理。

2019年,学校制订《劳务派遣(合同制)人员管理办法(试行)》,对各类合同制聘用人员进行统一规范管理。

2020年底,学校各类编外人员总数达到528人,其中人事代理375人、劳务派遣141人、任务承包12人,约占教职工总数的43%。

第五章 学生工作

学校坚持以习近平新时代中国特色社会主义思想为指导，深入贯彻落实全国全省教育大会、全国高校思想政治工作会议和学校思想政治理论课教师座谈会精神，聚焦立德树人根本任务，紧扣应用型人才培养目标，坚持"以学生为中心"工作理念，加强教育管理、深化就业创业、健全资助体系、开展心理健康教育、提升学工队伍素质，推动全员育人、全过程育人、全方位育人，着力培养担当民族复兴大任时代新人。

第一节 加强思想政治教育

学校落实立德树人根本任务，坚持"四个服务""四个坚持不懈"，以品牌建设为龙头，突出重点，抓点带面，不断强化思想政治引领、提升学风建设实效、拓展思政教育平台、打造自我教育特色。

一、强化思想政治引领

遵循思想政治工作规律，遵循教书育人规律，遵循学生成长规律，通过主题党日、主题团日、主题班会等形式，组织学生深入学习贯彻习近平新时代中国特色社会主义思想，增强"四个意识"，坚定"四个自信"，做到"两个维护"。以党的十八大和十九大召开、纪念红军长征胜利80周年、中国人民抗日战争暨世界反法西斯战争胜利70周年、改革开放40周年、五四运动100周年和庆祝新中国成立70周年、中国共产党成立100周年等重要会议、重大活动、重要节庆日及纪念日为契机，结合新生入学、毕业离校、困难资助、期末考试等重要环节，开展理想信念、爱党爱国、道德法治、诚实守信、文明修身、爱校荣校等主题教育活动，培育和践行社会主义核心价值观。定期举办"我与书记面对面""我与校长有个约"主题座谈会，开展"青马工程"、"蔚然菁英"、学生党员、学生干部等系列培训，举行升国旗仪式，组织学生军训、征兵入伍，开展社会实践、志愿服务、诚信演讲、征文、辩论赛、考试诚信签名、"十佳大学生"评选等活动，引导学生在潜移默化中受教育、修美德、长才干,帮助学生树立正确的世界观、人生观、价值观。

二、提升学风建设实效

连续多年开展"新生启航教育""学风建设宣传月"等活动,宣传阐释校训和学校精神,大力宣传优秀校友事迹,分析解读专业发展前景,帮助学生深刻了解"我为什么而学""我为谁而学"等问题,增强学习责任感,激发学习原动力,引导学生树立正确的人生观、成才观和学习观。倡导"无手机课堂",坚持"三项日报"制度(晨跑、上课、晚自习),落实校院两级学风督察制度,不断加强学风建设,提高学风督察力度,建立学风建设长效机制。完善激励机制,以先进典型引领学风,广泛开展创建"优良学风班""先进班集体标兵班""十大学习标兵""三好学生"等评选活动,大力宣传和表彰学风建设中涌现出来的先进集体、先进个人,使广大学生学有榜样、赶有目标。

三、拓展思政教育平台

加强大学生活动中心、大学生事务中心、大学生创业孵化基地、大学生心理咨询中心、大学生易班发展中心等实体平台建设。推动思想政治教育同信息技术融合,增强时代感和吸引力。积极打造学工系统、学工在线、心理微信公众号、学生工作QQ群等网络平台,拓宽学生指导服务工作空间和渠道。2018年,成立大学生易班学生工作站,发挥大学生的能动性、自主性,为全校师生提供主题鲜明、内容丰富的校园网络文化产品,并逐步建设成为集思想教育、教育教学、生活服务、文化娱乐为一体的网络互动示范社区。2021年,学校获评安徽省"优秀易班共建高校",2名教师获评全国"优秀易班指导老师""优秀易班辅导员"。

四、打造自我教育特色

注重发挥各类学生组织在日常教育管理中的重要作用,开展内容丰富的朋辈教育、体验式教育,增强日常教育管理张力,建立学生自我教育机制。2017年,学校以实现大学生"三自一包"(自我教育、自我管理、自我服务,对自己人生负责)为目标,成立大学生自我管理与服务委员会;加强学生身体素质锻炼,自1991年实施晨跑锻炼制度以来,无论严寒酷暑,每日坚持早起打卡,已成为了许多毕业校友一段永恒难忘的美好回忆(图5.1)。

图 5.1　召开纪念晨跑锻炼制度实施 20 周年座谈会、晨跑掠影

第二节　完善工作体制机制

学校深入研究和谋划学生工作,以提升学生工作质量与水平为着力点,优化教育管理体制、建立奖助长效机制、构筑心理健康防线。

一、优化教育管理体制

学校成立学生工作、就业工作、学生资助、大学生心理健康教育等工作指导委员会,主要领导亲自抓,分管领导具体管,相关部门和二级学院组织落实,构建了齐抓共管、统筹协调、指挥有力的工作格局。学校党政每年召开专题会议,研究解决学生工作中遇到的重大问题,分管领导定期主持召开学生工作例会,部署安排全校学生管理工作。学生处、教务处、团委、后勤管理与基建处、安全保卫处、创新创业学院等与学生指导服务联系紧密的相关单位形成联动、协同服务,全力保障学生成长成才。

为提升教育服务质量,学校印发《〈普通高校学生管理规定〉(教育部 41 号令)滁州学院实施办法》,规范学校管理行为,提升教育服务水平。将学生工作年度考核纳入目标管理体系,围绕学生指导与服务、学风建设、能力与素质拓展、就业创业指导服务与评价等方面,修订《院(部)学生工作目标考核评分细则》,进一步落实"以学生为中心"理念,有效提高学生教育管理服务水平。加强辅导员、班主任、班导师考核,发布

《关于进一步加强辅导员队伍建设的若干意见》,制订《滁州学院班导师工作考核办法》《滁州学院班主任管理办法》《滁州学院班主任工作考核办法》,让辅导员、班主任、班导师真正成为学生引路人。

为实现精细化管理,学校制订《滁州学院学生素质拓展与创新学分实施细则》《滁州学院学生课外科技创新活动奖励办法》等,全面推进素质教育,充分发挥第二课堂育人功能,培养学生的创新精神和实践能力;制订《滁州学院关于加强学生主题班会教育的管理办法》,充分发挥主题班会在教育育人、管理育人和服务育人中的重要作用;制订《滁州学院学生公寓寝室长管理办法(试行)》,促进学生寝室精神文明建设及和谐奋进的寝室氛围形成;制订《滁州学院学生晨跑锻炼管理办法》,明确了晨跑要求和晨跑成绩计算方法;制订《滁州学院学生突发事件应急预案》,切实提高校园安全和应对各类学生突发事件能力。

二、建立奖助激励机制

建立健全家庭经济困难学生资助政策体系,从制度上保障"不让一个学生因家庭经济困难而失学",不断扩大资助范围,不断提高资助标准,不断延伸资助领域,建立起奖、助、贷、勤、补、免"六位一体"的学生资助体系,设立国家奖助学金、生源地信用助学贷款、毕业生基层就业学费补偿、应征入伍服兵役国家教育资助、勤工助学、校内资助、社会捐赠、新生"绿色通道"等各类资助项目11项。修订《滁州学院学生素质综合测评办法(试行)》,鼓励各学院结合实际情况和专业特点,制订更加科学、系统、具有学院特色的实施细则。出台《滁州学院学生奖学金评选办法(试行)》《滁州学院学生考取研究生奖励暂行办法》,并将考取硕士研究生奖励标准提升至每人1 000元,充分调动学生的学习积极性、主动性。制订《滁州学院学生先进个人评选办法》《滁州学院优良学风班评选办法(试行)》《滁州学院先进班集体标兵班评选办法》等,提高学生集体荣誉感,增强班集体凝聚力。

为规范学生资助工作,打造全员覆盖、全程助学、全面受益的资助体系,学校三次制(修)订相关文件,不断健全精准资助制度。根据《滁州学院家庭经济困难学生认定工作实施细则》《高等学校学生及家庭情况调查表》《滁州学院家庭经济困难学生认定量化评分自评表》《滁州学院家庭经济困难学生认定民主评议记录表》,组织学生自评和班级民主评议,对学生家庭经济状况和节俭程度等情况进行量化,其结果作为困难认定的重要参考,遴选真正需要资助学生。印发《滁州学院国家奖学金、国家励志奖学金、国家助学金评审管理办法》《滁州学院生源地信用助学贷款管理办法》《滁州学院家庭经济困难学生学费减免、缓缴实施办法》等,切实做好学生奖、勤、助、贷工作。

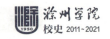

三、构筑心理健康防线

构建"校、院、班、舍"四级预警系统,各学院设立二级心理辅导站,各班设立班级心理委员,利用网络途径建立心理健康工作交流群,全校心理委员群和二级学院建立心理委员交流群、宿舍联络员反馈群,确保信息渠道畅通。建立周汇报制度,各二级学院心理辅导站一周一汇报,一月一总结,每学期开展定期心理排查 15 次以上,重大心理问题随报随诊。建立新生心理健康普查机制,形成普查、筛查、约访、跟踪、干预一体化工作机制,实行重点学生及危机学生动态研判与转化机制,对明显偏离正常值的高危个体学生进行重点约谈。2018 年,学校和滁州市精神卫生中心签署精神卫生服务协议,聘请精神科医生作为学校心理健康教育工作专业顾问,形成学校指导、学院监控、家长配合、同学帮助、医院诊疗为一体的全方位干预制度。建立心理咨询师联系学院制度,对危机干预学生全程做到"离校有回访、复学有评估、康复有辅导"。

严格落实《高等学校学生心理健康教育指导纲要》,先后制订《滁州学院大学生心理健康教育工作实施方案(试行)》《滁州学院学生心理危机预警及干预办法》《滁州学院大学生心理健康教育工作管理规定》等心理健康教育制度,打造心理健康教育课程,优化心理健康教育实践活动,强化心理咨询服务,增强心理危机预防,保障心理健康教育工作规范有序开展。

第三节 建设过硬学工队伍

学校将管理创新作为学生工作着力点,提升学生队伍管理水平和服务质量,促进管理育人和服务育人水平提高。改革运行管理机制,全面推行目标责任管理,努力完善"校—院—班"三级系统管理模式,逐步形成了一支高效务实、不断创新的学生工作队伍,与教学互辅互助形成了双线融合的育人新格局。

一、建设高质量辅导员队伍

学校高度重视辅导员队伍建设,始终坚持把提高辅导员队伍专业化、职业化水平作为队伍建设关键点。辅导员选聘严把"入口关",按照"政治强、业务精、纪律严、作风正"的原则,严格执行《滁州学院学生辅导员选聘暂行办法》《滁州学院学生辅导员、班主任工作暂行规定(试行)》《滁州学院辅导员(班主任)管理办法》《滁州学院辅导员(班主任)工作考核办法》等规定,明确辅导员配备、选聘与任职条件、工作职责、考核奖惩、政策待遇及发展方向等,为队伍建设提供了保障。一线专职辅导员规模由2010年的33人发展到2021年的85人,研究生学历、中共党员比例均提升为100%。为了更好地加强与新疆籍学生的交流沟通与教育管理,学校2018年专门引进新疆籍少数民族学生专职辅导员1名,并给予编制内待遇。

学校建立了分层次、多渠道培养教育体系,通过岗前培训、日常指导、专题研讨、业务培训等多种形式,促进辅导员向学习型、专业型、职业型方向发展(图5.2)。学校将日常培训和专题培训相结合,按计划和培训主题,邀请校内外专家、优秀代表对全校辅导员及其他学工人员进行专题系统培训,分期分批选送辅导员参加教育部、教育厅高校辅导员培训和相关研修基地等组织的岗前培训、业务培训。紧扣学生工作实际需要,开展各类日常培训和专题培训,将能力竞赛和技能锻炼相结合。通过以赛促学、以赛促建、以赛促改、以赛代训,选送辅导员参与各级各类职业能力比赛、课题立项、典型评选等,展示我校优秀辅导员形象,扩大学生工作影响,提升辅导员队伍整体水平(图5.3)。2013年举办首届辅导员职业技能竞赛,迄今连续举办7届辅导员职业能力大赛,考察辅导员的理论素养、语言表达能力、活动组织策划及实施能力、思想教育和心理辅导能力、日常事务处理能力等多方面知识和技能,全方位展现辅导员个人素养、知识储备和专业技能。将机制完善和能力提升相结合。贯彻落实教育部《普通高等学校辅导员队伍建设规定》,发布《关于进一步加强辅导员队伍建设的若干意见》,对辅导员队伍的要求与职责、配备与选聘、发展与培训、管理与考核等进行科学规划,进一步明确辅导员的工作职责,强化任务要求,为辅导员队伍建设提供制度保障。制订《滁州学院辅导员职业能力提升实施方案》,确立辅导员职业能力提升"强目标引领、强化八种意识和促进队伍建设"三项总体目标,制订具体活动措施,将辅导员队伍素质能力提升落于实处(表5.1)。

图5.2　辅导员队伍建设研究团队首次研讨会

图 5.3　安徽省百名高校优秀辅导员"双巡"活动走进滁州学院

表 5.1　2011～2021 年辅导员省级以上获奖情况一览表

序号	姓名	年份	称号
1	邰玉明	2011 年	安徽省高校优秀辅导员
2	朱咸影	2012 年	安徽省高校优秀辅导员
3	房燕	2013 年	安徽省高校优秀辅导员
4	夏斌文	2013 年	安徽省高校辅导员职业技能竞赛一等奖
5	张发勤	2013 年	首届安徽省高校创业指导课程教学大赛二等奖
6	梁贵红	2014 年	安徽省高校优秀辅导员
7	邰玉明	2014 年	第三届安徽省高校教师就业创业指导课程教学大赛一等奖
8	骆玲玲	2014 年	第三届安徽省高校教师就业创业指导课程教学大赛三等奖
9	张发勤	2015 年	安徽省高校辅导员年度人物
10	李慧	2015 年	第四届安徽省高校教师就业创业指导课程教学大赛二等奖
11	师海荣	2015 年	第四届安徽省高校教师就业创业指导课程教学大赛三等奖
12	师海荣	2016 年	安徽省高校优秀辅导员
13	师海荣	2017 年	安徽省高校优秀辅导员
14	张发勤	2017 年	安徽省高校辅导员职业能力比赛二等奖
15	江柳莹	2018 年	安徽省高校辅导员素质能力大赛二等奖
16	房燕	2019 年	安徽省高校辅导员精彩主题班会大赛二等奖
17	孟瑶瑶	2019 年	安徽省第六届高校就业指导课程教学大赛二等奖
18	张悦	2020 年	安徽省高校辅导员素质能力大赛一等奖
19	张悦	2020 年	2020 年度安徽省优秀辅导员

为探索新时代学生工作新途径、新方法，创新一批工作模式、产出一批经验成果、提

炼一批精品项目、培育一批队伍骨干，学校于2019年制订《辅导员工作室建设实施方案》，以师海荣"辅导员专业化建设工作室"、李慧"学生学业指导与能力发展工作室"、骆玲玲"党建促学风工作室"、张悦"'悦己分'网络思政育人工作室"、舒卫征"汇华学习能力研究室"5个工作室为学校辅导员工作室首批培育对象，通过理论研究、实践探索、成果应用，充分发挥示范引领、辐射带动作用，形成一批专业性实效性强的工作模式和理论水平高的研究成果。

近年来，学校加大辅导员队伍培训、建设、晋升力度，构建严格选拔、规范管理、能力提升、岗位流动相结合的长效机制，促进辅导员队伍职业化、专家化发展。完善、落实辅导员例会制度，完善辅导员考核办法、职称评审推荐办法，加强日常管理与考核，突出工作实绩和育人实效等过程评价，引导辅导员聚焦主责主业，服务学生成长成才，打造了一支"政治强、业务精、纪律严、作风正"的优秀辅导员队伍，为学校稳定发展和学生成长成才作出了积极贡献。

二、建立专业化班导师队伍

学校探索建立班导师制度，以班级为单元，配置专业教师开展思想引导、专业辅导、生活指导和心理疏导。2017年，制订《加强班主任（班导师）队伍建设的实施办法》，规定从2016级学生开始，原则上每个班级配备一名班导师，全程指导学生学业发展、创新创业和素质拓展等，并结合实际积极做好学生思想政治教育工作。2019年，制订《滁州学院班导师工作考核办法》，强调了班导师在大学生健康成长中的重要作用，并将考核结果作为班导师津贴发放和奖惩的重要依据，纳入当年度教师教学考核和年度考核，与评奖评优、职称晋升等挂钩。

通过制度保障、考核推优、定期研讨等多种方式，积极推进班导师工作培训常态化、工作会议定期化、工作交流实时化，促使班导师配备机制不断完善，班导师数量稳步提升，配备班导师数量分别为101人、135人、141人。

三、培养业务强班主任队伍

根据中共中央、国务院《关于加强和改进新形势下高校思想政治工作的意见》、教育部《关于加强高等学校辅导员、班主任队伍建设的意见》精神，学校制订《滁州学院班主任管理办法》，明确班主任选聘条件、配备原则、工作职责、工作内容、管理考核和政策保障；每年组织考核工作，在个人总结基础上，采取学生测评、同行评议、学院考核相结合方式，对班主任履职情况、工作实效、学生满意度进行考核和测评，达到以评促建、以评促改效果。

近年来，学校每年选聘班主任60名左右，通过线上与线下、校内与校外、综合与专题

等多种形式与渠道,开展业务培训,提升能力与水平。班主任坚持围绕学生、关爱学生、服务学生,全面了解学生情况,加强学生思想教育与引导,引导学生深入学习贯彻习近平新时代中国特色社会主义思想,培育和践行社会主义核心价值观,弘扬中华优秀传统文化和革命文化、社会主义先进文化;加强班级组织建设,抓好班风班纪,做好学生军事训练、评奖评优、困难资助、就业创业等日常事务管理工作;开展学业辅导和学业帮扶,指导学生积极开展各类学术创新活动,指导、组织学生开展优良学风创建;开展学生安全教育和学生思想政治状况摸查,帮助学生处理好学习成才、择业交友、健康生活等方面的具体问题,呵护学生身心健康教育,为学生健康成长成才作出了贡献。

第四节 打造学生工作品牌

坚持以生为本,不断创新思路、理念、方法,做优教育管理、做实精准资助、做专健康教育、做强就业指导,引导学生立大志、明大德、成大才、担大任,努力成为担当民族复兴重任的时代新人。

一、做优教育管理

坚持"育人为本,德育为先",树立"以学生为中心"的工作理念,强调学生主体地位,做到贴近实际、贴近生活、贴近学生,不断提高教育服务管理针对性、实效性、吸引力和感染力,推进学生教育管理工作规范化、科学化、精细化。

1. 落实领导干部联系学生制度

学校落实教育部《关于加强和改进高校领导干部深入基层联系学生工作的通知》精神,制订学校领导干部深入基层联系学生工作方案,实施"五进入""四联系""三参加""两接待""一交友"制度,校党委书记、校长定期参加"我与书记面对面""我与校长有个约"主题座谈会,各级领导干部与学生"面对面""键对键",主动进课堂、进班级、进宿舍、进食堂、进社团、进讲座、进网络,深入一线,及时帮助解决学生思想、心理、生活、就业等实际问题。

2. 加强学生管理服务平台建设

学校推进教管服一体化智慧思政平台建设,利用大数据、人工智能等技术打造教育、管理、服务一体化平台,为学工人员提供精准化管理,为学生提供智能化服务,推进学生教管服一体化建设。2013年,以"方便学生办事、解决学生困难、维护学生权益、服务学生成才"为工作目标,以"以生为本,热情服务,微笑接待,真诚沟通"为服务理念,建成大学生事务中心并投入使用。在中心设立多个服务窗口,为学生提供留学咨询、党团关系转接、学籍管理、评奖评优、助学贷款、就业咨询、学生缴费、户籍关系转接、学生社团活动审批、公寓报修、一卡通办理等数十项"一站式"便捷服务。

3. 做好常态化疫情防控工作

学校按照"八个到位""六个一律"要求,围绕春季开学、秋季开学、毕业离校、寒暑假等关键节点以及学生就业创业、心理健康、资助管理等关键环节,精心组织学生分批次错时错峰入学返校和离校。加强疫情防控知识学习,摸排学生身心状况,建立健康信息台账,组织学生健康打卡、晨午晚检、核酸检测、疫苗接种,做到疫情信息"日报告、零报告"。学工人员密织宣传网、教育网、信息网、服务网,发挥"宣传员""指导员""信息员""引导员"作用,用真心和真情守护学生健康与安全,用力度和温度凝聚起抗击疫情的坚定力量,为保持校园疫情零状态作出了贡献。

4. 坚持安全稳定常抓不懈

学校坚持"安全重于泰山""稳定压倒一切"的工作理念,加强组织领导,密切警校合作,定期分析研判,开展宣教演练,签署安全责任书,制订突发事件应急处置预案。抓实经常性安全教育与隐患检查,定期召集学生代表召开安全稳定座谈会,各学院、各班级经常性召开安全稳定主题班会,教育学生注意人身安全、财产安全、交通安全,引导学生防传销、防不良网贷、防就业陷阱、防电信网络诈骗、防反动宗教渗透。每学期开学后、学期中、放假前开展校园安全工作大检查以及消防安全等专项检查,对发现的安全隐患进行梳理,及时加以解决。经常召开安全形势研判会,通报情况,分析形势,排找问题,及时应对。加强网络意识形态工作,教育引导学生健康文明上网,遵守网络道德,不在网络上发布非法言论,做遵纪守法的合格公民。

二、做实精准资助

围绕扶贫扶智扶志"三扶"理念,不断探索和创新"资助"+"发展"的资助育人新模式,全面推动学生资助工作科学规范发展,坚持从严执行政策、从严规范管理,在完善学生资助体系、推进精准资助举措、提升资助育人功效等方面进行探索和实践,取得积极成效。

1. 聚焦经济困难学生,经济资助实现全覆盖

实行建档立卡等贫困户家庭学生资助工作校长负责制,突出工作政治责任,做到资助全覆盖、标准最高档、对象无遗漏、项目可叠加、结果全告知,确保国家资助政策落实到位。2016~2021年,学校分别为原建档立卡贫困户家庭学生1 073人、1 366人、1 909人、1 646人、1 829人和2 339人发放国家助学金429.2万元、546.4万元、571.1万元、519.85万元、449.35万元和478.2万元。

11年来,政府、学校和社会共资助学校学生193 259人次,资助总金额4.49亿元,其中,政府财政资金1.77亿元,占39.4%;银行发放生源地信用助学贷款2.17亿元,占48.3%;学校事业收入中提取并支出资助资金0.51亿元,占11.4%;社会团体、企事业单位及个人捐助资助资金0.036亿元,占0.9%(表5.2)。

表 5.2　2011～2021 年学校各类资助情况

年度	资助情况(单位:人、万元)	国家奖学金	国家励志奖学金	国家助学金	助学贷款	服兵役国家教育资助	退役士兵国家助学金	师范专业奖学金	求职创业补贴	国家助学贷款奖补资金	校内奖学金	勤工助学	特困补助	学费减免	风险补偿金	社会捐赠	合计
2011 年	人数	24	419	2 939	2 018	34	—	621	—	—	3 758	350	599	—	—	79	10 841
	金额	19	210	833	1 151	42	—	109	—	—	174	29	23	—	—	9	2 599
2012 年	人数	25	445	3 218	2 212	30	—	357	—	—	3 346	370	2 118	—	—	98	12 219
	金额	20	223	909	1 186	34	—	63	—	—	189	58	88	—	—	12	2 782
2013 年	人数	27	505	6 672	2 218	30	—	87	—	—	3 696	700	1 781	—	—	57	15 773
	金额	22	253	971	1 308	34	—	15	—	—	211	58	113	—	—	11	2 996
2014 年	人数	28	536	7 165	2 373	34	—	264	—	—	3 582	900	6 049	—	—	97	21 028
	金额	22	268	1 066	1 484	27	—	49	—	—	180	72	88	—	—	7	3 263
2015 年	人数	27	538	3 665	2 512	65	—	271	50	—	3 488	950	2 700	—	—	630	14 896
	金额	22	269	1 100	1 672	61	—	51	4	—	200	100	188	—	—	45	3 712
2016 年	人数	29	555	3 755	2 635	60	—	324	126	—	4 460	1 000	6 527	—	—	514	19 985
	金额	23	278	1 127	1 771	65	—	58	10	—	198	104	171	—	—	80	3 885
2017 年	人数	30	601	3 799	2 789	77	—	300	238	—	341	1 000	1 781	—	—	199	11 155
	金额	24	301	1 135	2 042	69	—	55	19	—	20	108	442	—	—	49	4 264
2018 年	人数	30	606	5 607	3 430	100	—	216	567	—	10 466	1 020	1 520	—	—	515	24 077
	金额	24	303	1 156	2 581	97	—	44	57	—	422	141	161	—	—	60	5 046

续表

年度	资助情况(单位：人、万元)	资助类别													合计
		国家奖学金	国家励志奖学金	国家助学金	助学贷款	服兵役国家教育资助	退役士兵国家助学金	师范专业奖学金	求职创业补贴	国家助学贷款奖补资金	校内奖学金	勤工助学	特困补助	学费减免	风险补偿金	社会捐赠	
2019年	人数	31	638	6 778	3 649	131	—	138	749	—	3 661	1 280	2 315	—	—	262	19 632
	金额	25	319	1 315	2 814	129	—	28	112	—	217	128	182	—	—	48	5 317
2020年	人数	31	593	6 129	3 704	155	—	163	1 017	—	4 218	631	2 430	55	3 636	93	22 855
	金额	25	297	1 342	2 893	162	—	30	153	—	273	59	117	31	28	23	5 433
2021年	人数	29	599	5 935	3 467	183	568	137	1 292	696	4 047	1 612	2 019	70	0	144	20 798
	金额	23	300	1 371	2 799	233	79	24	194	19	252	130	107	41	0	19	5 591
合计	人数	311	6 035	55 662	31 007	899	568	2 878	4 039	696	45 063	9 813	29 839	125	3 636	2 688	193 259
	金额	249	3 021	12 325	21 701	953	79	526	549	19	2 336	987	1 680	72	28	363	44 888

2. 聚焦学生学业发展，帮扶和激励相促进

创新资助育人形式，学校实施"发展型资助育人行动计划""家庭经济困难学生能力素养培育计划"；组织国家奖学金获奖学生担任"学生资助宣传大使"，组建优秀学生励志事迹报告团，为受助学生举办成长成才励志报告，与学生分享其学习成长、励志成长、生活经历。截至目前，共 311 名学生获国家奖学金 248.8 万元，6 035 名学生获国家励志奖学金 3 017.5 万元，55 662 名学生享受国家助学金 12 325 万元，45 063 名学生获得各类校级奖学金 2 336 万元；2 878 名师范专业毕业生获发放奖学金 526 万元。

3. 聚焦学生品质塑造，教育和引导相结合

学校每年举办"诚信教育月"活动，开展励志、感恩和诚信教育（图 5.4）。通过召开主题班会、观看诚信教育专题片、推荐诚信感恩影片和书籍等多种形式，广泛宣传资助政策，倡导契约精神，宣讲诚实守信事迹，教育学生树立诚信观念。举办"助学·筑梦·铸人"主题征文活动，加强对学生的励志感恩教育，展现新一代大学生青春奋斗风采。随着系列活动的深入推进，资助育人典型人物不断涌现，有作为安徽省唯一一名大学生代表参加教育部召开的国家奖学金颁奖大会的 2011 届毕业生王早早；被人民网报道为"坚强小妹"的方美娇，她的事迹曾上榜"安徽省精神文明十佳事迹"，还荣获了"2011 年中国大学生自强之星""2011 年度安徽省十大教育人物""2012 年安徽省十佳大学生"等光荣称号；开启人生新征程的孤残青年 2015 届毕业生吴冬；考取研究生的"独臂大学生"2018 届毕业生周余等。

图 5.4 "学生资助诚信教育主题月"系列活动

2017 年，学校入选智慧资助试点单位。依托智慧资助系统，提高学生资助工作精准度和公平性。建立家庭经济困难学生电子档案。2020 年，为切实保障学生在特殊时期的基本学习生活需求，全面助力打赢疫情防控阻击战，及时设立疫情防控学生专项资助，给予新冠肺炎患病家庭学生专项资助。2011 年，学校荣获"民生工程高校学生资助工作优秀单位"称号。2018 年，学校入选安徽省学生资助工作"优秀单位案例典型"。2020 年，省教育厅专家组来校就 2019 年学生资助工作进行"四不两直"调研，

给予学生资助工作高度评价。

三、做专心理教育

坚持"筑心育人、积极护航、幸福成长"工作理念,以培养学生优良心理品质、促进学生全面成长成才为工作目标,坚持育心与育德相结合、教育与咨询相结合、发展与预防相结合的原则,构建"筑心育人、温暖成长"特色心理育人模式。

1. 立足"筑心",把牢育心"三阵地"

以"课堂、活动、网络"三大育心阵地,打造心理健康知识普及平台。学校将心理健康教育课程纳入学校整体教学计划,建立健全心理健康教育课程体系,规范课程设置,面向全校学生开设公共基础课"大学生心理健康教育",面向全校师范类专业学生开设专业基础课"心理学基础",面向部分专业学生开设"酒店服务心理学""环境心理学""体育心理学"等专业选修课。自2012年以来,持续开展"5.25心理健康教育月""10.25心理健康教育月""世界精神卫生日"宣传等特色活动,辅以系列心理专题讲座、团体辅导、心理沙龙等,精心为学生提供多种多样的精准心理健康教育服务。加强网络"两微一站"建设,网络平台设置各类功能性窗口,实现了网上预约咨询和心理自测。开通"蔚园心理"微博号、"蔚园心理"公众号,发布心理电台、心理咨询师专栏、朋辈互动话题等原创内容,推送丰富精彩的心理健康知识,吸引广大学生关注,截至2022年,关注人数突破2万余人。

2. 强化"筑心",咨询服务"三结合"

大力发展个案心理咨询、团体心理辅导、朋辈心理辅导"三结合"的心理咨询服务体系。凝聚心理健康咨询中心专业力量,积极打造"专兼结合,相互融合,骨干引领,全员参与,团队合作"的心理健康教育工作队伍,配备专兼职教师12名,开展针对性个体心理咨询服务。丰富训练主题,培养团体训练老师,开展主题团体心理训练,促进学生自我发展及人际关系改善。强化学生心理自助,设立"解忧朋辈小屋",开通晚间朋辈咨询服务。鼓励班级心理委员认真做好班级心理健康工作,制订优秀心理委员评选与表彰办法,评选出130名优秀心理委员。其中,2018~2021学年陈馨、童彤、郭世纪、冀佳慧4名学生荣获"全国百佳心理委员"称号,在全国高校心理委员暨朋辈心理辅导研讨会上交流分享朋辈工作经验(图5.6)。心理健康咨询服务与学生心理需求的匹配度大大提升,受益学生达4 600余人。

3. 坚持"筑心",培育文化"三品牌"

把心理健康教育活动与校园文化建设紧密结合,在心理育人实践中不断探索,形成校园心理情景剧、朋辈心理委员培训和新生成长训练营等三大品牌活动,每年参与人数达10 000余人次。2012年起举办面向全校学生的大学生成长成才学生心理拓展训练,2013年起举办心理健康百科知识比赛,2014年起举办大学生校园心理情景剧大赛,2018年起举办朋辈心理小讲堂比赛。其中,第六届校园心理情景剧大赛一等奖作品《抖音世

图 5.6 学校当选为"全国高校心理委员研究协作组理事单位"

界》在2018年全国首届校园心理情景剧大赛中获评"优秀"。2020年组织开展大学生心理情景剧剧本大赛,两部作品《"疫"情》《疫情下的使命和担当》入选全国高校心理剧本大赛。

4．推进"筑心",条件保障"促健康"

2015年底,学校成立大学生职业发展联盟,下设心理发展中心,协助大学生心理健康咨询中心接待咨询预约,组织开展读书会、电影沙龙、团体成长小组等丰富多彩的心理健康教育活动(图5.7),宣传普及心理健康知识。2016年9月,成立学院心理气象站,

图 5.7 举办"不忘初心 出彩青春"心理健康教育主题文化节系列活动

完善学生心理健康教育与危机防护网络,及时发现和预防学生中存在的心理问题,将心理健康教育工作辐射到每个班级。

2018年,学校投资60余万元,建成面积达500 m^2、功能室完善、设备先进、环境安静舒适的大学生心理健康咨询中心,增设信息化工作平台、放松反馈训练系统,扩大了心理健康咨询服务覆盖面,优化了咨询效果,也为发挥学生骨干作用创造了环境与条件。制订学生心理危机预警及干预办法,构建从心理障碍识别到诊断、治疗、跟踪等较为完备的心理危机干预体系。

2019年,学校成立学院心理辅导站。周一至周五,安排12名专兼职心理咨询教师,轮流承担全校学生心理健康咨询工作。周末,安排朋辈心理咨询员轮流值班接待来访、接听热线。近10年共处理230余起心理危机事件。自心理辅导站成立以来,累计开展素质拓展训练15 000余人次,开展朋辈团体辅导3 000余人次。

加强专兼职咨询师队伍建设,配备专职心理教师4名,兼职心理教师7名,外聘心理教师1名。12名专兼职心理教师中拥有国家心理咨询师二级资格11人,副高级职称4人。2017年以来,每年选派专兼职心理教师参加各类专业技能培训,加强与同行的交流和学习,专职教师培训学时达48学时,兼职教师培训学时超过20学时。完善督导制度,每两周一次案例督导会,每两月一次上级督导会,帮助专兼职咨询师提高咨询技能。2012~2021年,个体咨询量分别为130人次、170人次、310人次、318人次、334人次、292人次、408人次、532人次、588人次和536人次。

强化学工队伍心理健康教育能力建设,学校每年至少组织一次辅导员、班主任心理健康教育专题培训。2012年至今,辅导员共参加线下培训23次,网络学习42次,参与案例讨论会、读书沙龙多次,有效提升了辅导员队伍的心理健康教育业务水平。2019年,张瑾的论文《PBL教学模式在心理委员培训中的应用研究》荣获全国高校心理委员大会论文评选活动二等奖。

四、做强就业指导

学校始终把就业创业工作摆在最突出的位置,认真落实就业工作"一把手"工程,探索建立"领导主抓、处室统筹、学院为主、全员参与"的领导体制和工作机制,形成"全校动员、全员参与、全力以赴"的就业工作局面,全力保障毕业生高质量充分就业。

1. 就业指导全程化

学校将《大学生职业发展与就业创业教育》作为必修课列入人才培养方案,注重引导大一学生开展职业生涯规划,培养大二、大三学生专业实践能力,指导大三、大四学生求职择业。针对不同年级学生需求特点,学校每年邀请校内外专家、用人单位负责人、校友等开展3~4场大型就业讲座;针对不同学生的职业兴趣和目标,分门别类开展考研、考公务员、考教师编、考事业单位等主题培训活动,帮助学生理清考试要求与内容、明晰职场必备素质与技能。每年举办"大学生求职技能大赛";从2013年起,每年举办"华图杯"职场模拟面试大赛;从2018年起,每年组织"职业生涯规划季"系列活动。

2. 就业招聘常态化

学校形成"走出去,引进来"就业市场,开拓思路,加强对外交流与联系,校领导带队赴江苏、浙江、上海、北京和省内等地走访就业市场,看望毕业校友,开拓新的就业基地;主动对接地方政府部门,组织单位来校招聘,覆盖安徽、江苏、浙江、上海、北京、广东等地;积极推进校园就业招聘工作常态化,建立"严把关、多场次、足岗位、保质量"服务理念,每年举办一场大型洽谈会,2019年承办了安徽省首届应用型本科高校联盟毕业生就业市场招聘会(图5.8);每周三同各地人力资源与社会保障部门联合举办专场招聘会,如昆山高新区、无锡高新区、合肥经开区、滁州经开区等专场招聘;充分发挥学院专业优势,各二级学院组织举办中型专业招聘会和专场宣讲活动;2011年以来,学校累计举办各类招聘活动2 365场,邀请用人单位12 520家,为毕业生提供就业岗位242 309个。

图5.8 学校举办安徽省首届应用型本科高校联盟毕业生就业市场招聘会

3. 就业帮扶精准化

学校关心关爱重点群体毕业生择业就业,对脱贫家庭、低保家庭、零就业家庭以及其他方面困难毕业生实行"一生一策"、精准发力、精准帮扶,按"重点关注、重点推荐、重点服务"原则,做到就业帮扶百分之百,有就业意愿毕业生就业百分之百。2014年以来,累计为4 514名求职困难毕业生发放求职创业补贴596.05万元。通过心理咨询、团体辅导、个性化辅导等方式，帮助有需要的学生化解就业心理问题和障碍，提高学生自我调适能力和心理承受能力，积极应对就业过程中的挫折。

4. 就业渠道多样化

学校依托就业创业服务网、校园 QQ 号、微信公众号等线上服务平台，传播就业创业政策，普及就业创业知识，宣传就业创业典型，培育就业创业意识；以大学生事务中心为线下服务平台，为学生提供面试技巧、简历制作、项目入孵、公司注册、法律咨询等一站式服务。引导毕业生多渠道就业，鼓励毕业生到基层、到西部就业，出台《滁州学院关于引导和鼓励毕业生到基层到西部就业的实施意见》等。积极拓展毕业生就业渠道，与滁州市、琅琊区、全椒县、明光市等市县区签订战略合作框架协议。与安徽、江苏、浙江、上海、北京、广东等地用人单位共建实习就业基地 546 个，与安徽嘉吉、金禾等大型企业联合开办企业冠名班 8 个。

5. 跟踪调查长效化

学校注重对毕业生和用人单位跟踪调查，以调查结果反馈学校人才培养，形成"招生-培养-就业"联动机制。2012 年，开展毕业生和用人单位跟踪调查，发布《2008～2011 届本科毕业生就业状况调研》报告；自 2014 年起，每年发布毕业生就业质量报告；自 2015 年起，每年发布毕业生就业状况调查报告；2017 年，发布《滁州学院 2014～2016 届毕业生就业单位调研报告》。自 2014 年起，学校与麦可思等第三方评价机构合作，开展毕业生就业质量跟踪调查，连续发布 7 届《滁州学院毕业生中期职业发展评价报告》《滁州学院应届毕业生培养质量跟踪评价报告》，及时将用人单位和毕业生对学校教育教学、人才培养等方面的意见和建议反馈给相关部门和二级学院，为学校进一步优化人才培养方案、深化教育教学改革、制订招生方案提供重要参考(图 5.9)。

图 5.9 麦可思数据有限公司研究人员来校作专题报告

10 年来，学校毕业生初次就业率均在 90% 以上，年终就业率均在 95% 以上。从就业区域来看,毕业生在滁州市就业约占20%,在安徽省就业约占60%,在江浙沪等省市就业约占30%,符合学校"融入滁州、立足安徽、面向全国,服务地方经济社会发展"的服务面向定位(表5.3)。从就业单位性质来看,毕业生在企业就业占70%左右,在党政机关、中小学和其他事业单位就业占30%左右;从就业行业来看,毕业生主要集中在信息技术行业、制造业、服务业、教育行业等;就业单位性质、行业、岗位符合学校以工、管为主的应用型学科专业定位。历年毕业生跟踪调查数据显示,毕业生就业岗位与专业相关度较高;毕业生就业现状满意度和职业期待吻合度均呈逐届平稳上升趋势,且高于全国非"211"本科高校平均水平;已就业毕业生3年后获得职位晋升的比例与全国其他本科高校相比具有优势;跟踪数据显示,用人单位认为学校毕业生专业基础扎实,动手能力强,对毕业生思想道德素质、实践创新能力、动手能力和吃苦精神、团队精神、责任感和敬业精神、对工作岗位适应性等方面满意度高。学校先后涌现出张建杰、马莉莉、高昌伟等一批服务基层典型,有第一创业证券股份有限公司总裁钱龙海等就业典型,中国地质大学地理与信息工程学院教授、博士生导师王伦澈,著名音乐人舒楠,"全国五一劳动奖章"获得者李玉勤等杰出校友,充分发挥了典型榜样示范作用。

表5.3 2011~2020年毕业生就业情况统计表

年份	毕业生数量			毕业生就业率					
				初 次			年 终		
	本科	专科	总数	本科	专科	就业率	本科	专科	就业率
2011年	2 294	1 116	3 410	92.41%	97.40%	94.05%	94.51%	96.15%	95.04%
2012年	2 360	1 025	3 385	90.30%	90.15%	90.25%	96.04%	96.39%	96.15%
2013年	2 736	951	3 687	93.06%	91.27%	92.59%	95.83%	95.06%	95.63%
2014年	3 141	884	4 025	88.76%	90.72%	89.19%	95.26%	95.02%	95.20%
2015年	3 510	721	4 222	90.69%	90.57%	90.67%	95.92%	95.01%	95.76%
2016年	3 804	644	4 448	90.70%	91.46%	90.81%	96.00%	95.96%	96.00%
2017年	3 902	551	4 453	91.34%	92.01%	91.42%	96.18%	96.37%	96.20%
2018年	4 002	1	4 003	91.86%	100%	91.86%	96.38%	100%	96.38%
2019年	4 602	2	4 604	92.72%	100%	92.72%	96.74%	100%	96.74%
2020年	4 838	0	4 838	85.41%	0%	85.41%	91.15%	0%	91.15%
2021年	4 805	—	4 805	90.43%	—	90.43%	95.03%		95.03%

学校就业创业工作获得积极成效,先后在省政协咨询会、全省就业创业工作培训

会、全国新建本科院校联席会等会议上交流工作经验,获得好评(图5.10)。学校2011年、2012年连续荣获"安徽省普通高校毕业生就业工作标兵单位"称号,2015年获批全国高等学校创业教育研究与实践先进单位,2016年获批安徽省首批创业学院、首批众创空间,入选科技部首批"星创天地",2017年获批"全国创新创业典型经验高校""全国深化创新创业教育改革示范高校",2018年获批"安徽省就业工作先进集体"(图5.11)。2021年学校成功获批教育部"'中央专项彩票公益金宏志助航计划'全国高校毕业生就业能力培训基地",获安徽省2021年度高校毕业生就业工作成效突出奖。《经济日报》《中国教育报》《安徽日报》《江淮时报》以及新华网、中安在线等媒体多次报道学校创业就业工作。

图5.10 安徽省应用型本科高校联盟实践教学研讨会在滁州学院召开

图5.11 学校荣获"安徽省就业工作先进集体"称号

11年来,有40 919人次获得校级奖学金,311人次获得国家奖学金,6 035人次获得国家励志奖学金,7 023人次获得校级"三好学生"称号,7 785人次获得校级"优秀学生干部"称号;712个班次获评校级"优良学风班",202个班次获评"先进班集体标兵班";考研人数逐年攀升,3 781名学生考取研究生,其中考入"985""211"高校1 154人,占考取人数的30.52%。

学校加强典型选树和宣传,涌现出"全国乡村道德模范""中国大学生自强之星"地理信息与旅游学院学生方美娇,以孝心善举感动江淮大地的"坚强女儿"、机械与电子工程学院学生贺宝宝,2017年中国大学生"自强之星"提名奖、安徽省大学生"年度人物"提名奖、带着生病母亲边读书边打工的外国语学院学生戴雨晴,2019年成功捐献造血干细胞挽救他人生命、荣获"滁州好人"称号的地理信息与旅游学院学生杨荣坤等为代表的立志成才优秀学子(图5.12)。

图5.12 学生表彰大会剪影

11年来,学校荣获"中国大学生年度人物"入围奖1人,"中国大学生自强之星"6人,"中国大学生自强之星"提名奖7人,"安徽青年五四奖章"1人,"安徽省十佳大学生"2人,"安徽省十佳大学生"提名奖5人,安徽省"向上向善好青年"6人,"向上向善好青年"提名奖3人,"安徽省优秀大学生"13人,省级优秀共青团员8人,"安徽省青年志愿者优秀个人"6人,"安徽省高校学生无偿献血先进个人"2人,"中国电信奖学金·飞Young奖"暨"践行社会主义核心价值观先进个人"10人;1 323名学生被评为省级品学兼优毕业生,3 575名学生被评为校级品学兼优毕业生(图5.13)。

图 5.13 滁州学院第四届"十佳大学生"座谈会

第六章 开放办学

学校牢固树立开放办学、合作办学意识,贯彻落实"地方性、应用型、开放式、信息化"的办学定位,持续加强校地合作、境外合作、国外合作,积极做好继续教育工作。十年来,学校开放办学的层次和水平不断提升,校地融合持续深入,对台交流形成品牌效应,中外合作办学取得突破性进展。

第一节 深化校地合作

一、签订战略合作协议

学校坚持融入滁州、立足安徽、面向全国,以服务地方为己任,扎根地方办大学,持续深化与地方政府深度合作、融合发展,与安徽省 14 个市(县、区)签订合作协议,实现滁州市全覆盖。

2013 年 8 月 29 日,学校与滁州市人民政府、合肥工业大学签订《滁州学院加入滁州市人民政府与合肥工业大学产学研合作战略联盟框架协议》。安徽省委教育工委书记、省教育厅厅长程艺,省教育厅副厅长李和平,合肥工业大学校长徐枞巍,滁州市委常委、滁州市人民政府副市长王图强,滁州市人民政府副市长李树,我校党委书记庆承松、校长许志才出席签约仪式。2015 年 1 月 6 日,学校第二次科技工作大会上,滁州市人民政府副市长李树与校长许志才分别代表市校签订《滁州市人民政府滁州学院战略合作框架协议》(图 6.1)。

2017 年,学校与南谯区人民政府签订区校合作协议。9 月 26 日,学校与金寨县人民政府签署框架协议。学校依托安徽省地理信息智能感知与服务工程实验室、安徽省地理信息科学技术研究院、安徽地理信息集成应用协同创新中心,提供无人机航摄、信息化测绘、地理空间数据处理与应用等方面的技术服务,助力金寨县脱贫攻坚工作。2018年,学校与蚌埠市淮上区人民政府、太湖县人民政府、岳西县人民政府签署框架协议,支持脱贫攻坚工作。2019年,学校与国家级滁州经济开发区、定远县人民政府、来安县人民政府、天长市人民政府签订校地合作框架协议。2020年,学校与来安县人民政府签订《滁州学院科技成果转化来安中心合作共建协议书》。2020年11月7日,在学校70年校庆上,滁州市人民政府副市长陆峰和校长郑朝贵作为双方代表签订《滁州市人民政府支持滁州学院创建滁州大学战略合作框架协议》(图6.2)。2021年12月30日,学校与明光市人民政府签订《全面深化科技创新与产业发展合作协议》。学校与地方政府和企事业单位合作见表6.1。

图6.1 《滁州市人民政府滁州学院战略合作框架协议》签约仪式

图6.2 《滁州市人民政府支持滁州学院创建滁州大学战略合作框架协议》签约仪式

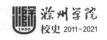

表 6.1　2011~2021 年学校与地方政府和企事业单位签约一览表

序号	协议名称	签订日期	合作单位
1	滁州学院国土局数字化信息中心合作协议	2011 年 4 月 9 日	全椒县国土资源局
2	全椒县人民政府滁州学院县校合作框架协议	2011 年 4 月 9 日	全椒县人民政府
3	滁州学院与滁州市琅琊区民政局社区创新平台共建协议	2012 年 6 月 30 日	滁州市琅琊区民政局
4	琅琊区人民政府滁州学院区校合作框架协议	2012 年 6 月 30 日	琅琊区人民政府
5	滁州市旅游局滁州学院战略合作框架协议	2013 年 12 月 11 日	滁州市旅游局
6	明光市人民政府滁州学院市校合作框架协议	2013 年 8 月 27 日	明光市人民政府
7	滁州学院加入滁州市人民政府与合肥工业大学产学研合作战略联盟框架协议	2013 年 8 月 29 日	滁州市人民政府、合肥工业大学、滁州学院
8	滁州市人民政府滁州学院战略合作框架协议	2015 年 1 月 6 日	滁州市人民政府
9	滁州学院中国邮政集团公司滁州市分公司战略合作协议	2015 年 5 月 27 日	中国邮政集团公司滁州市分公司
10	中国人民银行滁州市中心支行滁州学院战略合作框架协议	2015 年 7 月 2 日	中国人民银行滁州市中心支行
11	滁州学院与滁州市合作共建"众创空间"协议	2016 年 2 月 18 日	滁州市科技局
12	滁州市人民政府与滁州学院共建创业学院战略合作协议	2016 年 8 月 22 日	滁州市人民政府
13	金寨县人民政府滁州学院县校合作框架协议	2017 年 4 月 8 日	金寨县人民政府
14	南谯区人民政府滁州学院区校合作框架协议	2017 年 9 月 15 日	南谯区人民政府
15	滁州学院滁州市科学技术协会合作共建协议	2017 年 10 月 25 日	滁州市科学技术协会
16	凤阳县人民政府滁州学院县校合作框架协议	2017 年 11 月 22 日	凤阳县人民政府
17	岳西县人民政府滁州学院县校合作框架协议	2018 年 3 月 12 日	岳西县人民政府
18	太湖县人民政府滁州学院县校合作框架协议	2018 年 4 月 26 日	太湖县人民政府
19	共建滁州大健康与养老产业研究院合作协议	2018 年 5 月 13 日	滁州市民政局、中国科学院合肥智能机械研究所
20	淮上区人民政府滁州学院区校合作框架协议	2018 年 12 月 29 日	淮上区人民政府
21	滁州学院阜阳师范学院战略合作框架协议	2018 年 12 月 23 日	阜阳师范学院

续表

序号	协议名称	签订日期	合作单位
22	中国煤炭地质总局湖北省煤炭地质局滁州学院战略合作框架协议	2019年8月27日	中国煤炭地质总局湖北省煤炭地质局
23	来安县人民政府滁州学院县校合作框架协议	2019年1月30日	来安县人民政府
24	天长市人民政府滁州学院校地全面合作框架协议	2019年4月26日	天长市人民政府
25	定远县人民政府滁州学院县校合作框架协议	2019年4月26日	定远县人民政府
26	国家级滁州经济技术开发区滁州学院战略合作协议	2019年4月26日	国家级滁州经济技术开发区
27	安徽工业大学滁州学院联合培养研究生协议	2019年4月30日	安徽工业大学
28	"滁州学院科技成果转化来安中心"合作共建协议	2020年8月26日	来安县人民政府
29	滁州市人民政府支持滁州学院创建滁州大学战略合作框架协议	2020年11月7日	滁州市人民政府
30	明光市人民政府滁州学院全面深化科技创新与产业发展合作协议	2021年12月30日	明光市人民政府

二、加强服务和成果转化

学校通过团队协作、产教融合,强化应用研究和技术开发,深度推进产学研用合作。2015年,学校成立科技成果转化工作领导小组。2019年,出台《滁州学院科技成果转移转化实施管理办法(试行)》,明确组织机构与管理职责,调整科技成果转化工作领导小组。2019年,成立滁州学院科技服务与成果转化中心(滁州学院工程研究院),专门负责科技成果转移转化工作,推动出台相关配套政策,协同相关部门为科技成果转移转化提供全方位、精细化、专业化服务。

为提升学校服务地方能力,学校与有关县市深化合作,共建技术转移转化机构;2019年,成立滁州学院科技成果转化中心天长分中心;2020年,成立滁州学院科技成果转化来安中心(图6.3);分中心聚焦产业发展特色,探索校地合作有效途径和运行机制,采取多样化合作模式,推动学校科研成果转化和科技服务工作;选派机电、化工学院专任教师在分中心驻点开展工作,多次组织专家教授赴地方和企业协助对接技术需求,洽谈科技服务工作,拓展产学研合作。

成果转化平台的建立,推动了科技服务地方工作,拓展了产学研合作的广度和深度,形成校地企共建共享共进良好局面。2019年,学校多项科技成果在第一届安徽省高校科技成果转移转化大赛中亮相,"实景地理环境关键技术与应用""滁菊低温干制技术

图 6.3　滁州学院科技成果转化来安中心揭牌成立

研发与应用"两项成果荣获优秀科技成果奖,入选全省优质成果三十强;"实景地理环境关键技术与应用"被安徽慧岩信息科技发展有限公司实施转化,转化金额达 2 亿元,并荣获转化大赛二等奖(第二名)。

三、深化政产学研用合作

学校充分发挥专业和学科优势,围绕安徽省十大战略性新兴产业和滁州市六大支柱产业重点领域和关键技术,与多个地方政府、企事业单位开展合作,推进学校创新链与企业产业链有效对接,在信息化测绘和地理空间数据处理与应用、智慧城市建设、城乡规划建设、先进装备、智能家电、新型化工、新能源和新材料、农副产品深加工等领域开展深度合作。2011~2021 年共立项政产学研用项目 1 429 项(图 6.4),到账经费达 2.4 亿元(图 6.5)。

学校出台《滁州学院科技成果转移转化实施办法(试行)》《滁州学院科技人员取得职务科技成果转化奖励信息公示办法》《滁州学院科学研究成果奖励办法》《滁州学院横向科研项目及经费管理办法》等,调动科研人员开展成果应用和转化的积极性。

学校注重培养青年教师的科技服务意识与能力,鼓励学术带头人深入地区实地考察,推动与企事业单位展开深度科技合作,将课题研究、教学和实习紧密连接起来,鼓励吸纳学生参与产学研合作项目,引导产学研合作项目转化为学生论文选题,推动科技成果用以指导学生实践和创新创业。学校定期选派博士参与教育部"蓝火计划"博士生工作团,利用寒暑假开展"教授博士进百企"活动,组织赴企业一线开展技术攻关和科技服务工作。根据《关于开展安徽省企业科技特派员选派工作的通知》《滁州市"百名科技专

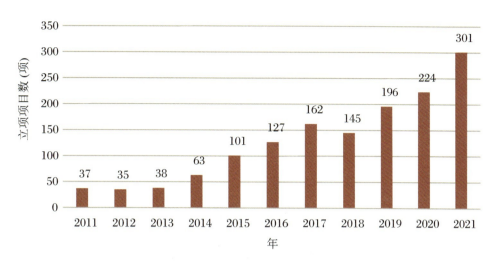

图 6.4 滁州学院 2011~2021 年政产学研用立项项目数统计

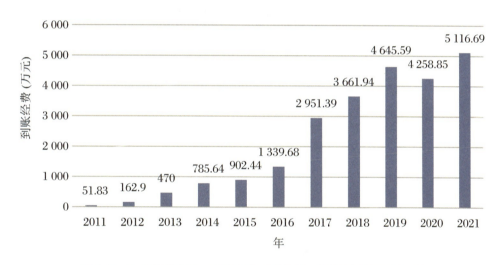

图 6.5 滁州学院 2011~2021 年政产学研用立项项目到账经费统计

家助力百家企业"行动方案》精神,学校开展科技专家助力中小型科技企业行动,帮助企业进行技术创新,推动产业转型升级。

学校分 4 个批次选派安徽省、滁州市科技特派员 15 人,滁州市"百名科技专家助力百家企业"专家 15 人,"科技副总"9 人,面向滁州市行业、企业开展科技攻关、技术研发,提供科技服务(图 6.6、表 6.2)。学校探索出科技人才挂职企业"科技副总"科技服务创新模式,选派具有博士学历或高级专业技术职称教师,挂职企业副总经理或副总工程师。2020 年 11 月,来安县部分企业聘请学校第一批博士"科技副总"。"科技副总"带领科研团队为企业在项目研发、产品改进、技术优化、业务拓展等方面提供论证、咨询和指导,与挂职企业联合开展多项产学研项目,协助企业申报科技课题或奖项,组织开展技术培训,推动校企共建实习实训基地、实验室等科研平台,引导合作单位开放重点实验室、研究基地和科研机构辅助师生教学。全省首创的"科技副总"模式,作为典型受到省市领导肯定批示和《科技日报》《安徽日报》等多家媒体报道。9名"科技副总"解决企业难题40余项,为企业争取科技订单4个近900万元。

图6.6　2020年滁州学院首批"科技副总"签约仪式

表6.2　滁州学院科技特派员、科技副总统计表

序号	姓名	派驻企业	企业所在地	派驻形式	派驻类型	聘任类型	年度
省级							
1	倪受春	科思技术(滁州)有限公司	滁州	兼职	个人	科技特派员	2011年
2	丁中建	滁州润林木业有限公司	滁州	兼职	个人	科技特派员	2011年
3	吕小莲	宏达模具制造有限公司	滁州	兼职	个人	科技特派员	2012年
4	史贤华	滁州市鑫隆机电有限公司	滁州	兼职	个人	科技特派员	2012年
5	薛连海	来安县振兴化工有限公司	滁州	兼职	个人	科技特派员	2012年
市级							
1	蔡华珍	滁州市志成食品有限公司	滁州	兼职	个人	科技特派员	2012年
2	蔡华	滁州市国盛农业有限公司	滁州	兼职	个人	科技特派员	2012年
3	向玉勇	天长市汊涧镇漂牌村农事合作社	滁州	兼职	个人	科技特派员	2012年
4	罗来高	全椒县花溪湖特种水产合作社	滁州	兼职	个人	科技特派员	2012年
5	汪桥	工商局直属局、农委、专业合作社	滁州	兼职	个人	科技特派员	2013年
6	罗侠	林桥村苗木花卉专业合作社	滁州	兼职	个人	科技特派员	2013年
7	孟凡会	滁州市农委	滁州	兼职	个人	科技特派员	2013年
8	董艺凝	滁州健颐源蜂业有限公司	滁州	兼职	个人	科技特派员	2014年

续表

序号	姓名	派驻企业	企业所在地	派驻形式	派驻类型	聘任类型	年度
9	柴新义	南谯区凤胜食用菌专业合作社	滁州	兼职	个人	科技特派员	2014年
10	李 芳	滁州市滁菊研究所	滁州	兼职	个人	科技特派员	2015年
11	李 刚	滁州市经纬装备科技有限公司	滁州	兼职	个人	科技副总	2020年
12	邵玉田	安徽华欣药用玻璃制品有限公司	滁州	兼职	个人	科技副总	2020年
13	计成超	安徽扬子安防股份有限公司	滁州	兼职	个人	科技副总	2020年
14	李建操	滁州现代建筑科技有限公司	滁州	兼职	个人	科技副总	2021年
15	董 艳	安徽碧绿春生物科技有限公司	滁州	兼职	个人	科技副总	2021年
16	王 攀	安徽联科水基材料科技有限公司	滁州	兼职	个人	科技副总	2021年
17	周海嫔	安徽金邦医药化工有限公司	滁州	兼职	个人	科技副总	2021年
18	魏 凤	滁州华美塑业有限公司	滁州	兼职	个人	科技副总	2021年
19	丁中建	安徽美威特文具制造有限公司	滁州	兼职	个人	科技副总	2021年

第二节　加强与港澳台地区的合作

学校港澳台事务办公室成立于2014年8月，主要职责是根据学校学科专业发展和人才培养需要，结合港澳台地区高校的优势学科专业，总体规划和布局对港澳台地区工作的形式、层次和内容，与港澳台地区高校和企业开展双向互动合作交流。

一、开展校际交流合作

学校以"皖台物联网研讨会""皖台食品科学技术研讨会"为平台，打造全省同类高校对台交流合作品牌。2015年3月，学校在全省高校赴台湾地区高校研修生工作座谈会上作经验交流。

（一）与台湾地区高校和企业交流合作

2014年3月，学校代表团一行4人首次访问台湾地区淡江大学、朝阳科技大学和实践大学。4月，实践大学副校长丁斌首率代表团一行回访学校。8月，学校牵头组织省内兄弟院校参加了"第一届皖台物联网研讨会"（图6.7），并访问了淡江大学、圣约翰科技大学、真理大学等7所高校以及程曦信息集团、资讯工业策进会等企业和机构。11月5

日,真理大学校长林文昌率代表团一行5人来校签署学术交流合作协议。此后,学校陆续与台湾地区的清华大学、静宜大学、东华大学、大同大学等高校积极联系,开展学术交流、人才培养和技术研发等实质性合作。

图6.7 我校代表团赴台湾地区高校访问

2014年7月,学校与程曦信息集团签订校企合作协议,双方共建"技鼎软件"校企合作班。2014年8月11日,"2014年两岸MOOCs平台及课程共建研讨会"在我校举行,台湾地区清华大学、淡江大学、静宜大学、台北商业大学、程曦信息集团代表参加会议。

2015年7月13日,学校与台湾地区高校共建的"皖台物联网中心"在我校揭牌。同年,与程曦信息集团共建"物联网与大数据技术研发中心",签署共建协议和产学合作技术研发合同以及在南京技鼎软件公司建立教师社会实践基地协议。

2016年12月22日,与台湾地区生命集团受恩股份公司合作共建的"受恩智慧养老与健康学院""受恩智慧养老工程技术研究中心"在我校揭牌,并举行智慧养老研讨会,来自台湾地区清华大学、淡江大学等的70位专家和领导汇聚学校就深化政产学研合作、共促养老服务事业发展等,达成了多项共识(图6.8)。

2017年,东华大学、屏东大学分别来校交流访问,先后与学校签订了《滁州学院与东华大学学生交流合约书》《滁州学院与屏东大学学生交流合作协议书》,学生交流合作领域进一步拓展。

2019年5月6~12日,校党委副书记、校长郑朝贵一行3人应邀访问了淡江大学、东华大学、长庚大学、静宜大学、台北商业大学等高校,并走访了长庚养生文化村、睿扬资讯股份有限公司、大同世界科技股份有限公司等企业。

截至2021年,学校已与台湾地区的实践大学、朝阳科技大学、台南应用科技大学、清华大学、静宜大学、大同大学、淡江大学、真理大学、东华大学、屏东大学、铭传大学、受恩股份公司、程曦信息集团等12所高校和企业就学术交流、师资培训、学生互派和产学研合作等方面签署了合作协议,共接待来自台湾地区的清华大学、淡江大学等 258 人次的专家学者来校访问、讲学。

图 6.8　滁州学院"受恩智慧养老与健康学院""受恩智慧养老工程技术研究中心"签约揭牌仪式

(二)举办两岸学术会议

2011 年以来,学校与台湾地区的多所高校在学生交换、教师互访、科研合作等领域开展了一系列的交流与合作,特别是多次共同举办高水平学术研讨会,提升了与台湾地区高校的交流合作层次。

学校牵头安徽高校成功举办 8 届"皖台物联网研讨会"。为了给从事物联网相关工作的研究人员、教育工作者及企业人士提供一个学术与技术交流平台,提高学校物联网科技研究与应用开发能力,促进皖台学术界在物联网研究与应用方面的合作与交流,从 2014 年开始,安徽省计算机学会、滁州学院与淡江大学共同发起了一个高水平的学术交流平台——"皖台物联网研讨会"。研讨会每年举行一次,在台湾地区和安徽省轮流举办。皖台物联网研讨会首届会议于 2014 年 8 月 18~20 日在淡江大学成功举行,我校作为安徽高校代表团的领队,率领本省高校 20 多位专家及教师参加了会议,并在会议上作了"皖台高校共同努力,促进物联网应用的发展与普及"的主题报告。

在此背景下,第二届皖台物联网研讨会及"皖台物联网中心"成立大会于 2015 年 7 月 12~14 日在我校召开。以淡江大学副校长葛焕昭为团长的台湾地区高校代表团一行 43 人来校参加会议,共有来自皖台 100 多所高校和企业的 160 名代表参会。截至目前,共成功举办 8 届"皖台物联网研讨会",其中 2017 年、2019 年在我校分别举办了第四届、第六届研讨会(图 6.9),之后因疫情影响,采取了线上线下共同举办的方式。会议的召开对加深皖台高校相互了解、深化学术交流与合作、皖台高校相关学科专业的建设与发展起到了促进作用。

图6.9　第六届皖台物联网研讨会在我校举行

2021年11月11日,由我校参与承办的"第十届皖台科技论坛暨2021皖台高校'云交流'"活动在池州召开。省政协副主席、省科协主席韩军出席并宣布开幕,170多位来自海峡两岸的政府机构、协会、高校和企业等领导和专家通过线上线下融合方式就人工智能、智慧养老和旅游业发展等主题进行深入交流和探讨。校党委书记陈润受邀出席大会,并作为安徽高校代表在开幕式现场致辞(图6.10)。

图6.10　校党委书记陈润受邀出席大会并在开幕式上致辞

二、推动师生双向交流

（一）师生学术交流与合作

学校与台湾地区高校开拓了很多交流领域,逐步形成了"一对一"(即一个二级学院和一所台湾地区高校或同一学校不同专业)的实质性合作的良好局面(表6.3)。2016年有48位教师赴台湾地区清华大学、淡江大学等高校进行访学、培训。12月12～18日,我校13名二级学院院长和3名职能部门负责人共16名中层管理干部赴淡江大学进行为期一周的交流学习,内容包括学习高校的课程体系建设、教学内容和教学方法、学生实践能力和竞争力培养和重点实验室观摩等。这是学校首次组团选派管理干部赴台开展交流培训,对提升中层管理干部能力起到积极促进作用。

表6.3 2011～2021年教师对台交流情况一览表

姓名	事由	时间
郑朝贵	海峡两岸2011年地形与第四纪环境教育研讨会	2011年9月
戴仕宝	安徽省旅游专业培训团	2012年11月
倪　阳	访问	2014年3月
陈桂林	访问	2014年3月
李正红	访问	2014年3月
温卫敏	访问	2014年3月
许志才	参加第一届皖台物联网研讨会	2014年8月
陈桂林	参加第一届皖台物联网研讨会	2014年8月
徐志红	参加第一届皖台物联网研讨会	2014年8月
王　涛	参加第一届皖台物联网研讨会	2014年8月
张巧云	参加第一届皖台物联网研讨会	2014年8月
2014年另有研修培训人员8人		
梁端俊	交流	2015年1月
祁世明	交流	2015年1月
梁　强	交流	2015年1月
应　英	交流	2015年1月
易明勇	交流	2015年1月
庆承松	访问	2015年5月
陈桂林	访问	2015年5月
于春燕	访问	2015年5月

续表

姓名	事由	时间
王精明	访问	2015 年 5 月
2015 年另有研修培训人员 18 人		
许志才	访问	2016 年 3 月
梁端俊	访问	2016 年 3 月
史贤华	访问	2016 年 3 月
林其斌	访问	2016 年 3 月
陈桂林	访问	2016 年 3 月
程 曦	参加第三届物联网研讨会	2016 年 7 月
陈桂林	参加第三届物联网研讨会	2016 年 7 月
徐志红	参加第三届物联网研讨会	2016 年 7 月
周 强	参加第三届物联网研讨会	2016 年 7 月
杨 斌	参加第三届物联网研讨会	2016 年 7 月
2016 年另有研修培训人员 38 人		
程 曦	访问	2017 年 4 月
陈桂林	访问	2017 年 4 月
诸立新	访问	2017 年 4 月
尤 佳	访问	2017 年 4 月
2017 年另有研修培训人员 19 人		
许志才	参加第五届皖台物联网研讨会	2018 年 7 月
陈桂林	参加第五届皖台物联网研讨会	2018 年 7 月
王精明	参加第五届皖台物联网研讨会	2018 年 7 月
刘士喜	参加第五届皖台物联网研讨会	2018 年 7 月
马丽生	参加第五届皖台物联网研讨会	2018 年 7 月
徐志红	参加第五届皖台物联网研讨会	2018 年 7 月
2018 年另有研修培训人员 18 人		
郑朝贵	访问	2019 年 5 月
陈桂林	访问	2019 年 5 月
祁世明	访问	2019 年 5 月
吴开华	赴台高校文化巡演	2019 年 10 月
李道琳	赴台高校文化巡演	2019 年 10 月
尤 佳	赴台高校文化巡演	2019 年 10 月
2019 年另有赴台高校文化巡演 10 人		

在此期间,为积极稳妥地推动海峡两岸的教育合作,促进皖台高校学生交流,省教育厅在皖台有关高校间开展学生交流研修项目,即"皖台学分交流计划"。学校贯彻落实此计划,2011年9月首次选拔音乐学院2009级学生王堃赴台南应用科技大学交流学习一学期。

2012年9月、2013年9月学校分别选派8名学生赴朝阳科技大学、实践大学、台南应用科技大学交流学习。2014年以后,选派学生分为春季和秋季两批次赴台,每批次8人左右。到2018年,学校每年赴台交换生达20人。

2015年,学校首次开展与台湾地区的第二课堂活动。7月20日,由学校与淡江大学联合主办的皖台大学生物联网暑期实践活动在淡江大学开班。我校计算机与信息工程学院20名本科生、淡江大学资讯工程学系18名研究生共同进行为期20天的交流学习。2016~2019年,计算机与信息工程学院每年都选派20名学生赴淡江大学开展暑期实践活动。2016年暑期经济与管理学院和数学与金融学院组成的20人团队赴静宜大学开展小学期学习。2017年,外国语学院10人赴淡江大学开展"英语文学素养提升"实践学习。

2011~2020年间,共选派教师155人次赴台湾地区台湾大学、清华大学、淡江大学等高校访学,参加学术会议、开展合作研究;选拔272名学生赴台湾地区高校参加交换学习、暑期小学期实践活动;共接待352名台湾地区专家学者来校访问、讲学、参加学术会议(表6.4)。

表6.4 2011~2021年师生赴台湾地区学习交流一览表

年度	教师	交换生	合作交流/夏令营小学期	接待来访
2011年	1	1	0	4
2012年	1	9	0	0
2013年	0	8	0	2
2014年	17	11	18	26
2015年	27	8	40	88
2016年	48	8	40	86
2017年	23	14	30	83
2018年	24	19	22	22
2019年	16	15	29	41

(二)师生文化交流与合作

2016年8月14~21日,学校承办第12届台湾地区青年学生徽文化夏令营活动,邀请台湾地区清华大学、淡江大学、铭传大学、实践大学、云林科技大学、屏东科技大学、东海大学和敏慧医护管理专科学校等8所高校的55名师生参加。

2018~2019年,学校积极申报国务院对台交流重点项目,"鼓乡情韵"——凤阳花鼓赴台文化巡演项目成功入选,被国务院台湾事务办公室列为2019年对台交流重点项目。2019年5月,学校遴选优秀师生骨干,精心编排,打造具有地方特色的舞蹈、合唱、乐器独奏、民乐合奏等14个节目。同年10月13~18日,"鼓乡情韵"——凤阳花鼓团一行21人赴新北、台北、高雄三地的高校及中小学巡演,取得圆满成功。此次巡演开创了安徽省高校对台湾地区高校文化交流的先河,向台湾地区师生传播和展示了中华优秀传统文化,为凝聚两岸青年文化认同和中华传统文化的传承与推广做出了积极贡献,发挥了文化艺术交流在对台工作中的重要作用(图6.11)。

图6.11 我校凤阳花鼓艺术团赴台湾地区高校文化巡演

第三节 推进国际合作

2011年以来,在已有校际互访和交流的基础上,拓展对外交流合作渠道,加强与欧美、"一带一路"等国家的高校、教育机构往来,大力开展交流合作,校际交流和师生互访稳步推进。

一、开展校际交流合作

学校先后与美国、英国、德国、加拿大、韩国、澳大利亚、马来西亚、泰国等21所高校在联合培养、师生交流、文化交流等方面达成合作意向,签订了合作框架协议书。

2011年以来,韩国湖南大学、圆光保健大学、韩南大学、首尔建国大学、尚志大学,英国斯旺西大学、索尔福德大学、北安普顿大学、西苏格兰大学,美国克拉克大学、布里奇波特大学、纽黑文大学等高校先后来校访问。学校先后访问美国瓦尔普莱索大学(图6.12)、加州州立大学长滩分校、英国北安普顿大学、GUS教育集团和爱尔兰格里菲斯学院等高校,签署合作交流框架协议。

图 6.12　学校代表团访问美国瓦尔普莱索大学

学校积极加强与马来西亚高校的交流合作。2015年3月、2016年9月,马来西亚城市理工大学访问团两次到校访问,"6+7工商管理硕士(MBA)"项目成功开展。2016年11月29日～12月2日,我校访问团一行4人赴马来西亚博特拉大学、马亚西亚理工大学等高校访问(图6.13)。2019年11月10日,马来西亚沙捞越大学副校长Ahmad Hata Rasit、商学院总裁Puah Chin Hong一行5人来我校访问,签署合作框架协议。

图 6.13　滁州学院访问团赴马来西亚高校访问

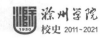

推进中外合作办学项目落地。2011~2019 年期间开展"中韩视觉传达设计'2+2'项目"(该项目获得安徽省教育厅批准、教育部备案)。2019 年 9 月,泰国易三仓大学中国区代表李长翰博士一行 3 人来校访问,协商合作事宜。2020 年初,两校选择了双方优势专业"电气工程专业"作为合作办学内容。同年 3 月,经省教育厅批准,学校与易三仓大学签订《滁州学院与泰国易三仓大学合作举办电气工程及其自动化专业本科教育项目协议书》。10 月,学校获批首个教育部中外合作办学项目,实现了学校教育部中外合作办学项目零的突破,项目学制四年,采取"3+1"培养模式。2011~2021 年与国外高校合作协议见表 6.5。

表 6.5　2011~2021 年与国外高校合作协议一栏表

序号	合作方国别	协议名称	签订时间
1	韩国	滁州学院与韩国湖南大学交流合作协议书	2011 年 4 月 22 日
2	美国	滁州学院与美国瓦尔普莱索大学合作协议	2011 年 9 月 26 日
3	美国	滁州学院与美国加州大学圣贝纳迪诺分校合作备忘录	2012 年 5 月 18 日
4	英国	滁州学院与英国斯旺西大学合作备忘录	2012 年 12 月 27 日
5	美国	滁州学院与美国加州州立大学长滩分校合作备忘录	2013 年 9 月 26 日
6	美国	滁州学院与美国布里奇波特大学合作备忘录	2014 年 9 月 4 日
7	加拿大	滁州学院与加拿大汉博公立理工学院合作协议书	2015 年 3 月 1 日
8	马来西亚	滁州学院与马来西亚城市理工大学合作框架协议书	2015 年 3 月 10 日
9	马来西亚	滁州学院与马来西亚城市理工大学学院教育合作协议	2015 年 3 月 10 日
10	马来西亚	滁州学院与马来西亚博特拉大学教育及培训有限公司谅解备忘录	2016 年 11 月 30 日
11	爱尔兰	滁州学院与爱尔兰格里菲斯学院交流协议	2018 年 4 月 30 日
12	美国	滁州学院与美国布拉德利大学交流合作协议	2018 年 11 月 30 日
13	英国	滁州学院与英国西苏格兰大学交流合作协议	2018 年 9 月 30 日
14	美国	滁州学院与美国纽黑文大学合作协议	2019 年 4 月 22 日
15	英国	滁州学院与英国北安普顿大学合作谅解备忘录	2019 年 3 月 7 日
16	马来西亚	滁州学院与马来西亚沙捞越大学谅解备忘录	2019 年 11 月 10 日
17	泰国	滁州学院与泰国孔敬大学交流协议	2019 年 12 月 1 日
18	泰国	滁州学院与泰国易三仓大学合作举办电气工程及其自动化专业本科教育项目协议书	2020 年 3 月 31 日

续表

序号	合作方国别	协议名称	签订时间
19	马来西亚	滁州学院与马来西亚城市大学联合培养硕士研究生项目合作协议	2021年4月30日
20	澳大利亚	滁州学院与澳大利亚伊迪斯科文艺术课程对接协议	2021年7月13日
21	德国	滁州学院与德国希尔德斯海姆大学合作备忘录	2021年7月16日
22	泰国	滁州学院与泰国易三仓大学谅解备忘录	2021年12月8日

二、推动师生双向交流

（一）学者互访

为提升教师国际化水平,自2011年起,学校积极选派骨干教师赴美国、德国、法国、澳大利亚进行课程研修和培训交流。2013年后,学校在与国外高校交流合作的基础上,每年选派10名左右中青年骨干教师分批赴美国、英国、加拿大等国高校进行3个月的课程研修,并鼓励教师赴外参加学术讲座和国际学术会议。同年,学校邀请美国阿克伦大学、布里奇波特大学,韩国韩瑞大学等专家学者来校讲学、授课,开拓师生视野。此后每年,相继邀请英国、美国、德国、日本、意大利等国家的专家学者来校讲学、授课。积极参加安徽省教育厅组团的"千名中西部大学校长海外研修计划""安徽省高等教育发展规划研修""安徽省应用型本科院校联盟""高校国际化与科技创新培训""安徽省现代大学制度与学术创新培训"等团组,选派学校处级以上干部参团赴外学习交流。

从2016年起,学校加强与"一带一路"及周边国家的交流合作,每年赴韩国、日本、意大利、马来西亚、泰国等国家参加课程研修、调研、学术会议的教师不断增加。部分教师赴土耳其、芬兰、希腊、尼泊尔以及非洲开展交流合作,使得学校对外交流的广度逐步扩大。

2017年7月22日,滁州学院承办首届"食品低温加工国际学术研讨会",邀请马来西亚专家做专场报告。次年,来自马来西亚博特拉大学、瑞典隆德大学、泰国农业大学、泰国艺术大学、越南农林大学以及国内高校约150名专家学者来校参加"第二届食品低温加工国际学术研讨会"。2020年10月31日,学校与马来西亚博特拉大学联合主办"第三届食品低温加工国际学术研讨会",会议采用线上和线下结合的方式进行,来自马来西亚博特拉大学、日本筑波大学、泰国农业大学、泰国艺术大学、越南农林大学、印度尼西亚农业大学以及国内高校在低温加工领域的100余名专家学者参加了研讨。

2018年9月20日,诺贝尔化学奖获得者达尼埃尔·谢赫特曼教授在滁州市人民政府副市长姚志的陪同下来校访问并开展讲座,就新技术创业企业的心得与师生交流。

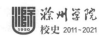

从 2018 年起,学校根据学科、专业及团队建设和硕士点申报需要,分批选派学科专业带头人及后备人选、优秀中青年骨干教师作为高级访问学者到国外高水平大学,开展为期 1 年的科研合作及项目研究活动。2018~2019 年,有 13 名教师赴美国、英国、加拿大、芬兰、马来西亚等国家高校开展 1 年期访学。2011~2021 年出访国外情况见表 6.6。

表 6.6　2011~2021 年出访国外情况统计表

序号	姓名	出访事由	出访国家	出访时间
1	许志才	参加安徽省高校教育改革与管理赴美国培训团	美国	2011 年 3 月
2	孙 平	参加安徽省高校人力资源管理赴美国培训团	美国	2011 年 3 月
3	戴仕宝	参加"世界大河的现状及未来国际学术研讨会"	奥地利	2011 年 4 月
4	余在岁	访问	美国	2011 年 9 月
5	郑平建	访问	美国	2011 年 9 月
6	葛秀涛	访问	美国	2011 年 9 月
7	许雪峰	访问	美国	2011 年 9 月
8	李正红	访问	美国	2011 年 9 月
9	梁端俊	访问	美国	2011 年 9 月
10	郑朝贵	参加安徽省高等教育发展规划研修团	德国	2011 年 8 月
11	程 曦	参加"第四届中德应用型高等教育研究与发展论坛"	德国、法国	2011 年 11 月
12	余在岁	参加韩瑞大学校庆	韩国	2012 年 5 月
13	吴开华	参加韩瑞大学校庆	韩国	2012 年 5 月
14	左 勤	参加安徽省高校工会教代会组团	韩国	2012 年 6 月
15	郑朝贵	参加安徽应用型本科院校联盟组织组团	美国	2012 年 8 月
16	许雪峰	参加高校国际化与科技创新赴美国培训团	美国	2013 年 10 月
17	李庆宏	参加"第六届中德应用型高等教育研讨会"培训团	德国	2013 年 12 月
18		2013 年另有研修培训人员 16 人		
19	晋秀龙	参加安徽省现代大学制度与学术创新培训团	德国	2014 年 1 月
20	郑朝贵	参加千名中西部大学校长海外研修计划培训团	英国	2014 年 6 月
21	李道琳	访问	德国	2014 年 7 月
22	吴开华	培训	澳大利亚	2014 年 11 月
23	程 曦	参加千名中西部大学校长海外研修计划	英国	2015 年 10 月
24		2014 年另有研修培训人员 28 人		
25	郑朝贵	参加"第八届中德应用型高教论坛"	德国、俄罗斯、瑞士	2015 年 11 月

续表

序号	姓名	出访事由	出访国家	出访时间
26	2015年另有研修培训人员25人			
27	梁端俊	访问	美国	2016年5月
28	王春	访问	美国	2016年5月
29	陈泰生	访问	美国	2016年5月
30	顾留碗	访问	美国	2016年5月
31	郑朝贵	访问	马来西亚	2016年11月
32	李庆宏	访问	马来西亚	2016年11月
33	胡凤	访问	马来西亚	2016年11月
34	倪受春	访问	马来西亚	2016年11月
35	2016年另有研修培训人员14人			
36	2017年另有研修培训人员17人			
37	程曦	培训	美国	2018年1月
38	梁端俊	访问	英国、爱尔兰	2018年2月
39	陈桂林	访问	英国、爱尔兰	2018年2月
40	姚光顺	访问	英国、爱尔兰	2018年2月
41	李庆宏	培训	爱尔兰	2018年4月
42	2018年另有研修培训人员20人			
43	祁世明	带队夏令营	美国	2019年7月
44	孔令十	培训	英国	2019年11月
45	王波	培训	德国	2019年11月
46	2019年另有研修培训人员21人			

（二）校际联合培养

学校美术与设计学院与韩国韩瑞大学合作举办的视觉传达设计专业"2+2"本科教育项目于2009年经省教育厅批准，2015年由教育部备案。"2+2"即前2年在滁州学院美术与设计学院就读，后2年在韩国韩瑞大学就读，两校互认学分，毕业时同时获得两校颁发的学历证书。经过几年来的合作培养，共有102名学生顺利赴韩学习，并取得两校的毕业证书和学位证书。

学校抓住"留学中国计划"机遇，取得接收外国留学生资格，通过联合培养项目招收韩瑞大学学生来校进行为期一年的汉语言学习。每年招收学生6名左右。

学校积极参与国家推广的学生赴外交流项目，举办形式多样的交换学习和游学项目。2012年首次选派地理信息与旅游学院2011级旅游管理专业贾仁巧、刘青两名学生赴韩国湖南大学公费学习一年。从 2013 年起,学校每年与美国布里奇波特大学开展为期 3 周的暑期游学项目。2016 年 2 月,学校首次选派 17 名学生赴马来西亚博特拉大学进行为期 4 个月的交换学习(图 6.14)。此后每年,学校都选拔 35 名左右的优秀学生赴意大利、马来西亚、泰国等高校交换学习,开扩学生国际视野,提升学生文化交际能力。2011～2021 年师生赴外交流人数统计见表 6.7。

图 6.14　我校学生赴马来西亚高校交流学习

表 6.7　2011～2021 年师生赴外交流人数统计表

年度	教师赴外研修、参会(人)	交换生项目(人)	"2+2"项目(人)	"6+7"项目(人)	游学营项目(人)	接待国外师生来访(人)
2011 年	11	0	9	0	0	94
2012 年	5	2	21	0	0	140
2013 年	18	0	11	0	15	117
2014 年	32	0	8	0	23	90
2015 年	27	0	10	0	22	20
2016 年	22	34	13	0	17	92
2017 年	17	47	7	5	10	18
2018 年	25	47	5	0	5	39
2019 年	23	36	0	0	4	31
2020 年	0	7	0	0	0	0

(三)师生跨文化交流

作为中华优秀传统文化传承基地,学校积极开展师生跨文化交流,其中两项中德文化交流最具有代表性:一是于2010年举办的"汉语桥——德国中学生夏令营"活动。由中国驻德国大使馆、国家汉办在每年暑期组织开展一次。学校自2011年起连续4年参与该项活动,共接待364名来自德国汉诺威孔子学院、莱比锡孔子学院、不来梅孔子学院、汉堡大学孔子学院的师生来校学习"中华传统武术""中国书法""凤阳花鼓"等内容,观看《中国滁州》《滁州学院》等纪录片,实地参访琅琊山、吴敬梓纪念馆等研学基地,沉浸式体验中华文化。二是德国希尔德斯海姆大学艺术系来校与音乐学院开展教育教学交流。该校自2008年与我校建立联系以来,分别于2013年、2014年、2015年和2019年来校开展音乐交流活动,每次来访进行为期一周的音乐教学交流,并于2015年9月和2019年9月举办"中德高校音乐教学周汇报演出"(图6.15)。

图6.15 中德高校音乐教学周汇报音乐会

2011年6月16日,美国温第安纳管乐团来校交流访问,并与学校联合举办了主题为"和谐之旅·友谊之桥"的交流音乐会。2016年,韩国韩瑞大学观光系和实用音乐系代表团多次来校联合举行交流音乐会和文化交流晚会。2018年5月24日,我校与韩国韩瑞大学共同举办"第一届中韩大学生艺术设计作品展"。

三、加强外籍教师聘任与管理

学校高度重视外籍教师聘任与管理,不断提升外籍教师引进质量和水平,充分发挥外籍教师在教学和科研中的重要作用。

（一）积极做好外国文教专家聘请

坚持"按需聘请，择优选聘，保证质量，用其所长，讲求实效"的原则，每年招聘2名外籍教师负责英语和韩语日常教学需求。2014年，随着学生人数的不断增加，为保证教学质量，提高美术与设计学院中韩视觉传达设计"2+2"联合培养项目学生的语言水平，英语、韩语语言类外教增至4名。2011~2021年，学校共聘请21位来自美国、英国、韩国、爱尔兰、加拿大等国家的专家来校执教。充分利用外教资源，为即将赴外交流学习的教师和在工作中有英语口语交流需求的教职工培训口语，共举办6期英语口语培训班，每期1个半月，累计培训近200名教师。

（二）认真做好外国文教专家教师管理

学校出台《滁州学院外国文教专家中方合作教师职责》，明确了外国文教专家入境后的管理职责，由国际交流与合作处安排专人负责，同时做好与上级主管部门、相关学院和外国文教专家的沟通和联系。学校为外国文教专家配备了"一对一"的中方合作教师，在校内统一安排宿舍，提供必要的工作和生活用品。

第四节　庆祝建校70周年

2020年是建校70周年，学校高度重视校庆工作的谋划，深入思考新时代大学校庆的本源与实质，把握正确方向，凸显建校70周年系列活动的功能定位和价值导向。学校将庆祝建校70周年列为"四个年"之首，确立了"奋进新时代、共筑蔚园梦"主题，践行"共享·共庆·共创"理念，秉持简朴隆重、务实尚新原则，贯穿传承蔚园、发展蔚园、人文蔚园、共享蔚园工作主线，做实校友、校史工作基础，抓住举办地方应用型高水平大学建设与发展论坛关键，坚持传承文化底蕴，弘扬优良传统；展示办学成就，扩大社会影响；开展学术交流，强化内涵建设；凝聚校友力量，共促学校发展目标定位，统筹推进校庆年、校庆月、校庆周、校庆日各项工作；构建了"1+8+1"的校庆组织体系；成功举办"地方应用型高水平大学建设与发展论坛""前沿科技与高等教育创新高峰论坛""科技成果暨创新创业成果展""校史陈列展""校庆美术作品展和凤阳花鼓传承成果展"和教师专场音乐会等重要活动（图6.16）；成功举办了3场高质量学术报告，8位高层次专家学者参加交流；2位院士来校做专题报告；各二级学院、图书馆结合自身学科特色，举行学术交流、名家讲坛、校友论坛、学术研讨会等庆祝建校70周年学术活动达38场，营造了浓厚的学术创新氛围。校庆前夕，《中国教育报》在头版显著位置"教改先锋重大典型报道"栏目，以《一所地方高校的第二次转型——滁州学院专业再造记》为题，报道了我校以信息化为突破口,通过"信息化+"模式对专业再造,促进学校第二次转型的探索发展之路。

校庆活动注重内容实效,聚焦内涵挖掘,着力凸显品位,系统回顾了学校办学历程,充分展示了学校办学成就,有力彰显了学校文化内核,全面点燃了师生员工和海内外校友的爱校、荣校、兴校情怀,为学校站在新起点开启新征程提振了精神、凝聚了资源、积蓄了力量,对推动学校实现高质量内涵式发展产生了积极影响,受到上级领导、广大师生校友、社会各界、高校同行和校离退休老同志的高度评价和充分赞许。省人大常委会副主任李明,省政府副省长王翠凤,省政协副主席肖超英,省政协副主席、省教育厅厅长李和平,省委教育工委书记钱桂仑、副书记庆承松等以不同的方式对学校地方应用型高水平大学建设成效给予充分肯定,并对学校下一步发展给予了精心指导。滁州市委、市政府与学校签订滁州市人民政府支持滁州学院创建滁州大学战略合作框架协议,迈出了学校由滁州学院向创建滁州大学转换的坚实一步。学校与省内4所大学签订学科建设合作协议。与学校建立长期密切友好合作关系的企业以及校友创办的企业和个人以项目合作与捐资、实物捐赠等方式对学校发展给予了大力支持,捐赠总额达2 287万元。学校还收到来自地方党委政府、国际友好学校、兄弟院校、合作兄弟企业的贺信贺电57份。参加建校70周年系列活动的各类嘉宾总计337名,其中校友嘉宾235名,各级领导和各界人士102名。16家国家级、省级媒体围绕学校70年办学特别是地方应用型高水平大学建设成效进行了全方位、立体化、多角度的宣传报道,使学校的社会知名度得到了进一步提升。

图6.16 学校地方应用型高水平大学建设与发展论坛

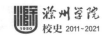

第五节 推动校友工作

校友是学校的宝贵资源,也是学校高质量发展过程中争取外部资源的重要资源。学校高度重视校友工作,服务校友、提升学校形象,以保证学校高质量发展目标的达成。

2013年7月,学校开始启动校友工作,为加强校友之间、校友与母校之间的联系,出台《关于做好校友信息收集工作的通知》,收集和整理校友信息。成立以校长许志才为组长的学校校友会筹备工作领导组,领导组办公室设在校办公室。

2019年6月,印发《滁州学院关于做好校友信息收集与整理工作的通知》,进一步收集、整理与更新校友信息,为学校70周年校庆相关工作的顺利开展和深入持续推进校友工作奠定了扎实基础。7月,学校成立了校友工作领导小组,由校党委书记陈润、校长郑朝贵任组长,其他校领导任副组长,相关部门负责人及各二级学院党委书记为成员领导小组办公室设在校友工作办公室。9月,学校印发《滁州学院关于加强校友工作的若干意见》,进一步明确了校友工作的重要性,为相关部门及各二级学院做好校友工作提供了指导性文件。同时,印发《滁州学院校友返校活动接待管理办法》,为进一步做好校友返校活动管理、保障校友返校活动的正常进行、提高校友接待服务质量提供了具体实践。

2020年,学校以庆祝建校70周年为契机,建立起校院校友工作联络队伍和机制,开展了校友信息普查工作,进一步梳理完善并初步建立校友信息库,做好典型校友的遴选和推荐工作。学校与二级学院校友工作的有效联动,特别是学校组织几条线路的重点校友、嘉宾的走访与访谈联络,进一步扩大和建立了与杰出校友的联系。校庆当天,235名特邀校友积极返校参加校庆纪念活动,共祝母校七十华诞(图6.17)。校庆密切了学校与校友的联系,激发校友感怀母校之情,增强对学校的认同感、自豪感、归属感。

2021年3月,学校印发《滁州学院校友工作办公室关于选聘2021届毕业生校友工作联络员的通知》,进一步建立健全毕业生校友工作联络机制,畅通联络渠道,搭建联络网络,在2021届毕业生中选聘校友工作联络员,构建校友未来联络工作网络格局(图6.18、图6.19)。6月,学校印发《滁州学院校友工作办公室关于聘任郝昆鹏等101人为2021届毕业生校友联络员的决定》,进一步明确了校友联络员具体名单及主要职责。6月,因岗位调整及工作需要,学校调整了校友工作领导小组,印发《中共滁州学院委员会滁州学院关于调整校友工作领导小组的通知》,由校党委书记陈润、校长郑朝贵任组长,其他校领导任副组长,各部门负责人及各二级学院党委书记为成员。校友工作领导小组办公室设在校友工作办公室,进一步完善了校友工作领导小组人员,充实了校友工作力量。8月,为进一步做好校友工作,加强与校友的联系,学校印发《滁州学院校友工作办公室关于做好2021年走访校友工作的通知》,切实收集整理了部分优秀校友代表信

图 6.17 校庆 70 周年校友返校活动

息,并制订了相应的走访安排。10月,由全体校领导带队,分赴北京、合肥等地走访了部分优秀校友,加深了校友对母校的情感。12月,学校组织召开了滁州片区优秀校友代表座谈会,邀请滁州市政府、企事业单位及创业的部分优秀校友,齐聚一堂,共叙蔚园情,共筑创硕梦。

图 6.18 学校首批毕业生校友联络员

图 6.19 学校首批毕业生校友联络员聘任暨校友工作推进会

第六节 做好新冠肺炎疫情防控工作

2020年,面对突如其来的新冠肺炎疫情,学校全面加强党对疫情防控工作的领导,认真学习贯彻习近平总书记重要讲话和指示批示精神及上级决策部署,见事早、行动快,始终把师生生命安全和身体健康放在首位,全面贯彻"坚定信心、同舟共济、科学防治、精准施策"的总要求,确立疫情"零状态"目标,以"五个一"举措统领疫情防控工作(图6.18),推行"五全三不"制度,落实"六个一律"要求,推动"十个落地见效";在全省率先全面开展在线教学,探索构建了"1+N+2+3"的线上教育教学方案,开设课程1 026门,将停课不停教、停课不停学落到实处,荣获安徽省线上教学示范高校。《花鼓健身操》入选教育部抗疫节目征集成果展示。各基层党组织和党员充分发挥战斗堡垒和先锋模范作用,2 160名党员自愿捐款18万元。评选表彰学校新冠肺炎疫情防控工作先进基层党组织8个、优秀共产党员25名。全校上下以实际行动筑牢疫情防控坚实防线,顶住了压力,经受了洗礼,接受了考验,涌现了一批防控先进典型,持续保持疫情"零状态",守护了全体师生员工的健康和校园安全,交出了疫情防控合格答卷。同时,深入推进人才培养、科学研究、社会服务、国际交流与合作、文化传承与创新工作。下半年,落实落细常态化防控,精心做好学生返校复学准备工作,教育教学平稳有序。省委巡视整改、文明校园创建、70周年校庆、学科与专业建设、高层次人才引培、校园基本建设等各项工作全面推进,取得了优异成绩,实现了"双胜双赢"。

图6.18 做好新冠肺炎疫情防控工作

2021年,学校持续加强常态化疫情防控,认真落实上级关于常态化疫情防控工作决策部署,健全完善工作方案和应急预案,落实落细常态化疫情防控各项措施,稳妥制订寒暑假放假和开学安排,召开专项会议7次,发布通知10个;推进疫苗接种工作,疫苗接种率达99.3%,落实常态化核酸检测和风险管控,检测32 819人次,学校疫情持续保持"零状态"。

第七节 持续发展继续教育

学校全面贯彻落实《国家中长期教育改革和发展规划纲要》,面向社会经济发展需求,坚持"经济效益和社会效益并重,传统优势与转型创新并重,校内资源与校外资源并重,稳步发展与风险防控并重"的发展思路,探索继续教育工作新途径,拓展继续教育范围,扩大继续教育规模,增加继续教育效益,推动继续教育调整优化、发展转型,形成了学历教育和非学历培训齐头并进、大学生创新创业模拟实训教育和职业技能培训快速发展的新局面,为服务地方经济建设提供强有力人才支撑。

一、稳步发展学历教育

学校以"提升层次、优化结构、规范管理、提高质量"为指导思想,深化学历教育教学改革。2012年,根据成人高等教育发展需要,调整继续教育管理模式,实行继续教育学院统筹、二级学院负责具体运行的管理模式。学院下设学历部和培训部两个部门,学历部负责成人学历教育招生及学籍管理工作,培训部负责开展校内外各类培训项目。滁州学院职业技能鉴定站挂靠继续教育学院。

学校立足地方经济社会发展对应用型人才需求,根据办学定位和办学实际,合理设置学科专业,调整优化学科专业结构,促进规模、质量与效益协调发展。学校成人高等学历教育招生专业从1999年开办时的2个发展到2016年的27个本科专业和14个专科专业(表6.8)。

表6.8　2016年滁州学院成人高等学历教育招生专业

序号	专业名称	学科门类	层次	学制(年)	学习形式
1	金融工程	经济学	专升本	2.5	函授
2	人文教育	教育学	专升本	2.5	业余
3	学前教育	教育学	专升本	2.5	函授
4	小学教育	教育学	专升本	2.5	业余
5	体育教育	教育学	专升本	2.5	业余
6	汉语言文学	文学	专升本	2.5	业余
7	英语	文学	专升本	2.5	业余
8	商务英语	文学	专升本	2.5	业余
9	新闻学	文学	专升本	2.5	函授
10	数学与应用数学	理学	专升本	2.5	业余
11	地理科学	理学	专升本	2.5	业余
12	测绘工程	理学	专升本	2.5	函授
13	机械设计制造及自动化	工学	专升本	2.5	函授
14	电子信息工程	工学	专升本	2.5	函授
15	自动化	工学	专升本	2.5	函授
16	电器工程及其自动化	工学	专升本	2.5	函授
17	计算机科学与技术	工学	专升本		业余

续表

序号	专业名称	学科门类	层次	学制（年）	学习形式
18	化学工程与工艺	工学	专升本	2.5	函授
19	化学工程与工艺	工学	高起本	2.5	函授
20	食品质量与安全	工学	专升本	2.5	函授
21	工商管理	管理学	专升本	2.5	函授
22	市场营销	管理学	专升本	2.5	业余
23	会计学	管理学	专升本	2.5	函授
24	财务管理	管理学	专升本	2.5	函授
25	旅游管理	管理学	专升本	2.5	函授
26	音乐学	艺术学	专升本	2.5	业余
27	艺术设计学	艺术学	专升本	2.5	业余
28	应用化工技术	生化药品	专科	2.5	函授
29	学前教育	文化教育	专科	2.5	业余
30	音乐表演	艺术传媒	专科	2.5	业余
31	机械设计与制造	制造	专科	2.5	函授
32	计算机网络技术	电子信息	专科	2.5	业余
33	会计	财经	专科	2.5	函授
34	经济管理	财经	专科	2.5	函授
35	市场营销	财经	专科	2.5	业余
36	旅游管理	旅游	专科	2.5	函授
37	语文教育	文化教育	专科	2.5	函授
38	英语教育	文化教育	专科	2.5	业余
39	初等教育	文化教育	专科	2.5	函授
40	社会体育	文化教育	专科	2.5	业余
41	艺术设计	艺术传媒	专科	2.5	业余

学校不断加大专业调整力度，进一步优化人才培养方案，提高人才培养质量。增设市场营销、工商管理、计算机科学与技术、土木工程、机械设计制造及其自动化等专业；2018年根据教育部关于成人高等教育中本科院校停招专科专业的改革政策及市场需求，调整招生政策和专业结构，停招了专科层次学前教育、语文教育、工商企业管理及生源较少的金融工程、商务英语、自动化、旅游管理等专业，增设了工商管理、小学教育、学

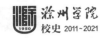

前教育3个高起本专业,截至2021年,学校成人高等学历教育专业稳定在25个(表6.9)。

表6.9 2021年滁州学院成人高等学历教育招生专业

序号	专业名称	层次	学制(年)	学习形式
1	新闻学	专升本	2.5	函授
2	英语	专升本	2.5	业余
3	音乐学	专升本	2.5	业余
4	测绘工程	专升本	2.5	函授
5	电子信息工程	专升本	2.5	函授
6	化学工程与工艺	专升本	2.5	函授
7	机械设计制造及其自动化	专升本	2.5	函授
8	计算机科学与技术	专升本	2.5	业余
9	食品质量与安全	专升本	2.5	函授
10	数学与应用数学	专升本	2.5	业余
11	财务管理	专升本	2.5	函授
12	电气工程及其自动化	专升本	2.5	函授
13	工商管理	专升本	2.5	函授
14	市场营销	专升本	2.5	业余
15	体育教育	专升本	2.5	业余
16	小学教育	专升本	2.5	业余
17	学前教育	专升本	2.5	函授
18	汉语言文学	专升本	2.5	业余
19	美术学	专升本	2.5	业余
20	车辆工程	专升本	2.5	函授
21	土木工程	专升本	2.5	函授
22	审计学	专升本	2.5	函授
23	学前教育	高起本	5	函授
24	工商管理	高起本	5	函授
25	财务管理	高起本	5	函授

持续加强招生宣传,坚持"全员招生、全年招生、规范招生",加强对外交流,招生人数逐年上升,规模不断扩大,至2020年,成教在校生规模达12 958人,2011~2020年累计为社会培养高等学历教育23 878人。

学校学历教育紧密围绕"地方性、应用型、开放式、信息化"办学定位,充分发挥服务地方经济社会发展职能,加强与滁州市企事业单位联系和合作,大力拓展校企校地联合办学,先后与滁州市邮政局、安徽天康集团、安徽康佳集团、全柴集团、金禾集团等合作(图6.19),采取"订单培养、送教上门"模式,解决工学矛盾,助力企业发展;先后在滁州市周边市县,与有办学资质的教学机构和企业建立联合办学教学班。

图6.19 滁州学院与全柴集团校企合作"电气自动化专业""工商管理专业"教学班开班

根据省教育厅关于成人教育信息化远程教学模式改革要求,结合成人高等学历教育特点和办学实际,学校从2016年开始,大力推进成人教育信息化教学模式改革,作为首批入驻安徽继续教育网络园区高校,与安徽广播电视大学签署深度合作协议,全力推进网络平台建设(图6.20)。

图6.20 滁州学院与安徽广播电视大学签署线上合作办学协议

为满足高等学校学历继续教育学习者的学习需求,结合成人教育信息化远程教学模式改革,适时调整成人教育学习方式,制订线上线下混合教学模式。校本部学员以线下面授教学为主,校外教学站点以线上教学为主,全部进入安徽省继续教育网络园区学习,实现了网络教育全覆盖(图6.21)。

作为安徽省首批农民工求学圆梦行动入选高校,学校借助安徽省继续教育网络园区,积极探索农民工学习模式改革,搭建公共服务平台,最大限度满足农民工学习需求,使2 000多名农民工受益。2020年,省教育厅、总工会总结表彰"农民工求学圆梦行动"先进单位,学校作为全省唯一本科院校榜上有名并获奖补资金12.4万元。

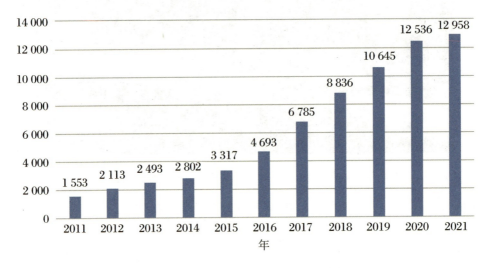

图6.21　2011~2021年成教在校生人数

二、大力发展非学历教育培训

学校对非学历教育进行结构布局,从以学历继续教育为主向以非学历继续教育为主转型,非学历教育培训取得突破性发展。学校先后获批安徽省旅游教育培训示范基地、滁州市高技能人才培养基地、滁州市中小学教师继续教育基地等,举办校长培训、再就业培训、中小学教师培训、农民创业培训、安徽省GIS应用技术培训、全国导游从业资格考试培训等,面向滁州市开展多个工种职业技能培训和鉴定。2011年以来,为滁州市培训各类人才34 905人,其中2020年达到2 553人,培训收入达到263万元。

学校积极探索拓展非学历培训途径,对内面向全校征集培训师资和项目,建立了校级培训师资项目库。坚持以打造高质量教学为目标,精心筛选教学水平高、责任心强、学员喜爱的教师,建成了由省外知名专家、学者,省内理论水平较高、实践经验丰富的基层一线专家、名师,学院高级职称以上能力强、业务素质高的教师组成的技术过硬、素质优良的继续教育教师、专家资源库;持续加大知名学者引进力度,积极引入行业企业高技能人才（高级工程师），并通过研究课题、科研项目等途径，不断构筑继续教育领域人才高地，初步建成融知识性、理论性、实践性为一体的培训师资团队100余人，师资队伍结构不断优化，培训人才智力资源全面加强。

学校对外实施"菜单式""定单式"项目管理模式，从顶层设计到效果评估建立了一套较为完备、科学、有效的工作流程和机制；以"做好管理、提供服务、研究规律、改革创新"为理念，组建了一支精干务实的继续教育领域管理团队，积极探索教师教育、干部培训、职业技能培训、考试考证等模块化发展方式，不断提升继续教育工作成效；不断创新培训模式，实行小班化管理，采取专家讲座、微课展示、评课议课、互动交流和专家点评等形式开展培训工作，并将集中培训与网上研修有机结合。2020年，学校努力克服疫情影响，依托信息化平台，组织教师开展教师职业技能提升培训、全柴动力管理人员能力提升班等线上培训，有效助力企业复工复产。

学校大力发展非学历继续教育，打造特色品牌，扩展培训领域，坚持以"构建终身教育体系和建设学习型社会"为指导，以社会需求为导向，全面拓展社会服务领域，强化社会服务功能，努力为区域地方经济社会发展提供优质服务。依托学院师资队伍建设、课程和专业群建设，强化校政行企合作，共建高水平培训基地机构；先后建设旅游教育培训示范基地、IOS内审员培养基地、社会体育指导员等省级培训基地3个，滁州市高技能人才培养基地、滁州市中小学教师继续教育基地、滁州市退役军人就业创业培训基地等市级培训基地3个。

学校非学历教育目前已涵盖企业培训、教师培训、干部培训、财税、会计、退伍军人、大学生创业、各种技能工种培训等，在师资培训、税务干部培训等方面形成特色品牌，先后承办滁州市初级中学教师继续教育培训，滁州市初级中学校长、小学校长、幼儿园园长任职资格培训和提高培训；连续多年承办滁州市中小学教师任职资格能力培训班共22次，培训教师8 243人；打造以管理类、财务税务类业务骨干与管理干部业务素质、能力提升培训为特色的一批培训平台，在省内税务部门及非公企业开展了一系列专项或专题培训，包括综合素质、业务能力、知识更新、信息化应用及示范培训等，每年培训人员累计千人。截至2021年12月，学校共承办干部培训班43期，为全省10个市县区培训干部2 007人次；承办企业经营管理者培训班6期，培训企业经营管理者533人次，培训收入每年超200万元。

学校开展岗位培训、行业培训、推动技术创新，增加非学历培训新动能。作为安徽省旅游教育培训示范基地、滁州市高素质技能人才培养基地、专业技术人员继续教育基地和滁州市职业技能鉴定所、滁州市职业技能等级认定社会培训评价组织，形成了多位一体的培训管理网络；举办各类岗位任职资格培训班和专业技术培训班，承办专业技术人才培训班19班次（省级专业技术人才知识更新工程高级研修班1项），培训专业技术人才3 030人次；面向在校大学生开展大学生创业培训、职业技能鉴定培训；积极拓展贴近市场、适应需求的职业技能培训项目，进一步扩大技能培训鉴定认定规模，认定工种已达到13个(表6.9)。

表6.9 人社部批准我校开展职业技能等级认定的职业(工种)一览表

序号	职业(工种)名称	职业编码	已培训评价人数(人)	评价等级范围
1	电子商务师	4-01-02-02	1 200	五、四、三、二级
2	农产品食品检验员	4-08-05-01	310	五、四、三、二级
3	室内装饰设计师	4-08-08-07	300	五、四、三、二级
4	包装设计师	4-08-08-09	564	五、四、三、二级
5	园林绿化工	4-09-10-01	259	五、四、三、二级
6	育婴员	4-10-01-02	526	五、四、三、二级
7	保育员	4-10-01-03	119	五、四、三、二级
8	车工	6-18-01-01	50	五、四、三、二级
9	化学检验员	6-31-03-01	114	五、四、三、二级
10	家政服务员	4-10-01-06	101	五、四、三、二级
11	养老护理员	4-10-01-05	新增	五、四、三、二级
12	工业机器人系统操作员	6-30-99-00	新增	四、三、二级
13	工业机器人系统运维员	6-31-01-10	新增	四、三、二级

此外,学校面向会计、导游、旅游、养老、家政服务、家庭营养等行业举办了多期短期培训,鉴定和认定。学校部分专家还受各级政府邀请,为其决策提供咨询服务,对各级政府官员进行专项知识培训;不仅立足校内开展培训,而且开放办学,送教上门,根据送培单位实际需要开设培训课程,帮助企事业单位专业技术人员拓展视野,及时了解国内外科学技术发展趋势,熟悉和掌握本专业本岗位及相关学科新理论新技术新方法。

第七章 文明创建和大学文化建设

学校在大力推进地方应用型高水平大学建设中,始终把加强社会主义精神文明建设摆在突出位置,把大学文化作为地方应用型高水平大学建设的重要组成部分,切实加强对文明创建工作的领导与指导,广泛开展精神文明创建活动,深入推进大学文化建设,取得了丰硕成果。2011年以来,先后获得第三批"全国文明单位"(第四批、第五批继续保留称号),第九、十、十一届"全省文明单位"称号,第一届"安徽省教育系统文明单位"称号,第一届"安徽省文明校园"称号,第二届"全国文明校园"称号。大学文化蓬勃发展,构建了更加系统规范、特色鲜明的校园文化体系。

第一节 开展精神文明建设

一、创建全国文明单位

2011年,是学校精神文明建设史上具有里程碑式意义的一年,经过多年建设和积累,当年10月和12月,学校分别成功获评第九届"安徽省文明单位"称号和第三批"全国文明单位"称号(图7.1)。

学校出台并深入落实"十一五"精神文明建设规划,系统推进精神文明建设工作;扎实推进思想道德和文化建设,深入开展群众性精神文明创建活动,深入持久地开展"创文明校园、做文明师生"活动,着力提高师生员工文明素质和学校文明程度。结合新校区建设规划,努力建设具有特色的校园环境。加强法制教育,依法治校、以德治校。学校先后获评第六届、

图7.1 学校获"全国文明单位"称号

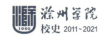

第八届"安徽省文明单位""全国绿化模范单位""全国大学生社会实践活动先进单位"(共13次)"全国高校节能管理先进院校"和安徽省"党建和思想政治工作先进高校""高校招生工作先进单位""高校毕业生就业工作标兵单位""艺术教育工作先进单位""全省高校后勤工作先进集体""军民共建工作先进单位""双拥工作模范单位""花园式单位"等称号。

2008年"首届中国农民歌会"在滁州举办以来,学校先后选派了近万名大学生,为历届中国农民歌会提供伴唱伴舞表演和礼仪、志愿服务,受到了省委、省政府表彰。学校先后涌现出了一大批精神文明建设师生典型:2名学生当选上海世博会"安徽形象大使",5名学生入选上海世博会志愿者;带着身患癌症母亲上大学的文学院学生刘书森;12岁就作为"一家之长"扶养四个弟妹、成为"感动中国""感动安徽"的候选人物,当选"安徽省十佳青年学生"的地信学院学生高敏;身残志坚、自强不息,靠挪移板凳代步行走,荣获"中国大学生自强之星"的生物工程学院学生刘凤喜;以孝心善举感动江淮大地、入选"安徽省精神文明月十佳"事迹榜首的"坚强女儿"机电学院学生贺宝宝;2011年"安徽省十大教育新闻人物"及首届"感动桐城十大人物"获得者、携母上学的"坚强小妹"方美娇;蚌埠福利院走出的首个大学生、经管学院学生吴冬等自强不息的先进典型。

在2011年全省高校思想政治理论课建设工程推进会上,学校应邀作了经验交流。2012年,安徽省高校宣传思想工作会议在学校召开,省委教育工委、省教育厅领导称赞学校校园是"和谐校园、山水校园、动感校园、爱心校园、文明校园"。

二、蝉联全国文明单位

2013～2017年,学校连续通过复核,持续保留第四批、第五批"全国文明单位"称号;获得第十届、十一届"全省文明单位"称号和安徽省第一届"教育系统文明单位"称号。

学校强化价值引领,扎实推进思想道德建设;强化组织建设,落实从严治党要求,推进党风廉政和反腐败教育常态化;坚持以文化人,打造优美环境,营造文明氛围;强化组织领导,深化合作共建,巩固文明创建成果;深入开展精神文明创建活动,精心打造精神文明建设品牌,不断提升广大师生文明素养,为学校转型与提升注入强大精神动力。

以社会主义核心价值体系为主要内容,学校大力推进理论武装,推进中国特色社会主义理论"三进",推进以"八荣八耻"为核心的社会主义荣辱观教育;深入开展"我的中国梦"系列主题教育活动,先后开展了"凝聚青春力量、建功美好安徽"十八大精神主题学习暨"中国梦"时事宣讲教育活动;开展"青春学雷锋,共筑中国梦"主题的社会实践活动;以"同铸复兴路,共圆中国梦"为主题,组织开展电影展播、歌曲传唱、主题演讲、社团文化展演、主题摄影及微电影创作大赛等校园文化艺术节活动;充分运用校园网络、微博、微信等新媒体技术,以"我的梦、中国梦"为主题组织开展青少年教育活动和书信文化活动等。学校深入开展廉政文化教育活动,把廉政文化教育常态化,不断深化和拓展廉政文化向纵深发展;充分发挥思想政治理论课主渠道作用,不断深化实践教学改革,创新教学内容、方法和手段,切实增强教学效果;以专题教育贯穿育人全程,如新生入学教育、军训、文明礼貌教育、学风考风教育、诚信教育、安全教育、法治教育、毕业生文明离校教育等;以重大节日、纪念日为契机,开展形式多样、寓教于乐系列活动,让学生在参与活动的过程中受到潜移默化的教育与影响;加强师德建设,深入学习贯彻落实中央《关于加强和改进高校青年教师思想政治工作的若干意见》和《高等学校教师职业道德规范》,大力推进教书育人、服务育人、管理育人工作。

学校开展了校徽、校训、校歌征集活动,校区、道路、湖泊、景观建筑命名征集活动,规划建设了校史展览馆,提升校园文化内涵,塑造校园精神。学校大力推进节约型校园建设;创建"文明班级""文明教室""文明宿舍",定期开展评比表彰活动,营造卫生整洁的校园环境;在教职工生活区开展"文明新风户"创建工作,树立文明新风,并将创建成效与精神文明奖发放挂钩;大力推进"平安校园"建设,购置了治安巡逻车、安全监控系统、消防报警系统等,定期举办交通安全、反传销图片展、法治报告会和应急逃生疏散演练,加强了校园车辆、经商、宣传环境等管理,努力营造和谐文明的环境与氛围。

三、获评全国文明校园

中央文明办、教育部决定,从 2017 年开始,大中小学校不再纳入全国文明单位的评选,单独进行全国文明校园评选,每 3 年一届。原有全国文明单位,按照新的创建标准再申报,经验收合格,分批转化全国文明校园,转化期间仍保留全国文明单位称号,文明创建工作进入新阶段。2017 年 8 月 15 日,省文明办发布《关于安徽省拟推荐第一届全国文明校园公示》,推荐合肥工业大学、安徽大学、滁州学院参评第一届全国文明校园,我校是被推荐的 3 所高校中唯一一所地方应用型本科高校。

2017 年以来,学校深入学习贯彻习近平新时代中国特色社会主义思想和党的十九大精神,围绕立德树人根本任务,按照"六个好"标准,坚持"六强化六到位",扎实开展文明校园创建活动,为学校"上水平"发展注入强大精神动力。

强化思想道德建设,立德树人落实到位。学校实施"三全育人"综合改革,初步构建了"落实一个责任、打造两支队伍、抓好三个阵地、搭建四个平台"的"1234"育人格局;贯彻落实新时代公民道德建设和爱国主义教育实施纲要,大力培育和践行社会主义核心价值观,先后组织开展庆祝改革开放 40 周年、新中国成立 70 周年和脱贫攻坚、共抗疫情等主题宣传教育活动,积极塑造向上向善校园新风;组建学校新时代文明实践志愿服务总队,全校党团员成为注册志愿者,积极主动投身志愿服务,学校青年志愿者总队获第十二届"安徽省青年志愿者'优秀组织'"称号。

强化领导班子建设,主体责任履行到位。学校着力打造活力党建、树人党建、生态党建、融合党建"一核四维"党建格局,引领助推文明创建;以党建"双创"为引领,"达标、提

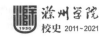

升、创优"三部曲推动基层组织提质升级,获评高校样板支部国家级2个、省级3个;扎实开展"严强转"专项行动,坚决纠治形式主义、官僚主义,推进校园廉政文化建设,在第七届"全国大学生廉洁知识问答"活动中获得全国第八、全省第一的综合成绩。

强化师德师风建设,长效机制构建到位。学校成立师德建设委员会,设立党委教师工作部,制订《师德负面清单及失范行为处理办法》,建立健全师德工作体系;通过师德专题学习、履职践诺、入职宣誓等教育活动,促进师德素养提升,先后3人获全国模范教师、优秀教师称号,32人获全省模范教师、优秀教师等先进个人称号;出台师德年度评议、师德状况调研、师德重大问题报告和师德舆情快速反应制度,健全师德师风监督机制。

强化校园文化建设,以文化人措施到位。学校将大学文化建设项目列为地方应用型高水平大学建设项目子项目,将文化建设列入"十三五"规划和学校第三次党代会报告,出台进一步加强大学文化建设实施意见;成立30个艺体社团和俱乐部,定期举办高雅、面广、多样的文体活动,师生艺体素养进一步提升,赵振华副教授油画作品《战胜"非典"》入选国家重大历史题材美术创作工程,被国家博物馆永久收藏,音乐剧《忠魂》入选教育部"高校原创文化精品推广行动计划",《花鼓健身操》入选教育部"传承的力量"中华优秀传统文化成果展示,柔力球代表队在十三届全运会摘得银牌;坚持传承创新、持续塑造,形成了享誉校内外的特色文化品牌——国家级非遗凤阳花鼓传承活动,中央电视台大型纪录片《花鼓纪》作了专题报道,4名学子登上70周年国庆大典"美好安徽"彩车展示凤阳花鼓,学校花鼓艺术团开创了全省高校对台文化巡演交流先河。

强化校园环境建设,育人氛围营造到位。学校制订落实"十三五"校园建设规划,完善景观设计,打造富有文化内涵和品位的"一河、两湖、四山"校园景观带;完善平安校园创建工作机制,落实安全稳定工作责任,持续开展重大风险排查化解,建成省内高校一级警务站,学校获全省平安校园建设特色成果奖二等奖;践行"植绿、护绿、爱绿",校园绿化覆盖率62.25%,是全国绿化模范单位;推进节约型校园建设,是全国高校节能管理先进院校、安徽省公共机构能源资源计量示范单位、安徽省级节水型单位。

强化阵地建设管理,主流思想巩固到位。学校构建"一站两微三号一班"网络与新媒体格局,在全省高校率先建设"教管服"一体化智慧思政平台,新媒体建设一直走在全国全省高校前列,14次获得全国全省大奖,QQ校园号获2016年全国高校运营冠军,学校网络影响力入围全国高校200强;推进传统媒体与新媒体融合,加强舆情监测和舆论引导,学校入选省委宣传部舆情研究基地,舆情信息工作2017年、2018年被省委宣传部表彰,3篇舆情报告获省委省政府和省委宣传部主要领导批示;严格落实党委意识形态工作责任制,加强课堂教学阵地管理,严格落实"一会一报"制度,严格活动场所使用和社团活动审批,坚决防范和抵御宗教渗透。

培育选树多名文明创建先进典型。2019年,带着患病母亲上大学的外国语学院戴雨晴同学获评孝老爱亲类"滁州好人";"播撒生命种子,传递人间大爱"的地理信息与旅游学院杨荣坤同学获评助人为乐类"滁州好人";宁国籍学子陈钊英勇参加抗击台风"利奇马"获当地政府表彰,获评助人为乐类"滁州好人";2020年,机械与电气工程学院2018级机械电子工程专业李硕同学扶贫战"疫"两不误,当年7月获评"淮北好人";生物与食品工程学院副院长朱双杰博士带领博士妻子,用知识和技术回报乡梓,指导带领乡亲种植金丝皇菊脱贫攻坚,其先进事迹6次登上"学习强国",被教育部、教育厅网站推介,中国教育报、中国科学报、安徽日报、滁州日报、人民网、新华网、光明网等几十家媒体转载报道,其获评助人为乐类"滁州好人",2020年11月又获评"安徽好人"。全校争做好人、崇尚好人的良好环境逐渐形成,为创建全国文明校园打下坚实基础。

2019年6月,学校获评第一届安徽省文明校园称号,全国文明校园创建工作取得了阶段性成果,为成功创建全国文明校园打下坚实基础。2020年9月7日,省文明办发布公示,在第二届全国文明校园推荐中,经逐级遴选,严格把关,报经省文明委负责同志同意,学校以高校组排名第一被推荐参评第二届"全国文明校园"(图7.2)。

图7.2 学校获第二届"全国文明校园"称号

2020年11月,中央文明委公布第二届"全国文明校园"名单,学校榜上有名,成功入选。

助力滁州创建全国文明城市。学校组建学校党员志愿服务总队,参与滁州创城包保路段和道口文明执勤3 000余人次;积极参与滁州市公益广告大赛、优秀童谣作品大赛、主题节日等活动,获评滁州市创建全国文明城市先进集体称号;深化双拥共建,获评"滁州市创建全国双拥模范城'六连冠'先进集体"称号。

第二节 加强大学文化建设

学校在推进地方应用型高水平大学建设中,不断深化大学文化认识,持续推进大学文化建设,开展校园文化活动,坚持以文化人、以文育人,夯实大学师生共同的价值追求、行为准则、行为方式和精神家园,为建设地方应用型高水平大学、不断提高人才培养质量提供了不竭动力。

一、深化大学文化认识

2014年,学校地方应用型高水平大学建设方案将大学文化建设项目列为子项目。2015年,学校"十三五"规划将大学文化建设列为重要内容。2016年,出台《关于进一步加强大学文化建设的意见》,提出通过科学规划、系统推进、突出重点、分步实施,建设引领和适应地方应用型高水平大学发展要求的精神文化、行为文化、环境文化和制度文化。2018年,学校第三次党代会报告提出了大学精神文化建设、大学行为文化建设、大学环境文化建设、大学制度文化建设、大学文化功能发挥的主要建设内容。

经过多年建设,学校逐渐形成了学校领导,各部门、各学院共同参与的工作格局。建设了校史馆、艺术馆、地方特色文化馆等一批特色文化设施,建设了国家级、省级、市级非物质文化遗产传习基地,滁州学院网络文化建设中心,安徽省大学生思想动态研究分析中心,皖东历史文化研究中心一批文化建设平台;打造了凤阳花鼓艺术团、大学生网络文化节、大学生科技文化艺术节等一批校园文化品牌,形成以安徽省社会科学成果奖为代表的一批文化研究成果。

二、开展校园文化建设

(一)标识系统建设

2011年以来,学校修订了校徽,完善了廊、桥、亭等命名,与前期楼宇等命名一起,形成了比较完整的文化标识系统。

1. 校徽修订

2015年,以制订《滁州学院章程》为契机,将校徽修订工作提上议事日程,学校三届二次教代会通过对原校徽进行修订的决定。2015年3月开始公开征集设计方案,经过校内外专家评审、广泛征求意见、多次讨论修改完善、校长办公会议讨论、校党委会议审定,确定了学校的新校徽(图 7.3);2015 年 12 月,学校召开新闻发布会,正式启用新校徽,并以新校徽启用为契机,加强校园标识系统推广应用。

图 7.3　滁州学院校徽

新校徽以"滁""U"("university"的首字母)和"1950"为基本元素。篆字"滁"为新校徽核心,呈现了滁州学院建设地方应用型高水平大学的办学目标;旗帜的形制代表着滁州学院团结进取、勇往直前的坚定信念;盾牌的形制承载了滁州学院人知难而进、敢为人先的奋斗精神;奖杯的形制抒发了滁州学院人崇高的集体荣誉感和不断创新的卓越情怀;结构精密的芯片形制象征着滁州学院科技与人文并举的时代风范。校名"滁州学院"采用郭沫若字体,凸显了学校深厚的文化底蕴;"1950"字样蕴含了滁州学院人半个多世纪以来的奋斗历程;中英文有机融合的方式,体现了滁州学院国际化办学的豪迈姿态;呈现开放形态,展示着滁州学院人海纳百川的胸怀;汉字"滁"中的山、水、人的元素,展现了滁州学院依山傍水的美丽校园,阐述了以人为本的办学理念。

2. 廊、桥、亭等景观和设施命名

2017 年 4 月,为完善学校新增地标性景观命名,学校公开征集会峰校区主要景观、设施等命名方案。2017 年 9 月,对征集到的命名方案公开征求意见。经过专家论证、研讨,最终确定了 3 个亭、2 个廊、1 个沟渠、1 个湖心洲、1 个体育馆以及 3 个运动场的命名。

会峰湖上景观亭——"翼然亭",该亭四角上挑,有《醉翁亭记》中"有亭翼然"之意。

会峰湖东侧的景观亭——"会峰亭",因会峰湖而名。

地信楼南侧景观亭——"枕墨亭",实木凉亭,流水潺潺,流水为墨,亭台为枕,古韵悠悠。

地信楼西侧长廊——"经纬廊",取经天纬地之意,同时也符合地信类专业特点。

山上食堂西侧长廊——"近贤廊",此处有古贤《醉翁亭记》的碑刻,又临近学生宿舍,暗喻学生是未来的贤才。

西涧路西侧撇洪沟——"明德渠",因临近明德桥和明德路而得名。

蔚然湖中心小岛——"闻莺洲",岛虽袖珍,但景致秀丽,岸堤杨柳依依,树梢莺啼鸟啭,故名闻莺。

风雨操场——"蔚然体育馆",靠近蔚然湖,取"蔚然深秀"之意。

风雨操场西侧田径运动场——"蔚然运动场",靠近蔚然湖,取"蔚然深秀"之意。

西区山上运动场——"会峰运动场",因靠近会峰湖而得名。

琅琊校区田径运动场——"琅琊运动场",因位于琅琊校区而得名。

（二）文化精神凝练

学校持续开展校歌创作,总结凝练学校精神、校风、教风和学风,与校训一起,形成了具有学校特色的文化精神体系。

1. 校歌

2017年,经过多次研讨修改,在学校文学院教授裘新江词作的基础上确定了校歌歌词,国家一级作曲家、中国音乐家协会会员、学校音乐学院兼职教授晨见为校歌谱曲,再经过校党委会审议,最终形成校歌《琅琊翰墨育栋梁》。校歌一经推广,深受广大师生喜爱。

2. 学校精神、校风、教风和学风

2012年3月,学校发布通知征集凝练"学校精神、校风、教风和学风"表述。从2016年下半年起,由学校分管领导和党委宣传部牵头,通过师生座谈、组织"滁州学院精神大家谈"、专家论证等方式,充分发动师生员工参与,广泛听取各方意见,再凝练形成了较为一致的意见,2017年10月,校党委会审议最终确定了有关表述。

学校精神——"思变尚新,务实求真"。这是滁州学院数代人筚路蓝缕、艰苦创业的生动写照,是凝聚并激励全体师生脚踏实地、开拓进取、勇于创新、奋发图强的精神旗帜。

校风——"爱国荣校,尊学敬道"。校风中浓缩着滁州学院人对国家和学校深沉的挚爱,寄寓着滁州学院人对教育事业的无限执著。

教风——"博学善导,敬业爱生"。这是滁州学院教师文化素质和人格修养的综合体现和简要概括。

学风——"勤学善思,知行合一"。要求学生勤于求学、善于思考、注重实践、强调应用,是求知问学的最好原则和方法,是学校应用型人才培养目标的具体体现。

3. 校旗、徽章

2021年,为更好彰显学校精神,弘扬学校文化,经有关会议评议推荐和党委常委会审定,我校校旗、徽章正式启用,校园标识系统进一步健全完善。

校旗是学校的旗帜和形象,涵盖学校识别系统的基本元素:校名、校徽、标准字、标准色等。校旗蕴含学校的学术气质,彰显学校的文化理念,体现学校的精神风貌,展示学校的个性特色,具有十分重要的意义。校旗在学校举行隆重仪式或各种活动时按规范使用。校旗方案共两组6款(图7.4)。

学校徽章是校徽在章形物品上的应用,展现学校文化,具有纪念意义。设计形制为盾牌形和圆形:盾牌的形制,承载了滁州学院人知难而进、敢为人先的奋斗精神;圆形是徽章的普遍形制,寓意着学校事业发展和顺圆满的美好愿景。徽章在学校举行隆重仪式或各种活动时按规范使用。徽章方案共两组6款(图7.5)。

图7.4 校旗方案

图7.5 徽章方案

(三) 文化场馆建设

1. 校史馆

从2019年7月开始,学校先后赴安徽工业大学、合肥师范学院、南京大学校史馆实地考察,并与安徽工业大学、合肥师范学院两校校史馆建设部门座谈交流。2020年4月1日,学校印发《滁州学院校史馆建设工作方案》,成立校史馆建设工作领导小组,由校党委副书记张勇任组长,党委常委、副校长吴开华任副组长,领导小组办公室设在党委宣传部;7月31日,校史馆项目正式开始施工;8月3日,学校发布《关于征集校史馆展陈资料的公告》,面向全校师生员工、离退休老同志、各界校友及社会各界人士征集展陈资料;11月初,校史馆建设完工;11月6日正式开馆。

校史馆占地面积372 m²,分序厅"思变尚新·务实求真"、主展厅"琅琊筑梦·砥砺前行""只争朝夕·不负韶华"、特色厅"蔚然深秀·春华秋实"、尾厅"继往开来·续写华章"4个部分,全面展示了学校发展脉络、发展历史和文化精神;重点展示了学校升本以来,在历届党委带领下,师资队伍、人才培养、学科建设、科学研究、社会服务、合作交流、党建思政等方面取得的成就;特色展示了学校在创新创业、文明创建、文化建设等方面取得的成绩和学校获得的荣誉以及学校未来十五年"三步走"发展战略规划、未来校区规划和学校办学规划等方面内容(图7.6)。

图7.6 学校校史馆形象墙

2. 艺术馆

为展示师生艺术创作成果和地方特色文化研究成果,展现学校人文社科、文化艺术等学科专业建设成果,凸显文化育人功能,彰显文学、艺术学学科专业向应用型转变的成效,学校决定建设艺术馆。经过召开筹建工作研讨会、省内相关高校考察、召开现场推进会,学校艺术馆于2017年12月中旬建成。2017年12月13日,校领导陈润、许志才、张勇、吴开华等一行来到艺术馆调研,对艺术馆布展工作进行了现场指导。2018～2020年,时任副省长谢广祥、时任省委综合考核组第20组组长、省妇联主席刘苹、省人大常委会委员、教科文卫委员会主任委员黄红等先后考察艺术馆,充分肯定了学校艺术馆在提升学生艺术素养、推进艺术教育、传承地方文化等方面发挥的积极作用。学校艺术馆入选"安徽省社会科学普及基地"。

艺术馆位于琅琊校区图书馆西楼,总面积2 156 m²,共3层,分3个展区,即美术展区、音乐展区和地方文化展区。2017年底学校在接受教育部本科教学工作审核评估时,全面展示了学校文化特色成果和艺术教学特色,受到专家较高评价。

美术展区共分为两个部分:主展厅和一楼备展厅。主展厅由二楼(图7.7)、三楼两个展厅组成,总面积近1 500 m²,可供承担省市级重大艺术展览、各类美术作品交流活动、校内各类作品展等。自建成以来,举办"2017年度应用型教学成果年展""廉政文化成果展""校庆70周年美术作品展""师生美术作品展"等大型展出,充分发挥文化育人功能。

图 7.7　学校艺术馆二楼展厅

音乐展区展厅面积约 100 m²,主要展示滁州地方特色文化——国家级非物质文化遗产"凤阳花鼓"特色项目,主要分为三个板块:传承篇、传播篇、发展篇,立体展示学校在传承发展凤阳花鼓方面取得的成果。

地方文化展区展厅面积约 100 m²,从"滁"文化入手,强调滁文化的地域文化特性,并密切联系滁州市文化建设发展实际与学校办学定位,突出"传承与创新""普及与提高""研究与推广"的设计思想。展厅由"江淮翡翠,吴楚风流——前言""涂山启源,滁水流芳——滁文化溯源""金陵锁钥,江淮保障——滁文化形成""南北融合,包容开放——滁文化特征""醉翁故里,大明摇篮——滁文化特色""地方应用,文化引领——滁文化传承""出彩出色,醉美醉乐——滁文化品牌""梦享山水,扮靓滁州——结语"等板块构成。地方文化展区浓缩了滁州文化的主要精华,最突出的亮点为"十二个一":一山(琅琊山)、一亭(醉翁亭)、一书(《儒林外史》)、一诗(《滁州西涧》)、一帝(朱元璋)、一城(明中都)、一鼓(凤阳花鼓)、一歌(《茉莉花》)、一孝(朱寿昌)、一僧(憨山大师)、一关(清流关)、一寺(南京太仆寺);展陈的还有琅琊山镇山之宝"欧文苏字"的拓片,苏轼草书的《醉翁亭记》全文,滁州历史上著名的"滁州十二景图"等。

四、网络文化建设

学校把网络文化建设作为大学文化建设的重要内容,作为地方应用型高水平大学建设重要支撑,把"两微一号"等网络新媒体作为实践教学模式"三个课堂一体、三个平台联动"建设的重要载体,网络与新媒体建设走在全国、全省高校前列。

1. 网络载体建设

学校一直关注新兴媒介形态和生态发展,精准把握师生媒介使用及信息接受方式变化,加强师生媒介素养教育,积极开通运营新兴社会化媒介。2011年3月在安徽高校率先注册开通官方微博,2013年5月在安徽高校第一家注册运营官方微信公众号,2015年12月在全省高校第一家注册运营QQ校园号,2017年注册运营今日头条号,2018年注册运营官方抖音号、QQ校园空间,开通校园网视频新闻栏目,形成了较为齐全的网络与新媒体格局。目前,官方微博粉丝11万人、微信公众号粉丝5万余人、QQ校园空间粉丝4万余人、抖音号粉丝3.4万余人。

网络与新媒体运营和建设效果明显。2016年10月,清博大数据联合学术中国发布的"高校网络影响力200强排行榜",学校影响力指数排名全国第193位。安徽共有6所高校进入榜单,全国共有13所二本高校进入榜单,滁州学院是省内唯一进入榜单的二本院校。

在2016年度腾讯QQ校园号综合排行评比中,学校总分排名全国第一,被评为"最具影响力校园号排行榜冠军"(图7.8)。新媒体团队获得"最佳运营团队"称号,1名指导教师获得"模范指导老师"称号。2017年3月,中国青年报联合腾讯QQ智慧校园发布评选榜单,学校囊括了榜单的全部4个奖项:新媒体团队获"最佳传播团队""最佳内容团队""最佳积极团队",1人获评优秀指导教师奖,学校是全国唯一获得该项目重要奖项大满贯的高校。

图7.8 学校被评为"QQ最具影响力校园号排行榜冠军"

2017年1月,学校官方微博被新浪安徽评为"2016安徽年度活力校园新媒体"。2018年1月,官方微信公众号获2017年"全国高校新媒体创新奖"。

2017年4月,学校主办"互联网+教育"高校新媒体建设研讨会,省教育厅新闻中心、中国青年报、腾讯公司领导及全国50余所高校的新媒体专家和教师集聚学校,共同研讨高校新媒体建设发展(图7.9)。

图 7.9　学校主办"互联网＋教育"高校新媒体建设研讨会

2. 网络内容建设

在推进网络与媒体建设中,学校根据媒介特点,通过内容建设,加强服务,主动分类,精准推送;持续建设官方 QQ 校园号、微信公众号、易班等主要网络与新媒体平台;根据学校事务和师生需求,通过集成校内系统,完善成绩查询、课表查询、四六级成绩查询、图书借阅查询、快递查询等服务功能,初步建成了以内容和服务为核心,基本实现深度应用多种信息技术,师生与学校信息有效传递,网络教育教学和思想文化阵地有效呈现,高效、便捷、智能、融合的新媒体平台。

学校利用 QQ 校园号、微信公众号先后随机开展了在校学生"印象食堂"主题调查问卷、媒介接触与思政课教学网络调查问卷、大学生兼职情况网络调查问卷、"学校公共资源使用情况"网络调查问卷,通过采集校园各类媒介、信息平台、社会化媒体、搜索引擎、门户网站数据,获取更加全面的大学生思想动态信息;通过"大数据"分析精准描述,全面把握学生关注的社会热点、思想困惑、学业成绩、质量评价等,充分了解大学生思想动态和现实需求,为学校党委行政全面掌握学生思想动态提供了参考。

多年来,新媒体团队注重分众传播,运用微博、微信、QQ 校园号,利用新的传播形式,与师生互动,围绕着学校教学科研、人才培养、文化传承创新等工作,推送大数据作品、图文作品近两千条,直接服务师生学习生活,引导师生培养积极向上的网络生活习惯;以弘扬核心价值观为核心,组织开展"微公益""微电影""网络歌曲""微小说"等一系列网络公益活动和网络文艺创作活动,丰富了校园文化生活,推动了校园网络文化建设;在新媒体平台中开辟了"蔚园学子""蔚园学人""最美教师"等校园栏目,做到同步推送、集中呈现,打造名栏目品牌。

3. 网络文化活动

学校注重新媒体在教学实践及校园活动中的运用,引导师生使用新媒体,举办了一

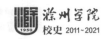

系列网络文化活动,发挥其在校园文化活动中的积极作用,得到媒体关注。2013年3月,成立"微博协会"、举办"微博文化沙龙"、开设"微博与社交"公共选修课,引发媒体关注,《中国教育报》等几十家媒体进行了报道。

自2013年开始,学校大型活动先后引入微博、微信和QQ校园号上墙,师生发布消息互动,增强现场氛围,尤其在学校运动会上,通过大屏幕上墙,彻底抛弃了传统纸质投稿方式,每年运动会3天累计近7000人次参与投稿互动,投稿图文共计67万余条,在师生中反响热烈,并受到媒体关注报道。2016年以来,每逢"腊八节""端午节"等传统文化节日及毕业生离校,新媒体团队联合学校后勤总公司,发起向师生员工发放免费腊八粥、粽子、鸭蛋等活动,举办"留住母校味道"等线上线下同频共振活动,通过新媒体平台推送相关图文,师生反响热烈,引发媒体关注。

2016年11月,在学校"新闻奖"评选中开设"网络新闻"专项,并坚持每年评选。2015年、2017年连续开展网络文化优秀作品评选,2018年开展首届抖音短视频大赛,2019年开展"我和我的祖国"主题网络文化节,2020年开展"'艺'心战'疫'"主题网络文化节。通过评选表彰,促进网络文化作品创作,推出了一批优秀网络作品,培育了一批网络品牌,推进了网络文艺繁荣,重塑了校园网络文化结构,充分发挥文化品牌在思想政治教育中的集聚效应。

2017年以来,我校多次在全国会议上交流学校新媒体建设经验,例如,2017年1月,参加腾讯公司总部召开的高校新媒体及信息化建设峰会;2017年3月,参加河北经贸大学召开的华北高校新媒体建设研讨会;2017年4月,参加腾讯公司、中国青年报主办的"互联网+教育"新媒体建设研讨会等。

2018年以来,持续举办校园网络文化节,在全省高校率先建设"教管服"一体化智慧思政平台,"一站两微三号一班"网络与新媒体格局日益健全。学校的新媒体建设一直走在全国全省高校前列,14次获得全国全省大奖。

(五)特色文化建设

1. "凤阳花鼓"文化传承

音乐学院传承滁州地方非物质文化遗产"凤阳花鼓",逐渐将这一文化艺术形式发扬光大,形成了学校特色的校园文化品牌和对外展示的重要名片。

2007年以来,音乐学院在深入发掘、整理、研究的基础上,开设"凤阳花鼓"特色课程,成立"凤阳花鼓"研究所、"花鼓艺术团",聘请"凤阳花鼓"国家级非物质文化遗产唯一传承人孙凤城女士为客座教授,定期为教师和学生传授花鼓技艺;持续创新传统花鼓技艺,培养花鼓人才,根植乡土,以小岗村书记沈浩的先进事迹及大量校园内外现实故事为基础创作多种曲目、剧目作品,深情讲述着乡土和校园故事,传播着时代精神,逐渐形成了校园文化品牌;先后赴兄弟高校、省委党校,深入社区、驻滁部队、工厂等单位巡演,代表省市参加各类文艺比赛、汇报演出,累计演出近百场次,观看人数达20余万人次,在滁州本地乃至安徽省都产生了较大影响,有力传承和传播了花鼓艺术,繁荣了校园文化。

十余年的传承发展取得了一系列成果:3 000余名学生传习凤阳花鼓,将凤阳花鼓传播到全国各地;3名教师获滁州市"非遗传承人"称号;出版《凤阳花鼓戏研究》《凤阳民歌》等著作。2017年"凤阳花鼓"传承技艺亮相央视纪录片《花鼓纪》。2015年,"传承非遗'东方芭蕾'提升校园文化品位——滁州学院传承国家非遗'凤阳花鼓'的实践与探索"获教育部第八届校园文化建设成果奖二等奖。2018年,原创音乐剧《忠魂》入选教育部思政司"高校原创文化精品推广行动计划"。2019年11月,学校获批成为全国高等学校传承中华优秀传统文化传承基地(凤阳花鼓)。2018年获批首批安徽省非遗传习基地和滁州市非遗传习基地。

2019年10月,4名学生入选参加庆祝中华人民共和国成立70周年大典巡游巡演,在安徽彩车上展示花鼓技艺。2019年10月,经省台办推荐、国台办遴选,学校"凤阳花鼓"传承师生赴新北、淡水、高雄三地高校及中小学进行巡演,将凤阳花鼓非遗文化传播到台湾地区,开创了安徽高校对台文化巡演交流先河。

2. 高雅艺术进校园

2011年,音乐学院承担了由国家教育部、文化部、财政部联合举办的高雅艺术进校园演出活动。十年来,学校凤阳花鼓艺术团,以"鼓乡情韵"为主题,先后赴省委党校、兄弟高校等演出43场(图7.10、表7.1),千余名师生参加演出,10万名师生观看了演出,反响热烈。

图7.10 高雅艺术进校园"鼓乡情韵"文艺演出

表 7.1 高雅艺术进校园"鼓乡情韵"文艺演出一览表

演出时间	演出地点	带队领导
2011年5月27～28日	滁州职业技术学院、安徽科技学院	党委副书记 倪阳
2012年4月7日、5月29～31日	省委党校、皖西学院、巢湖学院、合肥职业技术学院	
2013年5月19～21日	安徽工业大学、皖南医学院、安徽商贸职业技术学院	
2014年5月19～21日	淮北师范大学、宿州学院、淮南师范学院	
2015年5月20～22日	滁州职业技术学院、安徽新华学院、安徽医学高等专科学校	
2016年5月24～26日	黄山学院、池州学院、安庆职业技术学院	校党委委员、副校长程曦
2017年10月17～19日	安徽国防科技职业学院、安徽中医药大学、安徽公安职业学院	
2018年10月23～25日	安徽工业大学、马鞍山职业技术学院、马鞍山师范高等专科学校、滁州城市职业学院	
2019年10月13～18日,11月13～15日、20～22日	台湾地区:淡江大学、实践大学、再兴中学;安徽农业大学经济技术学院、安徽大学江淮学院、安徽建筑大学城市建设学院、安徽师范大学皖江学院、马鞍山学院、淮北师范大学信息学院、阜阳师范大学信息工程学院、蚌埠医学院	党委常委、副校长吴开华
2021年10月20日、26～29日,11月3日	滁州学院、合肥信息技术职业学院、合肥财经职业学院、安徽工业经济职业技术学院、铜陵学院、合肥工业大学宣城校区、滁州职业技术学院	党委常委、副校长吴开华

第八章 资源保障

2011年以来,学校围绕转型提升主题和内涵发展主线,想方设法、改革创新,大力加强资源条件建设,不断加大校园环境建设及教育教学设施投入,努力改善办学条件,在图书馆藏、智慧校园、财务与资产管理、校园基础建设和平安校园建设等方面取得了长足进步,为落实"十二五""十三五"事业规划,推进地方应用型高水平大学建设提供了有力保障。

第一节 丰富图书馆藏

10年来,学校不断完善图书馆软硬件建设,提升服务功能,支撑学校地方应用型高水平大学建设。

一、改善馆舍设施

（一）改造馆舍

图书馆建筑总面积20 601 m²,其中会峰校区图书馆13 260 m²,琅琊校区图书馆7 341 m²。学校通过旧馆改造整合空间,拓展功能,为教学科研和师生读者提供优质服务。目前图书馆整体功能布局合理,设有16个借(阅)服务窗口,另建有廉政教育中心、江淮分水岭生态环境与区域发展研究中心、读者漂流书屋、自修室等,阅览座位共2 200余席。

2011年底,学校机关部门从图书馆搬迁至行政楼,对图书馆进行了馆舍布局调整及室内改造。

2012年6月,会峰校区图书馆一楼原行政办公区整体改造完成,期刊部从五楼搬移至一楼,在接收逸夫楼自修室67套桌椅的基础上,组成拥有近300座的期刊阅览室。

2012年,在会峰校区图书馆三楼建设"江淮分水岭生态环境与区域发展研究中心"。2013年,该中心获批成为省级人文社会科学重点研究基地。

2013年暑期,为缓解库房涨架,配合院(部)迁移,图书馆重新布局书库空间。两校

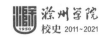

区图书馆共搬迁调整 20 万余册图书,增设外文图书借阅室、自修室等。2014~2020 年,从建设信息化、特色图书馆的角度出发,图书馆进行旧馆空间改造。

2014 年 9 月,以廉政图书专架形式在会峰校区图书馆二楼建设"廉政书屋",通过静态书展方式,形成廉政文化的收藏风格。

2015 年,着重建设安徽省支持本科高校发展能力提升计划之"基于自主学习和研究的图书馆信息共享空间建设"项目,年底完成会峰校区图书馆电子阅览室功能升级改造。同年 4 月,还在会峰校区图书馆三楼筹建"袁德龙特藏室",打造皖东文化展览空间。

2016 年暑期,启动琅琊校区图书馆一楼综合阅览室和流通库扩改工程,11 月完成工程验收,12 月完成其 30 台电子阅览设备的调试及休闲沙发、报纸柜、书架等的安装,建成集纸质、电子期刊和休闲服务为一体的多功能学习中心。同年 11 月 15 日,为推进校园文化建设,在会峰校区图书馆三楼创立"图书漂流站",交由学生社团管理。

从 2017 年暑期开始,琅琊校区图书馆旧窗和流通服务台全部更新,北馆环境焕然一新;同时,美化会峰校区南馆环境,翻新绿色植被、新增休闲座椅、布设室内盆景。

2020 年,学校新增立项建设会峰校区图书馆(实践创新中心),建筑面积 35 000 m^2,总投资 2.2 亿元,极大地提升了图书馆藏书空间,改善了学生学习环境,为"上水平"高质量发展创造了条件。

(二)升级软硬件

信息化建设水平是图书馆管理水平的重要标志。2011~2013 年,图书馆中心机房新增 1 台服务器和 1 台存储阵列,将已有的电子资源构建成本地镜像;购置 20 台工作用机、10 台读者借阅信息显示屏,使师生读者能够适时了解借阅情况;完成校园一卡通与妙思文献管理系统、万欣机房管理系统的对接。截至 2013 年,图书馆共拥有数字资源服务器 9 台、交换机 25 台、磁盘阵列 3 台,采用直连方式与服务器相连,总存储容量 21 TB,基本满足图书馆数字资源存储需求。

随着学校建设与发展的步伐加快,自 2014 年起,学校持续投入经费用于图书馆的自动化、网络化建设,提高了图书馆管理与服务水平。近年来,图书馆信息化建设迈上新台阶,资源管理与服务效率逐步提高。

硬件设施逐步升级。图书馆完成中心机房升级改造,购置 70 余台计算机用于增加和更换两校区电子阅览室机位、查询机及工作服务用机;新增 2 台电子读报设备、2 台电子书借阅机、4 台检索设备、11 台信息发布机、2 台自助文印一体机;完成图书馆多通道门禁出入、琅琊校区 RFID 自助借还建设等,进一步加强数字图书馆技术服务能力和阅读条件建设,整体上提升了图书馆信息化管理水平和服务水平。

完善信息化服务管理系统。图书馆积极吸收引进最新信息化技术,将妙思文献管理集成系统更换为图书馆汇文管理系统,提升了图书馆的信息化管理能力;开发和建设了微信图书馆、信息发布系统、入馆教育考试系统、座位预约管理系统、校外读者访问系统等,为图书馆读者服务工作搭建优质服务平台;完成了图书馆自动化管理系统与数字化校园平台的兼容与对接,实现了图书馆系统数据在校园网的推送及校园网对图书馆相关管理系统的一站式登录及信息门户集成。

二、丰富馆藏资源

(一)丰富图书资源

2011～2013年,图书馆以教育部本科教学工作评估为契机,不断加大对文献信息资源的建设力度,年文献实际购置经费由196万元增加至251万元,图书馆各类型文献资源持续增加,馆藏日益丰富。2013年底,纸质图书达106万册,其中近3年新增20万册,达到生均年进书量4册的合格标准;电子图书727 965种,其中近3年新增30万种;在订中外文纸质报刊1 932种;电子期刊由22 235种增至28 817种;数据库由15个增加至20个,基本形成印刷型文献与电子文献并存,实体资源与虚拟资源有机结合,初步建立起了涵盖文学、理学、工学、经济学、管理学、教育学、农学、艺术学等八大学科门类的综合性藏书体系,满足了学校应用型人才培养需要(表8.1)。

表8.1 2011～2013年学校纸质藏书总量及生均藏书量统计表

(单位:册)

年 份	纸质图书总量	年进纸质图书量	折合在校生数拥有图书量	生均纸质图书量	生均年进图书量
2011年	919 746	61 135	14 415	63.8	4.24
2012年	991 212	71 466	15 717	63.06	4.55
2013年	1 061 045	69 833	16 663	63.68	4.19

2013年8月,图书馆全部图书实现了自动化管理。在安徽高校数字图书馆2014年工作会议上,被授予"2013年度安徽省高等学校数字图书馆先进集体"称号(图8.1)。

图8.1 学校被授予"2013年度安徽省高等学校数字图书馆先进集体"称号

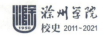

（二）建设文献信息资源

2013年底，馆藏已逾百万，提高藏书质量成为当务之急。11月18日，图书馆邀请部分教授代表共同探讨馆藏质量问题。

2014～2021年，图书馆在文献资源建设中注重与学校专业设置、学科布局、本科教学的整体规划密切联系，注重不同层次、不同类型读者的需求。2015年6月，图书馆召开了各院（部）资料联络员成立会，开通资料联络员QQ群征集书目，2016年起充分利用汇文系统和田田网等读者荐购平台征集书目信息，不断开辟读者参与资源建设的新通道。图书馆通过科学引进、有效整合、共建共享等多种方式扩充馆藏资源，完善资源体系，经过多年的积累和发展，形成了以纸质文献为基础、电子文献为重点、共享文献为补充的多学科兼容、多载体并存的文献信息资源体系，为本科教学和应用型人才培养提供了强有力的文献保障。

2021年底，图书馆的馆藏纸质图书总量达134.7万册，8年合计新增图书28.6万册，占馆藏图书总量的21%，图书学术档次明显提升；购置临摹画24幅，书画同堂；电子图书稳步增长，现有电子图书155.26万种，8年合计新增82.5万种；适应期刊数字化的潮流，电子期刊目前已达8.6万种211.38万册，逐年削减了部分使用率不高的纸质学术期刊，纸质期刊采购种数由2013年底的1932种降为1472种，降幅23.8%；加大数据库资源建设，新增数据库39个，现有各类数据库59个（其中外文18个）。除传统电子期刊、电子图书外，图书馆还引入考试系统、音视频资源、产业数据、年鉴标准、古籍全文等多种类型数字资源；积极参加全省资源共建共享工程，开通使用了10余个省数图共享数据库；联系数据库商试用了近百个适应学校专业学科发展的数据库，并利用资源商平台集成文献传递，丰富了图书馆电子资源类型，进一步满足了教学和科研需求。图书馆加大地方文献建设，营造馆藏特色，构建滁文化研究资料库，推进与皖东历史文化研究中心、小岗村与农村改革发展研究中心等合作共建，接受单位和个人捐赠的地方文献及其他图书2万余册。

三、提升服务支撑

图书馆坚持"以人为本"的服务理念，率先提出"小馆藏大利用"的办馆思想，10年来，注重建立健全文献信息服务体系，持续深化传统图书馆业务与数字图书馆业务融合，创新服务模式，满足读者需求。2018年和2020年，图书馆馆长两次获评安徽省高校图书馆"优秀馆长"称号。2020年，图书馆荣获安徽省高校图书馆"先进集体"荣誉称号。

（一）有效保证基础借阅服务

馆藏文献资源按文献类型和学科分类布局，实行"藏借阅合一"的全开架管理与服务模式;2013年1月起调整纸质图书借阅册数和期限,学生借阅册数由4册增为10册;2017年9月建成琅琊校区图书馆RFID智能自助借还系统,提供纸本图书自助借阅和全天候归还服务;2015年11月对会峰校区电子阅览室升级改造,2016年12月建成琅琊校区综合阅览室(新增电子视听室),开通了自助打印复印扫描服务,读者可以下载、检索、复印、扫描、打印资料,实现了一站式自助服务;保证开馆时间,借阅室全年开放近300天,自修阅览室开放340余天、119小时/周,读者可通过校内网、校外VPN、数据用户登录等方式7×24小时不间断使用所有馆藏数字资源。尤其在2020年新冠肺炎疫情期间,图书馆积极开展线上资源服务,开通基于CARSI的数字资源访问服务,并进入掌上蔚园APP,支持远程教学科研。2011~2021年,图书馆平均年纸质图书借阅量为126 122本次,电子资源访问量屡创新高,年平均访问量达到2 476万人次,其中2019年电子资源年访问量达到8 728万人次。

(二)重点强化信息服务

图书馆自2014年起陆续开通移动图书馆、歌德机借阅、博看触摸屏报刊阅读、汇文管理系统微信平台、信息发布机等服务,资源信息传递时效更快、限制更少、内容更全面,尤其是2015年12月10日开通的滁州学院图书馆微信公众服务平台,通过不断创新读者服务理念,已构建成一站式检索、咨询、阅读服务的微信图书馆,让读者切实感受到信息服务的即时快捷的特点,截至2021年底,累计关注达30 349人;积极拓展服务渠道,建立了教师和学生专用QQ服务群、微信群,开展精细化文献传递、答疑解惑、资源推荐等服务,如今以微信图书馆为途径、移动图书馆做支撑、电子借阅机为窗口的多端融合,已形成了一个控制文献有效、检索功能强大、操作使用方便的信息生态环境。

加强嵌入教学科研的学科化服务。2015年,为响应学校"科技工作推进年"活动,图书馆开展了"资源推介进院部"活动,主动联系各院(部),推介图书馆的资源,举办数据库使用培训,受到各院部和老师的欢迎和好评,取得良好的效果。2019年,为进一步加强图书馆与各二级学院的联系,更好地服务于学科建设、教学科研和人才培养,图书馆推出学科化服务和学科馆员制度,18名专业馆员分别派驻对口学院,以第一时间响应学院需求。

开展科技查新服务。根据学校及社会科研人员的需求,图书馆积极与合肥工业大学图书馆沟通科技查新业务合作事宜,于2020年1月2日签订《教育部合肥工业大学科技查新站(L31)与滁州学院图书馆开展合作查新的协议》,在我校图书馆设立科技查新分站,这在全省同类高校中开创首例。

多媒体推动,开展全方位、立体化新生入学教育,培养新生图书馆意识和信息素养。2015年起图书馆不再采用现场参观讲解模式,取而代之以"线上自学自测"模式,学生通过在线观看宣传片、阅读入馆指南和读者手册等,自主完成入馆测试、开通图书馆借阅权限。2019年再次变革入馆考试形式,仿照"学习强国"设计解答式试题,并将考试系统

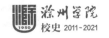

放到公网及手机端,提高学习实际效果。此外,还通过微信图书馆和信息发布机同步推送入馆攻略、馆情动态和资源简介。

开设文献检索与阅读公选课以及举办专题信息素养和检索能力的培训,讲解文献检索基础知识、检索技巧、信息分析、数据库使用方法等内容。2015年,图书馆组建成立大学生信息素养协会,通过学生社团的形式,助推大学生的信息素养教育,开展信息素养沙龙、信息检索大赛、信息资源培训师大赛,组队参加安徽省高校研究生信息素养夏令营等一系列示范活动,取得了较好的成效。近年来指导学生在省高校图工委及相关资源商举办的多项检索大赛中取得良好成绩:2016年,在安徽省高校图工委举办的"图书馆案例创新大赛"中获三等奖;2017年,在全省高校的"EBSCO杯"文献信息获取体验大赛中,学校图书馆组织参赛并荣获4个二等奖,5个三等奖,占获奖总人数的三分之一以上;在第二届"EBSCO杯"安徽高校文献信息获取体验大赛中获二等奖;2019年,在省高校数字图书馆主办的第二届"ProQuest杯"外文文献信息检索答题大赛中,共获得24个单项奖,获奖数量在全部45所参赛高校中排名第一。

（三）开展阅读推广服务

为进一步营造浓郁的校园书香氛围,促进图书馆文献信息资源利用,推动校园文化建设,图书馆自2013年起已连续举办了8届"读者活动月"系列活动以及一次线上"读者活动月"（表8.2）。通过书香班级、读书之星、读者座谈会、征文大赛、立体式阅读、读书讲座等多种形式新颖的活动,与读者充分互动,深入了解读者意见和需求并推广了图书馆资源和服务。

利用新媒体开创阅读推广新境界,紧紧围绕"读书、学习"主题,利用好微信图书馆群发图文等功能,不断扩充传统阅读推广的内涵和外延,年均发布图文300余篇,涉及考试指导、图书推荐、美文欣赏、学习方法等多方面。自2016年12月起,图书馆在微信平台发布了涉及全校纸质、数字、移动阅读综合情况,包括五百强图文书单、借阅R指数、借阅模式图等内容,并汇总为"图书馆阅读报告",引起校内外较好反响。2018年,深耕应用型本科院校图书馆教辅功用,集成自身服务,推出新媒体文化品牌原创力量,有"馆儿答疑""馆儿发布""SOO出品""别让好书受冷落""馆儿·千语"5大功能矩阵,2019年,将投稿专栏馆儿·千语栏目从文字升级到全媒体,"别让好书受冷落"新增纸质馆藏文献版,并推出片段阅读。2019年,新增一个专属服务的微信公众号（订阅号）,弥补主号在资源阅读及推广的时效、频次上的不足,区分推送目标人群,划分服务类型,让图书馆微信服务更具精准性及精细化。公众号运营在同类型高校中具有引领及样板作用,2018年第三届安徽省高校图书馆服务创新案例大赛中,《滁州学院图书馆微信推送服务品牌:原创力量》获本科组最佳推广奖、二等奖。

表 8.2 滁州学院读者活动月系列活动

活动	第一届(2013年)	第二届(2014年)	第三届(2015年)	第四届(2016年)	第五届(2017年)	第六届(2018年)	第七届(2019年)	线上"读者活动月"(2020年)	第八届(2021年)
主题	好书伴我行，书香满校园	读书成风尚，书香溢校园	点燃读书热情，共建书香校园	读书放飞梦想，拼搏成就未来	读书使青春展翅，知识让生命飞翔	新时代 新使命 新作为 新阅读	莫负春光勤学早，善读伴留华	悦读青春，战"疫"有我	阅读促进篇、信息素养提升篇、文化传承篇
读书之星	√	√	√	√	√	√	√		√
书香班级	√	√	√	√	√	√	√		√
信息检索大赛				√	√	√	√		√
读书（微小说）创作大赛					√	√	√		√
主题征文		√			√	√	√		
书海寻宝	√	√	√		√	√	√		√
学术讲座	√	√		√	√	√	√		√
数字资源培训	√	√		√	√	√	√		√
座谈会	√	√	√	√	√				
《篇林外史》立体化阅读						√	√		
超期图书免罚款				√					
摄影比赛			√	√				√	
图书漂流									
资源推介进院部			√						

续表

活动	第一届(2013年)	第二届(2014年)	第三届(2015年)	第四届(2016年)	第五届(2017年)	第六届(2018年)	第七届(2019年)	线上"读者活动月"(2020年)	第八届(2021年)
主题	好书伴我行,书香满校园	读书成风尚,书香溢校园	点燃读书热情,共建书香校园	读书放飞梦想,拼搏成就未来	读书使青春展翅,知识让生命飞翔	新时代 新使命 新作为 新阅读	莫负春光勤学早,求知善读伴韶华	悦读青春,战"疫"有我	阅读促进篇、信息素养提升篇、文化传承篇
教师推介优秀新书	√								√
文化环境标语、标识图案征集	√								
滁文化寻根游学						√	√		√
英文诵读(口语)大赛						√	√		√
阅读马拉松							√		√
答题战"疫"								√	
打卡21天名师讲座								√	
抗疫诗歌接力赛								√	
线上"悦读"书评								√	
"书声人耳"朗诵									
线上读者荐购活动									√
红色电影英文配音大赛									√

注:√表示开展的活动。

(四)推进社会服务

2015年,图书馆在保证校内服务和正常工作秩序的前提下,面向社会有序开放图书馆资源,为社会人员办理校外读者借书卡,目前办卡人数达145人。2019年构建校外访问系统,以更积极的态势投入地方资源共享工程,社会人员、校外读者、校友均可通过自主账号授权获取到图书馆的资源服务,并推出直接在新媒体上为毕业生、校外读者、成人教育学生办理座位预约、移动图书馆账号的服务。

2015年,收藏本土优秀文人袁德龙捐赠作品,建立特藏室并举办特藏展,7月举办"滁州市高校馆与公共馆业务协作暨滁州市阅读推广联盟第五次会议""《根脉本纪》暨中华姓氏文化座谈会",9月25日举办"皖东抗战文艺座谈会";2016年4月8日,在本馆举行了高星斗夫妇合著《致当代及后世中华儿女书》新书发布会;2018年12月1~7日举办了"高雅艺术进校园"——"千里寻梦:历代书画珍品还原艺术展"。自2015年来,国家图书馆、台湾地区图书馆以及鼎秀古籍基本库、中国方志库等为《乌衣文韵》《南滁会景编》《滁州方舆纪胜》的出版提供了资料。除此以外,图书馆每年暑期都安排专业馆员为滁州市图情系列继续教育培训授课。

第二节 建设智慧校园

学校是继中国科学技术大学、合肥工业大学之后,安徽第3家接入互联网的高校,是安徽教育科研网信息技术与教学融合工作组第一任组长单位以及滁州地区主节点。2011年,学校获批安徽教育信息化省级试点本科高校(5所之一),信息化开始进入快速发展期。学校将信息化纳入基本办学定位,在学科专业信息化、人才培养信息化、管理服务信息化、决策支持信息化等方面全面支撑学校内涵发展。学校逐步建成了技术先进、性能优良,能有效支撑教学、以应用为中心的信息基础设施;建成了融合身份认证、网上办事、业务系统和数据集成等的"综合服务门户"平台(PC端)和"掌上蔚园"APP(移动端),形成了智慧校园基本框架和应用模型,实现了主要数据的集成与共享。"十二五"期间累计投入超2 300万元,在网络基础设施、电子校务、网络教学及数字资源建设等方面开展了建设。"十三五"期间累计投入超2 900万元,其中,软件投入由"十二五"期间的845万元增至1 823.4万元。

一、完善管理制度

（一）建立领导机构、统筹机构和实施机构的网状工作组织

1. 强化智慧校园建设组织领导

2011年成立了网络与信息化建设领导小组，分管信息化工作校领导担任组长。2017年，根据国家网信工作领导小组调整情况，学校成立网络安全与信息化领导小组（以下简称领导小组）。2018年，为进一步加强组织领导，领导小组由党委书记、校长共同担任组长，领导小组办公室设在信息化建设与管理中心。领导小组同时也是学校智慧校园建设的领导小组。

2. 明确信息化建设与管理中心统筹协调职能

2011年，因部门职责调整，信息化部门名称由"信息与教育技术中心"调整为"信息技术与网络中心"，工作人员主要为计算机与信息工程学院的教师，部门也开始招聘少量专职技术人员。2014年，在"信息技术与网络中心"设置"网络部"和"用户部"两个科级机构。2018年底，在学校第五轮机构改革中，将信息技术与网络中心从计算机与信息工程学院独立出来，单独设置"信息化建设与管理中心"，明确其信息化管理与服务的双重职能，同时设立"用户服务部""网络安全部"和"信息化部"3个科级机构，工作人员全部为专职技术人员，逐步形成一支专职信息化技术队伍。

3. 明确二级单位信息化工作主体地位

各职能部门是本部门信息化工作的主体，各二级学院为学校信息化建设工作的服务对象，主动参与服务师生信息服务的需求调研、充分使用和意见反馈，重点做好信息技术与教学深度融合的相关工作。

（二）强化顶层设计，健全制度与机制保障

1. 制订5年发展规划和智慧校园建设方案

基于学校事业发展规划，先后制订并完成了《滁州学院信息化建设"十一五"建设规划》《滁州学院信息化建设"十二五"建设规划》，在智慧校园试点项目立项后，制订了《滁州学院智慧校园建设方案（2019～2021）》等信息化建设发展规划。从2019年起，每年年初发布信息化建设年度工作任务，促进了任务有效落实。

2. 不断完善网络和信息化建设管理制度

2011年以来，结合学校制度"废改立"工作，先后制（修）订管理制度13项，具体包括《滁州学院综合服务门户管理办法》《滁州学院网站群管理办法》《滁州学院网络与信息安全管理办法》《滁州学院信息化项目管理办法》《滁州学院弱电间管理办法》《滁州学院信息化建设先进单位及先进个人评比办法》《滁州学院"校园一卡通系统"管理暂行办法》

《滁州学院学生宿舍网络管理暂行办法》《滁州学院教师宿舍网络管理暂行办法》《滁州学院校内公共上网场所管理暂行规定》《滁州学院校园网网站管理暂行规定》《滁州学院校园网络管理规定》《滁州学院网络与信息安全突发事件应急预案》等。同时,制订了信息中心内部岗位职责和主要工作流程,为网络与信息化工作规范开展提供了制度依据。

3. 形成业务系统建设"双主体"机制

2012年,学校提出业务系统建设的"双主体"工作机制,以职能部门为第一责任主体,承担提出需求、审核需求、系统建设以及使用维护等方面的任务;以信息中心为第二责任主体,承担技术支持方面的任务;同时,根据业务集成与协同的需要,在建设业务系统时,相关职能部门安排人员作为副组长或者小组成员。

4. 建立信息化项目立项规范流程

从2018年起,学校信息化项目均统一由信息化建设与管理中心统筹建设。在项目申请单位组织论证的基础上,信息中心组织校内外专家对所有项目开展立项论证和技术参数论证,保证了项目的合理性和科学性。多年来,学校已经与中国科学技术大学、浙江大学、华东师范大学、南京理工大学、安徽大学、合肥工业大学等省内外高校的信息化专家建立了良好合作关系,为学校信息化建设提供了智力支持。

5. 形成了定期培训和交流机制

每年至少召开2次网络安全与信息化领导小组会议,每季度召开二级单位信息化负责人及信息员工作例会;在信息化项目建设期内,根据项目需要,项目建设组不定期召开工作会议。信息中心定期组织信息中心人员、职能部门信息化工作人员参加校内外培训、考察交流和学术会议等活动,累计参加信息化建设学术会议1 000人次,赴20余所兄弟院校开展了考察活动。

6. 建立了信息化工作考核机制

从2016年起,开展校内二级单位信息化工作考核。2019年出台二级单位信息化工作考核办法和信息化工作先进个人评选办法,并评选表彰了4个先进单位和3名先进个人。

二、建设一站式服务门户

(一)以"综合服务门户"实现一站式服务

2013年,学校建设了基于SSO的统一信息门户、统一身份认证平台和校园数据中心,并积累形成了涵盖校内绝大多数业务的核心数据资产28 GB,实现了核心业务数据的集成与共享;建有虚拟服务器120多个,总存储空间超过100 TB;自主研发了服务于学科建设、科研和学生创新能力培养的私有云平台——滁州联合云。

2018年,学校初步形成了"一次登录,进入所有系统,获取所有服务和数据"的建设理念。2019年暑期,在开展20多场调研的基础上,建设了融合性综合服务门户(图8.2),

具有统一身份认证、网上办事、统一系统接入、数据门户、消息中心、通用服务等功能；完成了教务系统、图书馆管理系统等18个主要业务系统的数据集成，完成了教学质量监控等12个业务系统的认证集成，上线维修服务等36个网上办事流程，开发了材料报送、活动报名、课表查询、成绩查询、空教室查询、日程管理、消息推送、通讯录等轻应用功能；在完成了PC端综合服务门户的同时，对接业务系统约1.8亿条数据；开发并于2019年9月底上架应用了移动端"掌上蔚园"APP（图8.3），全校师生安装此APP总数超过20 000人，单个热门应用访问量超435万次，完成网上事务办理21万余次，日活跃超过13 000人，流程提单数约22万余次；材料报送、课表查询、成绩查询、失物招领、问卷调查等24个轻应用，累计使用超过60万次。

图8.2　综合服务门户

图8.3　掌上蔚园

（二）以"网站群系统"管理全校网站

2008年，学校率先在省内采用网站群系统，学校官网、各部门、二级学院网站全部基于网站群系统建设，总数270余个，院（部）二级网站均拥有独立域名，全球皆可访问，网站间可进行数据传递和共享。10年来，网站群累计新增网页信息13.7万多条，学校网站访问量高达5600多万次，日均访问量3.9万次，最高日访问量24.7万次，二级单位网站访问量最高达370万次。学校先后于2011年、2017年、2019年开展了网站检查和评比工作，信息中心累计为30余个二级单位提供改版服务，网站页面不断美化、内容不断丰富，充分反映了学校发展取得的成绩。

（三）以"业务系统"提供专项信息服务

2011年以来，学校先后建成教务、资产、学工、财务、人事、科技、OA、图书、档案、一卡通、车辆出入管理、开放实验管理、能源监管、晨跑考勤、质量工程项目管理、心理测评、校园活动直播等业务系统，覆盖了学校事务管理的主要方面。从2019年起，各业务系统按照身份和数据双重对接的需求进行升级改造，逐步融入学校综合服务门户，成为一站式服务的一个模块。

（四）以"一卡通"提供校园生活服务

学校校园一卡通系统于2012年8月由中国工商银行投资，哈尔滨新中新电子股份有限公司承建并投入使用，系统由硬件平台与软件应用子系统两大部分组成，初期建设内容包括6台服务器、17台圈存机、3台商务网关、260余台POS机、金融数据中心软件模块、身份数据中心软件模块、综合前置系统软件模块、综合业务系统软件模块、证卡打印系统、补助管理系统、银行转账系统、校车收费系统、信息查询系统等，并与图书馆管理系统、电控管理系统对接；2015年与数字化校园信息门户对接，实现交易流水实时查询与展示；2016年与浴室对接系统，实现两校区浴室刷卡消费；2017年与水控管理系统对接，实现学生宿舍水房刷卡消费；2017年，会峰校区新增1台自助补卡机，实现自助补卡功能；2020年，会峰校区教职工食堂新增刷脸消费设备1台，实现刷脸消费功能。

三、加强网络信息安全

（一）加强网络基础设施建设

1. 新建网络数据中心机房

随着学校事业的发展，琅琊校区原网络机房已无法满足规模和规范要求。2014年5月，会峰校区数据中心建成并投入使用，中心符合《电子信息系统机房设计规范》，包括网

络与数据中心机房、电源室、气体灭火室和动力环境监控系统等部分。琅琊校区数十台计算及网络设备全部搬迁至会峰校区,迅速调整配置并恢复核心网络服务。

2. 实现网络同步全覆盖

"十二五""十三五"期间,形成了基于"两区一网"的格局,实现了校内建筑有线全覆盖。自2014年起,逐步实现办公教学区域无线全覆盖,使用学校官方统一无线网络标识"chzu-wlan"。2015年,全部学生宿舍实现所有宿舍信息点数按房间可住人数满配,实现了3家运营商共同接入。截至2019年底,全校信息点约有27 900个,学生宿舍区信息点有22 038个,办公区域及教室信息点有4 824个;教工宿舍区域信息点有1 056个,全校入网用户数接近20 000人,其中,办公网用户1 200余人,教师公寓网用户380余人,学生宿舍网用户18 000余人。

3. 全面提升计算存储和网络接入能力

2013年学校办公网出口带宽为电信200 M、联通200 M、教育网2 M,2014年教育网出口升级至34 M,2016年教育网出口带宽再次扩容至100 M,电信出口新增300 M。截至2020年9月,学校办公网络通过100 M教育网、500 M电信、200 M联通网络出口接入Internet。

2011年学生宿舍网络出口带宽为电信2 G;2013年学生宿舍网出口带宽增加移动2 G;2014年学生宿舍网络电信出口新增2 G,移动出口新增2 G,联通出口新增1 G;随着学生用户对网络业务需求的增长,2017年电信出口增加4 G,移动出口增加2 G;2018年移动出口再次增加4 G;截至2020年9月,学生宿舍网络通过8 G电信出口、8 G移动出口和1 G联通出口接入互联网。校园网在网运行的路由器、交换机等各类网络设备920台,各类服务器、存储设备100余台,存储能力超过150 TB。在使用物理服务器部署业务系统的同时,校园网也在逐步采用虚拟化技术,共部署虚拟机120多台。

(二)持续提升网络安全管理能力

1. 建立健全网络信息安全环境

"十二五""十三五"期间先后采购部署了Web应用防火墙(WAF)、出口防护墙、入侵防御系统(IPS)、虚拟化下一代防火墙(云阁)、上网行为管理、日志审计系统、数据库审计系统、堡垒机等网络安全设备,提供防病毒软件服务和正版软件服务等。从2013年起,将采用的多套认证系统升级为深澜系统,实现两校区教师公寓和学生网络用户使用同一套认证计费系统,教师公寓用户使用PPPoE拨号方式进行认证接入,学生宿舍网用户使用IPoE方式认证接入。

2. 加强网络与信息系统运行监控

从2014年起,在完善原有开源网络监控天气图对网络设备监控的基础上,新增了机房动力环境监控系统、网络运维监控系统,实现对机房物理环境、服务器运行状态和业务运行状态等的监控。

3. 严格落实国家信息系统安全等级保护制度

"十三五"期间,按照信息系统等级保护标准,先后完成了网站群、一卡通、学工、AHMOOC、邮件系统、综合服务门户等互联网访问应用的二级等保测评工作;同时,严格控制互联网访问系统,不断规范信息系统登记审核流程。

4. 提升专业技术人员业务水平

安排信息中心教师承担网络、安全、软件开发的课程教学任务,提升教师理论水平;组织开展申报信息化建设研究项目,安排教师参加各类学术会议、开展内部学习与技术练兵等活动。

(三)不断提升网络基础服务质量

1. 7×365 技术服务

信息中心每天安排人员值班,为全校师生提供网络技术服务。"十二五"期间,信息中心累计处理学生宿舍网络维护 13 500 多次,教学办公网维护 1 100 多次,教师公寓网技术服务 1 500 多次。"十三五"期间,信息中心累计处理学生宿舍网络维护 3 500 多次,教学办公网维护 800 多次,教师公寓网技术服务 500 多次。

2. 全覆盖电子邮件服务

2019 年初,学校升级了原有的电子邮件系统,在继续向校内教职工免费开放的同时,也为在校生开通了终身免费使用的电子邮箱,每个用户分配 10 GB 空间,用户可以在任何连接互联网的场所,通过网页、客户端访问邮件系统,目前电子邮箱用户数有 19 800 余个。

3. 一体化网络认证服务

为学生宿舍有线无线网络、教师公寓网提供接入和认证计费等服务。学校先后对学生宿舍区域的有线网络及教师公寓区有线网络的计费系统进行了改造,目前已经实现有线无线一体化认证。

4. VPN 接入服务

"十二五""十三五"期间,先后将自建的 IPSec VPN 更换为 SSL VPN,为校外教师用户访问校园网资源提供了便利,已有超过 1 000 位教职工用户申请使用。

(四)不断扩展新型网络服务

1. IPv6 接入服务

学校于 2010 年接入 IPv6 实验网络,是当时省内同类院校中接入 IPv6 实验网络最早的院校之一。2015 年,学校办公区域用户开始使用 IPv6 网络;2017 年,在提升网络核心设备性能、规划调整网络设备承担业务、调整 IPv6 路由的基础上,为学生公寓、教师公寓网络用户接入了 IPv6 网络。截至 2019 年底,学校网络用户均已全部接入 IPv6 网络。

2. eduroam 接入服务

2018年3月为学校教师用户开通了eduroam(education roaming)服务,教师在校外访学交流时,可直接通过该校网络(该校应开通eduroam服务)连接、使用滁州学院网络服务。"十三五"期间,累计为来校和外出交流人员提供漫游上网服务3 500余次。

3. CARSI 接入服务

为更好地支持远程教学科研,学校于2020年3月初开通了基于CARSI(中国教育科研计算机网统一身份认证与资源共享基础设施)的数字资源访问服务,接入了中国知网、万方数据库、ProQuest论文检索、Nature电子期刊、JoVE科教视频、SpringerLink数据库和EBSCO数据库等学术资源,并将接入的资源在掌上蔚园上线,师生可不限时间、地点、终端及联网形式,直接使用学校统一身份认证账号进行登录访问接入资源。截至2020年9月底,累计通过CARSI认证接入超过53 000人次。

四、共建引领协作交流

(一)牵头开展安徽应用型高校MOOC共建共享工作

2017年,省教育和科研计算机网成立首个"信息技术与教学融合工作组",滁州学院为组长单位,提出"有限众包式共建、按需独占式共享"模式并组织安徽高校开展课程共建共享,设计研发了融合MOOC核心思想、支持创新创业能力培养及校内(外)共建共享的在线平台,部分解决了应用型高校优质师资缺乏、教学改革及课堂教学质量提升相对困难等问题,相关成果推广到全省10多所高校,先后获省级教学成果奖3项。

(二)获得了一批荣誉称号和项目支持

自安徽省教育和科研计算机网络中心2014年开展先进单位和个人评比以来,学校连年获得优秀主节点单位或先进用户单位荣誉称号,信息中心工作人员5人次获评先进个人。学校主持信息化研究项目10多项,在信息技术与教学改革方面获得省级教学成果奖5项,其中教育部在线教育研究中心重点项目1项,为安徽唯一获批该类项目的高校;获批5项赛尔网络下一代互联网创新项目,获批数量居全国同类高校首位。2017年获批安徽首批智慧资助试点高校;2018年,学校入选安徽省首批智慧校园试点高校;2019年入选年度网络学习空间应用普及活动优秀学校。学校提出的信息类人才培养方案、MOOC共建共享方案和智慧校园建设方案在省内10余所高校推广,相关成果获得省级教学成果奖5项。

(三)初步形成了具有滁州学院特色的信息化建设与保障模式

学校以"校内资源整合""双主体"和"国际(地区)合作共建共享"为主要内涵的信息

化建设模式以及内部管理办法,对解决应用型高校信息化建设过程中面临的技术力量相对不足、资金受限和建设经验缺乏等问题具有较好的示范意义,被同行誉为"滁州学院模式"。近年来,佳木斯大学、淮南师范学院、安徽科技学院、皖西学院等10余所高校先后来校交流网站群、MOOC建设、网络教学平台、开放式实验室管理、无线网络建设和校企合作建设校园网络等建设经验,学校信息化建设和智慧校园建设方案在国(境)内外学术会议上介绍20余次,为兄弟高校提供了有益借鉴。

第三节 健全财务管理

不断完善财务管理体制机制、推进财务工作改革,以严守财经纪律为原则、以服务为宗旨、以提高资金使用效益为目的,强化财务审核监督,提升财务管理水平,为学校平稳运行和高质量发展提供有力财力支持。

一、完善管理机制

1. 加强制度建设

学校先后制(修)订预算管理、预算外资金管理、教育事业经费使用管理、重大投融资管理、校内资助、差旅费管理、往来款管理、科研经费报销等校内经济活动相关制度,并严格落实。同时紧跟政策要求,积极推进全面预算管理、绩效评价全覆盖、成本监测等工作精细化,做到信息公开。注重加强内部控制管理,不断优化经济活动环境。

2. 完善组织架构

2011年以来,财务队伍由9人增加到15人。财务人员不断加强对新政策新制度的学习,提升专业能力,人员平均学历职称水平大幅提升。2019年后勤机构改革,原后勤集团财务并入学校财务统一管理,以此为契机,按照"不相容岗位分离"的原则,进一步优化分工、强化管理,设立了综合业务科、计划财务科、会计核算科、秘书等4个业务科室,做到节点清晰、权责明确、各司其职、团结协作。

二、深化财务改革

学校适应高校财务制度改革和师生员工需求,2011年以来多次优化费用报销、财务预决算、票据管理、档案调阅等流程。2011年根据国库集中支付改革要求,学校开始使用财政一体化支付系统;2012年推行公务卡并制订相应使用办法;2015年取消现金收支业务,全面推行更加透明、便捷的公务卡支付、转账支付,财务报销支付业务有了巨大改

善;学校财务从自主管理过渡到财政统一管理,通过预算申报、计划申请等进一步保障财政资金合理使用;2016年增设报销窗口,调整岗位分工,有效解决了报销排长队、信息更新慢等问题;2017年,以编制内部控制报告为契机,梳理了财务工作流程并健全岗位责任制,大大提升了整体工作效率;2021年,在全校范围内推行网络报销审核系统,安排专人在琅琊校区审核报销单据,师生报销更加便捷。

三、筹措发展资金

2011年以来,学校进入快速发展期,为满足基本建设需求,学校财务开源节流,多方筹措资金。一方面,积极争取省级财政和中央财政资金,组织各二级单位申报项目,2011~2017年获得基建统筹资金2 400万元,2014~2016年获得安徽省支持本科高校发展能力提升计划、安徽省高等教育振兴计划项目资金达4.2亿元,2017~2018年获得领军骨干人才项目资金600万元,2017~2020年获得一流学科建设资金2 000万元,2020~2021年获得高峰学科建设资金1 450万元,学校财政拨款收入基本呈稳定增长趋势,生均拨款水平稳步提升。另一方面,鼓励各二级单位合理利用现有资源主动创收,开展银校、校企合作,鼓励教师进行科学研究,科研到账经费快速增加,事业收入逐年增加。

2010~2012年,学校利用提标化债相关政策成功化解债务超过2.2亿元;2011年开始从国内金融机构办理贷款,为学校建设发展提供了有力的资金支持;2020年与中国工商银行滁州分行、中国建设银行滁州分行分别签订战略合作协议,共获得2 200万元资金支持;成功申报并获批地方非标专项债项目——"智慧+"产教融合基础平台建设工程,项目总投资3.5亿元,其中项目资本金7 000万元,获批债券融资2.8亿元,2020年到账9 000万元;2021年成功申报产教融合综合实验实训中心。

10年来,学校财务状况大幅改善,实现了从收支不足2亿元到突破5亿元的飞跃。随着发展步伐加快、经济活动量大幅增加,学校财务服务能力、管理能力和执行力与时俱进,财务管理效益显著提升,在保障基本运转的基础上,以促统筹、提绩效为原则不断推进预算管理和资金管理科学化,保持"过紧日子"思想,做到精打细算谋发展,集中财力办大事,做好债务风险防范控制,维护学校经济运行稳定。

表8.3 2010~2021年学校收支情况表

(单位:万元)

年　度	收入合计	支出合计
2010年	15 162.11	15 096.63
2011年	19 992.49	19 952.49
2012年	28 516.93	25 681.51

续表

年　度	收入合计	支出合计
2013 年	26 358.98	29 133.48
2014 年	28 799.13	27 181.02
2015 年	29 211.24	29 783.12
2016 年	30 635.84	30 470.10
2017 年	35 982.66	36 287.00
2018 年	37 479.45	37 605.04
2019 年	40 887.01	41 363.61
2020 年	51 009.59	45 343.15
2021 年	51 894.59	60 118.77

第四节　强化资产管理

资产管理处成立于 2005 年,下设资产管理科、招投标办公室;2008 年更名为国有资产管理处;2014 年 7 月更名为资产与设备处,增设设备管理科;2018 年将原招投标办公室更名为采购管理科。

一、规范资产管理

2010 年底,学校固定资产总值 4.09 亿元,教学科研仪器设备值 0.94 亿元,其中 10 万元以上大型设备 106 台(套),价值 0.43 亿元。学校利用"提升计划""振兴计划"等,办学条件、实验实训及科研环境得到进一步改善和提升,教学科研仪器设备值位居省属同类高校前列。截至 2021 年 12 月,固定资产总值已增至 12.72 亿元,教学科研仪器设备值为 3.28 亿元,其中 10 万元以上大型设备有 424 台(套),价值为 1.25 亿元,分别是"十二五"期初的 3.11 倍、3.45 倍、4.00 倍和 2.91 倍(图 8.4)。

表 8.4　学校固定资产分类统计表(2017～2021 年)

(单位:亿元)

年　份	房屋构筑物	教学科研设备	图书档案	家具、用具和动、植物	固定资产总值
2017 年	5.53	2.58	0.44	0.30	9.26
2018 年	6.75	2.77	0.47	0.34	10.74
2019 年	8.00	2.97	0.50	0.37	12.31
2020 年	8.00	3.13	0.52	0.37	12.49
2021 年	7.99	3.28	0.57	0.40	12.72

学校定期开展资产清查工作,资产保持"账账、账卡、账物"一致;同时,对超过使用年限且损坏无法修复、不能继续使用的资产,开展了有序报废处置工作,先后共处置价值约 3 384 万元的资产;定期对现有设备维护维修,使设备完好率始终维持在 98% 以上,有力保障了教学科研工作的正常开展。

二、推进采购管理

1. 完善制度,推进采购工作规范高效

2011 年以来,先后制订了《滁州学院采购管理办法》《滁州学院小额工程及服务项目采购管理办法》《滁州学院二级单位自主采购操作规程》《滁州学院采购管理办法实施细则》《滁州学院科研仪器设备采购管理暂行办法》《滁州学院采购项目验收管理办法》等采购相关的规章制度,为严格规范学校招标采购行为、提高招标采购工作效率提供政策依据。

2. 成功利用外国政府贷款采购教学设备

"十一五"期末至"十二五"期初,经多方努力,通过滁州市发展改革委员会、安徽省教育厅、安徽省财政厅、安徽省发展改革委员会、国家发展改革委员会、财政部等政府主管部门批准,学校成为全国唯一一所成功申请到两项外国政府贷款项目的本科院校,其中西班牙政府贷款额度为 255 万欧元、以色列政府贷款额度为 600 万美元。两项贷款共为学校购置了教学科研仪器设备 1 333 台,使学校装备水平在较短时间内走到全省同类高校前列。两项目实施过程中,先后接受省财政厅投资项目评审中心对学校通过国外政府贷款引进教学设备项目的绩效评价,评价结果均为"优秀"等次。学校 3 次接受教育部邀请,作为利用外国政府贷款引进教学设备优秀案例,在全国性会议上作先进经验介绍。

3. 优化创新采购方式

2011 年以来,学校紧跟国家采购政策不断调整的步伐,多举措推进政府采购和集中采购工作。推进定点采购、分散采购和二级单位自主采购,提高采购质量和效率;建设代

理机构备选库,充分利用省级大型采购代理机构;放宽教学科研自主采购权限,将校内教学科研仪器设备及服务类项目采购限额标准提高至5万元,并可根据项目特点和需求,在规定采购方法之外选择"比选""竞价"等快速采购方式。学校采购质量、采购效率、支付进度等采购工作指标始终保持在全省高校前列,2019年因政府采购预算执行进度排名省属同类高校第二,被省财政厅、教育厅通报表彰。2020年,在安徽省招标投标协会举办的年度评选活动中,学校荣获"安徽省高校招标采购先进集体"称号。2021年,在安徽省招标投标协会举办的年度评选活动中,王与荣获"安徽省高校招标采购先进个人"称号。

三、优化设备管理

学校本着"保公平、保基础、重效益、重质量"的原则,不断优化设备配置方式,加大对新建专业设备的投入力度,支持科技创新平台和优势专业的设备购置,其他专业的设备投入实行竞争性配置;实行设备购置项目化管理,强化项目预算编制和论证环节,注重设备购置质量,将设备使用预期绩效写入购置申请表,作为后期目标管理重要依据。购置前论证环节的强化在一定程度上防止了闲置浪费,避免了重复购置(图8.4)。

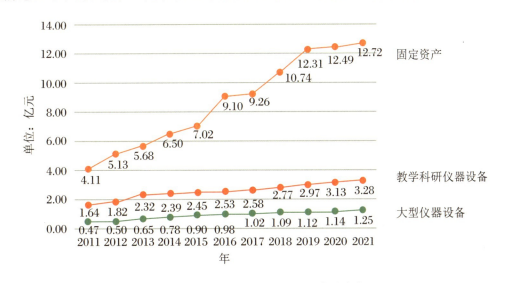

图8.4 固定资产及教学科研仪器设备值变化图

发挥现有设备潜能,更好为教学、科研、学生"双创"和社会服务。2014年,以"创新机制、盘活存量、整合完善、开放服务、提高效益"为原则,学校加强大型仪器设备管理的信息化建设,提高大型仪器设备利用率和共享开放水平。2015年,出台《大型仪器设备共享平台建设与管理办法》《大型仪器设备使用管理办法》等制度,搭建了校级大型仪器设备共享信息化管理线上平台,同时立项建设"食品检测检验中心""化工分析测试中心""空间数据处理共享平台""机械加工设备共享平台""网络大型仪器设备共享平台""经管

类专业综合实训共享平台"等校院两级大型仪器设备共享实体平台6个;大型仪器设备全部入网实现开放共享,利用率和开放水平进一步提高。

学校引导各二级学院在充分利用现有设备的基础上,自制实验实训设备用于教学科研和创新创业,提高师生研发和实践能力。2016年,经校内选拔并推荐参加安徽省首届高等学校自制实验教学仪器设备展示评选,获得一等奖4项、三等奖7项。

建立健全大型仪器设备使用效益评价体系,制订严格科学的仪器设备使用绩效考核办法,学校每年定期对大型仪器设备运行管理和效益状况进行检查与考核,通过"使用机时、开放程度、人才培养、科研成果、功能利用与开发、设备管理"等指标进行使用效益评价,评价结果作为年度综合管理工作考核的重要依据,有效改善了教学科研仪器设备的管理和使用,促进了设备使用绩效的提升。

第五节 完善内部审计

围绕学校中心工作,积极开展审计工作,逐步实现从财务收支审计、基建维修工程审计扩展到领导干部经济责任审计、科研经费审计、能源审计、清产核资审计、绩效审计等,推进审计工作从事后监督到事前、事中监督,做到审计领域、审计对象、审计时间过程全覆盖。

一、完善审计制度

1. 完善制度建设,推进工作规范化

审计处前身为成立于1998年4月的"滁州师专审计室",科级建制。2001年学校成立"监察审计处"。2005年11月,监察审计处与纪委办公室合署办公,为处级建制,内设审计科。2018年12月,学校独立设置"审计处",配备处长1人,内设审计科。现有专职审计人员4人,其中研究生3名、本科生1名;高级审计师1人、中级会计师1人、中级审计师1名;具有二级建造师资质1人、工程造价员资质1人。

学校重视内部审计制度建设,建立了较完善的内部审计制度体系。2011年以来,先后制(修)订内部审计制度14项,其中财务类审计制度2项、内管干部经济责任审计制度1项、专项审计制度2项、效益审计制度1项、工程类审计制度3项、审计整改制度1项、内部控制制度4项,保证了审计工作的顺利进行。

2. 明确岗位责任,规范审计程序

审计处根据岗位特点和人员情况,及时调整人员分工,明确各岗位审计人员工作职责。严格规范内部审计工作程序、强化对送审项目材料的审核,对审计资料交接表、廉政

承诺书、施工告知书、审计承诺书、审计事务所质量承诺书等审计工作资料进一步修改完善,规范审计过程管理,防范审计风险,提高审计效率。通过学校智慧校园建设,积极推进审计工作信息化建设,建立工程竣工结算审计网上送审平台,进一步规范工程结算审计程序及部门职责,简化审计过程中线下审批流程。

3. **强化队伍建设,提升业务素质**

学校每年积极选派审计人员参加省教育厅、省审计厅及内审协会组织的业务培训、交流和理论研讨,提升审计人员的理论水平和从业技能。2011年以来,审计人员在省级刊物公开发表论文16篇,连续6年有7篇论文在安徽省审计厅开展的内部审计理论研讨中荣获二等奖,审计调查项目荣获全省优秀奖。2008~2013年,连续6年被安徽省审计厅评为"全省内部审计先进单位""安徽省内部审计先进集体"(图8.5);1人荣获"安徽省内部审计先进工作者"称号,2人荣获"安徽省内部审计领军人物"称号。

图8.5 学校被授予"安徽省内部审计先进集体"

二、履行审计职能

2011年以来,审计处共开展审计项目699项,其中,财务收支审计项目13项,处级干部经济责任审计项目90项,专项审计和审计调查42项,基建维修工程结算审计项目554项。基建维修工程结算审计为学校节约直接投资5 687.30万元(核减额);审签各类招标文件和经济合同367项,在建工程跟踪审计1 361人次,取得了良好的经济效益和社会效益。

1. **实行财务年审制,规范经济行为**

学校建立预算执行与财务收支年度审计全覆盖制度。从2001年开始,学校每年通过委托社会中介机构、高校内部审计与社会中介机构联合审计、内部审计等多种审计方式对校级预算执行与财务收支和二级财务收支情况进行审计。通过财务收支年审,进一步严肃财经纪律、严格财务管理,建立有效的内部控制约束机制,逐步实现了以查错纠弊为主向监督和评价内控制度及经济效益为主的模式转变。

2. 开展经济责任审计,促进廉政建设

2011年以来,审计处先后对87位处级干部进行了经济责任审计,促进了领导干部依法依规行使职权,增强了领导干部的责任意识和纪律观念,同时也为学校提拔和任用干部提供了重要参考依据。

3. 加强工程审计,维护学校利益

审计处一直将基建维修项目审计作为内审工作的重中之重,在工程竣工结算必审的基础上,积极开展建设项目全过程跟踪审计,逐步实现从事后监督向全过程监督的转变。

2011年以来,完成基建维修工程结算审计554项,送审金额44 946.82万元,审减金额5 687.30万元,平均审减率达12.65%,有效降低了学校建设成本,切实维护了学校利益。其中,内部审计项目445项,送审金额4 414.18万元,审减金额516.98万元,平均审减率达11.71%;委托审计项目109项,送审金额40 532.64万元,审减金额5 170.32万元,平均审减率达12.76%(表8.5)。

表8.5 2011～2020年学校开展工程结算审计情况表

(单位:万元)

年份	内部审计			委托审计		
	项目数	送审金额	审减金额	项目数	送审金额	审减金额
2011年	65	347.95	52.86	4	4 904.69	697.04
2012年	43	799.27	104.96	4	622.78	15.16
2013年	99	1 300.1	104.61	10	10 268.82	841.96
2014年	45	472.4	39.39	6	725.61	131.38
2015年	58	445.86	82.64	16	7 540.81	1 295.49
2016年	48	185.17	32.22	13	2 248.53	226.08
2017年	23	230.11	29.47	1	20.72	5.5
2018年	14	99.69	7.96	20	9 341.86	1 403.88
2019年	9	64.77	12.86	17	3 743.25	411.52
2020年	20	239.21	29.92	7	288.25	40.14
2021年	21	229.65	20.09	11	827.32	102.17
合计	445	4 414.18	516.98	109	40 532.64	5 170.32

为规范施工过程管理,减少结算审计中的争议,2011年以来,审计处采取内部审计

方式对青年周转房、学生公寓2A楼、教职工公寓楼、田径实训场、教学楼宇环境项目提升、校医院改造工程等基建项目及零星维修工程开展了跟踪审计，共计1 361人次。对投资金额较大、施工技术较为复杂的综合实验楼、人才公寓4/5号楼、学生公寓A/B号楼项目，采用社会中介机构与内部审计相结合的方式开展清单控制价复核审计及跟踪审计，进一步加强对基建项目的过程监督，提高建设资金使用效益，维护学校合法权益。

4. 开展专项审计，严肃财经纪律

围绕学校关注的重点、管理的难点、教职工关心的热点问题，不断拓展审计范围，从2000年开展职工购房房价审核、经济合同审计，逐步扩展到能源审计、后勤服务中心和商贸服务公司清产核资审计、教学科研仪器设备绩效审计、科研经费审计等专项审计，进一步加强了对学校重点领域的审计监督，规范了学校经济活动行为。

2014年10月，为了解学校能源使用情况，推进校园节能平台建设，委托安徽省计量科学研究院对学校能源的使用情况开展了审计。2015年7~8月，为加强对公务消费支出和基建项目的管理，委托社会中介机构对学校2014年度公务支出公款消费情况、2012~2014年基建及零星维修项目管理情况进行了审计。2015年8~9月，为进一步加强对纵向科研项目经费的管理，对省级自然科学研究项目和国家自然科学基金项目开展了专项审计。2019年3~4月，为促进后勤服务中心、商贸服务公司二级账务并入学校账务统一管理，推进审计整改有效落实，对后勤服务中心、商贸服务公司开展了清产核资审计和经济鉴证审计。2020年6月，为进一步加强对横向科研项目经费的管理，提高横向科研经费使用效益，根据校长办公会议要求，对产学研合作项目经费使用情况进行了专项审计。

5. 配合省审计厅开展校领导任期经济责任审计

2016年8月1日至9月9日，省审计厅派出审计组对学校校长许志才任期经济责任履行情况进行了审计。2019年8月20日至10月14日，省审计厅派出审计组对学校党委书记陈润和原校长许志才任期经济责任履行情况进行了审计。审计处积极配合，认真做好协调、沟通，按时上报相关材料，确保审计组顺利、按期完成审计任务。审计整改完成后，整改结果及时向省审计厅和省教育厅报告。学校整改情况受到省审计厅的认可和表彰。

三、强化审计整改

学校高度重视审计成果运用，召开审计整改专题会议，认真研究制订审计整改工作实施方案，加强跟踪和督察，确保审计问题整改落实到位。

1. 健全整改机制

学校成立审计工作领导小组，统筹协调各部门整改工作。建立整改会商机制，对审计揭示的普遍性、倾向性、苗头性问题，特别是涉及机制体制问题、历史遗留问题和其他

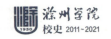

疑难问题进行会商,研究解决措施,提出意见建议,推进整改有效落实。

学校出台《滁州学院审计整改工作实施办法》;建立了审计整改统筹协调、跟踪检查、对账销号、整改追责、结果运用、结果公开通报等审计问题整改机制;对审计中发现的问题实行"问题清单""整改清单""销号清单"闭环管理,提升审计整改工作质量和效果,充分发挥内部审计在学校监督体系中的重要作用。实行审计结果报告制,建立审计整改跟踪检查和追责机制。

2. 强化成果运用

通过审计发现问题并整改,建立健全学校内部控制长效机制。2011年以来,通过强化审计整改工作,促进学校制(修)订42项内部管理制度,有效加强学校内部控制,堵塞管理漏洞,推进学校事业健康可持续发展。

3. 整改到位

2019年3月、2020年5月、2021年10月,根据年度审计工作安排,审计处分别对2016年以来的审计项目开展审计整改"回头看",检查审计中发现问题的整改情况,对责任单位未落实整改的事项,深入分析原因,提出处理措施,下发审计整改通知书,督促责任单位限期落实整改。

学校2016年、2019年校领导任期经济责任审计整改工作得到了省审计厅的充分肯定。2017年,安徽省审计厅在《安徽审计信息》(第16期)刊发《滁州学院以审计整改为契机,强化制度建设,规范学校管理》,对学校审计整改工作给予通报表彰。

第六节 加强校园基本建设

校园基本建设是学校事业可持续发展的基础保障条件。10年来,学校在深化后勤改革、理顺管理机制、加强基本建设、改善办学条件等方面做了大量工作,取得了可喜成绩,助推了学校发展。

一、修编校园规划

学校按照"山水校园、人文校园、节约校园、智慧校园、和谐校园"的思路,加强校园规划与建设,完善办学条件与设施,不断满足学校日益扩大的办学规模之需。

学校有琅琊、会峰两个校区。琅琊校区建于学校初创时期的1952年,占地255.5亩(17.03×10^4 m²)。会峰校区以西涧路为界,分为东、西两个区域。会峰校区东区始建于2001年,占地约430亩(28.67×10^4 m²)。2005~2010年,学校在市委、市政府的大力支持下,陆续征用西涧路以西857亩(57.13×10^4 m²)土地,作为会峰校区扩建用地,2013

年完成基本建设,即会峰校区西区。

随着办学规模的扩大,学校继续设法扩大校园面积。2013年在会峰校区西区学生公寓北侧征用土地约30.6亩(2.04×10^4 m^2)。2017年与滁州市土地储备中心签订土地划拨协议,同意将滁州正大有限公司地块102亩(6.8×10^4 m^2)土地划拨给学校,作为产学研预留用地。学校占地面积从2010年的1 475.1亩(98.34×10^4 m^2)扩展至2020年的1 633.5亩(108.9×10^4 m^2),2021年底校舍建筑面积达到48.12×10^4 m^2。

蔚然深秀的琅琊山虽为校园环境增色,但也成为制约学校阶段性建设的重要因素。学校两个校区校园有近900亩(60.0×10^4 m^2)土地在琅琊山风景区规划范围内。2014年,国家住建部、省住建厅要求滁州市政府自7月6日起,暂停琅琊山风景区规划范围内所有项目,导致学校一栋即将进入施工招标环节的实验实训楼不得不停建,其他几处原本可建的区域也不允许建设。

此后,学校多次商请滁州市委、市政府,希望将校园从琅琊山风景区规划范围内调整出来,以便加快建设、改善条件、推进发展,但因风景区规划垂直管理、国家统筹等因素,一直没有实现。直到2017年,学校借琅琊山风景区凤凰湖景区详细规划调整的契机,邀请滁州市规建委、琅管委多次前往省住建厅和国家住建部汇报、沟通,终于在2018年4月,住建部在批复凤凰湖景区详规时同意将我校校园作为教育用地予以保留,在指定的部分区域(会峰校区3个区域、琅琊校区2个区域)准予建设,但需严格控制建设用地规模和建筑规模。

以此为契机,学校于2018年底正式启动校园规划修编工作,并专门成立了以党政主要领导为组长的修编领导小组。经过为期一年的广泛调研、深入研讨、充分论证、科学研制、反复修订、数易其稿,由同济大学建筑设计集团主持的校园规划修编方案2020年5月出炉,经专家论证会、教代会执委会讨论通过后,2020年7月经校长办公会、党委常委会研究同意,上报滁州市规划部门批准。方案中,规划新增建筑面积35.21×10^4 m^2(会峰校区30.73×10^4 m^2、琅琊校区3.43×10^4 m^2),基本满足学校发展要求。

二、推进基础建设

(一)教学行政用房建设

1. 实验楼Ⅰ标段、Ⅱ标段建设

2011年12月投入使用的实验楼Ⅰ标段2栋(行政楼、地信楼)为6层框架结构楼宇,总建筑面积为1.56×10^4 m^2。2012年11月投入使用的实验楼Ⅱ标段4栋(信息楼、数学楼、化工楼、生工楼)均为5层框架结构楼宇,总建筑面积为1.83×10^4 m^2。上述6栋组团式建筑的建成,大大缓解了教学实验用房的紧张状况,各二级学院基本形成了有独立楼宇的使用格局。

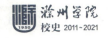

2. 综合实验楼建设

综合实验楼为 2017 年省统筹高等教育专项资金资助项目,该工程为 2 栋(机械楼、土木楼)7 层框架结构楼宇,总建筑面积为 $4.22×10^4$ m^2。2017 年项目建成后,交付给土木学院和机械学院使用。

3. 实验实训 1 号楼建设

实验实训 1 号楼为省统筹高等教育专项资金资助项目,该工程为 1 栋 5 层框架结构楼宇,总建筑面积约为 $1.9×10^4$ m^2。2022 年项目建成后,交付给食品学院和化工学院使用。

(二)学生公寓建设

学校先后建设了 7 栋学生公寓,建筑面积为 $5.85×10^4$ m^2。学生公寓 11#、12# 楼,系 2 栋 6 层砖混结构内廊式学生宿舍,总建筑面积为 $1.48×10^4$ m^2,于 2012 年 9 月投入使用。学生公寓 13#、14# 楼,系 2 栋 6 层砖混结构内廊式学生宿舍,总建筑面积为 $1.20×10^4$ m^2,于 2013 年 9 月投入使用。学生公寓 2A 楼,系 1 栋 6 层框架结构内廊式学生宿舍,总建筑面积为 $0.96×10^4$ m^2,于 2014 年投入使用。学生公寓 17#、18# 楼,系 2 栋 6 层框架结构内廊式学生宿舍,总建筑面积为 $2.21×10^4$ m^2,于 2018 年 9 月投入使用。

(三)教职工宿舍建设

为缓解高层次人才住房紧张状况,学校投入经费建设了会峰校区人才公寓楼 2 栋、琅琊校区教工楼 2 栋。会峰校区人才公寓 2# 楼,为框架结构 6 层共计 36 套,总建筑面积为 $0.41×10^4$ m^2,于 2012 年 11 月竣工交付。会峰校区人才公寓 3# 楼,为框架结构地上 6 层,地下车库 1 层,共计 36 套,总建筑面积为 $0.60×10^4$ m^2,于 2014 年 6 月交付使用。琅琊校区教工 16#、17# 楼,为 2 栋框架结构 6 层共计 48 套,总建筑面积为 $0.62×10^4$ m^2,于 2017 年 5 月交付使用。

此外,2012 年学校抓住滁州市商品房价格总体处于低位的情况,积极与学校周边开发商进行团购洽谈,为教职工在文昌花园 11 号楼团购住房 108 套,并为教职工协调购房公积金贷款事宜,进一步改善了教职工的住房条件。

三、深化后勤改革

2011 年以来,后勤部门秉承"服务教学、服务科研、服务师生"的理念,持续深化后勤综合改革,完善后勤保障与服务体系,不断提升后勤服务质量,努力让师生享受更好更优质的后勤服务,积极打造"暖心后勤、品质后勤"。

(一)改革机构理顺关系

2011年6月,依据《滁州学院机构设置及处级岗位职数方案》,学校设置后勤管理处、后勤服务集团两个处级机构,同时设置会峰校区二期建设办公室,与后勤管理处合署办公。

2014年6月,依据《中共滁州学院委员会滁州学院关于印发滁州学院机构设置及处级岗位职数方案的通知》,学校将原后勤管理处和会峰校区二期建设办公室合并,成立后勤管理与基建处;同时设置后勤服务集团。

2016年7月,依据《滁州学院关于印发后勤综合改革方案的通知》,学校设置后勤管理与基建处、后勤服务中心(后勤服务集团)。方案明确,后勤机构基本剥离原有的服务自营功能,主要职责转变为后勤管理和对服务外包的监管,从而逐步建立对外开放、竞争有序、监管到位、优质高效、充满活力的后勤管理服务模式,真正实现由自办后勤为主向选后勤、监管后勤为主的转变。

2018年11月,依据《中共滁州学院委员会滁州学院关于印发滁州学院处级机构设置及处级岗位职数方案的通知》,学校将原后勤管理与基建处、原后勤服务中心(后勤服务集团)合并,组建了新的后勤管理与基建处。

(二)强化服务提升质量

1. 开水器进公寓

后勤部门考察学习江苏高校成功经验,引入社会企业投资开水器进公寓,沿用了数十年的开水房关闭了,大大方便了学生生活。

2. 空调进公寓

学校于2014年5月1日在省属高校中率先完成了"空调进公寓"安装改造,3 700间学生宿舍全部用上了空调;在当年全省高校"空调进公寓"推进会上,学校应邀作典型经验交流。之后,大型教室、自修室、图书馆、食堂全部安装了吸顶空调,校园电力负荷增加到20 000 kVA。

3. 洗浴进公寓

学校于2016年采用BOT模式引进校外企业,在学生公寓每栋楼(少数楼宇为每层楼)建设自助淋浴室,洗浴用水采用"太阳能+空气源"热泵供水系统。

4. 洗衣机进公寓

在小规模洗衣机进公寓服务试行多年的基础上,2019年,学校升级了全自动洗衣机和烘干机,且实行网上预约、扫码支付。

5. 快递进校园

引进快递物流企业建立校内快递中心,采用"云"收件,师生自主扫码领取货物。省内外数十家高校先后来校学习这一做法。

6. 自动贩卖机进校园

2019年学校通过采购,引入自动贩卖机供应商投放校园,扫码购物,方便快捷。

7. 建成全省高校首家无人超市

2019年12月,在全省高校中建成首家24小时无人超市,"刷脸"出入、"刷脸"支付。

8. 教工餐厅正式营业

有效提升了广大教职工的幸福感和获得感,成为教职工沟通工作、交流互动的平台,进一步增强了教职工的凝聚力和向心力。

9. 建成学生公寓人脸识别门禁系统

2019年在会峰校区各学生公寓管理站安装人脸识别门禁系统,让学生公寓出入人员管理"前端无感知,后台有提示",增强了管理的安全性。

10. 建设节约型校园

学校建立了能源监管平台一期工程,申报节能专项资金,改造"跑冒滴漏",杜绝"长明灯""长流水"现象发生;扎实开展"光盘行动",坚决杜绝粮食浪费。

11. 消费扶贫助力脱贫攻坚

通过"农校对接""面向采购",将贫困县绿色新鲜蔬菜和米面油等大宗物资"零距离"送往校内各家食堂餐厅,为安徽省脱贫攻坚作贡献。

12. 强化伙食监管

制订引入社会餐饮企业管理与奖励办法,将食堂"零租赁"政策落到实处。加强对学生食堂的监管,确保基本大伙"保质降价"和特色风味小吃"保质稳价",较好体现了食堂的公益性。

2011年以来学校后勤工作获得的荣誉见表8.6。

表8.6 2011年以来学校后勤的工作获得的荣誉

序号	时间	获得荣誉
1	2011年5月	全国高校节能管理先进院校
2	2011年12月	全国高校后勤十年社会化改革先进院校
3	2011年12月	安徽省高校餐饮行业先进集体
4	2011年12月	安徽省高等院校学生公寓管理服务工作先进集体
5	2012年7月	全国高校"农校对接"与学生食堂采购工作先进院校
6	2012年12月	全国高校后勤系统信息宣传工作先进单位
7	2013年11月	安徽省伙食物资集中采购先进集体
8	2014年5月	安徽省节约型公共机构示范单位
9	2014年12月	安徽省高校餐饮行业先进集体

续表

序号	时间	获得荣誉
10	2015年12月	2014~2015年度安徽省高校学生公寓工作先进集体
11	2016年3月	安徽省教育基本建设学会2014~2015年度优秀会员单位
12	2016年6月	安徽省公共机构能源资源计量示范单位
13	2019年1月	安徽省级节水型单位

第七节　建设平安校园

安全稳定的校园环境是学校事业发展的前提和基础。学校深入学习贯彻习近平总书记关于安全生产重要论述,牢固树立安全发展理念,强化底线思维和红线意识,以平安校园建设为抓手,完善安全稳定的工作责任体系,强化安全教育和应急演练,积极防范化解重大风险,加强突发事件应急处置,增强师生安全感,为建设地方应用型高水平大学提供安全、稳定、和谐的校园环境。

一、完善安全稳定工作机制

（一）落实安全稳定工作责任制

学校高度重视安全稳定工作,与重点工作同谋划、同部署、同落实、同检查、同考核。逐步完善"党政同责、一岗双责、齐抓共管、失职追责"安全稳定工作责任体系,成立了滁州学院防范化解重大风险工作领导小组、安全稳定工作领导小组、安全生产(消防安全、实验室安全)管理及校园治安综合治理工作领导小组、国家安全人民防线建设领导小组等领导机构,加强对安全稳定工作的组织领导。学校每年召开安全稳定工作会议,定期召开安全工作例会,研究部署安全稳定工作,并分别与各二级单位签订《安全稳定工作目标责任书》《消防安全责任书》,按照"谁主管,谁负责"的原则,明确各单位安全稳定工作责任。

（二）健全安全管理规章制度

2011年以来,制(修)订《滁州学院校园秩序管理规定》《滁州学院校园交通安全管理规定》《滁州学院消防安全管理规定》《滁州学院校园门禁系统管理办法》《滁州学院安全

生产管理暂行规定》《滁州学院110平台运行暂行规定》《滁州学院校园大型活动安全管理规定》《滁州学院安全稳定工作考核办法》《滁州学院安全稳定信息报告暂行办法》《滁州学院实验室安全管理办法》《会峰路派出所滁州学院警务室安全稳定工作会商制度等五项制度》等安全管理规章制度,有力推进了学校安全工作的科学、规范管理,确保安全工作有章可循。

学校先后制订《滁州学院突发公共事件应急预案》《滁州学院防汛抗旱应急预案》《滁州学院学生突发事件应急预案》《滁州学院档案馆突发事件应急预案》《滁州学院山林防火应急预案》《滁州学院网络与信息安全突发事件应急预案》《滁州学院雷雨恶劣天气应急预案》等应急预案,形成"学校统筹协调、部门广泛参与、防范严密到位、处置快捷高效"的应急管理工作机制,增强了学校应对各类突发公共事件的处置能力。

深化警校协作联动机制,扎实开展校园及周边综合治理。2018年,按照省教育厅、省公安厅要求,建成"会峰路派出所滁州学院警务室",工作人员和办公设施及时配备到位,警校双方联合制订了维护学校稳定工作会商制度、重大情况即时报告制度、学校涉稳情况周研判制度、突发情况处置制度以及值班值勤制度等规章制度。

二、强化安全保卫工作

(一)加强安全知识教育和应急演练

坚持"预防为主、教育在先",学校充分利用校园网、广播、微博、QQ、微信公众号等载体,多形式开展经常性、普遍性安全教育,普及安全知识,提升师生安全素质。严格落实安全教育教学计划,学校把安全教育课纳入学生学业必修课(2个学分),发放《大学生安全知识读本》作为安全教育课教材,将安全教育列入新生入学教育重要内容。2011年以来,学校将每年的5月份定为"安全教育宣传月",通过讲座、宣传展板、报告会、主题班会、团日活动等形式,加强学生法制、交通、消防、应对自然灾害、防止网络不良信贷、防范电信诈骗等安全知识教育,联合公安机关开展安全教育进校园活动,在易班平台引入《互联网+大学生安全教育》,定期向学生推送各类安全知识,使安全教育深入人心。学校注重各项应急演练活动,2011年以来,每年举行"'5.12'防震、防空应急疏散演练"和"'9.18'防空应急疏散演练";每年10月份,组织保安人员、图书馆人员、实验室管理人员、楼宇物业人员、学生公寓管理人员等开展山林防火演练、室外灭火演练、实验室消防演练灭火演练;此外,针对暴恐势力可能对高校渗透的新形势,学校自2014年开始每年都组织开展防暴恐演练。学校申报的"坚持以人为本·强化应急演练"获安徽省第二届"平安校园"建设优秀成果奖二等奖。

(二)强化安全隐患排查与化解

学校建立健全安全隐患排查整治常规制度,坚持经常性排查与定期排查、重点排查与普遍排查相结合,在重大节假日、重大政治活动、重要敏感日期间及新生入学、毕业生离校等特殊时期实行专项排查;扎实开展"安全生产月"和"安全生产万里行"活动,印发《滁州学院安全生产集中整治工作实施方案》《滁州学院安全生产隐患集中排查治理工作实施方案》,集中排查整治校园安全隐患。2011年以来,学校每年组织开展全校性安全大检查不少于10次,按照"全覆盖、零容忍"的要求,持续深入开展全方位、拉网式排查,全面排查治安、消防、交通、食品、危险化学品等方面安全隐患;认真开展消防安全专项整治工作,认真落实消防安全巡查制度,坚持每日防火巡查,定期对两校区消防设施、应急灯、安全出口标志、灭火器材进行安全专项检查,对出现故障和存在安全隐患的消防设施、应急灯、安全出口标志、灭火器材等及时维修、更换;对排查出的安全隐患建立问题、责任、整改"三个清单",严格做到"不存在任何一个盲区,不放过任何一个漏洞,不忽略任何一个盲点,不留下任何一个隐患";每次隐患排查做到事前有通知、检查有记录、结果有通报、整改有措施,严格实行销台账制度,彻底消除不安全因素。

三、提升"三防"建设水平

"三防"是校园治安防范的根本性措施之一。

1. 人防方面

安全保卫处现有工作人员10人,外聘保安45人,安保力量相对充实。2011年以来,每年举办两期保安工作培训班,有效提升安保人员的工作技能。

2. 物防方面

在学生公寓等重点部位、重要区域、重点场所安装防护栏、防盗门、反攀爬装置和照明设施,加固、加高校园围墙,设置灭火器、消火栓、减速带、反光镜、限速标识等消防与交通安全设施,为保安人员配备巡逻车、警棍、强光电筒、对讲机等必要的执勤、防护和抓捕器械,在校园偏僻、各类案件易发地段设立治安岗亭2个。

3. 技防方面

学校先后共投入资金350余万元建设了校园110监控中心,在会峰、琅琊校区学生公寓、实验室、图书馆、教学楼、办公场所、校园重要路段与重点部位安装了800多个监控探头,基本实现校园监控全覆盖、无盲区,并在校园一些重要部位安装红外线自动报警装置。2015年,学校投入35万元建成了包含车牌识别、超速预警等功能在内的校园门禁系统,并将之整合到校园110平台,实现对校园车辆智能化管理。2019年,学校110平台与滁州市公安部门雪亮工程对接,与公安机关监控系统联网。学校在图书馆、综合实验楼、行政楼等重要场所建立了消防火灾自动报警系统,对火灾隐患、设施故障、火警信号进行实时监测和预警,大大节约了值守人力成本,有效提升了校园消防安全管理水平。

第九章　党的建设和思想政治工作

学校党委坚持以习近平新时代中国特色社会主义思想为指导,全面落实新时代党的建设总要求,全面贯彻党的教育方针,坚持社会主义办学方向,落实立德树人根本任务,坚持和加强党对学校工作的全面领导,落实全面从严治党要求,学校党的建设和思想政治工作不断加强,高质量党建引领高质量发展成效显著。2015年以来,学校领导班子在省委综合考核中6年获评"优秀"。2018年,学校获批全省"三全育人"综合改革试点高校;2019年,学校入选首批"全省党建工作示范高校"。

第一节　加强领导班子和干部队伍建设

安徽省委、省政府高度重视学校领导班子建设,适时调整充实学校领导班子,为推进学校事业发展提供了坚强有力的组织保证。学校党委贯彻执行党的干部路线方针政策,近10年先后完成3次中层领导班子换届和干部日常选拔任用工作,强化干部教育培训,完善考核评价机制,健全激励约束机制,大力营造务实重干、竞进有为的创业生态,推动学校事业高质量发展。

一、建强学校领导班子

学校领导班子是学校的"火车头"。坚持和完善党委领导下党的校长负责制,贯彻执行民主集中制,持续优化领导班子结构,合理调整班子成员分工,健全落实集体领导和个人分工负责相结合制度,全面提高班子办学治校能力水平,是推动学校事业高质量发展的关键所在。

（一）校级领导班子调整与充实

2011年以来,省委、省政府从学校领导班子建设实际出发,充分发扬民主,在广泛听取各方面意见的基础上,经反复酝酿、慎重研究,于2011年、2012年、2015年、2017年、

2018年、2020年分别调整、充实了学校领导班子,其中,2012年、2017年分别召开了厅级干部任职与考核大会、教师干部大会(表9.1),这充分体现了省委、省政府对学校领导班子建设和学校事业发展的高度重视,有力地推动了学校建设和事业发展。

表9.1 2011～2020年学校领导班子调整情况一览表

序号	时间	文号	姓名	任职	免职
1	2011年2月6日	皖〔2011〕22号	程曦	滁州学院副院长	/
2	2011年6月1日	皖〔2011〕113号	倪阳	滁州学院党委副书记	/
3	2012年8月27日	皖〔2012〕151号	庆承松	滁州学院党委委员、书记	/
4			王永富	滁州学院党委委员、纪律检查委员会书记	/
5			余在岁	/	滁州学院党委书记、委员
6			汪湘水	/	滁州学院党委委员、纪律检查委员会书记
7	2012年9月11日	皖政人字〔2012〕27号	郑朝贵	滁州学院副院长	/
8			吴开华	滁州学院副院长	/
9			余在岁	滁州学院督导员	/
10			汪湘水	滁州学院督导员	/
11	2015年8月7日	皖〔2015〕151号	张勇	滁州学院党委委员、副书记	/
12	2017年5月18日	皖〔2017〕128号	庆承松	省委教育工作委员会副书记	滁州学院党委书记、委员
13	2017年9月11日	皖〔2017〕250号	陈润	滁州学院党委委员、书记	安徽工业大学党委副书记、常委、委员
14			谭中元	滁州学院党委委员、纪律检查委员会书记	/
15	2018年3月23日	皖政人字〔2018〕15号	程曦	阜阳师范学院院长	滁州学院副院长
16	2018年5月23日	皖〔2018〕153号	郑朝贵	滁州学院院长	/
17			许志才	滁州学院督导员	滁州学院院长
18	2018年5月23日	皖〔2018〕154号	郑朝贵	滁州学院党委副书记	/
19			许志才	/	滁州学院党委副书记、委员

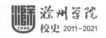

续表

序号	时间	文号	姓名	任职	免职
20	2019年11月11日	皖政人字〔2018〕45号	许志才	/	滁州学院督导员
21	2020年5月18日	皖政人字〔2020〕33号	陈桂林	滁州学院副院长	/
22			李庆宏	滁州学院副院长	/

(二)学校领导班子分工及调整

坚持集体领导和科学分工相结合,合理确定领导班子成员分工。2011年以来,因人事变动、机构调整和工作需要,7次对领导班子成员分工进行了调整(表9.2)。

表9.2 2011~2020年学校领导班子分工及调整情况一览表

序号	时间	文号	姓名	分工情况
1	2012年9月14日	院委〔2012〕40号	庆承松	主持学校党委全面工作。分管组织部、离退休工作处,联系地理信息与旅游学院(地理信息技术研究所)、音乐学院
			许志才	主持学校行政全面工作。分管人事处、财务处,联系机械与电子工程学院、数学科学学院(大学数学教学部)
			倪阳	负责宣传、统战、党校、学生、共青团、关工委方面的工作。分管办公室(党办、院办、外办)、宣传部(统战部)、学生处(学工部)、机关党总支、团委,联系材料与化学工程学院(化工技术研究所)、思想政治理论课教学研究部
			程曦	负责科研、学科建设、继续教育、图书资料、信息化建设方面的工作。分管科技处(学科建设办公室、服务地方办公室、学报编辑部)、继续教育学院、图书馆,联系计算机与信息工程学院(信息技术与网络中心、大学计算机基础教学部)、外国语学院(大学英语教学部)
			郑朝贵	负责教学、教学评建、招生方面的工作。分管教务处(招生办公室、评建办公室)、实验实训中心,联系文学与传媒学院、教育科学学院
			吴开华	负责后勤、基建、资产管理、保卫方面的工作。分管后勤管理处、二期建设办、国有资产管理处、保卫处(保卫部、武装部)、后勤服务集团,联系经济与管理学院、美术与设计学院
			王永富	负责纪检、监察、审计、工会方面的工作。分管纪委办公室、监审处、工会,协管党风廉政建设、离退休工作,联系生物与食品工程学院、体育学院(大学体育教学部)

续表

序号	时间	文号	姓名	分工情况
2	2015年7月7日	校党字〔2015〕20号	程曦	增加分管学生处、团委工作,负责学生、共青团工作,联系思想政治理论课教学研究部
			郑朝贵	增加联系材料与化学工程学院工作
			许雪峰	协管科研、学科建设工作
			邢存海	协管宣传、统战工作
3	2015年9月2日	校党字〔2015〕25号	庆承松	主持学校党委全面工作。分管办公室、党委组织部(离退休工作处),联系地理信息与旅游学院、音乐学院
			许志才	主持学校行政全面工作。分管人事处、发展规划处、财务处,联系机械与汽车工程学院、电子与电气工程学院、数学与金融学院
			张勇	负责宣传、统战、工会、继续教育、校园文化建设、关工委方面的工作。分管宣传部(统战部)、工会、继续教育学院、机关党总支,联系材料与化学工程学院、思想政治理论课教学研究部
			程曦	负责科研、学科建设、学生、共青团、图书资料、信息化建设方面的工作,分管科技处、学生处、图书馆、团委,联系计算机与信息工程学院、外国语学院
			郑朝贵	负责教学、实验实训、招生、外事方面的工作。分管教务处、国际交流与合作处,联系文学与传媒学院、教育科学学院
			吴开华	负责后勤、基建、资产管理、保卫方面的工作。分管后勤管理与基建处、资产与设备处、保卫处、后勤服务集团,联系经济与管理学院、美术与设计学院
			王永富	负责纪检、监察、审计方面的工作。分管纪委办公室、监审处,协管党风廉政建设、离退休工作,联系生物与食品工程学院、体育学院
			许雪峰	协管科研工作
			邢存海	协管宣传工作
4	2017年10月13日	校党字〔2017〕55号	陈润	主持学校党委全面工作。分管办公室(党委办公室、档案馆)、党委组织部(离退休工作处、党校办公室),联系地理信息与旅游学院、音乐学院
			许志才	主持学校行政全面工作。分管人事处(党委教师工作部)、发展规划处(质量管理办公室、高教研究所)、财务处,联系机械与汽车工程学院、电子与电气工程学院、数学与金融学院

续表

序号	时间	文号	姓名	分工情况
4	2017年10月13日	校党字〔2017〕55号	张勇	负责思想政治工作、宣传、统战、工会、关工委、继续教育、校园文化建设方面的工作。分管党委宣传部(党委统战部)、机关党总支、工会、继续教育学院,联系材料与化学工程学院、马克思主义学院
			程曦	负责科研、学科建设、学生、共青团、图书资料、信息化建设方面的工作。分管科技处(学报编辑部、学科建设办公室、服务地方办公室、学术委员会办公室)、学生处(党委学工部、就业指导中心、学生资助管理中心、学生心理健康咨询中心)、团委、图书馆,联系计算机与信息工程学院、外国语学院
			郑朝贵	负责教学、实验实训、招生、外事方面的工作。分管教务处(招生办公室、实验实训中心、考试中心、教师发展中心)、创新创业学院、国际交流与合作处(港澳台事务办公室),联系文学与传媒学院、教育科学学院
			吴开华	负责保卫、后勤、基建、资产管理、信访方面的工作。分管保卫处(党委保卫部、党委武装部)、后勤管理与基建处、资产与设备处、后勤服务中心,联系经济与管理学院、美术与设计学院
			谭中元	主管纪检监察工作。分管纪委办公室、监审处,协管离退休工作,联系生物与食品工程学院、体育学院
5	2018年9月21日	校党字〔2018〕70号	陈润	主持学校党委全面工作。分管办公室(党委办公室、档案馆),联系地理信息与旅游学院、音乐学院
			郑朝贵	主持学校行政全面工作。分管发展规划处(质量管理办公室、高教研究所)、科技处(学报编辑部、学科建设办公室、服务地方办公室、学术委员会办公室)。代管教务处(招生办公室、实验实训中心、考试中心、教师发展中心)、创新创业学院、国际交流与合作处(港澳台事务办公室)、图书馆,联系文学与传媒学院、教育科学学院。代为联系数学与金融学院、计算机与信息工程学院、机械与汽车工程学院、电子与电气工程学院、外国语学院
			张勇	负责思想政治工作、组织、人事、宣传、统战、工会、关工委、继续教育、校园文化建设方面的工作。分管党委组织部(离退休工作处、党校办公室)、宣传部(党委统战部)、机关党总支、工会、继续教育学院,代管人事处(党委教师工作部),联系材料与化学工程学院、马克思主义学院

续表

序号	时间	文号	姓名	分工情况
5	2018年9月21日	校党字〔2018〕70号	吴开华	负责财务、学生、共青团、保卫、后勤、基建、资产管理、信访方面的工作。分管保卫处（党委保卫部、党委武装部）、后勤管理与基建处、资产与设备处、后勤服务中心，代管财务处、学生处（党委学工部、就业指导中心、学生资助管理中心、学生心理健康咨询中心）、团委，联系经济与管理学院、美术与设计学院
			谭中元	主管纪检监察工作。分管纪委办公室、监审处，联系生物与食品工程学院、体育学院
6	2018年12月9日	校党字〔2018〕92号	邢存海	负责党委组织部、党校办公室工作，协管离退休工作
			陈桂林	负责党委办公室、校办公室工作，协管科技、信息化建设工作
			吉晓华	负责党委宣传部、党委统战部工作，协管精神文明建设、大学文化建设工作
			李庆宏	负责教务处、实验实训中心、招生办公室工作，协管教学、招生工作
7	2020年6月23日	校党字〔2020〕43号	陈润	主持学校党委全面工作。分管校办公室（党委办公室、档案馆、校友工作办公室），联系地理信息与旅游学院、音乐学院、美术与设计学院
			郑朝贵	主持学校行政全面工作。分管发展规划处（高教研究所）、审计处、国际交流与合作处（港澳台事务办公室），联系文学与传媒学院、教育科学学院
			张勇	负责思想政治、组织、宣传、统战、工会、关工委、继续教育、校园文化建设方面的工作。分管党委组织部（党校办公室、机关党委）、党委宣传部（党委统战部）、工会（离退休工作处）、继续教育学院，联系材料与化学工程学院、马克思主义学院
			吴开华	负责学生、共青团、稳定、安全保卫（武装）、财务方面的工作，协助做好基建管理、校友工作。分管学生处（党委学工部、就业指导中心、学生心理咨询中心、学生学习与发展中心）、财务处、团委、安全保卫处（党委保卫部、党委武装部），联系数学与金融学院、经济与管理学院
			谭中元	主管学校纪检监察工作。分管纪委办公室，联系生物与食品工程学院、体育学院

续表

序号	时间	文号	姓名	分工情况
7	2020年6月23日	校党字〔2020〕43号	陈桂林	负责科技及成果转化、后勤基建、信息化建设方面的工作。分管科技处（学科建设办公室、学术委员会办公室、学报编辑部）、科技服务与成果转化中心（工程研究院）、后勤管理与基建处、信息化建设与管理中心，联系机械与电气工程学院、外国语学院
			李庆宏	负责教学、招生、教学评估、创新创业教育、人事、资产管理、图书资料方面的工作。分管教务处（实验实训中心、招生办公室、教学评估中心、创新创业学院）、人事处（党委教师工作部、教师发展中心）、资产与设备处、图书馆，联系计算机与信息工程学院、土木与建筑工程学院

二、做好中层领导班子和领导人员选拔任用工作

2011年以来，学校先后组织开展3次中层领导班子集中换届工作，并结合事业发展需要适时开展干部日常选拔任用工作，干部选人用人工作的规范化和制度化水平不断提高，公信度和透明度持续增强。

（一）第三轮干部聘任工作

2011年6月至8月，学校党委坚持基本稳定、适当交流、加强重点、优化结构的原则，通过民主推荐、组织考察、充分酝酿、讨论决定，顺利完成第三轮处级干部聘任工作。本次换届共聘任处级干部92人，其中轮岗交流39人、新提拔12人、5人转任组织员或调研员，首次拿出10个副处级岗位进行校内竞争性选拔。聘任工作原则上向基层一线倾斜，向高学历、高职称人员倾斜，干部队伍结构得到进一步优化，一批优秀年轻干部走上领导工作岗位，给学校领导层增添了新生力量。

（二）第四轮干部聘任工作

2014年6月至10月，学校党委紧扣学校由合格向上水平发展新阶段新要求，既严格坚持干部选任原则、标准和程序，又结合学校事业发展需要和干部队伍实际，在扩大干部工作民主、创新干部选拔任用机制、提高选人用人公信度等方面进行了诸多有益探索，顺利完成第四轮处级干部聘任工作。本次换届共聘任处级干部97人，其中新提拔处级干部44人，占处级干部总数的45.36%；26名正处级干部进行了交流轮岗，占正处级干部总数的50%，是学校有史以来规模最大、范围最广、人数最多的干部大交流、大流动;聘任后具有硕士以上学位的处级干部占63%,具有副高以上职称的处级干部占53.61%,达到了发现更多优秀人才、实现人才资源合理配置、改善干部队伍结构、提高干部队伍整体素质的目的,为建设地方应用型高水平大学提供了有力的组织保证。

(三)第五轮干部聘任工作

2018年11月至2019年2月,学校党委坚持党管干部原则,坚持好干部标准,坚持民主和集中有机统一,加大交流轮岗力度,大力选拔任用优秀年轻干部,综合任期考核民主测评、民主推荐、一贯表现和人岗相适等情况,突出对干部政治品质、工作实绩、作风表现的考察,顺利完成第五轮干部聘任工作。本次换届共聘任处级干部103人,其中,新提拔处级干部29人(正处9人、副处20人),交流轮岗65人(正处31人、副处34人),学历层次较任前提高21.25%,平均年龄较任前降低2.1岁。9人回归教学科研岗位。干部队伍结构得到了进一步优化。

在干部集中换届调整工作中,学校党委注重建章立制,出台了《处级干部聘任工作实施方案》《部分副处级职位竞争上岗工作方案》《科级干部聘任工作实施方案》等一系列规章制度,探索了处级干部公开竞聘上岗、实行大评委评分等评价方式,营造了风清气正、干事创业的良好政治生态。

2017年以来,1名正厅级干部交流到省直单位任职,2名副厅级干部提任省属本科院校校(院)长,3名正处级干部提拔担任省直单位、高校副职,1名正处级干部提拔担任省属高职高专行政正职,1名副处级干部提拔交流担任团市委书记。

2020年,完成处级岗位补缺调整,提拔任用正处9人、副处10人。新提拔科级干部16人、科级辅导员11人。

三、做好干部教育培训与监督管理工作

(一)干部教育培训工作

学校党委以服务学校事业发展和干部个人成长为宗旨,坚持"学训结合、研用一体、兼挂并举",着力完善干部教育培训模式,以处级干部"双提"(提素质、提状态)活动为统领,以党校培训为主渠道,以蔚园管理论坛为阵地,以"五个一"(开展一项调查研究、参加一次交流研讨、上好一次专题党课、联系一个基层组织、推动一项重点工作)为基本要求,深化理论武装,加强党性锻炼,提升素质能力,转变工作作风,努力建设与学校"上水平"发展相适应的高素质干部队伍,为地方应用型高水平大学建设提供坚强保证。2011年以来,顺利完成组织调训98人次;组织正处级干部到上海复旦大学、台湾地区淡江大学开展专题培训,开阔视野,提升水平;分类分层举办14期干部培训班,累计参训1 100余人次,选派挂职29人次。2019年11月15日,共产党员网对学校"学训研讲用"干部教育

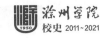

培训模式进行了报道。

（二）干部监督管理与考核

2011年以来,学校党委坚持严管和厚爱结合,激励与约束并重,建立健全并严格执行日常监督管理和关心激励制度,引导干部担当作为。

学校党委加强干部日常管理,2018年出台《滁州学院处级领导干部因私出国（境）管理暂行办法》《滁州学院处级领导干部兼任社会组织职务管理办法》《滁州学院关于对处级领导干部进行提醒、函询和诫勉的实施办法》《滁州学院校外挂职干部管理办法》;2020年出台《滁州学院中层领导干部管理监督办法（试行）》等规章制度。学校严格落实离校请销假、述职述廉等制度,规范开展干部提醒、函询、诫勉等工作,切实加强出国（境）管理和兼职管理审批,不断强化干部日常监督管理。2011~2020年,学校累计抽查核实领导干部个人事项报告100余人次,先后对79位调整岗位的处级干部进行了任期经济责任审计,推进了从严管理监督干部常态化制度化。

学校党委把关心关爱干部当作义不容辞的政治责任,健全干部关怀关爱机制,完善和落实谈心谈话、体检、休假、领导干部走访慰问困难干部家庭等制度,真情关心关爱干部。

学校党委树立担当作为鲜明导向,2020年相继制订《关于加强新时代学校干部队伍建设的意见》《关于进一步激励全校广大干部新时代新担当新作为的实施意见》,大力选拔敢于负责、勇于担当、善于作为、实绩突出的干部,推进干部能上能下;2020年修订《处级单位及中层领导人员年度综合考核办法》,科学评价学校处级单位年度工作目标完成情况和中层领导人员履行岗位职责情况,加大考核优秀单位和个人的奖励力度,激励广大干部新时代新担当新作为。

第二节　加强基层组织建设

学校党委认真贯彻落实新时代党的建设总要求和党的组织路线,立足事业发展全局,以立德树人为根本,以提升组织力为重点,坚持提高站位、准确定位、责任到位,优化基层党组织设置,实施党组织标准化建设,开展新时代高校党建示范创建和质量创优工作（简称党建"双创"）,着力发挥基层党组织坚强战斗堡垒作用,为把学校建设成为坚持党的领导的坚强阵地提供组织力量。

一、加强基层组织建设

2011~2016年,学校胜利召开了第二次党代会,圆满完成每年党代会年会、历次"两代会"组织工作,落实二级党总支换届、委员调整和增补、党支部设置调整等工作。2011年,完成17个党总支委员、56个党支部委员调整和增补工作;2012年,召开第二次党代会,选举产生学校第二届党委、纪委领导班子,出台《中国共产党滁州学院代表大会常任制实施办法(试行)》《中国共产党滁州学院代表大会代表提案提议实施办法(试行)》,新建教工党支部22个、学生党支部3个;2014年,召开党代会2013年年会,完成三届一次"两代会"组织工作;2015年,召开党代会2014年年会暨第三届教代会工代会第二次会议,完成17个党总支换届工作,完善党支部设置;2016年,召开2015年党代会年会和三届三次"两代会"有关工作,制订《滁州学院党总支工作细则》,修订《党政联席会议制度》《党建和思想政治工作考核办法》,实施党总支秘书、团总支书记岗位分设,开展党员组织关系集中排查和不按规定交纳党费专项整治等工作。

2017~2021年,学校深入贯彻党的十九大、十九届二中、三中、四中、五中、六中全会精神,对标新时代高校党建新要求,进一步优化党组织设置,设立党委常委会和二级党委,胜利召开第三次党代会,编印《基层党组织标准化建设工作手册》《党支部标准化建设工作指南》,按照"达标、提升、创优"建设思路,全面推进基层党组织标准化建设;以党建"双创"工作为引领,着力提升组织力,推进基层党建工作示范创建、党建质量全面创优。

(一)设立党委常委会和二级党委

为推动党委规范化建设,充分发挥党委领导核心作用,实现把方向、管大局、作决策、抓班子、带队伍、保落实等"六个过硬",2018年学校在全省应用型本科高校中率先实行党委常委制;4月17日,中共安徽省委组织部正式批复同意设立滁州学院党委常务委员会;7月中旬,学校第三次党代会选举产生党委委员19人、常务委员会委员9人;党委常委会第一次会议审议通过《关于加强党委常委会自身建设的意见》;2019年12月出台《中共滁州学院委员会常务委员会会议议事规则(修订)》。

为完善党组织机构,加强基层党组织建设,引导推动二级党组织充分发挥政治核心作用,做到党组织领导和运行机制、政治把关作用、思想政治工作、基层组织制度执行、推动改革发展等"五个到位",2018年学校设立二级党委。2018年12月12日,校党委印发《关于调整二级党组织设置的通知》,学校共设立14个基层党委、4个党总支;选优配强基层党委(党总支)书记,推进党政交叉任职,配齐专职副书记;规范学院党组织会议和党政联席会议制度,2020年12月出台《中共滁州学院委员会二级党组织委员会会议议事规则(修订)》和《滁州学院二级学院党政联席会议议事规则(修订)》,健全集体领导、党政分工合作、协调运行的工作机制;制订《加强二级党组织建设的意见》,转发在教师引进、课程建设、教材选用、学术活动等重大问题上把好政治关的"四个把关"制度和一个考核办法,明确二级党组织职责定位,贯彻从严治党要求。

(二)基层党组织标准化建设"三步走"

学校现有二级党委(党总支)18个,党支部118个。校党委坚持抓基层、打基础,以组织体系建设为重点,以标准化建设为统领,按照"一年推广打基础、二年深化出成效、三年全面上台阶"要求,实施标准化建设"达标、提升、创优""三步走"战略,推动基层党组织全面合格、全面进步、全面过硬。学校先后在2017年全省组织部长会议,2017年、2018年全省高校组织部长会议上作经验交流。人民网2019年10月以《滁州学院:"达标、提升、创优"谱写党支部标准化建设"三部曲"》为题,报道学校基层党组织标准化建设情况,案例入选"第五届全国基层党建创新典型案例库"(图9.1)。

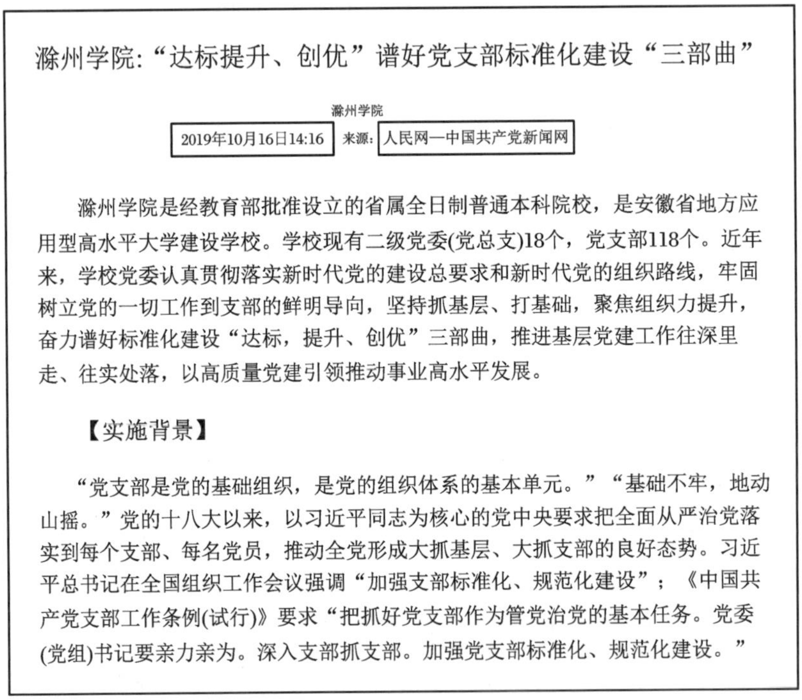

> 滁州学院:"达标提升、创优"谱好党支部标准化建设"三部曲"
>
> 滁州学院
> 2019年10月16日14:16 来源:人民网—中国共产党新闻网
>
> 滁州学院是经教育部批准设立的省属全日制普通本科院校,是安徽省地方应用型高水平大学建设学校。学校现有二级党委(党总支)18个,党支部118个。近年来,学校党委认真贯彻落实新时代党的建设总要求和新时代党的组织路线,牢固树立党的一切工作到支部的鲜明导向,坚持抓基层、打基础,聚焦组织力提升,奋力谱好标准化建设"达标,提升、创优"三部曲,推进基层党建工作往深里走、往实处落,以高质量党建引领推动事业高水平发展。
>
> 【实施背景】
>
> "党支部是党的基础组织,是党的组织体系的基本单元。""基础不牢,地动山摇。"党的十八大以来,以习近平同志为核心的党中央要求把全面从严治党落实到每个支部、每名党员,推动全党形成大抓基层、大抓支部的良好态势。习近平总书记在全国组织工作会议上强调"加强支部标准化、规范化建设";《中国共产党支部工作条例(试行)》要求"把抓好党支部作为管党治党的基本任务。党委(党组)书记要亲力亲为。深入支部抓支部。加强党支部标准化、规范化建设。"

图9.1 人民网专题报道学校基层党组织标准化建设情况

1. 聚焦要素建设,强基达标

围绕健全基本制度、规范基本活动、加强基本保障,优化组织设置,全面加强基础建设,促使基层党组织基础扎实、管理规范、机制完善,实现组织体系设置、班子队伍建设、党员教育管理、党内组织生活、活动场所建设等各要素标准化。2017年,学校制订方案指南,细化建设任务,实化操作流程,量化评价指标,学校党委通过省委教育工委达标验收。目前,党支部标准化达标率为100%。

优化组织设置,坚持把支部建在"连"上,2017年开始,以系(教研室)为单位设立52

个教师党支部,党支部书记兼任系(室)行政职务,发挥政治引领和在日常中心工作中的作用,把党的领导落到基层。

规范组织生活,严格执行"三会一课"等制度,实行组织生活纪实制度,统一使用《党支部工作手册》,制订《党支部组织生活基本规范》,实现工作流程图表化、工作记录模板化。

加强阵地建设,坚持教师党支部与系(教研室)活动场所共建共享,学校投入60多万元为每个党支部建设"六有"标准化党员活动室,实现学习有空间、活动有场所、交流有平台,精心打造"党员之家"。

2. 聚焦功能建设,提质升级

在全面合格的基础上,围绕强化基层党组织政治功能和服务功能,加强内涵建设,促使基层党组织巩固提升、增强活力、发挥作用,实现"五好"目标,推动基层党组织工作从"做没做、有没有"到"好不好、优不优"的转变。

2018年,学校制订《关于开展党支部建设提升行动创建"五好"党支部活动的实施方案》,指导达标支部创建"五好"支部,持续深入推进基层党组织标准化建设。目前,"五好"支部授予率为36%。

加强班子队伍建设,学校通过集中培训、网络培训、支部书记论坛、"互学互访"等形式,强化二级党组织书记和党支部书记培训,推动教师党支部"双带头人"全覆盖。目前,教师党支部书记"双带头人"已全部配备到位。

提高组织生活质量,探索开展"轮值党课""微党课""情景党课",编制《主题党日活动指导书》,推行"主题党日+"模式,探索触及灵魂的党性教育形式,增强吸引力和实效性,提高党员在组织生活中的"获得感"。

探索发挥作用机制,坚持分类指导、精准施策,"四个融入"推进机关党建与业务工作深度融合,"四个同步"协同推进教师党支部和基层教学组织建设,"四个带动"发挥学生党建对团学工作的整体带动作用。

3. 聚焦示范创建,创先争优

坚持围绕中心、服务大局,深入开展创优争先活动,培育选树一批基层党建工作特色品牌和先进典型,促进党建工作与业务工作深度融合,推动党建与事业发展齐头并进。2019年,学校扎实开展"支部建设年"建设活动,进行"五好"支部考核验收,开展党建示范点、示范项目创建。

打造党建示范点,对标教育党员、管理党员、监督党员、组织师生、宣传师生、凝聚师生、服务师生等"七个有力"要求,在"五好"党支部评选的基础上,培育一批党建标杆院系、样板支部,聚力在加强政治引领、团结凝聚师生、促进中心工作等方面发挥示范作用,带头践行"一支部一堡垒"。

创建党员示范岗,围绕争做"四有好干部""四有好教师""六有大学生",评选挂牌一批党员示范岗,引导亮出党员身份、立起先进标尺、树立先锋形象,带动全校师生员工履职尽责奋发有为,生动展示"一党员一旗帜"。

评选基层特色项目,遴选立项支部特色活动,引领基层党组织把握重点、凸显亮点、突破难点,不断拓展活动载体,创新工作方法,提高活动质量,培育工作特色,激发组织活力,全面提高基层党建工作质量和水平,推动形成"一项目一特色"。

(三)开展新时代高校党建示范创建和质量创优

学校党委深入贯彻落实《中共教育部党组关于高校党组织"对标争先"建设计划的实施意见》(教党〔2018〕25号)和《安徽省新时代高校党建示范创建和质量创优工作实施方案》(皖教工委〔2018〕106号)文件要求,2018年12月,启动新时代学校党建"双创"工作,及时制订《滁州学院基层党建质量提升行动实施方案》,实施机制创新、质量创优、示范创建"三大工程",健全标准化、项目化、信息化、品牌化"四化同步"基层党建质量提升机制。

2019年,学校进一步制订《党建工作项目化管理办法》,着力推进"党建+"品牌创建,开展党建示范建设,首批培育创建学校党建工作"标杆院系"2个、"样板支部"5个、"双带头人"教师党支部书记工作室3个;11月18日,学校入选首批"全省党建工作示范高校"(表9.3),地理信息与旅游学院入选首批"全省党建工作标杆院系";地理信息系党支部、计算机工程系学生党支部入选"全国党建工作样板支部",3个党支部入选首批"全省党建工作样板支部";学校当选省党建研究会第四届理事单位(图9.2)。

表9.3 滁州学院党建"双创"培育建设单位一览表

序号	级别	类别	批次	创建培育单位名称
1	党建工作示范高校	省级	第一批	滁州学院党委
2	标杆院系	省级	第一批	地理信息与旅游学院党委
3		校级	第一批	地理信息与旅游学院党委
4			第一批	生物与食品工程学院党委
5			第二批	计算机与信息工程学院党委
6	样板支部	国家级	第二批	地信学院地理信息系党支部
7				信息学院计算机工程系学生党支部
8		省级	第一批	地信学院地理信息科学系党支部
9				食品学院食品安全系党支部
10				信息学院物联网工程系党支部
11		校级	第一批	地信学院地理信息系党支部
12				信息学院计算机工程系学生党支部
13				化工学院材料工程系党支部

续表

序号	级　别	类　别	批　次	创建培育单位名称
14	样板支部	校级	第一批	教科院学前教育系党支部
15				经管学院国际经济与贸易专业学生党支部
16			第二批	机电学院车辆工程系学生党支部
17				金融学院经济统计系党支部
18				外国语学院商务英语系党支部
19				教育科学学院小学教育系学生党支部
20				音乐学院理论教研室党支部
21	“双带头人”教师党支部书记工作室	校级	第一批	马克思主义学院思想政治教育教研部党支部朱春悦工作室
22				食品学院食品工程系党支部刘洋工作室
23				机电学院电子工程系党支部彭靳工作室
24			第二批	食品学院生物工程系党支部张微微工作室
25				土木学院给排水科学与工程系党支部张磊工作室

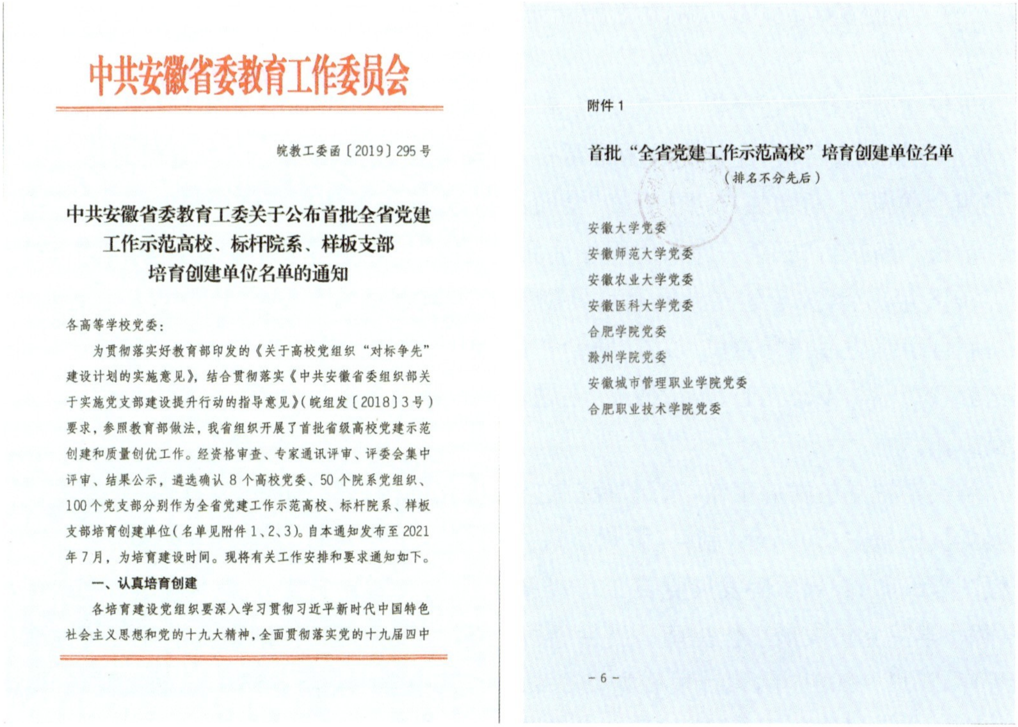

中共安徽省委教育工作委员会

皖教工委函〔2019〕295号

中共安徽省委教育工委关于公布首批全省党建工作示范高校、标杆院系、样板支部培育创建单位名单的通知

各高等学校党委：

为贯彻落实好教育部印发的《关于高校党组织“对标争先”建设计划的实施意见》，结合贯彻落实《中共安徽省委组织部关于实施党支部建设提升行动的指导意见》（皖组发〔2018〕3号）要求，参照教育部做法，我省组织开展了首批省级高校党建示范创建和质量创优工作。经资格审查、专家通讯评审、评委会集中评审、结果公示，遴选确认8个高校党委、50个院系党组织、100个党支部分别作为全省党建工作示范高校、标杆院系、样板支部培育创建单位（名单见附件1、2、3）。自本通知发布至2021年7月，为培育建设时间。现将有关工作安排和要求通知如下。

一、认真培育创建

各培育建设党组织要深入学习贯彻习近平新时代中国特色社会主义思想和党的十九大精神，全面贯彻落实党的十九届四中

附件1

首批“全省党建工作示范高校”培育创建单位名单

（排名不分先后）

安徽大学党委
安徽师范大学党委
安徽农业大学党委
安徽医科大学党委
合肥学院党委
滁州学院党委
安徽城市管理职业学院党委
合肥职业技术学院党委

－6－

图9.2　学校入选首批“全省党建工作示范高校”的上级批文

2020年,学校印发《滁州学院"全省党建工作示范高校"建设方案》,以"党建质量提升3·20行动"为载体,加速实施"三大工程",重点推进20个建设项目。制订《滁州学院2020年党建"双创"工作计划》,按照培育为基、重在创建、典型引领、整体推进建设原则,落实落细三级党组织在党建"双创"工作中的重点任务和分工,着力建设校级层面重点建设项目、二级党组织书记项目、基层党支部特色项目,重点落实主题党日活动、"党建＋"模式、"微党建"模式的三级联创工作。2020年分类评审立项理论研究类、实践探索类、支部特色类共58个党建项目,资助金额12.95万元。继续推进标杆院系、样板支部、"双带头人"教师党支部书记工作室的创建培育工作,总结凝练成熟机制、有效办法、典型经验,示范引领、辐射带动基层党建工作开展,推动学校党建质量全面创优、全面提升。

2021年,学校深入推进全省党建工作示范高校建设,突出质量和成果导向,举办推进会、现场会,开展"书记项目"、第一批"双创"建设单位和2020年度党建项目结项验收。命名第二批"五好"党支部,发展党员1 208人;制订关于加强主题党日活动、党课建设等指导意见,举办蔚然成"锋"学生党员先锋论坛15期,评选基层党建"三十佳"创新案例,基层党组织和党员活力不断激发;1个教工支部入选第三批全国高校"样板支部",累计入选数量位居全省同类高校首位。

二、做好党员发展、教育管理与服务工作

学校党委坚持严在经常、抓在日常基本要求,严格落实基本制度,提升党员发展质量,规范党员教育管理,完善党内困难帮扶,推动党员发挥作用。广大党员对标"四讲四有""四个意识"不断增强,"四个合格"全面落实,先锋模范作用有效彰显。

学校严格执行"三会一课"、组织生活会、民主评议党员等基本制度,严肃党内政治生活。2018年出台《关于建立党员活动日制度的实施意见》《基层党支部组织生活实施细则》,制订组织生活指导意见,实施"三会一课"提质增效工程,开展"十佳"主题党日活动评选,组织开展"不忘初心、牢记使命"主题教育专题民主生活会、组织生活会和民主评议党员工作。

学校重视党员发展工作,按照"控制总量、优化结构、提高质量、发挥作用"要求,严把发展党员质量关;2015年,制订《滁州学院发展党员工作流程》《滁州学院发展党员工作流程图》,编印《滁州学院发展党员工作指南》,建立发展党员工作基本规范;2019年,修订《滁州学院党员发展工作指南》,出台《滁州学院发展党员工作细则》;学校坚持标准,严格程序,2011~2021年,累计发展党员8 929人,其中学生党员8 831人、教工党员98人。

学校注重以信息化手段,加强党员管理工作;做好党员管理信息系统维护、毕业生党员组织关系转移工作和新进教职工组织关系转入工作;加强党费收缴管理,出台《滁州学院党费收缴、使用和管理办法(试行)》,严格要求党员履行义务,按期足额缴纳党费,2011~2021年,共收缴党费314.81万元。

学校及时建立困难党员台账,完善党内关怀和帮扶机制。在"七一"、国庆等重大节庆日,以走访慰问、谈心谈话、结对帮扶等方式,开展生活困难党员和老党员激励关怀工作。从2016~2021年,共走访慰问生活困难党员和老党员268人次,发放慰问金29.19万元。

组织开展选调生工作。认真做好选调生报名、资格审查考察、信息发布等工作,加强指导服务。从2016~2021年,共38人录用为选调生。

三、发挥党校熔炉作用

坚持党校姓党的根本原则,把党的理论教育和党性教育作为党校教学首要任务,按照坚定政治方向、坚持实事求是、坚持质量立校、坚持从严治校的总体要求,遵循培训对象成长规律和党校教育规律,努力为建设党性强的党员队伍、德才兼备的干部队伍服务。

(一)加强组织领导,完善运行机制

学校实行校务委员会领导体制,建立学校党校和分党校两级运行机制,学校党校校长由校党委书记兼任,副校长由校党委副书记兼任;党校设办公室,办公室主任由组织部长兼任;有学生的二级党组织建立分党校,分党校校长和副校长由二级党组织书记、副书记兼任,构建垂直高效的管理体制;制订《中共滁州学院委员会党校工作管理办法》(校党字〔2019〕67号),进一步完善校、院两级党校培训体系,明确两级党校工作职责、主体班次以及培训重点、任务和要求,使党校培训更具针对性和实效性。

(二)注重分层分类,优化干部培训

完善"学训研讲用"教育培训模式,根据学校事业发展和党员干部队伍的实际状况,设计不同层次、不同类型的学习班次,科学构建党校教学的课程体系。

围绕党和国家工作大局,举办、承办贯彻落实党的十七大和十七届四中全会精神、践行科学发展观、扎实推进创先争优活动、学习贯彻党的十八大和十九大精神、"三严三实"专题教育、"不忘初心、牢记使命"主题教育等专题培训班。

围绕学校中心工作,举办"学习贯彻党的十七届四中全会精神、加快较高水平应用型本科院校建设""深化创新创业教育改革、提高应用型人才培养质量""学习贯彻十九大、推动审核评估"等专题培训班。

围绕能力素质提升,举办教学管理队伍工作能力提高、秘书工作能力提高、发展党员工作、工会干部的政策水平和工作能力提升、党支部书记的业务水平和工作能力提升、新任中层领导人员、中层领导人员治理能力提升、脱贫攻坚、"两个议事"规则、党建"双创"工作等专题培训班。依托其他高校和地方培训机构拓宽干部教育培训面,举办正处级以上干部赴复旦大学专题研修班,组织全体科级干部赴凤阳小岗村干部教育培训

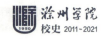

基地开展专题培训。

以"蔚园管理论坛"为载体,倡导"行动学习"方式,注重研讨式教学,树牢问题意识,注重体验式和实践性学习,共举办论坛13期。在"不忘初心、牢记使命"主题教育中,围绕"提高基层党建质量""提高人才培养质量""提高学生工作水平""提高机关工作效能""提高学科建设水平"等主题开展分类分组交流,打造引领推动学校工作"策源地"。

(三)建立三级体系,强化过程培养

学校坚持把教育培养贯穿发展党员全过程,以校、院两级党校为主阵地,建立发展党员三级教育培训体系,加强对入党积极分子、发展对象和预备党员的教育培训;二级学院分党校每学期至少举办1期入党积极分子培训班;发展对象集中培训采取校党校主办、分党校承办相结合的方式进行;预备党员培训由校党校主办,确保培训质量和效果;2011年以来,共举办入党积极分子培训班198期,培训学员25 295人,发展对象培训班20期,培训学员5 073人,预备党员培训班32期,培训学员5 497人。

第三节 加强思想政治工作

学校党委深入学习贯彻习近平总书记关于教育的重要论述,学习贯彻全国全省教育大会和全国高校思想政治工作会议精神,落实《关于加强和改进新形势下高校思想政治工作的意见》精神,全面落实立德树人根本任务,把思想政治工作贯穿教育教学全过程,不断提升思想政治工作质量,筑牢新时代高校思想政治工作生命线。

一、加强政治建设

学校以习近平新时代中国特色社会主义思想为指导,深入贯彻党的十九大和十九届历次全会精神,贯彻落实习近平总书记关于教育的重要论述和考察安徽重要讲话指示精神,增强"四个意识"、坚定"四个自信"、做到"两个维护"。

2017年,把政治建设摆在首位,严肃党内政治生活,严守政治纪律和政治规矩,增强"四个意识"、坚定"四个自信",坚决维护习近平总书记在党中央和全党的核心地位,坚决维护党中央权威和集中统一领导,在思想上、政治上、行动上同以习近平同志为核心的党中央保持高度一致。

2018年,学校认真落实关于加强和维护党中央集中统一领导的若干规定,及时学习贯彻习近平总书记的重要讲话精神和全国全省组织工作、宣传思想工作等会议精神以及省委决策部署,树牢"四个意识"、坚定"四个自信"、做到"两个维护",坚定不移把中央

和省委决策部署落到实处。

2019年,学校认真贯彻《中共中央关于加强党的政治建设的意见》,制订了党委加强政治建设重点工作举措任务清单。严明政治纪律和政治规矩,推动政治监督具体化常态化,推进上级决策部署在学校落实见效。

2020年,深化落实学校党委关于加强党的政治建设重点工作举措任务清单。突出"大学习""大宣传""大调研""大贯彻",认真学习宣传贯彻党的十九届五中全会精神和习近平总书记考察安徽重要讲话指示精神,认真贯彻强化"两个坚持"、实现"两个更大"目标要求,推动政治监督具体化常态化,做好"六保""六稳"决战决胜脱贫攻坚、防范化解重大风险等上级决策部署在学校落实见效。

2021年,深入学习贯彻省委《关于贯彻落实习近平总书记重要指示批示若干规定》,深化落实学校党委关于加强党的政治建设重点工作举措任务清单,确保上级决策部署在学校落地生根;持续学懂弄通做实习近平新时代中国特色社会主义思想,深入学习宣传贯彻党的十九届六中全会精神,衷心拥护"两个确立",忠诚践行"两个维护";强化政治监督,开展疫情防控、党史学习教育、全面从严治党、课堂政治纪律等督察8次;严格执行重大事项请示报告制度。

学校高度重视主题实践教育活动,激发全校师生干事创业动力。

(一)创先争优活动

2010年4月至2012年9月,根据中央和省委、省委教育工委的统一部署和要求,学校党委把创先争优活动作为推动学校科学发展的重要契机,按照"推动科学发展、培养有用人才、促进校园和谐、服务师生员工、加强基层组织"的总体要求,紧紧围绕大力促进较高水平应用型本科院校建设和"迎评促建"两大阶段性主要任务,以"学习沈浩比贡献,创先争优促发展"为主题,与中心工作、重大活动、廉政风险防控和"保持党的纯洁性、迎接党的十八大"主题教育实践活动紧密结合,坚持围绕中心、坚持为民服务、坚持强基固本、坚持典型引领,制订学校"十二五"事业发展规划,开展"六走进,六服务"大走访活动,实现党的组织向学科团队、科研项目组和重点实验室拓展和覆盖;开辟专题网站和专栏,编印《滁州学院创先争优活动工作简报》89期,出版校园先进人物事迹《蔚园之光》,宣传先进典型事迹,使创先争优成为校园的价值取向,内容丰富、形式多样、特色明显、推进有序,成效明显;受省委教育工委表彰先进基层党组织3个、优秀共产党员3人、优秀党务工作者1人、组织系统先进个人1人;中国共产党新闻网、《中国教育报》、新华网、人民网、《安徽日报》、安徽先锋网、《滁州日报》等媒体报道学校创先争优活动情况300余条,《安徽省委创先争优活动工作简报》《安徽省委教育工委创先争优活动工作简报》多次刊登学校师生员工创先争优典型事迹(图9.3)。

图9.3 学校召开创先争优活动总结大会

(二)党的群众路线教育实践活动

2013年7月至2014年8月,学校作为第一批党的群众路线教育实践活动单位,在中央和省委、省委教育工委的正确领导下,在省委第19督导组的精心指导下,以"贯彻群众路线,推动内涵发展"为主题,将教育实践活动与学习党的十八大精神、党风廉政建设、创建高水平应用型本科院校、教学评建工作、党员干部履职尽责相结合,坚持把学习教育、走访调研、整改落实、督察指导贯穿始终,着力解决形式主义、官僚主义、享乐主义和奢靡之风等"四风"问题,解决制约学校建设和发展中存在的突出问题,解决广大师生员工关心的热点、难点和反映强烈的问题;印发学校《教育实践活动实施方案》和《做好各环节工作的安排意见》等通知18个,建立教育实践活动专题网站,深入开展"四走访四服务"活动和正风肃纪集中治理行动等6个专项行动共28项具体任务,在校园网、校报开辟了《蔚园学人》专栏,编辑出版《蔚园之光》2册,在新华网、《中国教育报》《安徽日报》、安徽电视台、安徽群众网、安徽先锋网等省级以上媒体报道学校活动信息百余条,营造了浓厚的活动氛围,不断把教育实践活动引向纵深;通过教育实践活动,进一步夯实了学校内涵发展的思想基础,国家自然科学基金面上项目、国家社科基金项目等标志性科研项目取得突破,科技工作再创佳绩,学校以良好状态通过教育部本科教学工作合格评估,省委教育工委书记、省教育厅厅长程艺,省委教育工委常务副书记高开华,滁州市市长张祥安,省委第19督导组组长汪良发、副组长李仁群等领导多次来校调研指导,对活动开展情况给予充分肯定(图9.4)。

图9.4　学校召开党的群众路线教育实践活动动员大会

(三)"三严三实"专题教育

2015年5~12月,学校根据中央、省委和省委教育工委的部署要求,紧扣"学习'三严三实'、践行'三严三实'"主题,以"贯彻'三严三实'要求,扎实推进地方应用型高水平大学建设,推动学校向应用型深度转变"为载体,围绕"三聚焦三确保三查找"主线,在全校中层以上领导人员中开展"严以修身、严以用权、严以律己,谋事要实、创业要实、做人要实"专题教育,扎实推进解决懒政怠政问题专项行动、解决发生在群众身边的"四风"和腐败问题专项行动、解决群众反映的突出问题专项行动等三个专项行动(图9.5);围绕忠诚、干净、担当的要求,开展"严以修身、严以律己、严以用权"三个专题研讨;开展以"提升办学理念,深化转型发展,加快建设地方应用型高水平大学"为主题的教育思想观念大讨论。通过走访调研、召开座谈会等形式,结合专题研讨,就办学定位、办学特色等影响学校建设和发展的重大问题开展专题研究,为科学编制学校"十三五"事业发展规划奠定基础;制订《滁州学院加快推进地方应用型高水平大学综合改革方案》和综合改革进程安排;践行为民服务宗旨,实行绩效工资改革,加强校园基本建设,学校获评安徽省第一届教育系统文明单位,蝉联"全国文明单位"。

(四)"两学一做"学习教育

2016年以来,学校根据中央、省委和省委教育工委的部署要求,坚持以"以学促建、以学促行、以学促转"总体思路,在全体党员中扎实开展"学党章党规、学系列讲话,做合格党员"学习教育,建立"两学一做"学习教育网,围绕"坚定理想信念,明确政治方向"等

图 9.5　开展"三严三实"专题教育党课报告会

三个专题开展学习讨论,认真学习习近平总书记视察安徽的重要讲话精神,开展"五查五看",开展"三亮一比一树"活动,营造比学赶超的浓厚氛围;地理信息科学系党支部获省委教育工委先进基层党组织表彰,开展"讲看齐、见行动"学习讨论,统一使用《党支部工作手册》,全程记录"两学一做",开展党员组织关系和软弱涣散基层党组织排查,为每一位基层党组织书记配发学习教育指导书,编印配发《党章学习资料汇编》《习近平总书记系列重要讲话读本(2016 年版)》《习近平重要讲话文章选编》等读本 3 400 余册,购置配发党旗 40 面,为党员配发党徽 1 811 枚,定做"共产党员岗"标牌 482 个;2017 年 5 月,根据中央和省委统一部署,学校扎实推进"两学一做"学习教育常态化制度化,认真开展"讲政治、重规矩、作表率"专题警示教育和"讲忠诚、严纪律、立政德"专题警示教育,全校党员干部担当有为、奋发竞进,学校最终以良好状态通过本科教学工作审核评估,开启"上水平"发展的新征程(图 9.6)。

(五)"不忘初心、牢记使命"主题教育

2019 年 9 月至 12 月,学校作为第二批开展"不忘初心、牢记使命"主题教育单位,在省委、省委教育工委和省委主题教育第 15 巡回指导组的正确指导下,始终聚焦"不忘初心、牢记使命"主题,紧扣学习贯彻习近平新时代中国特色社会主义思想这一主线,对标"五句话"目标,落实"十二字"总要求,以处级以上党员领导干部为重点,辐射带动全校基层党组织和全体党员积极投身主题教育,抓住了"关键少数"、抓实了"关键动作"、抓出了"关键成效"(图 9.7);精心设计 10 个专题,举办为期 6 天的读书班,开展集中研讨 161 次,召开主题教育调研成果交流会,制定"8+2"专项整治清单、检视问题"四个清单",召

图9.6 学校召开"两学一做"学习教育常态化制度化暨基层党组织标准化建设动员部署会

图9.7 学校召开"不忘初心、牢记使命"主题教育部署会议

开对照党章党规找差距专题会议和主题教育专题民主生活会、组织生活会,开展以"五个一"为主要内容的处级干部"双提"活动,推进"补短板、强弱项,抓重点、强特色,解难题、惠民生"等3类30项重点任务;经过4个月的主题教育,全校党员干部在思想、政治、作风、能力、廉政等各方面都取得了丰硕成果,学校党的建设和各项事业都有了明显进步,主题教育取得了实实在在的成效。主题教育以来,学校入选首批"安徽省党建工作示范高校",入选安徽省硕士学位授予立项建设单位,"凤阳花鼓"基地获批全国普通高校中

华优秀传统文化传承基地;《农民日报》《中国教育报》《中国科学报》《安徽日报》和人民网、共产党员网、光明日报客户端、学习强国等主流媒体30多次报道学校主题教育工作经验和成效。

（六）党史学习教育

2021年,学校紧扣学习贯彻习近平新时代中国特色社会主义思想这一主线,按照学史明理、学史增信、学史崇德、学史力行的要求,锚定学党史、悟思想、办实事、开新局的目标,聚焦学习党的百年奋斗历史,聚焦学习贯彻习近平总书记"七一"重要讲话精神、党的十九届六中全会精神和省第十一次党代会精神,精心组织、扎实推进,高站位、高标准、高质量完成党史学习教育各项任务;出台《中共滁州学院委员会关于开展党史学习教育工作方案》《中共滁州学院委员会关于做好中国共产党成立100周年庆祝活动的实施方案》《滁州学院学生党史学习教育实施方案》(图9.8);校党委党史学习教育领导小组办公室成立5个专项工作组,建立4个巡回指导组;召开党史学习教育专题组织生活会;校党委理论学习中心组专题学习18次、开展专题研讨11次;各二级党委(党总支)理论学习中心组共开展党史学习教育集中学习190余次,研讨110余次;全校领导干部和党组织书记讲专题党课200余场;1名教师获2021年安徽省高校思想政治理论课教师党史说课暨教学展示比赛组三等奖。学校在全省大学生党史知识竞赛中表现优异,共有10 000余名学生参加初赛,3 000余名学生进入复赛,13名学生入围决赛,2人获特等奖,1人获一等奖,5人获二等奖,5人获三等奖,获奖等次和规模居全省第一;组建学校党委讲师团、辅导员宣讲团和大学生宣讲团,开展线上线下宣讲310余场;召开庆祝中国共产党成立100周年暨"两优一先"表彰大会,向13名老党员颁发"光荣在党50年"纪念章;组织党员干部和师生赴革命传统教育基地开展纪念活动100余次,"节日里的党史"开展情况被《安徽教育信息》(党史学习教育)转载刊登。编排原创党史学习教育音乐剧

图9.8 学校召开党史学习教育动员部署会

《爷爷的婚礼》,用凤阳花鼓艺术塑造和展现优秀共产党人的典型形象;召开庆祝中国共产党成立100周年暨"学习宣传贯彻习近平总书记'七一'重要讲话精神"理论研讨会;出台《滁州学院"我为师生办实事"实践活动实施方案》,共列出办实事项目134个,其中重点项目61个。

二、加强理论武装和主题宣传教育

(一)理论学习

学校不断完善校院两级理论学习中心组学习制度,紧密结合学校中心工作,扎实开展理论学习活动。

2011年,学校组织校党委中心组开展了12次集中学习,编印理论学习资料9期;同时做好各党总支中心组和教职工政治理论学习的指导工作;利用庆祝建党90周年和纪念辛亥革命100周年契机,开展了党史知识竞赛、征文、演讲、书画展、红歌会等丰富多彩、寓教于乐的活动。

2012年,学校组织党员干部认真学习党的十八大、党的十八届二中和三中全会精神、习近平总书记系列重要讲话精神,制订印发了《关于开展学习宣传贯彻党的十八大精神系列教育活动的通知》《关于深入学习贯彻习近平总书记系列讲话精神的实施意见》等文件,对学校学习贯彻工作进行全面部署;通过专家报告会、座谈会和知识竞赛、读书征文、演讲比赛等丰富多彩的校园文化活动强化学习效果,充分利用校内媒体、宣传栏等宣传阵地,引导广大师生员工认真学习、深入把握和坚决贯彻党的十八大和习近平总书记重要讲话精神,把学习贯彻活动引向深入。

2013年,学校组织党员和领导干部认真学习党的十八届三中全会精神和上级有关会议、文件精神,邀请校内外专家、领导来校作专题辅导报告多场;强化中国梦宣传教育,编印专题学习资料,举办两次主题报告会,与组织部、学生处、团委、工会等单位共同开展学习党的十八大报告和党史知识竞赛、征文、演讲等活动。

2014年,学校组织举办践行社会主义核心价值观座谈会和专题报告会,开展践行社会主义核心价值观演讲比赛,引导大学生自觉培育和践行社会主义核心价值观;组织召开大学生传统文化教育专题座谈会,推进大学生传统文化宣传教育。

2015年,学校制订了学习宣传贯彻党的十八届五中全会精神的实施方案,对全校学习宣传贯彻工作做出部署;结合形势政策课、党团校培训、学生主题班会、主题团日、社团活动等,深入开展中国梦和社会主义核心价值观宣传教育,推进中国特色社会主义理论进教材、进课堂、进头脑,坚定广大师生员工道路自信、理论自信和制度自信。

2016年,学校规范党委(党总支)中心组、教职工政治理论学习,修订政治理论学习制度,对学习组织、学习内容、学习管理等方面提出明确要求;强化督察检查,对二级学院党总支中心组政治理论学习情况进行集中检查,针对发现问题,督促限期整改;结合巡视整改、"管党治党宽松软"专项治理工作,针对理论学习中存在的问题开展深入自查,形成整改任务清单,逐项进行整改,取得阶段性成效。

2017年,学校制订印发《中共滁州学院委员会关于贯彻落实〈深入学习贯彻习近平总书记系列重要讲话精神若干规定〉的实施方案》,推动学习贯彻系列重要讲话精神制度化、规范化、长效化。规范党委(党总支)中心组制度,向校院两级中心组转发《中国共产党党委(党组)理论学习中心组学习规则》;制订印发《滁州学院党总支理论学习中心组学习制度》,对学习组织、学习内容、学习管理等方面提出明确要求。

2018年,学校深入开展学习宣传贯彻党的十九大精神系列活动,在校园媒体开设专栏,宣传上级有关学习贯彻党的十九大精神的重要部署,宣传报道全校学习宣传党的十九大精神的工作情况及成果;通过组织召开宣讲会、专家辅导报告、座谈交流、"学习新思想千万师生同上一堂课活动"等形式深化学习教育(图9.9),提升学习效果;遴选5位教师参加省哲学社会科学教学科研骨干研修和全省归国留学人员研修班学习。

图9.9 我校举办"学习新思想千万师生同上一堂课"活动

2019年,学校制订《中共滁州学院委员会理论学习中心组学习规则》,完善学习管理;做好"学习强国"学习平台推广使用工作,召开"学习强国"管理员培训会,建立健全三级学习组织,学校平均积分和活跃度在全省同类高校中处于前列。

2020年,学校组织党委政治理论学习中心组集中学习12次(图9.10),深入学习贯彻习近平总书记考察安徽和在扎实推进长三角一体化发展座谈会上的重要讲话精神、党的十九届五中全会精神等,结合学校实际制订实施方案,确保学习贯彻工作落实到位;开展《习近平谈治国理政(第三卷)》专题辅导,组织干部教师代表参加学习辅导视频报告会,邀请省委讲师团专家到校宣讲,切实学懂弄通做实党的创新理论,学出忠诚、学出责任、学出成效;组织干部教师代表参加教育部《习近平总书记教育重要论述讲义》使用培训,将《讲义》精神纳入中层领导人员治理能力提升专题培训,融入到基层党支部书记、辅导员和思想政治理论课教师培训中,深化对《讲义》精神的学习理解;进一步修订党委理论学习中心组学习规则,推动理论学习制度化、规范化;督促推动二级学院党委中心组和教职工政治理论学习,提升党员干部和师生的政治理论素养;开展党史、新中国史、改革开放史、社会主义发展史学习教育及新冠肺炎疫情防控知识竞答讲述活动,制订"网上重走长征路"活动暨推动"四史"学习教育工作方案,创新活动形式和载体,增强活动吸引力和影响力。

图 9.10　学校组织党委政治理论学习中心组集中学习

2021年,学校健全完善"六学""三机制",校党委理论学习中心组集中学习18次、学习专题93项,集中研讨11次,编印《理论学习》资料13期;举办党史学习教育专家报告会、专题读书班,组织党史"集中学习月"、红色教育基地现场教学和党史知识竞赛活动,丰富拓展理论学习途径与形式。

(二) 理论研究

2011年,学校积极组织师生参加全国和全省庆祝建党90周年理论征文、全国高校德育创新研讨会、全省高校思想政治研究优秀论文评比和思想政治教育研究项目申报活动;利用庆祝建党90周年和纪念辛亥革命100周年契机,举办了两次理论研讨会。

2012年,学校组织召开思想政治教育研究会会员代表大会暨2012年学术年会。加强研究会内外交流,提升思想政治教育研究能力;大兴调查研究之风、科学研究之风,广泛开展思想政治教育研讨活动。

2013年,学校积极组织师生参加全省高校思想政治教育研究项目申报活动;1项论文成果《地方政府应对网络舆情的策略研究》被评为全省宣传思想文化系统优秀调研报告,并入编《安徽省宣传思想文化系统优秀调研报告选编》一书。

2014年,学校组织召开校思想政治教育研究会第四届全体会员大会暨党建与思政工作理论研讨会;做好研究论文征集评审以及各项会务工作;修订研究会章程,选举产生研究会新一届理事会组成人员和领导机构。

2015年,以校思想政治教育研究会为依托,开展"思想政治教育研究课题"年度申报立项工作,组织会员广泛开展理论研究、社会调研,按照"研以致用"原则,发挥研究成果在具体工作中的指导作用。

2016年,学校组织召开思想政治教育研究会2016年年会,总结两年来工作,安排部署下一步工作任务,并开展"思想政治教育研究课题"年度申报立项工作。

2017年,学校召开思想政治教育研究会2017年年会,总结年度工作,安排部署下一步工作任务,立项党的十九大精神专项研究课题7项。

2018年,学校召开2018年思想政治工作会议暨思想政治教育研究会年会,围绕学习贯彻习近平新时代中国特色社会主义思想和党的十九大精神开展理论专项研究7项;组织承办安徽省高校思想政治教育研究会皖北片分会第23次会议(图9.11),来自皖北片29所高校党委宣传部、马克思主义学院、思想政治理论课教学机构的思想政治工作者,以"新时代与高校思想政治教育"为主题进行了研讨交流;马克思主义学院共组织教师申报国家社科基金项目3项,教育部人文社科项目2项,省级各类项目15项,其中,成功获批教育部人文社科专项项目2项,中国博士后科学基金第11批特别资助项目1项,安徽省人文社科重大研究项目1项、安徽省社会科学创新发展研究课题攻关研究项目2项、滁州碧云湖饮品有限公司横向项目1项,出版专著、译著3部,发表省级以上学术论文24篇,其中被新华文摘"论点摘编"1篇,二类论文3篇。

图9.11 学校组织承办安徽省高校思想政治教育研究会皖北分会第23次会议

2019年,学校以"学科建设推进年"为契机,制订《马克思主义理论学科建设规划(2019~2021)》,细化硕士点申报年度建设计划,围绕工作重点难点精准发力,加快学科建设步伐;开展学科带头人遴选和培养工作,加强科研骨干培养,明确马克思主义学院全体教师的二级学科归属和研究方向(图9.12);初步组建3支研究方向清晰、前期研究成果丰富、具有较大发展潜力的科研团队;开展高层次研究项目申报培育工作,支持和鼓励教师积极申报高层次科研项目,共组织教师申报国家社科基金项目3项,教育部人文社科项目2项,省级各类项目12项,其中,成功获批教育部人文社科专项项目1项,安徽省哲学社会科学规划项目一般项目1项,安徽省人文社科重点研究项目1项,安徽省社会科学普及规划项目1项,滁州市社科联项目2项,出版专著2部,发表省级以上学术论文14篇;教师获2013~2016年度安徽省社会科学奖(安徽省社会科学奖系安徽省社会科学届成果最高奖)1人;获省社科联2018年度"三项课题"研究成果二等奖1人。

图9.12　学校召开2019年思想政治工作暨思政教育研究会五届一次会议

2020年,围绕重大理论和现实问题,思想政治理论课教学改革创新等内容,精准对接滁州地方社会发展的现实问题、理论问题和实践经验,马克思主义学院进一步凝练学科特色,明确学科方向,遴选了4个学科方向的带头人、教学科研骨干;积极推进与滁州市委党校签订框架合作协议,双方在科学研究、学科建设、师资队伍建设、共同助力小岗干部学院建设等方面积极开展互助合作,优势互补;邀请全国模范教师路丙辉教授来校讲学;获批安徽省哲学社会科学规划项目3项,安徽省高校人文社会科学研究重大项目1项、重点项目1项,安徽省社会科学创新发展研究课题1项,安徽省高校思想政治能力提升项目6项。

(三)"三进"工作

2011~2015年,学校积极推动党的创新理论进课堂、进教材、进头脑,通过专家报告会、座谈会、知识竞赛、读书征文、演讲比赛等形式,深入学习贯彻习近平总书记系列讲话精神,深入学习党的十八大和十八届二中、三中、五中全会精神;举办践行社会主义核心价值观座谈会和专题报告会,开展践行社会主义核心价值观的演讲比赛,引导大学生自觉培育和践行社会主义核心价值观;组织召开大学生传统文化教育专题座谈会,推进大学生传统文化宣传教育;扎实做好"形势与政策"课集体备课及思想政治理论课安排的各项工作。

2016年,学校利用校园网、校报、官方微信、宣传橱窗、LED电子屏等,通过编印学习资料、发布讨论话题、举办专题讲座、张贴报刊材料、悬挂宣传条幅等方式,广泛宣传党的十八届六中全会以及习近平总书记系列重要讲话精神;结合思想政治理论课、党团校培训、学生主题班会、主题团日、社团活动等,深入开展中国梦和社会主义核心价值观宣传教育,推进中国特色社会主义理论进教材、进课堂、进头脑,坚定广大师生员工道路自信、理论自信和制度自信。

2017年,组建滁州学院党的十九大精神学生报告团,成立省内首个学习研究习近平新时代中国特色社会主义思想的大学生理论社团,引导大学生更加主动、自觉、深入地学习好、研究好、宣传好、践行好习近平新时代中国特色社会主义思想(图9.13);通过举办宣讲会、报告会、培训班、小组学习等多种形式组织团员青年深入学习习近平总书记系列重要讲话精神和治国理政新理念、新思想、新战略;依托思政课实践教学,组织学生前往合肥渡江战役纪念馆、安徽名人馆和安徽博物院等爱国主义实践教学基地开展"感悟历史文化、培育革命道德"的主题实践活动,提高大学生理论联系实际分析问题、解决问题的能力,凝练文化实践的特色平台。

图9.13 学校在全省高校率先成立习近平新时代中国特色社会主义思想研究会学生社团

2018年,学校开展"青年大学习"行动和"四进四信"活动,组建滁州学院团干部党的十九大精神宣讲团和学生报告团,多次邀请安徽省"十九大精神走进青年"百人宣讲团专家为团员青年作辅导报告;在思想政治理论课中开设学习习近平新时代中国特色社会主义思想专题,推动习近平新时代中国特色社会主义思想和党的十九大精神在青年大学生中入脑入心;举办"与信仰对话"蔚然大讲堂专题报告讲座50余场,"奋斗的青春最美丽"人生分享会、交流会10余次,同时以重要节庆日、纪念日等关键时间节点为契机,组织开展爱国主义主题教育实践活动。

2019年,深化思想政治理论课改革,深入宣传宣讲习近平总书记在庆祝中华人民共和国成立70周年大会上的讲话精神和党的十九届四中全会精神;积极组织动员青年团员参加"青年大学习"网上主题团课活动,大力培育和践行社会主义核心价值观,策划开展形式多样、内容丰富的"青春心向党·建功新时代"主题教育活动;举办安徽优秀青年典型事迹分享活动和滁州市身边好人与道德模范进校园活动。

2020年,深入宣传宣讲党的十九届五中全会精神,通过思想政治理论课、全国全省同上抗疫思政大课,安徽省"青年大学习"网络主题团课等,弘扬伟大抗疫精神;立项建设50门"课程思政"专业示范课程,选派骨干教师参加课程思政教学培训,提升教师课程思政建设意识,促进课程思政与思政课程同向同行。

(四) 主题宣传教育

2013年,学院扎实开展党的群众路线教育实践活动,印发《滁州学院深入开展党的群众路线教育实践活动宣传工作方案》,建立"滁州学院党的群众路线教育实践活动专题网站",在校园网、校报开设"群众路线教育实践活动"专栏,及时报道全校总体部署和各单位的特色做法、先进典型、先进事迹和工作成果,总结推广工作经验。

2014年,利用"五四青年节""七一建党纪念日""十一国庆节"等重大节庆日和纪念日,开展主题教育活动,唱响爱国主义、集体主义、社会主义主旋律,组织开展各类特色鲜明、参与面广的大学生文化、体育、艺术活动。

2015年,学校开展"纪念中国人民抗日战争胜利暨世界反法西斯战争胜利70周年"活动,弘扬伟大抗战精神;以烈士纪念日、国家公祭日等重要节庆日为依托,开展重温入党誓词、祭扫烈士墓,引导师生缅怀革命先烈;举办"祖国在我心中"文艺演出、"今天,我们如何爱国"主题征文、"我和国旗合个影·我给祖国说句话"线上线下互动活动,激发师生热爱祖国、热爱社会主义的高尚情感,增强自豪感、历史感、责任感。

2016年,学校扎实做好"两学一做"学习教育宣传,制订《滁州学院"两学一做"学习教育宣传方案》,维护好"两学一做"宣传网页,大力宣传中央、省委和学校党委关于"两学一做"学习教育的指示精神和决策部署,及时报道全校各级党组织"两学一做"学习教育的进展情况、主要做法和实际成效,深入挖掘"两学一做"学习教育中涌现出的先进典型和成功经验,努力营造良好舆论氛围,推动学习教育深入开展,实现学习教育效果最大化。

2017年,学校制订《中共滁州学院委员会关于"迎接十九大、宣传十九大"宣传教育工作的方案》,在校园网开设"学习宣传贯彻党的十九大精神"专栏,广泛宣传党的十八大以来的巨大成绩,深入宣传"五大发展"美好安徽建设的新成效;抓好党的十九大精神宣传教育工作,成立党的十九大精神宣讲团,校领导带头宣讲,组织优秀辅导员参加"高校巡讲"和"网上巡礼",将党的十九大精神作为教职工政治理论学习和学生主题班会、团日活动的重要内容,开辟"两微一端"专题专栏专版,积极推动党的十九大精神进教材、进课堂、进头脑。

2018年,学校组织开展庆祝改革开放40周年系列宣传教育活动;制订纪念改革开放40周年活动方案,组织、引导师生全面回顾改革开放40年所取得的伟大成就;组织举办庆祝改革开放40周年师生大合唱,唱响主旋律,强劲正能量,切实增强师生的责任感与使命感;在全省高校庆祝改革开放40周年论文征集评选活动和"新时代·新安徽·新作为"主题微视频作品征集大赛中获三等奖各一项。

2019年,学校开展庆祝中华人民共和国成立70周年系列活动;结合学校实际,制订活动实施方案,召开工作推进会;组织开展庆祝中华人民共和国成立70周年师生大合唱;在会峰、琅琊两校区同时举行师生"同升国旗、同唱国歌"主题升旗仪式;举办"我和祖国共成长"教职工演讲比赛,16名选手深情演讲咏叹祖国、致敬祖国;校领导看望慰问中华人民共和国成立前参加革命工作的老同志,向他们颁发"庆祝中华人民共和国成立70周年"纪念章;举办"我和祖国共成长"大学生演讲比赛,歌颂祖国发展成就,展现当代大学生风采;组织"强国心声鸣九州"万名学子深情诵读经典致敬祖国活动;其中,70周年师生大合唱和诵读经典致敬祖国活动被成功推送到"学习强国"平台(图9.14)。

图9.14　学校组织召开庆祝新中国成立70周年"不忘初心、牢记使命"主题党日音乐会

2020年,学校组织开展"三全育人"改革重点项目建设情况督察,认真总结学校"三全育人"综合改革试点工作,梳理阶段性成果、凝练亮点特色;制订贯彻落实《新时代爱国主义教育实施纲要》工作方案,开展"共抗疫情、爱国力行"主题宣传教育和"绽放战疫青

春·坚定制度自信"教育实践活动；开展庆祝建校70周年主题教育活动；按照"六个好"创建标准，积极推进全国文明校园创建工作，建立党员志愿服务体系，开展"雷锋月""爱国卫生月"等活动，培育选树文明创建先进典型(图9.15)。

图9.15　学校召开庆祝建校70周年地方应用型高水平大学建设与发展论坛

2021年，精心组织建党百年庆祝活动；出台庆祝建党百年活动实施方案，在全校师生中大力开展"永远跟党走"群众性主题宣传教育活动；组织党员干部和师生赴红色教育基地开展节庆日教育活动100余次；组织全校师生收看收听中央庆祝大会，召开庆祝建党100年暨"两优一先"表彰大会(图9.16)，开展红色电影展播、红色经典品读、青春故事分享会、革命功臣进校园等活动，切实引导广大师生感党恩、听党话、跟党走；《战胜

图9.16　庆祝建党100周年暨"两优一先"表彰大会

非典》《进军小汤山》2 幅美术作品入选中国共产党历史展览馆展陈。

三、深化"三全育人"综合改革

2018年12月底,学校获批全省第二批"三全育人"综合改革试点高校。学校坚持以习近平新时代中国特色社会主义思想为指导,聚焦立德树人根本任务,多向发力,同心同行,全力推进"三全育人"综合改革试点工作。

学校坚持多维联动,凝聚育人合力;强化组织领导;成立改革领导小组,制订试点工作实施方案,设立14个重点建设项目;组织专题调研、专项督察,落实经费预算、条件保障,确保改革工作深入开展;强化队伍建设;实施思政课教师和辅导员专项招聘计划,落实专职辅导员"双线"晋升,制定转任专职思政课教师暂行办法,选优配强思政工作骨干队伍;通过专题培训、访学研修、沙龙论坛、专项研究等方式,提升队伍育人能力;强化制度保障;坚持和加强党对学校工作的全面领导,认真贯彻落实上级文件精神,健全完善育人制度体系;把改革试点工作纳入党建和思政工作考核,纳入党建工作责任制,纳入干部考核评价机制。

学校坚持多点链接,贯通育人环节;贯通"思政课程+课程思政";推进重点马院建设,与滁州市委党校、小岗干部学院开展校地合作共建,持续深化"课堂教学-网络教学-实践教学"三位一体思政课教育教学模式改革;推进课程思政建设,开展全员课程思政培训,确保各类课程与思政课程同向同行。学校获批省级课程思政示范课17门,荣获全省课程思政建设先行高校;贯通"校内实践+社会实践";深入开展课程实践、实践课程、专业实践教学活动;落实创新创业教育改革"5223"行动计划,约2.2万人次参与A、B类竞赛,获国家级奖项94项、省级奖项1194项;围绕重大时事主题,组建学生实践团队2458支;连续7年被团中央表彰为全国暑期"三下乡"社会实践活动先进单位;贯通"线下宣教+线上宣教";线上线下同时发力,推进文化育人和网络育人;大力开展校园文化建设,深入开展文明创建活动,大力培育和践行社会主义核心价值观;获评首届安徽省文明校园、第二届全国文明校园;利用"一站两微三号一班",打造网媒思政教育大平台,弘扬主旋律、传播正能量。

学校坚持多面拓展,融通育人载体;着力科技创新育人。坚持科教融合、学研相济、产教协同;打造科教融合案例8项,承接教育部产学合作协同育人计划项目10项,获批国家级创新项目134项,省级创新项目362项。为六安、安庆等地贫困县开展脱贫科技服务工作,参与学生近1000人次,为地方政府带来直接经济效益达百亿元;着力关爱服务育人;推进心理育人,构建"1+X"心理课程体系,完善五级心理危机干预体系,健全个人、团体、朋辈咨询辅导体系,开展心理健康教育系列活动;推进资助育人,构建发展型资助育人体系,学校获全省学生资助工作优秀单位案例典型;推进服务育人,大力开展节约型校园、绿色校园、书香校园建设,学校成功创建省级节水型单位;着力组织管理育人。

推进组织育人,开展基层党建30佳创新案例评选,建立大学生党员服务中心和公寓党员联络站,推进"1＋1＋1"党团联建,实施共青团"卓越计划"项目;推进管理育人,坚持依法治校,完善内部治理,设立党委教师工作部教师思政工作科,持续深化师德师风建设。

学校坚持多头并进,打造育人特色;"三堂"联动,培植文化育人新品牌;围绕凤阳花鼓艺术传承创新,着力上好教室小课堂,抓好校园中课堂,用好社会大课堂。学校获批全国普通高校中华优秀传统文化传承基地(凤阳花鼓);4名学子登上国庆70周年大典"美好安徽"彩车展示花鼓技艺;花鼓艺术团演出作为国台办对台交流重点项目赴台巡演;《花鼓健身操》入选教育部"传承的力量"中华优秀传统文化成果展示;"四维"协同,激发党建引领新动能;以党建"双创"为重点,实施党建质量提升"3.20行动",着眼"活力党建、树人党建、生态党建、融合党建"四个维度,探索新时代党建育人新路径。学校获评首批全省党建工作示范高校、全国党建工作样板支部2个,省级标杆院系1个、样板支部3个,入选全省党建工作研究会理事单位;"五化"一体,构建网络思政新格局;坚持平台建设融合化、育人载体多元化、云端管理专业化、内容供给精细化、价值引领常态化,着力提升网络思政教育成效。学校网媒粉丝数21万多,30余件网络文化作品获全国全省奖项;教管服一体化智慧思政平台建设扎实推进;舆情信息工作连续3年获省委宣传部表彰;"三全育人"综合改革试点工作顺利通过省委教育工委评估验收,并在省高校思政教育重点工作推进会上做经验介绍;地信学院获批全省基层思想政治工作示范点。

四、加强意识形态工作

(一)落实主体责任

2011年以来,学校党委高度重视意识形态工作,健全完善党委统一领导、班子成员"一岗双责"、宣传部门指导协调抓落实、相关部门和二级学院共同参与的领导体制和工作机制,牢牢把握学校意识形态工作领导权。

2016年,学校修订完善意识形态工作规章制度,着力以制度创新加强对意识形态工作科学、规范、有效的管理,管好导向、管好阵地、管好队伍,实现意识形态领域管理的全覆盖。

2017年,强化党委及其班子成员主体责任;加强对意识形态工作的统一领导,切实形成党委统一领导、党政齐抓共管、宣传部门牵头协调、有关部门和各院(部)分工负责的工作格局;把意识形态工作纳入党校、团校和师生员工教育培训内容,加强对全校党员领导干部意识形态工作的教育培训,增强责任意识,提高政治鉴别力。

2018年,学校组织成立宣传思想与意识形态工作领导小组和统一战线(民族宗教)工作领导小组,研究处理意识形态和宗教工作重大问题,检查、督促政策和措施的落实;建立意识形态工作"三个清单",与校内各部门、二级学院签订《意识形态工作责任书》;坚

持把意识形态工作作为党的建设和干部队伍建设的重要内容,纳入重要议事日程,纳入党建工作责任制,纳入领导班子、领导干部目标管理,将意识形态工作与人才培养、教学科研等学校建设发展工作同研究、同部署、同落实。

2019年,学校调整充实了滁州学院宣传思想与意识形态工作领导小组,人员结构进一步优化,领导力量进一步强化,主体责任和责任清单进一步明确、工作机制进一步完善。校党委定期听取意识形态工作汇报,及时研究解决意识形态工作有关问题;成立防范化解重大风险工作领导小组,下设意识形态领域重大风险专项工作组;召开学校防范化解重大风险暨安全稳定工作会议,部署推动学校意识形态领域重大风险防范化解工作,积极构建风险查找、研判、预警、防范、处置、责任"六项机制"。深入开展"发展大调研、风险大排查、作风大提升、制度全覆盖"活动,掌握师生思想状况,了解师生具体诉求;认真贯彻落实"领导接待日"制度,切实听取和解决师生员工在工作、学习、生活等方面存在的困难和问题。

2020年,学校全力做好省委巡视意识形态工作责任制落实情况专项检查和省委教育工委意识形态工作专题调研工作;积极配合检查组开展检查,对检查反馈的问题专门制订整改方案,成立学校整改领导小组,建立整改清单,逐条明确责任领导、责任单位、整改任务、整改期限,统筹推进整改工作;开展二级党组织意识形态工作专项督察,推动意识形态工作落实到位;制订《中共滁州学院委员会意识形态工作领导小组工作规则》,定期召开领导小组会议,加强对意识形态工作全面领导。

2021年,学校严格落实意识形态工作责任制,十届省委第九轮巡视意识形态专项检查组反馈问题整改工作落到实处;开展学校政务网站及政务新媒体突出问题专项整改行动,持续开展"专项清网""专项登记备案"等行动;推动舆情监测常态化,编制专报13期,学校舆情信息工作连续第四次获得省委宣传部表彰。

(二)加强阵地管理

2011年以来,学校加强意识形态阵地管理,对于各类报告会、研讨会、讲座、论坛等,按照"谁主办、谁负责;谁审批、谁监督"的原则,严格审批审查,不给错误言论以传播渠道;严格课堂教育教学管理,严格落实教师聘用、教学考核、教学过程督察制度,严防课堂阵地出现错误观点和言论;维护网络意识形态安全,加强校园网、二级单位网页管理,积极宣传报道建设发展的重要成果,讲好"蔚园故事",展示师生风采,建立教学名师、优秀导师、辅导员班主任、优秀学生骨干组成的网络宣传工作队伍,引导网络舆论导向,大力营造思想统一、力量凝聚、积极向上、干事创业的良好舆论氛围。

2017年,制订《关于加强网络思想政治工作实施方案》,整合网络教育教学资源;积极实施数字图书馆、网络思政课、网络文化工作室等项目。

2018年,修订完善《关于加强对校内哲学社会科学报告会、研讨会、讲座、论坛等管理的实施办法》,严格审批程序,实行"逢会必报、一会一报"制;举办网络安全与信息专题报告会,开展"全面加强网络安全,推进教育信息化"专题网络培训学习等不同形式培训。

2019年,召开安全稳定工作领导小组专题会议,部署新中国70周年华诞期间校园安全工作;开展周边环境综合治理、反恐防范等专项行动,全面辨识风险、管控风险,全面排查隐患、消除隐患。

2020年,学校开展意识形态专题讲座和系列培训,加强报告会论坛讲座管理,严格落实"一会一报"制度,严格活动场所使用和社团活动审批;制订《滁州学院课堂教育管理实施办法(试行)》,加强课堂管理和教材使用情况调查,加强对师生的宗教政策法规宣传教育;开展师生信教情况摸排、登记,对重点人员实行跟踪管理,有效堵截宗教渗透;开展"净网"和网络新媒体登记备案专项行动,及时清理网络不良信息,全校QQ工作群、微信工作群、各类新媒体登记备案实现全覆盖。

五、推动思政课建设改革

2011年,学校积极开展思政课实践教学的探索和试点,在盱眙黄花塘新四军军部旧址、来安半塔皖东烈士陵园建立了思政课实践教学基地;组织3次集体备课、2次课堂教学巡视、2场教学座谈会,每位教师相互听课3次以上,举行示范公开教学等形式,增进了教与学的沟通,提升课堂教学质量。

2012年,学校实行教师准入制,加强"形势与政策"课教学;强化实践教学,组织8批349名师生赴南京大屠杀纪念馆、凤阳小岗村、江苏淮安、来安半塔、安徽省博物馆和安徽名人馆、扬子中央空调器总厂、滁州规划馆和南谯政务新区,深入生产、改革发展第一线进行实践教学活动;加强教师队伍建设,2名教师参加教育部思想政治理论课骨干教师培训,1名教师参加"本科高校思政理论课中青年教师教学能力拓展支持项目"培训,成功引进复旦大学和南京大学博士2人,学历结构和学缘结构进一步优化;积极推进教科研工作,2012年组织申报国家、省、市、校各级各类项目32项,成功申报立项16项,其中省高校思政理论课建设工程项目4项,三类项目4项,四类项目4项,省高校思想政治教育研究会专项课题项目1项,校级项目3项,发表学术论文近20篇;2012~2013年度省高校思政课建设工程项目资助经费达9.8万元,在全省同类院校中名列前茅。

2013年,学校深化教育教学改革,通过组织集体备课、课堂教学检查和教学座谈会、教师互听课、举行示范公开教学等方式,加强课程建设,提升课堂教学质量;试点期末考试以答辩的形式取代传统的笔试,反映较好;全年组织10多批800多名学生赴南京大屠杀纪念馆、凤阳小岗村、江苏华西村、江苏淮安周恩来纪念馆、江苏盱眙黄花塘新四军军部纪念馆和来安半塔皖东烈士陵园、安徽省博物馆、山东枣庄台儿庄大战纪念馆、铁道游击队纪念园、江苏徐州淮海战役纪念馆和滁州规划馆等地进行社会实践教学活动;加强思政课教师队伍建设,成功引进首都师范大学、东南大学博士2人,推荐1名教师在职攻读南京大学博士后;成功举办安徽省马克思主义哲学应用学会2013年会员大会暨"马克思主义哲学与全面深化改革"理论研讨会,20多人次参加国内外学术研讨会;积极鼓励支持教师申报各类教科研课题;组织教师申报国家、省、市、校各级各类项目20多项,发表学术论文25篇,出版专著3本。

2014年,学校积极推进思想政治理论课教学模式改革,与南京师范大学马克思主义学院达成合作意向,努力探索"课堂教学-网路教学-实践教学"三位一体思政理论课新教学模式;《思想道德修养与法律基础》课程名师工作室获批2014年安徽省高等教育振兴计划教学改革与质量提升计划"弘扬核心价值观名师工作室"建设项目;积极安排教师参加省哲学社会科学教学科研骨干研修班和暑期省高校思想政治理论课骨干教师培训,举办青年教师教学基本功竞赛,提升教师理论水平和教学能力。

2015年,学校立足学校思想政治理论课教研实际,以自主研发为主、对外交流合作为辅,基本构建了"网络教学＋实践教学＋课堂教学"三位一体的教学平台系统,实现了《马克思主义基本原理概论》等4门课程的毕博教学平台建设并投入使用,效果良好;全年思政课教师共立项国家社科基金青年项目1项,三类课题5项、校级课题1项,成功获批安徽省中国特色社会主义理论体系研究基地,成功立项安徽省名师工作室5项、安徽省质量工程一般教研项目1项、校级教研项目2项、校级教学成果奖二等奖1项。

2016年,学校召开马克思主义学院成立大会(图9.17),党委书记庆承松、校长许志才共同为马克思主义学院揭牌。许志才宣读了学校《关于成立马克思主义学院的通知》和《关于马克思主义学院领导任职的决定》,明确了马克思主义学院的职责任务、内设机

图9.17 学校成立马克思主义学院

构和保障措施;经学校党委研究决定,汪才明同志担任马克思主义学院院长,叶高同志担任马克思主义学院党总支书记、副院长。学院牢固树立质量意识,积极构建"理论课堂+网络课堂+实践课堂"的"三个课堂一体""德育实践+文化实践+虚拟实践"的"三个平台联动"工作机制,全面提升立德树人的实效性。立足理论课堂,探索德育实践的覆盖平台;着眼网络课堂,构建虚拟实践的过程平台;聚焦社会课堂,凝练文化实践的特色平台。

2017年,学校积极开展思政课教师课堂教学质量,全面提升调研活动;通过说课、听课、评课、研讨、帮扶、提升等方式引导思政课教师牢固树立教学中心意识,进一步优化教学内容,创新教学方法与手段,提升课堂教学能力和水平,提高教学质量;赴省内多所高校开展思政课教学方式方法改革调研;坚持"四有"好老师的标准,构建和完善以师德修养、教育教学、科学研究、社会服务等为主要内容的思政课教师考核评价多维度指标体系。

2018年,学校进一步完善课堂教学-网络教学-实践教学"三位一体"教学活动,推动课程教学"有虚有实、有棱有角、有情有义、有滋有味";课堂教学形式多样,网络教学及时更新,实践教学主题突出;聚焦提升思政课教师综合素质和专业化水平,加强师资攻坚,制订实施《滁州学院思想政治理论课教师队伍建设专项工作方案》,努力建设一支高素质的思政课教师队伍。

2019年,学校加强和改进新时代思想政治理论课建设,印发《关于加强和改进新时代思想政治理论课建设的实施方案》,按照习近平总书记提出的"八个相统一"要求,进一步深化思政课课堂教学-网络教学-实践教学"三位一体"教育教学模式改革,形成课堂教学专题化、网络教学模块化、实践教学项目化,努力打造课堂"金课"、网络"金课"、实践"金课",建设精彩教案、精彩课件、精彩课堂;依托全国高校思想政治理论课教师网络集体备课平台,参与开发在线课程,推进智慧课堂建设;课堂教学更加多样,网络教学持续优化,实践教学主题突显,考核方式推陈出新,大思政格局初见端倪;2019年6月23日,《中国近现代史纲要》和《毛泽东思想和中国特色社会主义理论体系概论》两门课程实现无纸化考试,得到学习强国、安徽教育网等媒体的广泛报道和关注。

2020年,学校发挥思政课主渠道作用,出台深化新时代学校思想政治理论课改革创新任务清单,深化课堂教学-网络教学-实践教学"三位一体"教育教学模式改革,实现全部5门思政课网络教学资源自主研发更新和手机APP无纸化考试改革;推行专题化课堂教学模式,探索"对分课堂"教学方法,努力打造课堂"金课"、网络"金课"、实践"金课"。

六、加强新闻舆论工作

(一)内外宣传工作

2011年,学校举办校园网各单位通讯员培训班,以提高业务能力和宣传水平;校园

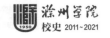

网全年发表新闻稿件1 350多篇,"院长访谈""教学巡礼"等专题策划得到师生普遍关注;校报6件作品分获全国、全省"校报好新闻奖"一、二、三等奖;在中安在线、安徽教育网的发稿量在全省高校中名列前茅,位居省内同类高校首位;新华社、中新社3次发通稿报道学校有关工作,人民网、中国共产党新闻网、新华网、光明网、中国青年报、中国教育报等国家级媒体发稿20多篇;在安徽电视台《全省新闻联播》、腾讯网视频新闻等发表视频新闻近10条;在省市级媒体发稿150多篇。

2012年,学校通过编印宣传手册、宣传提纲、建设网站、举办图片展、制作书记访谈、宣传优秀党员、展示代表风采、采制系列报道等,全力做好学校第二次党代会宣传工作,安徽教育网安徽教育要闻栏目推出"聚焦滁州学院"5篇系列报道;通过编印评建宣传手册、制作校园固定宣传标牌、强化宣传报道等,全力做好教学评建宣传工作;校园网全年发表新闻稿件1 300多条,在中安在线、安徽教育网发稿量持续稳居前列;在人民网、新华网、光明日报、中国教育报、经济日报、科技日报等国家级媒体发稿20多篇,在安徽电视台、安徽日报、滁州日报等媒体发稿100多篇;开展首届"滁州学院新闻奖"评选表彰活动;学校官方微博持续更新,与网民互动活跃,打造成为全省高校官方微博的成功范本,成为宣传学校动态、联络校友感情、回应网民关切、答疑考生咨询的有效平台和新兴媒体。

2013年,学校对校园网主页和"蔚然深秀"网站进行改版,提升网络宣传效果,校园网全年发表新闻稿件1 300多篇;围绕学校中心工作进行专题策划,陆续推出"师资队伍建设"系列报道4期、校园文化一院一品巡礼5期、院部学生工作系列报道6期;举办校园网各单位通讯员培训班,提高业务能力和宣传水平;利用暑期,组织大学生通讯社的十多名学生记者开展"学通社记者走基层"活动,分赴全省各地和江浙等邻省,寻访近几年来毕业的优秀校友,推出"校友风采"专访18期;此外,不断加强对校内二级单位网站的检查,推动二级单位网站的建设和管理工作;校园网在第三届全省优秀教育门户网站评选中,获B组(本科高校、独立学院)三等奖;此外,学校在中安在线、安徽教育网发稿量持续稳居前列,在国家级媒体发稿10多篇,省市级媒体发稿100多篇;制作开办了电子校报,提升新闻宣传工作水平;在"梦青春·慢生活"为主题的第十届安徽省高校大学生记者峰会上,学校荣获"2013年度安徽青年报《大学生周刊》十佳记者站"称号,4人分获4个奖项。

2014年,学校全年出版校报8期,校园网全年发稿累计1 300余篇;组织策划学校举办的"地方应用型高水平大学建设项目论证会""2011协同创新中心建设项目专家论证会""第二届国产遥感卫星应用学术交流会""第二次科技工作大会"等重要会议、重大活动的新闻宣传工作;组织策划"回眸13谋划14处长笔谈"16期、"核心价值观系列访谈"7期、"迎新系列报道"9期,组织策划"蔚园专利人""教授博士进百企""毕业生就业""蔚园学人""校友风采"等系列新闻报道活动;3篇新闻作品获得安徽新闻奖,1篇新闻作品获全国校报好新闻奖,5篇作品获得安徽省高校校报好新闻奖;在人民网、新华网、光明网等重要新闻门户网站发表宣传学校新闻作品10余篇,在安徽日报、滁州日报、皖东晨刊、新滁周报、金陵晚报、安徽电视台、滁州电视台、滁州广播电台等传统媒体发表近百篇,在安徽教育网、中安教育网等发表千余篇,有力地宣传了学校改革、建设与发展的动态和成效,展示了学校形象;正式开通了微信公众号;在全省高校宣传思想工作会议上交流新媒体工作经验。

2015年,学校制订出台学校对外新闻发布工作管理办法,完善新闻信息发布和新闻发言人制度,规范学校新闻信息发布;全年在校内外媒体发布新闻1 500余篇,其中,在人民网、光明网、凤凰网、安徽教育网、中安在线和中国教育报、中国青年报、安徽日报、滁州日报、皖东晨刊等媒体发布新闻稿件600余篇;8月19~20日,中国教育电视台展播了学校风采,扩大了学校知名度和影响力;广泛宣传学校师生和毕业校友先进典型事迹,发挥榜样示范作用,编印《蔚园之光》;做好校园数字广播系统和新媒体工作室项目调研、论证、申报工作,完成项目招标和建设任务;加强学校官方微博、微信新媒体建设,增加成绩查询、图书查询、招生宣传、就业服务等功能;学校官方微信月排行榜稳定在全国高校前20强。

2016年,围绕学校中心工作和重点任务,校园网发稿累计1 200余篇,广泛宣传学校地方应用型高水平大学建设动态和取得的成就;开辟"回眸十二五"专题6期,宣传"十二五"期间学校各方面取得的成就;开辟"毕业生风采"专题9期,先进基层组织、优秀共产党员、优秀党务工作者专题4期,宣传学校师生在教学、科研、党建和创新创业等工作中涌现出的先进个人和先进集体;在安徽教育网、中安在线、安徽日报、滁州日报、皖东晨刊、新滁周报、金陵晚报等媒体上发稿600余篇;中国教育报、江淮时报宣传介绍学校从师范专科向地方应用型高水平大学建设转型发展的举措和取得的成效,并被网易、华禹教育网等多家门户网站和教育网站转载,取得良好的社会声誉;制作学校2016年招生宣传片,并通过滁州电视台、校园网、学校官方微博、微信等渠道发布,被师生、校友、考生家长广泛传播,展示了学校办学成就,扩大了学校影响力、知名度和美誉度;以"滁州学院网络文化建设中心"项目建设为依托,开播校园广播电台,立足校园,关注学校师生学习生活,营造积极健康的校园氛围;加强官方微博、微信、QQ校园号建设,为学生提供期末成绩、图书借阅、四六级成绩在线查询服务,积极利用微平台做好社会实践、志愿服务以及招生宣传工作,为广大新生及家长解疑释惑;与滁州日报联合,开展"最美蔚园"摄影大赛,得到师生及部分安徽省摄影协会会员积极响应,组织集体采风,部分作品在校园网上进行展示,有力宣传了"山水校园、人文校园"。

2017年,全年校园网发稿累计1 858篇,广泛宣传学校地方应用型高水平大学建设动态,展示滁州学院师生的良好精神风貌和工作学习状态;开展学校"好新闻"奖评选,表彰优秀记者和播音员;完成校园网改版,美化版面设计,优化浏览体验,提升网站时代感;加强对二级单位网站的检查力度,督促按期改进;抓好典型宣传,在校园网推出"最受欢迎的好老师"10期,"毕业生风采""学子风采"各2期,树立了一批真实可靠、立体丰满、

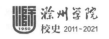

可信可学的人物形象;围绕审核评估工作中心任务,策划"本科教学工作巡礼"11期,编印相关宣传画册2部,《审核评估工作知识读本》2册,本科教学成果图片展一次,营造迎接审核评估的浓厚氛围;2017年,安徽教育网首页全年报道学校新闻84篇,学校稿件发布数排全省高校前五;专稿《"三个课堂"打基础·实践平台长本领——滁州学院创新创业教育纪实》在中国教育报刊发,用学生自己创业的故事,鲜活地宣传了学校实践育人的经验和成效;此外,在光明日报、安徽日报、安徽青年报、市场星报、江淮时报、滁州日报上发稿,光明网、安徽教育网、安徽网、中安在线等网络媒体上刊发和转载学校新闻300余篇,不断扩大学校的社会影响力,提高学校的美誉度;抓好新媒体宣传,联合中国青年报社、腾讯公司共同举办了"互联网+教育"高校新媒体建设研讨会,全国五十多所高校齐聚学校探索新形势下高校网络思想政治教育的有效途径;加强官方微博、微信、QQ校园号建设,强化指导,及时回应师生关切,并做好假期正常运营工作,全年发布微博、微信、QQ校园号推文合计超过1850条;在首届安徽校媒精英汇——安徽校媒·高校新媒体评选颁奖暨工作交流大会上,学校微信公众号获十佳公众号"运营创新奖",新媒体中心原创推文荣获二等奖1项、三等奖2项。

2018年,突出党代会宣传。制订学校第三次党代会精神宣传方案,谋划部署党代会宣传工作;制作党代会专题网站,在校园网开辟"喜迎党代会"专栏,采编发布"转型奋进的五年"综述专稿21篇,举行"转型奋进的五年"图片展和"两优一先"事迹展;通过宣传橱窗、电子显示屏、悬挂横幅等形式,着力营造学习贯彻学校第三次党代会精神的浓厚氛围;加强对外宣传,人民网、中国网、中新网、新华网等中央级主流媒体刊发或转载学校党代会召开新闻报道十余篇;抓好日常宣传。全年校园网发稿累计1500余篇,广泛宣传学校工作取得的成就,推出"最受欢迎的好老师"7期,"优秀创业校友"5期,"毕业生风采""学子风采"各3期,树立了一批真实可靠、立体丰满、可信可学的人物形象;抓好对外宣传,全年发布微信、QQ校园号推文合计1200余条;安徽教育网发稿463篇,首页报道学校新闻72篇,居全省前列;在中新网、今日头条、网易新闻、中安在线等网络媒体和科技日报、滁州日报、新滁周报、江淮时报等纸质媒体上刊发和转载学校新闻40余篇。

2019年,全年累计发稿近2000余篇;采访报道2018～2019学年滁州学院"最受欢迎的好老师"人物事迹;全年在学习强国、人民网、光明日报客户端、人民日报客户端、中国教育报、中国科学报、安徽教育网等校外媒体累计发稿近500余篇,其中,在学习强国发稿16篇,在安徽教育网首页发稿69篇;学校微信公众号设置了"推TA上头条""蔚园街坊""蔚读"等广受师生好评的栏目,制作推出如《学霸情侣同上985|想和你一起成为最好的自己》《新生大数据》等优秀新媒体推文,此两篇推文被安徽省教育厅推荐在教育部中国大学生在线平台展示;全年制作发布抖音短视频70条,其中8条视频的浏览量超过10万次,《青年学子快闪颂祖国》被安徽省委宣传部思政处思政安徽抖音公众号转发。

2020年,学校依托"一站两微三号"宣传媒体,及时宣传报道学校工作动态。2020年,校园网主页发稿1700余篇,结合学校重点工作策划主题宣传,开展"疫情防控"宣传

87篇、"毕业季"宣传11篇;学校微信公众号获评2020年安徽校媒"十佳微信公众号",2篇新媒体作品分获二、三等奖,47条抖音短视频的浏览量超10万次;强化典型宣传;开展第九届新闻奖评选活动,评选出50篇(件)新闻作品;对外宣传取得突出成绩,2020年在校外各类媒体发稿113篇,其中,博士夫妇带领乡亲脱贫致富的事迹被中国教育报、中国科学报、安徽日报、人民网、新华网、央视网、央广网等主流媒体报道,被教育部网站、安徽省教育厅网站首页及搜狐、腾讯、新浪等商业门户网站转载,6次登上学习强国学习平台;积极推介学校转型发展经验,《一所地方高校的第二次转型——滁州学院专业再造记》被中国教育报头版"教改重大典型报道"栏目报道,并登上教育部网站。

(二)舆情信息工作

2011年以来,依托学校安徽省大学生思想动态分析研究中心,并利用微博、微信的互动沟通功能,收集整理师生有关诉求和意见,把握师生思想动态,一方面编成《网络舆情》信息,报送学校领导参阅;另一方面通过说理道情,加以正面引导,将有关问题和矛盾把握在可预测、可控制、可处理、可解决的程度;规范校园横(条)幅、标语的悬挂和张贴以及板报、宣传栏等宣传品的管理。

2016年,学校围绕"手机微博在思政课教学中的应用""学校公共资源使用情况""大学生兼职情况""食堂就餐情况"等主题开展了一系列的网络调查和问卷调查,了解把握师生思想动态;结合"两学一做"学习教育活动,要求校相关职能处室、各二级学院领导和辅导员通过深入学生宿舍、召开座谈会、与个别学生谈心谈话等方式,围绕校园网贷、学生资助、安全问题等开展调研,及时了解和掌握学生的状况。

2017年,推进校务微博及校园微信、QQ校园号建设;加强对校园交互社区、网络即时通信特别是网络群组的舆论引导,有针对性地回应网上关切的热点问题;定期对自办刊物和网络新媒体进行年检,对校内违规媒介进行整顿清理。

2018年,学校围绕"我的十九大,我的思政课"主题开展一系列的网络调查和问卷调查,了解和把握师生思想动态,为学校做好意识形态工作提供了丰富的一手数据和对策参考;结合"两学一做"学习教育和"五大"活动("对标大调研、思想大解放、能力大提升、发展大谋划、工作大落实"),校领导带头开展调查研究,深入基层了解师生实际,及时回应师生关切;各二级学院领导和辅导员通过深入学生宿舍、召开座谈会、与个别学生谈心谈话等方式,围绕校园网贷、学生资助、安全问题等开展调研,及时了解和掌握学生的思想状况。

2019年,学校购买舆情监测专业服务,通过现代化信息技术手段,实行校园舆情常态化监测;全年编印《舆情专报》9期,2篇调研报告获得省委省政府和省委宣传部主要领导批示;开展教职工QQ工作群、微信工作群登记管理,维护良好的网络生态;党委宣传部获评2018年全省舆情信息工作"优秀单位";学校安徽省大学生思想动态分析研究中心入选省委宣传部舆情研究基地。

2020年,学校加强与新安晚报滁州记者站共建,加强舆情监测、分析、研判;做好疫情防控期间和开学期间舆情监测和师生思想动态分析,全年编印《舆情专报》9期;党委宣传部获评2019年全省舆情信息工作"优秀单位",2篇舆情专题报告获评"优秀稿件",1篇舆情专题报告获省委宣传部主要领导批示。

第四节　全面从严治党

学校认真履行全面从严治党的主体责任和监督责任,以党章为根本遵循,以党的政治建设为统领,全面加强纪律建设,持之以恒正风肃纪,强化监督执纪问责,惩防并举,标本兼治,推动全面从严治党向纵深发展,营造风清气正的校园政治生态,为建设地方应用型高水平大学提供了坚强保证。

一、履行"两个责任"

（一）履行主体责任

校党委牢固树立"四个意识",带头履行全面从严治党的主体责任,成立由党委书记任组长的党建工作领导小组和党风廉政建设责任制工作领导小组;坚持把全面从严治党作为学校事业发展规划和年度工作要点的重要内容,作为学校年度工作会议的重要议程,作为党委会议定期研究的重要议题,作为党委中心组理论学习的重要内容,作为目标管理绩效考核、干部考核评价的重要标准,做到年初有总体部署、年中有工作安排、半年有督促检查、年度有总结考核;2011年以来,先后印发《滁州学院党风廉政建设责任制实施细则》《中共滁州学院委员会关于落实党风廉政建设党委主体责任和纪委监督责任的实施意见》《中共滁州学院委员会关于落实全面从严治党主体责任和监督责任任务清单》等文件。

党委书记积极推进全面从严治党工作,做到重要工作亲自部署、重大问题亲自过问、重点环节亲自协调、重要案件亲自督办;传达上级党组织有关全面从严治党工作的重要会议精神、文件及相关部署,主持全面从严治党工作专题研究,部署学校全面从严治党工作;坚持管好班子、带好队伍、抓好落实;党委领导班子成员根据工作分工,切实履行"一岗双责",定期研究、布置、检查、督促分管范围内的全面从严治党工作,向党委报告有关工作情况;指导、督促分管部门和联系学院研究制订全面从严治党工作的具体措施,把全面从严治党要求融入分管业务工作中,推进建章立制,着力加强廉政风险防控,确保各项工作规范有序、各项任务落到实处;对分管部门和联系学院的党员干部加强教育提醒,经常性地督促,发现苗头性、倾向性问题早提醒、早纠正。自觉接受监督。

2011年4月20日,学校党委召开党风廉政建设工作会议,滁州学院领导余在岁、许志才、倪阳、汪湘水、程曦及其他党委成员出席会议。会议号召,要把党风廉政建设工作与开展创先争优活动有机结合,通过表彰、学习身边优秀共产党员的先进事迹,充分发挥党员先锋模范作用,提高党员领导干部思想政治素质和办学治校能力,带动全院师生员工以实际行动为迎接中国共产党建党90周年,加快我院较高水平应用型本科院校建设和做好"迎评促建"工作,建设高等教育强省做出应有的贡献。

2013年4月2日,学校党委召开党风廉政建设工作会议,校领导庆承松、许志才、倪阳、程曦、郑朝贵、吴开华、王永富、汪湘水出席会议。校党委书记庆承松作了题为《提高认识,改进作风,扎实推进党风廉政建设》的报告。会议指出,2013年是落实学校第二次党代会精神的开局之年,需要优良的廉洁生态环境给予有力保障;学校党风廉政建设要围绕中心,服务大局,在以保持党同人民群众血肉联系为重点加强作风建设的同时,要以严明党的政治纪律为重点加强纪律建设,以完善惩治和预防腐败体系为重点加强反腐倡廉建设,以党风廉政建设新成效,保障学校事业实现又好又快发展。

2015年4月8日,学校党委召开党风廉政建设工作会议,校领导庆承松、许志才、倪阳、程曦、郑朝贵、吴开华、王永富出席会议。会议深入学习贯彻十八届中央纪委五次全会、九届省纪委五次全会和全省教育系统2015年党风廉政建设工作视频会议精神,进一步统一思想、提高认识、明确责任,主动适应党风廉政建设新常态,扎实做好学校党风廉政建设工作,为推进地方应用型高水平大学建设营造风清气正的良好环境。

2016年4月7日,学校党委召开党风廉政建设工作会议,校领导庆承松、许志才、张勇、程曦、郑朝贵出席会议。会议指出,党风廉政建设和反腐败工作事关学校改革发展大局,是全校党员干部和师生员工共同的政治任务,要从关系学校发展的高度,不断强化责任、勇于担当,自觉落实全面从严治党要求,以"踏石留印、抓铁有痕"的务实作风,以坚定不移的态度和坚强有力的措施,扎实推进学校党风廉政建设和反腐败工作,为加快推进地方应用型高水平大学建设提供更加坚实有力的政治保证。

2017年4月17日,学校党委召开党风廉政建设工作会议,校领导庆承松、许志才、张勇、程曦、郑朝贵、吴开华出席。会议全面贯彻落实党的十八届六中全会和习近平总书记系列重要讲话精神,深入学习贯彻十八届中央纪委七次全会、省纪委十届二次全会和全国全省教育系统党风廉政建设工作会议精神,总结2016年工作,部署2017年任务,努力开创学校党风廉政建设工作新局面,不断取得全面从严治党的新成效,为以良好状态接受教育部本科教学工作审核评估营造良好氛围,以优异成绩迎接党的十九大胜利召开。

2018年,按照上级部署,"党风廉政建设工作会议"改为"全面从严治党工作会议"。4月10日,学校党委召开全面从严治党工作会议,校领导陈润、许志才、张勇、郑朝贵、吴

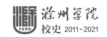

开华出席会议。校党委书记陈润作题为《强化担当、坚定执著、把全面从严治党引向深入,以优良校园政治生态,为建设地方应用型高水平大学提供坚强保证》的报告。会议指出,2018年是贯彻党的十九大精神开局之年,是教育系统党建质量年、实施"奋进之笔"进取之年,是学校第三次党代会召开之年,做好学校全面从严治党各项工作责任重大,全校各级党组织和纪检部门要以习近平新时代中国特色社会主义思想为指导,深入贯彻党的十九大和十九届中央纪委二次全会、省纪委十届三次全会和全国全省教育系统全面从严治党工作会议部署要求,坚持和加强党委对学校工作的全面领导,以党的政治建设为统领,全面推进党的各项建设,持之以恒正风肃纪,保持风清气正的良好政治生态和育人环境,为学校第三次党代会的胜利召开、加快建设地方应用型高水平大学提供坚强保证。

2019年3月22日,学校党委召开全面从严治党工作会议,校领导陈润、郑朝贵、张勇、吴开华、谭中元出席会议。校党委书记陈润作题为《纵深推进全面从严治党,为加快学校内涵发展质量提升提供坚强保证》的报告。会议指出,要深入贯彻党的十九大精神和省纪委十届四次全会以及全国全省教育系统全面从严治党工作会议部署要求,加强党对学校工作的全面领导,以党的政治建设为统领全面推进党的建设,不断取得全面从严治党更大成果,持续巩固风清气正、奋进和谐的良好政治生态和育人环境,以优异成绩庆祝新中国成立70周年。

2020年3月14日,学校党委召开全面从严治党工作视频会议,校领导陈润、郑朝贵、张勇、吴开华、谭中元出席会议。校党委书记陈润作题为《坚守初心使命强党建,奋力谱写学校高质量发展新篇章,以优异成绩向建校70周年献礼》的报告。会议指出,要认真学习贯彻十九届中央纪委四次全会、省纪委十届五次全会精神和《党委(党组)落实全面从严治党主体责任规定》,深化落实学校全面从严治党"两个责任"任务清单以及年度工作任务清单,推进管党治党政治责任落实到位;认真做好接受十届省委第九轮巡视工作,强化巡视整改和成果运用,不断巩固党的领导核心地位,不断加强学校党的建设,不断提升管党治党、办学治校能力。

2021年3月31日,学校党委召开党的建设暨全面从严治党工作会议,校领导陈润、郑朝贵、张勇、谭中元、陈桂林、李庆宏出席。陈润作题为《庆百年、学党史、抓整改、正作风,以高质量党建和全面从严治党新成效引领保障学校高质量发展》的报告。会议指出,要深入学习贯彻习近平总书记在十九届中央纪委五次全会上的重要讲话和党的十九届五中全会精神,认真贯彻落实省纪委十届六次全会、全国全省教育系统全面从严治党工作视频会议精神,切实增强做好新时代党建和全面从严治党的思想和行动自觉,抓主抓重,推动2021年学校党的建设和全面从严治党工作取得新成效。

(二)履行监督责任

校纪委认真履行监督责任,协助校党委制订年度全面从严治党工作要点,细化责任分解,协助开展党风廉政建设责任制落实情况年度考核;聚焦立德树人根本任务,突出政治监督,强化日常监督,推动完善全覆盖的制度执行监督机制,强化制度执行力,保障中央、省委各项决策部署和校党委工作部署的贯彻落实,加强对权力运行的监督,持之以恒正风肃纪,一体推进不敢腐、不能腐、不想腐,充分发挥监督保障执行、促进完善发展作用,持续营造学校风清气正政治生态和良好育人环境;持续深化"三转",清理纪委参与的议事协调机构,积极推进学校纪检体制改革;2011年成立纪委办公室,与监察审计处合署办公。2018年,纪检与审计部门分开设置,独立设置纪检监察室;2019年实施纪检体制改革,取消监察职能;2020年,根据《关于进一步深化省属本科院校纪检监察体制改革加强纪检监察组织建设的意见》(皖纪发〔2020〕5号)精神,进一步规范纪检监察组织机构设置,设立党委巡察办公室,纪委办公室下设综合管理室、纪检监察室、案管审理室,设三个副处级岗位,实现查审分离要求。

开展重点领域关键环节监督检查,加强招生考试监督。学校印发了《艺术类专业省外招生工作实施细则》《普通"专升本"招生工作实施细则》《关于在省外进行艺术类招生考试工作纪律》《普通"专升本"招生考试工作纪律》《招生工作纪律》等文件,校纪委全程进行考试命题、阅卷和考试纪律、考试管理、录取的监督检查,保证招生"阳光工程"顺利进行;以加强招标采购规则和程序落实为切入点,全面加强大宗物资、仪器(设备)、基建工程等招标采购工作的监督检查;加强对国家奖助学金评选发放工作的监管,印发《滁州学院国家奖助学金评审发放工作纪律》,开展了奖助学金评审发放工作专项检查;坚持每年对校级财务进行审计;积极开展教材费收支、科研经费使用等专项审计、建设项目全过程跟踪审计和审计调查,规范被审计单位的经济行为,完善控制约束机制;2011年以来,完成工程结算审计515项,送审金额4.34亿元,审减额5986.52万元,跟踪审计950余人次。

开展"关键少数"管理监督,严格干部聘任。学校分别在2011年、2014年、2018年进行第三、第四、第五轮处科级干部聘任,党委坚持好干部标准,突出"五个过硬",鲜明树立重实干重实绩重担当的用人导向,严格执行"凡提四必"规定,纪委认真贯彻落实中纪委、中组部"九个严禁、九个一律"的换届纪律要求,印发严明干部聘任工作纪律文件,全程参与监督。严把干部选拔任用"党风廉洁意见回复关",加强分析研判,实事求是评价干部廉洁情况;2011年以来,共开展廉洁审查970人次;坚持开展任前廉政谈话;加强日常管理监督;严格执行民主集中制、述职述廉、廉政谈话、约谈、函询、诫勉、领导干部个人有关事项报告及请示报告等党内监督制度,每年按10%要求抽查核实处级干部个人事项报告;落实干部民主生活会谈话函询说明情况专题报告;对干部履职情况进行督察,定期考核;2011年以来,共对79名处级干部进行经济责任审计;坚持抓小、抓细、抓苗头,及时进行谈话提醒、函询和诫勉,做到早提醒、早纠正,防止小毛病演变成大问题;制订实施《滁州学院处级领导干部因私出国(境)管理暂行办法》《滁州学院处级领导干部兼任社会组织职务管理办法》《滁州学院关于对处级领导干部进行提醒、函询和诫勉的实施办法》

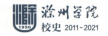

等管理监督制度。

规范信访工作,开通信访举报电话和电子信箱,在两个校区设置3个举报箱,畅通和拓宽信访举报渠道;制订《中共滁州学院纪律检查委员会信访举报实施细则》,进一步规范和加强学校信访举报工作;深入研判问题线索;定期分析研判信访举报、问题线索处置情况;规范处置问题线索,做到件件有着落,署名有回复;2011年以来,共受理信访举报83件,均已办结。

二、加强作风建设

(一)贯彻落实中央八项规定精神

2011年学校成立作风效能建设领导小组。党的十八大后,学校严格执行中央八项规定精神和省委三十条要求,严格执行《党政机关厉行节约反对浪费条例》《党政机关国内公务接待管理规定》和领导干部办公用房等工作生活保障相关制度;关注"四风"问题新表现新动向,在反对形式主义、官僚主义上下更大功夫;认真落实教育部《严禁教师违规收受学生及家长礼金等行为的规定》《关于建立健全高校师德建设长效机制的意见》;严格控制"三公"经费支出,学校"三公"经费支出逐年递减;发挥好领导干部的"关键少数"带头作用,形成"头雁效应";紧盯新生入学、毕业生离校、学生入党、干部选拔任用及重要节假日等关键节点,通过发布通知、短信提醒等,加强监督检查;及时通报违反中央八项规定精神、省委三十条规定的典型案例;及时处置反映党员领导干部违反中央八项规定精神问题线索;加强长效机制建设。制(修)订《改进工作作风、密切联系师生员工的若干规定(试行)》《校领导接待日制度》《公务接待用餐规定》《滁州学院会议管理办法》《滁州学院公务用车制度改革保留车辆使用管理办法(试行)》等制度。

(二)专项整治和集中治理

按照上级部署开展专项整治和集中治理。2011年,学校开展了《中国共产党党员领导干部廉洁从政若干准则》贯彻执行情况专项检查工作。2013年开展了会员卡专项清退活动、党政干部住房问题专项清理工作、党员领导干部经商办企业专项清理工作、"小金库"专项清理工作和领导干部办公用房专项清理工作。2014年开展了吃喝风、"红包风"专项整治工作。2015年开展了"正风肃纪、排查整治"专项行动、"严肃财经纪律、严格财务管理"专项清理整治和"查处发生在群众身边的'四风'和腐败问题"专项工作。2016年开展了酒桌办公专项整治。2017年开展了"小金库"专项治理"回头看"、基建采购突出问题专项治理、高校科研经费规范管理专项治理、师德师风专项整治、教育扶贫领域突出问题专项检查和"酒桌办公"进一步集中排查工作。2018年开展了"三查三问"集中整治形式主义官僚主义专项行动、深化教育扶贫领域专项治理工作。

2019年开展了"严规矩、强监督、转作风"集中整治形式主义、官僚主义专项行动,"以阜阳脱贫攻坚搞形式主义典型案例为反面教材,治理作风不实,政绩观偏差,搞政绩工程、面子工程的问题"集中治理工作,纪检机关在信访举报中形式主义官僚主义问题的专项治理。

三、接受巡视工作

(一)九届省委巡视整改

2016年7月18日至8月16日,学校接受九届省委第三专项巡视组专项巡视。10月25日,省委第三专项巡视组向滁州学院党委反馈了巡视意见。

10月26日,学校党委召开专题会议,传达和学习省委"五人小组"会议上李锦斌书记和其他省委领导的讲话精神,认真学习省委专项巡视反馈意见。11月9日,学校党委召开会议,专题研究省委巡视反馈意见整改工作的实施方案。11月15日,学校召开校领导、处级以上干部、教师代表、2011年以来离退休校领导等参加的巡视整改动员会,就巡视反馈意见整改工作进行了全面动员部署。

11月16日,学校党委成立省委巡视整改工作领导小组,全面负责、统一领导学校整改落实工作。校党委书记庆承松任组长,党委副书记、校长许志才,党委副书记张勇任副组长,其他校党委委员、纪委副书记为成员。党委办公室、党委组织部、纪委办公室具体负责巡视整改工作的协调、推进、落实、督察和资料收集整理工作。制订《中共滁州学院委员会关于省委巡视反馈意见整改工作的实施方案》和"整改清单",把省委巡视组反馈意见细化分解为4类13项36个问题进行整改。制订整改工作日程表,建立整改工作台账,从任务安排、工作部署、责任领导、责任单位到整改进展、整改结果,每个环节都详细记录在案,共计召开7次巡视整改落实部署推进会。

2016年12月26日,学校完成整改,按时上报整改情况报告,并在安徽纪检监察网公布。2018年,开展以"查漏洞、抓反弹、补短板"为主要内容的中央巡视省委和省委专项巡视整改情况"回头看"工作。2019年,开展上轮巡视整改落实和审计整改落实的"对标、查漏、补短"工作。

(二)十届省委巡视整改

2020年5~7月,学校接受十届省委第九巡视组常规巡视。9月9日,省委第九巡视组向滁州学院党委反馈了巡视意见。

9月14日,学校党委成立巡视整改工作领导小组,校党委书记陈润任组长,党委副书记郑朝贵、张勇任副组长,吴开华、谭中元、陈桂林、李庆宏、邢存海、吉晓华、姚树林、丁荣祥为成员,领导小组下设办公室,设在党委办公室,负责组织协调日常工作;成立巡视

整改工作督察组,校纪委书记谭中元任组长,纪委办公室牵头,党委办公室、党委组织部、党委宣传部参加,对整改落实情况开展督促检查。

9月28日,学校召开巡视整改工作动员部署会,校领导、党委常委,校党委委员、纪委委员,中层领导人员,教授代表,学校第三届党风党纪监督员、特约监察员,民主党派负责人参加会议。

针对巡视反馈的4类9条26个问题,学校研究提出98条整改措施,制订7个方案,即省委巡视整改方案、重点工作专项监督检查工作方案、部分专业建设不优专项整改方案、省属高校"四个专项治理"工作实施方案,建立1本台账,落实1项周报制度。巡视整改期间,共召开12次党委常委会研究巡视整改议题81个、7次校长办公会议研究巡视整改议题56个、2次巡视整改工作领导小组会议研究议题38个、3次工作推进会研究议题12个、4场专项督办会研究议题26个、1次巡视整改工作动员部署会。开展4个专项行动(专项整治),即意识形态工作、加强专业内涵建设、防范网络电信诈骗、规范工程建设招标。年底,学校按时上报整改情况,并在安徽纪检监察网公布。

四、强化纪律建设

(一)纪律教育

把党章党规党纪纳入校院两级中心组、党支部组织生活会学习内容,每年作纪律教育辅导报告,开展纪律教育实现"三个全覆盖":处级干部警示教育全覆盖,全体党员纪律教育全覆盖,监察对象党纪法规知识测试全覆盖。2011年以来,先后组织集中学习了《党章》《中国共产党党员领导干部廉洁从政若干准则》《〈中国共产党党员领导干部廉洁从政若干准则〉实施办法》《中国共产党廉洁自律准则》《中国共产党纪律处分条例》《安徽省预防职务犯罪工作条例》等党纪法规。2017年以来,积极利用新媒体开展党规党纪教育,"安徽纪检监察"五位一体新媒体平台在党员师生中覆盖率100%。2018年以来,积极利用"安徽省党纪法规学习教育平台"开展党纪法规的学习测试。

(二)警示教育

开展日常警示教育,举办"高等教育领域职务犯罪警示教育展",及时发布省纪委通报的典型案例,发放《违纪违法领导干部忏悔选编》等警示教育读本1 800余册,公布违纪人员处分决定;2011年以来,赴省、市党风廉政教育基地开展警示教育500余人次;2018年学校建成廉政教育中心,基层党组织在廉政教育中心共开展警示教育80余场1 500余人次;认真开展专题警示教育。按照上级部署,2017年开展"讲政治、重规矩、作表率"专题警示教育;2018年开展"讲忠诚、严纪律、立政德"专题警示教育;2019年开展"三个以案"警示教育;2020年开展深化"三个以案"警示教育。

(三)校园廉政文化建设

2011年,学校印发《关于加强廉政文化建设的实施意见》,成立廉政文化建设领导小组和廉政文化研究中心。2013年,在琅琊、会峰两个校区建设廉政文化长廊,2018年,在图书馆建设廉政教育中心。2012年以来,连续举办7届"全国高校廉政文化作品大赛征集"活动和"校园廉政文化活动月",共荣获全国高校廉政文化作品大赛二等奖5个、三等奖4个、精品作品5个,3人获评全国大学生廉洁知识网上问答活动先进个人,获奖数量位居省属高校前列。2014年,学校原创歌舞《花鼓舞动中国梦》作为全省高校唯一入选节目,参加安徽省"勤廉礼赞"专场演出,并荣获二等奖。2014年,中共安徽省纪委、安徽省监察厅命名学校为"廉政文化建设示范点"。2019年,校纪委在首届"安徽廉洁文化精品工程"作品征集展播活动中荣获"优秀组织奖"。

(四)纪律执行

紧紧围绕"六大纪律",严格落实问题线索处置方式和标准,不断提高谈话函询质量,增强针对性、严肃性和规范性,2011年以来,运用"第一种形态"处理132人次,运用"第二种形态"处理10人次,运用"第三种形态"处理1人次;规范执行纪律,2019年建成标准化"走读式"谈话室,制订《走读式谈话室使用管理规定》,保障执纪审查工作安全;强化执行检查,开展纪律处分执行监督检查,纠正纪律处分执行不规范的情形,切实维护党纪法规严肃性和权威性,不断巩固风清气正的校园良好政治生态。

五、加强制度建设

(一)制度体系

不断完善党的全面领导机制。学校制订《中国共产党滁州学院全委会工作规则(试行)》《中国共产党滁州学院常委会议事规则(试行)》《滁州学院行政议事规则(试行)》《滁州学院"三重一大"事项决策实施办法(修订)》;制订党建、教学、科研、学生、安全等工作例会制度,把党的领导贯穿到改革发展稳定各方面;制订《中共滁州学院委员会意识形态工作责任制实施细则(修订)》《关于学习贯彻全国全省高校思想政治工作会议精神的实施方案》,牢牢掌握意识形态工作领导权,落实立德树人根本任务;制订《中共滁州学院委员会二级党组织委员会议事规则》《滁州学院二级学院党政联席会议议事规则(修订)》,充分发挥二级党组织政治核心作用;制订《中共滁州学院委员会关于加强党委常委会自身建设的意见》,不断提高党委把方向、管大局、作决策、抓班子、带队伍、保落实的能力和水平;坚持全面从严治党,制订《中共滁州学院委员会关于深入推进全面从严治党的实施意见》《中共滁州学院委员会关于落实党风廉政建设党委主体责任和纪委监督责

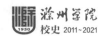

任的实施意见》《中共滁州学院委员会关于落实全面从严治党主体责任和监督责任任务清单》以及《滁州学院处级领导干部因私出国(境)管理暂行办法》《滁州学院处级领导干部兼任社会组织职务管理办法》《滁州学院关于对处级领导干部进行提醒、函询和诫勉的实施办法》《滁州学院校外挂职干部管理办法》等管理监督制度。

以章程为统领,健全管理制度。2016年,学校制订《滁州学院章程》,依据法律和学校章程,制订并完善教学、科研、学生、人事、资产、财务、后勤、安全、对外合作等方面的管理制度,着力抓好重大决策、干部任用、招生录取、人才引进等重点部位和关键环节的制度建设,建立健全各种办事规范、内部机构组织规则、议事规则等,形成健全、规范、统一的制度体系,为依法治校提供制度依据。建立健全规章制度的备案审查机制,对新制订规范性文件进行合法性审查,建立规范性文件的定期清理制度,及时修改或者废止,保证学校规章制度体系的层次合理、简洁明确、协调一致。2016年以来,连续5年深入开展规章制度"废改立"工作;清理规章制度484项,其中制订25项、修订104项。

(二)制度落实

开展法律法规宣传。学校充分发挥学校宣传橱窗作用,定期张贴法治宣传有关内容;利用校园网、微博、微信和QQ校园号等平台宣传相关的党纪法规,通过文字、图片、音频、视频等多种方式进行全方位展示;利用宣传周、纪念日、"6·26国际禁毒日""11·9中国消防宣传日""12·4全国法制宣传日(宪法日)"等与法律有关的重大纪念日开展法治宣传教育活动。

开展纪法学习。坚持和完善党委理论学习中心组集体学习党纪法规制度,把党章党规党纪纳入校院两级中心组、党支部组织生活会学习内容,将普法教育工作纳入教职工政治理论学习计划。在"大学生思想道德修养与法律基础"课中突出《宪法》和其他法律法规教学内容,在形势政策课中开设依法治国专题,对大学生进行法治教育。

强化制度刚性约束,坚决维护制度的严肃性和权威性。教育引导各级领导班子、党员和干部熟知制度、敬畏制度、遵守制度、执行制度;定期开展监督检查,把党建工作制度制定和执行情况纳入各部门各级党组织工作重点督察内容,加强对党建制度执行情况的跟踪问效;完善违反制度的责任追究机制,对执行落实不到位的严格追责,切实增强制度的执行力。

第五节 加强统一战线工作

学校统战工作始终坚持在校党委领导下,牢牢把握"大团结大联合"主题,深入学习贯彻习近平总书记关于加强和改进统一战线工作重要思想,深入学习贯彻落实中央和省委统一战线工作会议精神,积极联系、服务、引导党外人士为学校和地方的建设发展贡献智慧与力量。

一、强化思想引领

学校一直以来注重加强党外代表人士思想引领,通过主题学习和教育培训促使党外代表人士思想上统一、政治上团结、行动上一致。

(一)主题学习

2011年,学校以庆祝中国共产党成立90周年活动为契机,进一步把全校统一战线开展社会主义核心价值体系学习教育活动引向深入。组织开展统一战线"重温历史、同心同行"主题教育活动;举办"纪念辛亥革命100周年"座谈会、无党派高级知识分子联谊会,着力增强政治认同。

2012年,学校以迎接党的十八大和学校第二次党代会召开为契机,坚持把"同心"思想贯穿于统战工作各领域、各方面,以树立和践行社会主义核心价值体系为主要内容,举办系列活动,不断加强统战成员思想建设,组织广大统战成员学习、领会同心思想的重要内涵。

2013年至2014年,学校深入开展党的群众教育路线活动,党外人士积极参与,各民主党派支部深入学习十八大精神和习近平总书记系列重要讲话精神。在省委统战部"我的同心情,我的中国梦"主题征文比赛中民盟滁州学院支部主委裘新江教授创作的《五月的鲜花》一文荣获一等奖。

2015~2016年,学校认真学习贯彻《中国共产党统一战线工作条例(试行)》,不断巩固和发展爱国统一战线,为"十二五"收官年和"十三五"开局凝心聚力。学校把深化理论武装工作作为统战工作的首要政治任务,组织党外人士深入学习党的十八大和十八届三中、四中、五中、六中全会精神。召开2016年统战人士迎春座谈会,党委副书记张勇出席会议,党委统战部部长汪才明主持会议,39名统战人士参会,他们各抒己见,为学校事业发展建言献策。

2017~2018年,学校以贯彻党的十九大精神和习近平新时代中国特色社会主义思想为重点,积极支持帮助党外人士开展各种形式的主题学习活动,不断提高广大党外人士的政治素质和思想道德水平。召开2018年党外人士迎春座谈会,党委书记陈润出席会议,党委副书记张勇主持会议。会上,陈润勉励党外人士牢牢把握大团结、大联合的主题,进一步加强学习,进一步加强自身建设,进一步关心学校,在推动改革发展上多做支撑,在建设地方应用型高水平大学上多做贡献。党委统战部部长汪才明组织学习了党的十九大报告有关统战工作内容、传达2018年全国统战部长会议精神、通报学校统战工作情况。

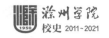

2019年,学校举办系列活动热烈庆祝中华人民共和国成立70周年,深入开展"不忘初心、牢记使命"主题教育,认真学习贯彻习近平总书记关于加强和改进统一战线工作的重要思想和全国全省统战工作会议精神。学校指导各民主党派支部扎实开展"不忘合作初心·继续携手前行"主题教育活动,不断筑牢共同的思想基础。召开2019年统战人士迎春座谈会,党委副书记张勇出席会议,党委常委、统战部部长吉晓华主持会议。会上,张勇通报了学校2018年的改革发展情况,介绍了2019年的重点工作,充分肯定学校统战人士在参政议政、服务学校改革和地方经济社会发展等工作中取得的成绩,就下一步工作提出要求。吉晓华传达学习了习近平总书记在全国政协新年茶话会上的重要讲话精神以及省政协主席张昌尔在省政协十二届二次会议上所作的工作报告精神。

2020年,学校认真做好民主党派和党外知识分子的理论教育;将习近平总书记考察安徽重要讲话指示精神作为重要学习内容,举办《习近平谈治国理政(第三卷)》专题报告会、滁州市经济社会发展专家报告会,党外干部积极参会,并发放学习书籍;召开2020年统战人士迎春座谈会,党委副书记张勇出席会议,党委常委、统战部部长吉晓华主持会议;各民主党派人士代表、校侨联和校知联会会员代表欢聚一堂,一起学习了习近平总书记在全国政协新年茶话会上的讲话,共同畅谈一年来的工作收获并畅想新年期盼。

2021年,学校深入开展党史学习教育,制订支持各民主党派开展中共党史学习教育的工作方案,为各民主党派支部和统战团体发放学习教材,举办中共党史专题报告会,安排党外领导干部参加学校党史学习教育读书班,为民主党派开展中共党史学习教育提供支持保障;广泛开展新修订的《中国共产党统一战线工作条例》(以下简称《条例》)学习宣传,支持各民主党派支部积极开展《条例》学习研讨,民盟支部主委裘新江撰写的文章——《聚焦问题·凝聚共识 同心筑梦——学习新修订〈中国共产党统一战线工作条例〉》在《安徽省统一战线》第142期刊登。

(二)教育培训

2011~2012年,学校通过组织理论研讨会、主题学习会、专题报告会、学习交流会、参观考察等形式开展各类教育培训。2012年选派时任民盟滁州学院主委方志新参加安徽省高校民主党派基层组织负责人培训班。

2013~2014年,学校在开展校内各类培训的同时,积极支持、选派民主党派成员参加校外培训;选派了党外代表人士参加省委教育工委举办的"省属高校中层干部学习习近平总书记系列讲话和党的十八届三中全会精神示范培训班"、市委统战部举办的滁州市委党校组织的"基层组织骨干培训班";民盟滁州学院支部主委相继参加了民盟省委举办的全省市级组织专职领导干部、基层组织主委和参政议政骨干培训班学习及民盟中央举办的民盟盟务工作骨干培训班。

2015~2016年,学校先后选派民盟成员参加市委统战部在安徽省社会主义学院主办的滁州市党外代表人士培训班、教育部高教司举办的全国学习习近平在新闻工作者座谈会讲话精神培训班、安徽省哲学社会科学教学科研骨干研修班以及全省高校党外知识分子统战理论研究班等学习活动。

2017年,学校先后选派民进滁州学院支部会员分别参加全省统战信息工作培训班、第2期全省归国留学人员研修班和第2期全省高校党外知识分子研修班。

2018年,学校先后选派10余人参加安徽省哲学社会科学教学科研骨干研修班、全省高校党外知识分子统战理论研究班;多名党外处级干部赴复旦大学参加滁州学院处级干部能力提升培训班。

2019年,学校先后选派民盟滁州学院支部主委及其他人士参加全省党外处级干部培训班、全省无党派人士培训班和全省归国留学人员研修班。

2020年,学校认真开展统战成员培训工作,按照省委统战部和省委教育工委的有关培训计划,先后选派3名学校知联会会员和2名民主党派成员参加省委统战部和省委教育工委的有关培训,不断提升统一战线人才教育培训的广度和深度。

2021年,学校首次组织开展统战工作专题网络培训班,各基层党委(党总支)统战委员、机关各党支部统战委员(或负责统战工作的党员)、各民主党派基层组织和统战团体班子成员、无党派人士代表等共计60人参加培训;持续落实上级培训任务,分别选派2名统战干部和1名民主党派支部主委参加省委统战部举办的统战工作培训班和民主党派基层负责人培训班。

二、强化组织发展

(一)民主党派支部建设

1. 民盟滁州学院支部

该支部成立于2002年,是民盟滁州市委最早一批设立的基层支部,现有盟员15人,其中教授1人、副教授11人、博士(含在读)4人,曾担任市政协委员2人,区政协委员1人,市人大代表1人,其中市人大常委和市政协常委各1人;盟员整体素质较高,曾荣获安徽省民盟先进基层组织和参政议政先进个人、民盟中央高校基层组织盟务工作先进个人等称号;2013年7月2日召开第二次全体盟员大会暨换届大会,2017年3月29日召开第三次全体盟员大会暨换届大会。历任主委是方志新,现任主委是裘新江(2013年至今)。

2. 民建滁州高校支部

该支部成立于2013年1月,现有会员22人,其中,滁州学院会员10人,滁州职业技术学院会员4人,企业家及其他会员8人,担任市政协委员3人(常委1人),县区政协委员4人(常委1人);民建滁州市高校支部第二届委员会由2019年3月28日支部全体会员大会选举产生。现任主委是王素侠(2013年至今)。

3. 民进滁州学院支部

该支部成立于 2010 年 5 月,支部现有会员 13 人,其中,美术与设计学院会员 7 人,体育学院 2 人,文学与传媒学院 1 人,数学与金融学院 1 人,校科技处和教育科学学院会员各 1 人;民进滁州学院支部第二届委员会由 2017 年 5 月支部全体会员大会选举产生,民进滁州学院支部第三届委员会由 2021 年 11 月 21 日支部全体会员大会选举产生。历任主委是赵振华、撒后余,现任主委是李晓春(2021 年至今)。

(二)统战团体建设

1. 滁州学院归国华侨联合会

2019 年 7 月 18 日,学校召开归国华侨联合会成立大会暨第一次归侨侨眷代表大会。校党委书记陈润和安徽省侨联党组成员、副主席兼秘书长杨冰共同为侨联揭牌。省侨联社会工作部部长陈茂先、省委教育工委组干处副调研员任启飞、市侨联主席曹之淮、市侨联秘书长宋治球等出席会议。学校 25 名归侨侨眷代表参会,会议由党委副书记张勇主持。大会选举产生了滁州学院侨联首届委员会,李道琳当选为主席。

截至 2021 年底,滁州学院侨联有会员 42 人,其中归侨 1 人,侨眷 15 人,归国留学人员 24 人。2019 年 9 月,滁州学院"侨胞之家"申请获批。此后相继与市侨联联合举办了"凝聚侨心跟党走　同心共筑中国梦"文艺演出,"侨"美好滁州迎新年活动。校侨联主席李道琳同志被评为 2019 年全省侨联工作先进个人。2020 年,学校侨联应邀在安徽省第二批"侨胞之家"集中授牌暨经验交流会上作经验介绍,主席李道琳当选省侨联委员,2 名留学归国教师获省创新创业扶持计划项目,省侨联党组书记、主席李世蕴到校调研指导"侨胞之家"建设。2021 年,学校侨联获评 2020 年度全国侨联系统优秀"侨胞之家"、省侨联第一批星级"侨胞之家",合肥工业大学侨联专程来校学习调研"侨胞之家"建设经验。

2. 滁州学院党外知识分子联谊会

2019 年 12 月 4 日,学校召开党外知识分子联谊会成立大会,校党委书记陈润出席会议并为知联会揭牌,78 名会员参会,会议由校党委副书记张勇主持。大会选举产生了第一届理事会,王春当选为会长。

截至 2021 年底,滁州学院知联会有会员 76 人(女性 34 人),其中博士学位的 42 人,正高职称的 13 人,副高职称的 41 人,副处级及以上的 8 人。2021 年,学校知联会参加第十三届长三角党外知识分子主题论坛并提交论文 2 篇,推荐 1 名会员作为省委统战部专家服务团成员,赴阜阳、亳州等地开展"美好安徽智汇行"活动。

三、强化作用发挥

学校注重发挥党外人士的人才优势,积极鼓励、创造条件团结和调动党外人士履行职责、发挥作用。

(一)参政议政

2011~2012年,学校各级人大代表、政协委员积极参政议政,撰写高质量的提案议案;2名市政协委员连续两年被评为"滁州市优秀政协委员",1人被市"两会"列为典型宣传对象。

2013~2014年,省政协委员、校民进支部副主委撒后余的提案得到省领导批示;在滁州市五届政协第一次会议上,滁州市政协常委、校民盟支部原主委方志新代表市民盟作专题发言。

2015年,在滁州市五届政协第三次会议上,校民盟支部盟员章会垠提交的提案被市政协列为一号提案。

2016年,学校无党派人士、地信学院院长王春当选为南谯区第六届人大代表;民建高校主委王素侠被推荐为政协南谯区第六届委员会委员,民革成员李应青被推荐为政协琅琊区第六届委员会委员。

2017年,学校民进支部获民进全国选进基层支部荣誉;裘新江入选民盟安徽省委文化委员会委员,并被琅琊区人民代表大会推荐为出席市人民代表大会代表;章会垠入选民盟安徽省委教育委员会委员。

2018年,学校民盟支部主委裘新江入选首批"安徽省情智库"专家,当选为滁州市人大代表和滁州市人大常委会委员兼教科文卫委员会副主任。

2019年,学校民盟支部提交人大建议案1份;民建滁州高校支部上报的社情民意和提案议案部分被民建安徽省委立案、采纳;市政协委员、民革党员李应青的议案被写入市政协六届三次会议工作报告。

2020年,学校各民主党派和统战团体成员参与党派、人大、政协等协商9次,提出提案27项;市人大常委、民盟支部裘新江领衔递交的议案《关于加强滁州历史文化名人资源开发利用》被列为二号议案,《关于加强滁州市中华母语教育的建议》被列为人大建议,民建支部上报社情民意被民建省委采纳3篇。

2021年,学校民盟支部提交政协大会发言1篇,人大建议案1篇;民建高校支部向民建市委上报提案22篇,立案14篇,上报政协大会发言2篇,被采纳1篇,上报社情民意28篇,支部主委王素侠提出的《完善人才政策,助力滁州经济平稳健康发展的建议》获市政协优秀提案;民进支部上报提案和社情民意8篇;民革党员李应青获琅琊区优秀政协委员称号。

(二)服务地方

2011年,党外人士围绕"三农""企业科技进步创新""非物质文化遗产保护"等方面积极服务地方经济社会发展;学校在全省统战部长会议上作经验交流。

2012～2013年,学校民盟支部成员先后在滁州市举办的各类评审会、论证会、座谈会上,积极为地方政府和企业建言献策。

2014～2015年,学校民盟支部承担安徽省委委托课题《关于安徽省文化创意产业发展现状及对策的调研》,参与滁州市和明光市"十三五"文化发展规划编制;民建滁州高校支部为苏滁现代产业园编制"十三五"规划;民进支部组织会员参与"书香彩虹"捐赠图书活动。

2016年,学校民盟支部联合多党派参与的调研课题《关于滁州市文化创意产业发展现状及对策的调研》报告,成为市领导督办提案;民建滁州高校支部先后赴皖南太平县、黟县等地开展旅游、农业发展等专题调研;民进支部撰写的"民进如何做好新的社会阶层人士工作"课题中标民进中央参政党理论研究会2016年度课题,是安徽唯一中标支部。

2017年,学校民盟支部申报的"滁州区域文化及文化产业发展研究智库"获批为滁州市重点智库;民建滁州高校支部组织完成《滁州市全面振兴县域经济调研报告》。

2018年,学校扎实推进"五大发展行动聚力工程",支持党外人士履行职能,为"五大发展行动"凝聚智慧。各民主党派广泛开展调查研究,民盟滁州学院支部专题调研地方文化;民建滁州高校支部调研地方旅游、现代农业发展建设情况;民进滁州高校支部调研企业转型发展及建设情况。学校揭牌成立"滁州学院滁州区域文化及文化产业发展研究智库"和"滁州学院皖东旅游发展研究智库",为党外知识分子建言献策提供平台。王春教授带领的研究团队高质量完成全国改革试点项目"金寨县农村宅基地调查和利用技术服务"。

2019年,学校党外人士积极履职尽责,以优异的成绩庆祝新中国成立70周年。在文化建设方面,民盟支部策划开展纪念张汝舟诞辰120周年系列活动。民进支部助力文明城市创建,开展普法宣传、绘画作品展览等活动。在调查研究方面,民盟支部开展滁州市国家级历史文化名城申报调研工作,民进支部围绕"对接大江北,建设新滁州"发展战略开展调研,民建高校支部就"林场人力资源匮乏"等问题进行调研。在脱贫攻坚方面,民建高校支部到定远县开展低保户认定调研评估工作,王素侠被评为民建中央脱贫攻坚先进个人。民进支部开展公益助学活动,对贫困学子进行捐助。

2020年,学校各民主和统战团体认真贯彻落实习近平总书记考察安徽重要讲话指示精神,发挥界别优势,积极承接地方和学校交办的各项任务。民建支部主动参与滁州市多个部门的"十四五"规划编写工作,民盟支部主持滁州市和定远县"十四五"文化发展与改革规划纲要编写工作。统一战线成员积极参与脱贫攻坚,为决胜全面建成小康社会贡献力量。民建支部到亳州开展城市困难职工解困脱困工作成效第三方评估。校知联会发挥人才优势,依托地信学院科研团队,承接金寨、岳西等地区的宅基地腾退整治复垦的测绘与复垦方案编制工作,服务脱贫攻坚和乡村振兴。

2021年,学校制订统战工作"创新发展·高校在行动"主题实践活动方案和党外知识分子"双树双建"主题教育活动通知,支持统一战线发挥智力优势,助力地方经济社会发展。民盟支部主委裘新江主持完成滁州市、定远县文化改革发展规划各1项,其著作《醉翁亭畔话醉翁》作为滁州市首批地方文化丛书正式出版,1篇文章获省统战理论成果三等奖。民进会员李静参编《滁州市教育现代化2035》《明光市"十四五"教育体育事业发展规划》《天长市"十四五"教育体育事业发展规划》《滁州市琅琊区全民健身实施计划(2021~2025年)》,为滁州市文化教育发展贡献智慧力量。民进会员叶涛设计插画《村书记的一天》入选省第二届廉洁文化精品工程,并参与担子社区和陡岗社区文化广场与室内外导视设计。民进会员毛环为滁州外国语学校做墙体装饰设计,其设计的"给流浪猫咪一个家"获得省民政厅设计类一等奖。民革党员李应青在《团结报》上发表1篇研究文章。校侨联承办中国侨联"亲情中华·为你讲故事"安徽冬令营活动,通过线上课程方式传播中华传统文化,安徽省侨联党组书记、主席李世蕴出席开营仪式。

四、做好民族宗教工作

(一)民族工作

2011年以来,学校认真贯彻落实党和国家民族政策,多措并举扎实做好民族工作,促进民族团结。每年坚持依托课堂教育主渠道,开展民族理论与政策知识教育。通过日常谈心谈话、生活帮扶,加强对少数民族师生的人文关怀。借助形式多样的校园文化活动和各类社会实践活动,促进各民族交往交流交融,培育民族团结的传播者与实践者。学校注重对少数民族教师的培养使用,充分发挥他们的积极作用。2018年,学校成立统一战线(民族宗教)工作领导小组,进一步加强对民族工作的领导。2019~2021年,学校持续做好民族团结进步教育,定期开展新疆籍学生主题座谈会,开设中华优秀传统文化网络课程,举办中华优秀传统文化专题讲座,组织参观爱国主义教育基地,引导各族师生牢固树立"三个离不开"思想,不断增强"五个认同"。2021年,组织新疆籍学生参加新疆驻皖工作组主办的"回顾不朽历程 共谱壮丽篇章"——庆祝中国共产党建党100周年活动,参赛舞蹈视频作品《楼兰姑娘》获二等奖。截至2021年底,学校共有少数民族学生168人,在岗少数民族教师18人。

(二)宗教工作

学校坚持党的宗教工作基本方针,依法做好宗教管理工作,抵御和防范宗教向校园渗透,切实维护学校安全稳定。学校每年依托课程教学、党团组织、校园文化活动开展宣传教育,营造良好氛围;通过校内及周边巡查、校园阵地管理等措施,严防宗教向校园渗透。

2011~2012年,开展全校师生宗教信仰调查,对宗教价值观、信教原因、信教数量等进行科学分析,为科学做好学校宗教工作提供了重要参考。

2013~2014年,开展"崇尚科学,反对邪教"主题活动,通过主题演讲、专题视频、知识竞答等活动,不断增强师生自觉抵制校园传教的意识。

2015~2017年,学校加强校园巡查力度,组建学生信息员队伍,坚决防范社会人员在校园内散发宗教传单和传教。

2018年,学校认真贯彻《宗教事务条例》,开展抵御和防范邪教破坏、宗教渗透"两个不得""五个严禁"自查和整改工作。

2019年,学校成立防范化解重大风险工作领导小组,制订出台《滁州学院防范化解重大风险工作方案》,明确了宗教向校园渗透风险点、风险表现和重点任务,对防范化解宗教领域风险作了全面部署;修订有关制度,把做好宗教工作纳入学校意识形态工作责任制,纳入学校安全工作考核体系。

2020年,学校开展防范和抵御宗教邪教渗透专项行动,开设防范宗教邪教渗透专题讲座,参加滁州市抵御和防范校园传教渗透工作联系会议,推进警务站建设,召开警校联席会议2次,不断提高防范和抵御宗教邪教渗透的工作能力。

2021年,学校开展宗教政策法规学习月活动,汇编宗教政策法规学习资料。统筹线上、线下宣传平台,在校园橱窗栏、校园广播、校园新媒体平台上,大力开展宗教政策法规宣传;开展基督教线上、线下渗透传教核查,防范宗教向新生渗透;参加2次滁州市抵御和防范校园传教联席会议,交流学校近期宗教工作;参加省宗教工作调研组座谈会,梳理学校2016年以来的宗教工作,并在滁州市委统战部接受调研组访谈。

第六节　加强工会共青团工作

工会和共青团工作是学校事业的重要组成部分。学校历来重视工会和共青团工作,十分注重发挥它们的重要作用。近年来,在学校党委的正确领导和大力支持下,学校各级工会、共青团组织充分发挥自身优势,认真履行自身职责,取得显著成绩。

一、加强工会工作

学校工会紧紧围绕"维护、建设、参与、教育"四项职能,在服务学校大局、维护教职工合法权益、竭诚服务职工群众等方面做了大量工作,以饱满的工作热情,竭诚为职工服务,集全会之力,聚全员之心,较好地发挥了工会的纽带和桥梁作用。学校工会荣获安徽省总工会授予的"模范职工之家"称号(图9.18)、中华全国总工会授予的"全国模范职工之家"称号(图 9.19)。

图 9.18　安徽省总工会授予学校工会"模范职工之家"称号

图 9.19　中华全国总工会授予学校工会"全国模范职工之家"称号

为关心教职工身心健康,学校出台了《滁州学院教职工家庭大事访问制度》,建立了结婚慰问、生病慰问、去世慰问、家庭困难慰问、退休慰问的"五必访"慰问,将送温暖活动常规化和制度化,及时帮助教职工渡过难关;10 年来,慰问千余人次,发放慰问金 50 余万元。

积极推进互助保障计划,为教职工补充医疗保障体系。自 2007 年起,响应上级工会

组织的号召,为教职工购买人身意外保险和女工疾病险;自2013年起,为了教职工获得更好的保障,购买了重疾险和女工特殊疾病险;此项工作坚持了14年,扎扎实实为广大教职工办好事。10年来,有40余名教职工获得理赔,理赔金共计13余万元。

认真做好年度教职工体检服务工作。每年体检前,校工会会同校医院进行精心部署安排,确保体检工作有序进行。2019年,将教职工体检工作由主要在校内进行改成在滁州市第一人民医院体检中心进行,得到教职工的好评。2020年,教职工体检在滁州市中西医结合医院体检中心进行。每年一次的教职工体检是学校推出的一项保障教职工健康的措施,通过体检,教职工保健意识进一步提高。

关心青年教师的成长。工会一直以来关心青年教师的工作与生活,经常开展部门之间的联谊活动,与滁州市直机关、事业单位、国有企业、部队开展联谊活动,为青年教师"牵线搭桥",拓宽交友渠道,解决单身青年婚恋问题。响应广大教职工诉求,工会会同后勤处参与山水人家和文昌花园两个住宅小区的团购房工作,受到广大教职工的好评。

组织开展丰富多彩的文体活动。组织教职工积极参加学校运动会、师生迎元旦文艺晚会,定期举办篮球赛、排球赛、羽毛球赛、乒乓球赛、足球赛、书画展、棋牌类比赛、厨艺比赛、趣味运动会等活动。此外,大力发展教工协会,鼓励协会和基层工会自主开展活动。目前,已经成立了乒乓球协会、羽毛球协会、篮球协会、排球协会、足球协会、桥牌协会、象棋协会、书法协会等教工协会。

提升教师素质,促进队伍建设。引导青年教师进一步强化立德树人理念、锤炼教学基本功,提高教学业务能力与水平,每年学校工会会同教师发展中心、教务处共同组织青年教师教学基本功比赛,累计举办10届,搭建了青年教师学习、交流的平台,营造了"以赛促教、以赛促改"教学氛围,对提高青年教师课堂教学质量和教师发展起到了积极促进作用。

二、加强共青团工作

共青团滁州学院委员会是在校党委和共青团安徽省委领导下的先进青年的群众组织,是党的助手和后备军。学校共青团组织紧扣立德树人根本任务,积极服务学校党政工作重心,以建设地方应用型高水平大学为主导,以培养高素质应用型人才为主线,以践行社会主义核心价值观为引领,以"第二课堂成绩单"为抓手,坚持从严治团,不断深化改革,团结带领广大团员青年,强化内涵发展、推进特色发展、抓好创新发展,为学校改革、发展、稳定做出了积极贡献(表9.4)。

表 9.4 共青团工作成绩(部分)一览表

序号	重要成果(荣誉称号)	获表彰单位	表彰时间
1	安徽省高校共青团工作先进单位	滁州学院团委	2011 年
2	安徽省高校共青团工作考评"优秀"等次	滁州学院团委	2018 年
3	全国大中专学生志愿者暑期"三下乡"社会实践活动优秀单位	滁州学院团委	2014 年、2015 年、2016 年、2017 年、2018 年、2019 年、2020 年
4	大学生志愿服务西部计划全国优秀等次项目办	滁州学院团委	2013 年、2014 年、2016 年
5	全国大学生艺术展演活动高等学校优秀组织奖(第三、五届)	滁州学院	2012 年、2018 年
6	2013 年全国大学生科普作品创作大赛优秀组织奖	滁州学院	2014 年 7 月
7	2015 年度全国高等学校创业教育研究与实践先进单位	滁州学院	2015 年 11 月
8	大学生 KAB 创业教育基地	滁州学院	2017 年 3 月
9	"燃青春 聚能量"2016 年第一届全国大中专学生社团影响力评选活动优秀组织奖	滁州学院	2017 年 4 月
10	安徽省 2018 年无偿献血先进集体	滁州学院	2018 年 6 月
11	第十七届全国大学生机器人大赛机器人创业赛优秀组织奖	滁州学院	2018 年 8 月
12	全国无偿献血促进奖	滁州学院	2020 年 12 月

(一)抓牢青年思想政治引领

深入学习贯彻习近平新时代中国特色社会主义思想和党的十七大、十八大、十九大精神,以理想信念教育为核心,培育和践行社会主义核心价值观,积极开展青年思想引领工作,激发青年学子树立远大理想,增强责任感和使命感。组织开展"学习总书记讲话,做合格共青团员"、学习宣传贯彻习近平总书记系列重要讲话精神"四进四信"等专题教育活动,2017 年 10 月成立安徽省内首个学习研究习近平新时代中国特色社会主义思想的大学生社团。

以新中国成立 70 周年、"五四运动"100 周年、抗战胜利 70 周年、纪念改革开放 40 周年等重大节庆日为契机开展纪念活动,引导团员青年坚定理想信念,提振精气神、展现新作为;2019 年,组织青年学生拍摄"歌颂祖国"快闪视频和"千人经典诵读"活动,献礼新中国成立 70 周年,得到学习强国、中国文明网、安徽教育网、安徽电视台等多家媒体报道;深化"青年大学习"网络主题微团课学习,2018年后近3年时间,学校累计90万余人次团员青年参加学习;积极参与校企军地共建共育,2015年与73092部队结对共建,学校成为首批全国100所高校与100个英模部队共建共育单位之一;选树先进典型,学校涌现出全国活力团支部2个、全省"五四"红旗团(总)支部3个,团员青年获得"中国大学生自强之星"、"安徽省十佳大学生"、"向上向善好青年"、安徽省优秀共青团员、优秀志愿者等省级荣誉表彰70余人次;表彰校级"五四红旗团委"4个、"五四"红旗团支部63个、先进团支部267个、优秀共青团员4 533名、优秀共青团干部2 372名、十佳大学生100名。

(二)推进学生能力素质提升

1. 服务青年创新创业

学校共青团组织积极响应青年需求,提升服务能力,服务青年创新创业工作赢得新突破,构建了以"挑战杯"为龙头,以大学生科技文化艺术节、社团文化艺术节和各类学科专业竞赛为辅翼的体系架构,加强科技创新类、创业类学生社团建设,积极组织学生参加各类竞赛,开展创业大讲堂、创业沙龙、模拟招聘面试大赛,举办创业模拟实训(ETP)、承办"春暖皖江"安徽共青团组织服务青年就业系列公益招聘会等引导大学生树立创新创业意识,服务大学生创新创业就业。

2013年体育学院时元秋同学公开发表的学术论文《对聋哑学生体质健康的运动干预研究》入选第六届全国大学生创新创业年会,这是学校被该学术年会收录的首篇学术论文。2015年,学校获评中国高等教育学会创新创业教育分会评选的"2015年度全国高等学校创业教育研究与实践先进单位"。2017年10月16日,时任团省委副书记张敏来校调研大学生创新创业工作,并参加了由校团委承办的"中国梦·创业行·安徽青年在行动"创业大讲堂;同年,学校获批全国"大学生KAB创业教育基地",校团委获得华为公司25万元学科竞赛赞助款。

自2011年以来,组织学生参加5届"挑战杯"大学生课外学术科技作品竞赛,5届"创青春"大学生创业大赛,10届安徽省百所高校百万大学生科普创新创意大赛(简称"双百大赛")。学校在"挑战杯"系列学科赛事中的成绩稳步提升,共有97件作品在省赛或国赛上获奖。2011年、2017年、2019年分别揽获全国第十二届、十五届、十六届"挑战杯"大学生课外学术科技竞赛三等奖1项,其中2017年计算机与信息工程学院李道志等同学的作品入围全国终审决赛(图9.20),这是学校大学生项目首次入围全国"挑战杯"竞赛终审决赛。2014年获"创青春"全国大学生创业计划竞赛铜奖2项,2016年获"创青春"全国大学生创业大赛电子商务专项赛铜奖1项,2018年获"创青春"全国大学生创业大赛网络信息经济专项赛铜奖1项。此外,学校荣获2011年、2013年、2015年、2017年、2019年安徽省"挑战杯"大学生课外学术科技作品竞赛"优秀组织奖",2017年还荣获"显著进步奖";2018年荣获"创青春"安徽省大学生创业大赛优秀组织奖;荣获2013年、

2014年、2015年安徽省第四届、第五届、第十届、第十一届"双百大赛""优秀组织奖",2015年、2017年、2019年度"青苗杯·中建智立方"安徽省项目资本群英会"优秀组织奖",2018年第十七届全国大学生机器人大赛机器人创业赛"优秀组织奖"。

图9.20　学生参加第五届"挑战杯"安徽省大学生课外学术科技作品竞赛终审决赛

2. 深化学生社会实践

共组建1 000名支校级实践团队,各二级学院组建院级实践团队,组织数万名(次)大学生奔赴全国各地投身社会实践。2014~2021年,校团委连续8年荣获全国大学生志愿者暑期"三下乡"社会实践活动先进单位。2015年,花鼓艺术团荣获全国优秀实践团队。2016年,团委书记音坤牵头申报的"滁州学院校政企军四位一体实践育人联动平台"获批"安徽省高等教育振兴计划思想政治教育综合改革计划建设项目"立项;同年,学校2支实践团队首次入选"全国大学生暑期社会实践专项团队",2支实践团队入选"安徽省希望工程暑期田园课堂公益活动团队"。2017~2018年,共2支实践团队获全国大中专学生志愿者暑期"三下乡"社会实践"镜头中的三下乡"优秀报道奖(图9.21);2018年,1支实践团队获"千校千项"百佳创意短视频表彰奖。2019年,1篇社会实践调研报告首次入选全国"百篇优秀调研报告";同年,学校获评"丝路新世界·青春中国梦"2019年全国大学生"一带一路"暑期社会实践专项行动"优秀组织单位"。

3. 大力开展志愿服务

校团委每年组织志愿者开展"学雷锋""无偿献血""爱心家教""社区服务""文明交通"等丰富多彩的志愿服务活动,2018年学校获评全省"无偿献血先进集体",2019年获入围奖,2020年获评"全国无偿献血促进奖单位奖"(图9.22)。服务全省大学生田径运动会、全省宣传思想工作会议、滁州国际半程马拉松赛、全国农垦质量服务周、第二十一届国际奥委会主席杯全国百城市自行车赛、全省大学生足球联赛和"幸福微笑——救助唇腭裂儿童"公益活动等大型赛会,赢得了社会各界的广泛赞誉。2011年、2015年、2017

图 9.21　滁州学院 2019 年大学生志愿者暑期"三下乡"社会实践启动仪式

图 9.22　滁州学院获 2018～2019 年度"全国无偿献血促进奖单位奖"

年、2018 年、2019 年,圆满完成第四届、第五届、第六届、第七届、第八届"中国农民歌会"志愿服务和演出工作,万余名志愿者参与其中;2011 年"滁州学院参与中国农歌会志愿服务工作"获评第八届安徽省青年志愿者行动优秀项目奖,2018 年获评首届"中国农民丰收节安徽滁州分会场暨第七届中国农民歌会先进单位"。2015～2017 年,13 名同学参加中国平安和中国青少年发展基金会联合开展的"平安希望小学支教行动"。2019 年 1 月 23 日,地理信息与旅游学院杨荣坤同学成功捐献造血干细胞,成为皖东高校历史上首位捐献造血干细胞的大学生,荣获安徽省 2019 年高校学生"无偿献血先进个人奖"。近日,64名同学入选大学生志愿服务西部计划,西藏、新疆、新疆生产建设兵团、云南、陕西、四川和安徽基层等地都留下了滁州学院志愿者奋斗的身影。校团委2013年、2014年、2016年3次获评全国大学生志愿服务西部计划"优秀等次项目办"。

2011年6月,校青年志愿者总队获评全省"我最感动的江淮志愿服务优秀集体典型",2011年和2013年连续荣获第八届和第九届"安徽省青年志愿者行动优秀组织奖",2016年当选省青年志愿者协会第三届理事单位,2017年获评滁州市"最美青年志愿服务队",2018年"爱与梦想"爱心学堂项目荣获"安徽省青年志愿者优秀项目",2019年荣获"安徽省青年志愿者优秀组织"、"文明实践志愿行·青春奉献新时代"主题活动志愿组织三等奖,2016~2021年连续获得"安徽省百千万志愿者结核病防治知识传播行动暨大学生团体培育计划"立项资助。2018年,外国语学院爱心家教项目荣获"安徽省第四届青年志愿服务项目大赛"三等奖。2020年,大学生电子协会"电子科普创客课堂"公益项目荣获"安徽省第五届青年志愿服务项目大赛"二等奖,机械与电气工程学院"'电'亮社区,服务乡村"共建服务项目荣获三等奖。2019年,体育学院青年志愿者支队被评为"青春志愿行 安全文明路"全省文明交通劝导志愿服务"优秀志愿服务组织",计算机与信息工程学院志愿者支队被评为滁州市"最美志愿服务组织"。

(三)促进校园文化繁荣发展

1. 校园文化活动丰富多彩

自2011年以来,学校开展了五届社团文化艺术节和饮食文化节、四届大学生科技文化艺术节、四届社团公益嘉年华,每年举办团支部风采大赛、迎新生军民联欢晚会、新生才艺大赛、"蔚然杯"大学生辩论赛、"青春飞扬"大学生健美操比赛等品牌文化活动,累计开展"蔚然大讲堂"大学生素质拓展百场讲座三百余场。各学院团组织结合学院特色,积极开展电子设计大赛、数学建模大赛、英语文化节等院级文化活动,各学生社团积极开展丰富多彩的社团品牌活动。全校"一院一品""一团一景"的校园文化格局不断深化,校园文化氛围积极健康向上。2020年,学生社团公益嘉年华募捐助力西藏阿里地区66个贫困儿童圆梦"微心愿",孩子们发来了真挚的感谢视频,一支钢笔、一个书包、一件衣服、一双鞋子都承载着社团的爱心和西藏小学生们对未来的美好憧憬,活动受到学习强国、安徽网、安徽教育网、安徽青年报、滁州日报等媒体报道(图9.23)。

2. 学生社团蓬勃发展

学校一直重视对学生社团的规范化和科学化管理,社团管理与运作机制逐步规范,社团结构不断优化,社团发展稳定并持续向好。2017年出台《滁州学院学生社团星级评定办法(试行)》(校青字〔2017〕20号),自此每年通过星级评定考核对各社团进行年审,以评代审。2019年,结合"不忘初心、牢记使命"主题教育,开展学生社团工作专项调研,实施"学生社团工作提升行动",进一步规范和提升社团工作水平。2020年,结合《高校共青团改革实施方案》和《高校学生社团建设管理办法》文件精神,实施"学生社团工作质

(a)

(b)

图 9.23 校团委收到来自西藏阿里地区噶尔县门士乡小学的孩子们的感谢视频

量提升工程",开展教工党支部与学生社团临时团支部结对共建活动。2020年,全校共有思想政治类、学术科技类、创新创业类、文化体育类、志愿公益类、自律互助类等6类学生社团66个,会员人数逾万人。

学生社团在繁荣校园文化中发挥着重要作用,各社团通过开展形式多样、丰富多彩的社团活动,促进学生增长知识见闻、提高综合能力、实现自我价值,营造健康文明、积极向上、具有个性风格和文化内涵的良好校园文化氛围。2012年、2014年,绿源环保协会分别获评安徽省"保护母亲河行动"优秀青少年环保社团、"2014世界动物日World Animal Day"高校"动保快闪"行动全国优秀社团。2016~2018年,在"燃青春·聚能量"第一届、第二届和第三届全国大中专学生社团影响力评选活动中,何新学术研究与批判协会、绿源环保协会、大学生演讲辩论协会、计算机协会、爱心社、大学生电子协会、创客协会等7个社团获评"全国大中专学生最具影响力社团"。2017年,大学生社团联合会获评"全国学生最具影响力社团联合会",石上松文学社在百校联盟征文大赛中获评"优秀社团奖"。2018年,绿源环保协会获评"全国大学生环保文化节""优秀协办单位",并和爱心社在第七届"绿色离校·绿色感恩"全国大型环保公益社团评选活动中获评优秀社团。2019年,墨斋书苑在"希望颂——第四届全国青少年书画艺术大展暨'文房印象杯'全国青少年书画网络选拔展"中荣获"优秀集体奖"。2020年,创客协会在第二届"十佳百优创业社团"评选活动中获评"百优创业社团"。滁州学院第八届社团文化艺术节暨第六届饮食文化节开幕式如图9.24所示。

图9.24　滁州学院第八届社团文化艺术节暨第六届饮食文化节开幕式

3. 艺术活动异彩纷呈

弘扬和传承优秀传统文化,在校园营造浓郁的高雅艺术氛围。组织学校"花鼓艺术团"参与教育部开展的高雅艺术进校园活动。学校"花鼓艺术团"参与教育部开展的"高雅艺术进校园"活动,圆满完成赴中共安徽省委党校、安徽工业大学等兄弟院校演出活动共36次。2019年10月"花鼓艺术团"4位学生登上"新中国成立70周年庆典"安徽彩车表演(图9.25),10月艺术团赴台湾地区的3所大学巡演。2016年,中央芭蕾舞团来校演出。2017年起,每年承办省委宣传部、省文化厅、省教育厅、省财政厅共同主办的"校园大舞台——徽风皖韵进高校"戏曲专场演出,合肥演艺股份有限公司庐剧院、安庆再芬黄梅艺术剧院、安庆黄梅戏艺术剧院等单位到校进行专场演出。

图9.25　4名学子登上"新中国成立70周年庆典"安徽彩车表演凤阳花鼓

以参加和承办大学生艺术展演为契机,组织学生开展艺术作品创作。2012年,在安徽省第三届大学生艺术展演活动中,学校选送的作品全部获奖;3件作品被推荐参加全国展演,并获全国二等奖1个、三等奖2个;学校获得本届艺术展演全国优秀组织奖和省级优秀组织奖、省级精神风貌奖。2015年,在安徽省第四届大学生艺术展演活动中获得一等奖7个、二等奖8个、三等奖7个,校长风采奖2个;4件作品被推荐参加全国展演,并获得二等奖1个、三等奖2个、校长风采奖1个;学校荣获本届艺术展演全国"校长杯"荣誉奖项和省级优秀组织奖。2017年,学校承办安徽省第五届大学生艺术展演活动,选送的作品荣获一等奖5个、二等奖9个、三等奖6个,校长书画摄影作品奖1个、表演类优秀创作奖1个;3件作品被推荐参加全国展演,并分获一、二、三等奖;学校荣获本届艺术展演全国优秀组织奖和省级优秀组织奖。此外,2013~2019年,在第八届"青春·理想"安徽省大学生自创话剧展演活动中共揽获一等奖1个、二等奖5个、三等奖3个。

(四)加强团的自身建设

1. 胜利召开第二次、第三次团学两代会

2012年12月8日,共青团滁州学院第二次代表大会召开,大会听取、审议并通过了音坤同志作的题为《立足新起点,开创新业绩,团结带领广大团员青年为建设高水平应用型本科院校奉献青春和智慧》的工作报告,选举产生了共青团滁州学院第二届委员会。滁州学院第二次学生代表大会也同时召开,大会听取、审议并通过了校学生会主席何龙作的题为《团结凝聚广大同学在高水平应用型本科院校建设进程中砥砺品质、奋发成才》的学代会工作报告,选举产生了滁州学院第二届学生委员会。

2019年3月3日,共青团滁州学院第三次代表大会召开(图9.26),大会听取、审议并通过了庚丽娜同志作的题为《高举团旗跟党走,奋勇建功新时代,为建设特色鲜明的地方应用型高水平大学贡献青春力量》的工作报告,选举产生了共青团滁州学院第三届委员会。当天,滁州学院第三次学生代表大会同时召开,大会听取、审议并通过了校学生会主席褚春蔚作的题为《改革创新,阔步前行,绘就滁州学院学生会工作华彩篇章》的工作报告,通过了《滁州学院学生会章程(修订案)》,选举产生了滁州学院第三届学生委员会。

图9.26 共青团滁州学院第三次代表大会和滁州学院第三次学生代表大会

2. 深入推进共青团改革

2018年1月4日,学校以校党委文件印发《滁州学院共青团改革实施方案》,全面实施高校共青团"第二课堂成绩单"制度,在学校"大学生素质拓展与创新学分"十余年的实施基础上,于2017年、2019年两次修订学生素质拓展与创新创业实践学分实施细则。2011~2019年,在学校人才培养方案中4次调整优化大学生素质拓展与创新教育学分。2019年9月,上线团中央"到梦空间"实时学分认证系统至今,通过平台共开展活动13 537场次,参与学生数七十多万人次。

打造专兼挂团干部队伍。2019年,校院两级共青团组织专兼挂团干部全部配备到位;按照"一心双环"团学工作格局,加强学生组织建设,2018年,校学生会获评安徽省高校最具影响力"我的团长我的团"十佳评选活动全省"优秀学生会";贯彻落实《关于推动高校学生会(研究生会)深化改革的若干意见》《高校学生社团建设管理办法》,积极推进学生会改革,强化学生社团管理,2019年12月以校党委文件印发《滁州学院学生改革实施方案》,2020年4月起草《滁州学院学生社团建设管理办法实施细则》;2020年6月调整校团委组织机构设置,成立学生社团管理部,组建青年融媒体中心,取消琅琊校区学生会分会,成立琅琊校区共青团事务中心,调整校学生会部门设置,撤销校学生会大学生活动中心,组建大学生活动场地管理中心,提升校团委活力、促进工作创新。

3. 扎实推进全面从严治团

大力推进青年马克思主义培养工程,通过校院两级团校举办团员骨干、学生干部培训、社团骨干等培训班,建立校院两级学生骨干培养体系。先后举办各类团学干部培训班计150余期,轮训学生骨干40 000余人次,举办"青马工程"——蔚然菁英学校培训班11期,培训大学生骨干学员4 700余人,选派35人参加全省"青马工程"培训班,740人参加全省大学生骨干网络培训;组织专职团干部参加高等学校团学工作专题网络培训3期,选派9名团干部到地方基层挂职锻炼。

夯实基层基础,优化二级团组织设置。2011年,学校14个系更名为二级学院,相应成立14个二级学院团总支;2019年4月,根据学校机构设置调整,设置14个二级学院团委。抓好"推优"工作,2011~2020年,共推荐21 968名优秀团员为入党积极分子,6 873名优秀团员光荣加入党组织,实现了学生党员发展100%由团组织推荐;实施基层团支部"活力提升"工程,2009年开始每年举办"团支部风采"大赛(图9.27),每年组织开展

图9.27 滁州学院第十一届团支部风采大赛

"先进团支部""五四红旗团支部"评选表彰,每月评选"优秀主题团日活动",挖掘和培育团支部引领和凝聚青年的有效方式和特色。

第七节 加强离退休工作

学校高度重视离退休工作,党委常委会专题学习习近平总书记关于老干部和关工委工作重要讲话和指示精神,听取离退休和校关工委工作汇报并给予指导;采取多种形式召开离退休人员校情通报会、调研会、迎春茶话会和座谈会,通报学校建设发展情况,听取对学校发展的意见和建议;每年"七一"、春节前,校领导走访慰问离退休干部、老同志代表和困难老同志;加强离退休干部思想政治建设、党组织建设,将老干部政策待遇落实到位,不断优化管理、改进服务、搭建平台,充分发挥老同志的独特优势和作用(图9.28)。

图 9.28　学校召开离退休老同志 2020 年迎春座谈会

一、加强离退休党组织建设

(一)加强离退休党组织标准化建设

积极落实"三会一课"制度。自 2011 年以来,离退休党委(党总支)积极开展"创先争优""三严三实""两学一做"学习教育以及"不忘初心、牢记使命"等主题教育活动,组织党员利用线上和线下相结合的方式开展政治理论学习;充分利用场地资源,加强党员活动

室建设,安装移动投影仪,丰富老同志学习载体,浓厚老同志学习氛围;对老弱病残党员坚持开展走访慰问和送学上门,坚持领导带头讲党课,认真召开组织生活会,开展民主评议党员;克服居住分散等困难,多措并举助力老党员按时缴纳党费。

加强组织观念教育,创新组织生活。离退休党委(党总支)每年坚持组织党员外出考察学习,自 2011 年以来,先后组织广大党员赴江苏省盱眙县黄花塘新四军军部纪念馆、淮海战役纪念馆,苏州烈士陵园,"天下第一村华西村",爱国主义教育示范基地瞿秋白纪念馆、安徽天长市龙岗中国人民抗日军政大学第八、九分校及来安县半塔保卫战旧址,全椒县周岗烈士陵园和明光市自来桥镇嘉山县抗日民主纪念馆等接受革命传统教育,锤炼党性,永葆革命本色;2020 年,离退休党员助力抗疫共捐款 28 357 元,其中离休干部高星斗捐献 2 月份离休费 10 147 元。

(二)开展党内关怀和激励帮扶活动

离退休党委按照政策要求积极落实离退休人员的政治待遇和生活待遇,政治上尊重、精神上关怀、生活上关爱老同志,不断增强党组织的凝聚力、号召力和亲和力;坚持开展日常走访慰问制度,对独居、生病和困难党员给予更多关爱;做好重要节假日的走访慰问工作;每年为年龄达到 100 岁、90 岁、80 岁、70 岁的老人集体祝寿、披挂绶带并发放寿金。

离退休直属党支部 2011 年、离退休第一党支部 2017 年分别获评滁州学院先进基层党组织称号;离退休党总支 2013 年获评滁州学院 2012 年度党建和思想政治工作先进集体称号;2020 年离退休党委荣获学校先进基层党组织称号;1 位同志荣获"全省离退休干部先进个人"称号;先后有 11 位同志荣获学校"优秀共产党员"称号,2 位同志获学校"五带头"优秀共产党员称号,3 位同志获学校优秀党务工作者称号;2019 年国庆前夕,校领导为方仁寿、吴屏、高星斗、陈继本、杨朴 5 位离退休干部送去中共中央、国务院、中央军委颁发的"庆祝中华人民共和国成立 70 周年"纪念章。

二、做好离退休管理与服务工作

学校现有离退休教职工 225 人,其中离休干部 3 人。学校建有离退休乒乓球室、多功能活动室等活动场所,总面积 300 m²。

(一)落实各项待遇

2011 年以来,学校及时发放离退休费、医疗费、特需费、护理费、一次性生活补贴等各项费用,保证了国家、省、市规定的各项费用及时落实到位;积极推进学校改革发展成果共享,利用教师节、春节等节日开展各种走访慰问活动。

学校为每位离退休人员订阅《安徽老年报》,积极鼓励支持离退休人员上老年大学,并给予学费报销。学校每年召开老同志情况通报会,通报党和国家重大政策以及学校改革发展情况,安排老干部代表参加学校的党代会、教代会以及其他重大活动,切实把各项待遇要求落实到位。

(二)做好服务工作

离退休工作处认真、及时做好离退休人员信息登记工作,建立并实施离休干部、独居老人、孤寡老人、高龄老人、行动不便老人"结对帮扶"机制,及时帮助他们解决好生活上的困难和问题。

精心组织好重阳节外出学习活动,适时举办乒乓球比赛和棋牌等智力类文体活动;关注离退休人员身体健康,学校每年组织离退休人员进行健康体检,离退休工作处安排专车、专人做好体检服务工作,校医院邀请专家进校坐诊,为老同志的健康答疑解惑。

三、发挥关工委退教协作用

(一)关工委作用发挥

在学校党委领导下,校关工委积极配合学校有关部门和各二级学院开展思想政治教育工作,在党建育人、教学督导、社团指导、心理咨询等方面发挥老同志的优势和作用;先后开展了"老少共话中国梦"座谈会、老少共话"践行价值观,共筑中国梦"主题教育活动、老少共话改革开放40周年座谈会、"不忘初心牢记使命,为了共和国的明天"五老杯征文活动、"我和我的祖国"主题爱国主义教育活动、"庆祝新中国成立70周年"大学生座谈会等活动。

校关工委组建了9人"五老报告团",面向大学生作报告(讲座)400余场,参与学生超过4万人次;充分发挥特邀党建组织员作用,协助琅琊校区三个院部做好学生党员发展工作,严把党员发展质量关;参与"青蓝工程"五老人数15人,每年听课420节左右,提升青年教师教学基本功,促进教学规范建设;加强心理咨询辅导,与学生开展面对面交流谈心,指引青年学生保持积极向上的良好心态;自2016年以来,关工委老同志帮助滁州下辖两区两市四县92所中小学培训教师1800人次,一对一心理咨询服务青少年460人次。

学校关工委工作多次获得上级表彰。2012年,滁州学院教育科学学院关工委荣获"安徽省教育系统关工委工作先进集体";2013年,滁州学院关工委荣获"安徽省关工委工作先进集体";2015年,滁州学院关工委"五老"报告团荣获"安徽省关工委工作先进集体";2015年,经济与管理学院关工委荣获"安徽省教育系统关工委工作先进集体";2018年,滁州学院关工委荣获第三届安徽省教育系统"十佳关工委组织"称号;校关工委老同志指导的何新学术研究与批判学会分别于2017年、2018年连续两年蝉联"全国学生最具影响力理论研究社团"荣誉称号;2019年,滁州学院教育科学学院关工委荣获安徽省教育系统"十佳关工委组织"称号;2020年,滁州学院关工委荣获安徽省教育系统"十佳关工委组织"称号,滁州学院教育科学学院关工委被安徽省关心下一代工作委员会授予"全省关心下一代工作先进集体"称号(图9.29)。

图9.29　滁州学院关工委获评"全省关心下一代工作先进集体"

2012年有2位同志荣获安徽省教育系统关工委工作先进个人称号;2016年以来有3位同志荣获安徽省教育系统关工委"十佳五老"荣誉称号;2020年有2位同志荣获"全省关心下一代工作先进工作者"称号。

(二) 退教协作用发挥

自2011年以来,为丰富退休教职工精神生活,营造尊老、敬老、爱老、助老的良好氛围,退教协制订了《滁州学院退离休教育工作者协会章程》,先后组织广大离退休人员参观学习了"大滁城"建设、江苏省盱眙县明祖陵和都梁阁、扬州双博馆、滁州长城文化创意产业园、滁州菊博园等,开展了大合唱,舞蹈,重阳节登高,全民健身日健步走,离退休老同志新年迎春联欢会,"共克时艰、奋进蔚园"书法比赛,以"满怀深情喜迎校庆"为主题的摄影比赛,参观滁州大健康与养老产业研究院,建校70周年参观校史馆、科技展和艺术馆,以"发现生活之美"为主题的欢庆"三八"妇女节活动,离退休人员趣味竞赛活动以及竞技麻将、扑克牌、象棋、乒乓球比赛等一系列有利于老同志身心健康的文体活动。

2013年和2018年,滁州学院退教协荣获安徽省退离休教育工作者协会"先进集体"称号(图9.30);2016年,1位同志被评为安徽省退离休教育工作者协会"敬老好领导";

2013年以来有4位同志被评为安徽省退离休教育工作者协会"先进个人"。

图9.30 滁州学院退教协获省级退教协工作"先进集体"荣誉

附录一　二级学院发展概况

地理信息与旅游学院

历史沿革

地理信息与旅游学院(简称地信学院)创建于1987年,前身是滁州师专地理系,2005年,更名为"国土信息工程系",2011年,更名为"地理信息与旅游学院"。

1987年,招收地理教育专业专科生;2001年,在全省较早招收地理信息系统专业专科生,2006年更名为"地图制图与地理信息系统"本科专业;2002年,开设人文社会科学专科专业。

2004年,地理信息系统专业获批成为学校升本后首批招收本科生的6个专业之一,当年招收本科生59名;2013年,该专业更名为"地理信息科学";2013年,旅游管理专业专科招生;2007年,该专业更名为"涉外旅游"。2007年,地理科学本科专业招生。2008年,测绘工程本科专业招生。2011年,旅游管理本科专业招生。2013年,土木工程本科专业招生。2014年,酒店管理本科专业招生。2016年,给排水科学与技术本科专业招生。2018年,导航工程本科专业招生。

师资队伍

地信学院现有教职工95人,其中教授13人,副教授22人;博士36人(含在读),兼职硕士生导师8人,安徽省学术技术带头人和学术技术带头人后备人选各1人,省级教学名师3人,安徽省第二批企业科技特派员计划4人,外聘专家17人,柔性引进人员5人(其中教授3人);"双能型"教师42名,其中具有专业(行业)背景26人,具有工程背景24人。

办学条件

地信学院在地信楼、土木楼拥有 1.1×10^4 m² 实验场地,建有 GIS、测绘、自然地理和旅游管理 4 类校内实验实训室和实景地理环境、无人机应用两个工程中心;实验室下设 60 个校内实验分室,建设近 10 个研究中心;拥有大容量磁盘阵列、计算刀片、机架式服务器、工程绘图仪、无人机平台、全站仪、GNSS、多核计算机、ArcGIS、Cass 等教学软硬件设备,其中大型仪器设备 46 台/套,总值约 5 300 万元。

学科、专业建设与科学研究

地信学院现设有本科专业 6 个,分别为地理科学、地理信息科学、测绘工程、导航工程、旅游管理、酒店管理。其中,地理信息科学专业于 2009 年被批准为第四批国家级特色专业建设点,2014 年被遴选为首批国家级综合改革试点专业,2018 年获批省级一流(品牌)专业,2020 年获批国家级一流本科专业。测绘工程专业于 2011 年纳入省级测绘工程卓越工程师教育培养计划项目,2013 年获批省级专业综合改革试点,2016 年获批省级(特色)品牌专业,2019 年纳入省级"六卓越、一拔尖"卓越人才培养创新项目,2020 年获批省级一流本科专业。地理科学、旅游管理专业分别于 2014 年和 2015 年获批省级综合改革试点专业。

地信学院以地理学安徽省"双一流"建设国内一流学科(B 类)建设为抓手,2014 年获批安徽省 2011 协同创新中心和安徽省地理信息科学研究院,2017 年获批安徽省地理信息智能感知与服务工程实验室,2019 年获批实景地理环境安徽省重点实验室,2020 年地理学获批安徽省高峰学科。

近年来,地信学院主持承担国家重大科技专项子课题、国家自然科学基金、国家重点实验室开放基金、教育部科学技术研究重点项目等国家级项目 20 余项;安徽省自然科学基金、安徽省社会科学基金等省级项目 80 余项;参加 973、863、国家科技计划支撑项目、国家自然科学基金重点项目、国家自然科学基金面上项目等国家级项目 10 余项;主持承担各级产学研项目 200 多项。

人才培养

地信学院现有在校生近 2 100 人,深入探索产教融合育人模式,持续加强与业内企事业单位合作,共建 20 余个实习基地,如与南京国图信息产业有限公司合作成立工程研发基地,与安徽美图信息科技有限公司合作开办"美图班",与苏州工业园区合作成立"园区测绘班",与安徽地理信息中心联合建立安徽省地理信息科学技术研究院等;同时,与

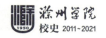

地方政府及业内相关单位开展密切合作,发挥科技优势,让学生参与服务地方工作,培养应用型人才。

近年来,地信学院在全国大学生年度人物、大学生自强之星,安徽省大学生年度人物、十佳大学生、优秀大学生、向善向上好青年等评选中获得佳绩;在各类学科专业竞赛中获得国家级奖项50余项、省级奖项200余项;毕业生就业率达95%以上;历届学生考研录取在211、985等重点院校175人。学院致力于培养"省内领先,国内知名"的一流本科人才,全方位育人成效显著,得到了地方政府、社会、企业的充分认可。

社会服务

地信学院秉承高水平、应用型办学定位,坚持服务地方,大力提升学科专业科研实力,聚焦专业技能培训、关键技术攻关、项目合作等社会服务工作。10年来,先后承担滁州市政府机构、省内地方院校、业内相关企事业单位等地理信息数据生产标准与流程、旅游规范与讲解等培训20余班次,累积培训近千人次。

2017年3月,地理学团队提高政治站位,致力解决金寨县农村宅基地制度改革试点工作存在的技术及管理问题,组建以王春教授为组长,12名教授、博士为骨干,400多名学生和技术人员为作业主力的优秀团队,在6个月的时间内,充分发挥学科专业和技术优势,高质量完成测绘任务,赢得地方政府与基层干部群众一致好评,为金寨县脱贫攻坚事业作出了贡献。2017年以来,先后承接高精度地理信息数据采集与建库、系统设计与开发、土地利用与土地整治等产学研项目近300项,累计总签约金额近3亿元,产学研服务到账经费近1亿元,其中,百万级以上项目21项,提升了社会服务影响力。地理学团队围绕"实景科技,众源信息"主题,大力发展新一代地理信息技术服务地方发展,先后在金寨、岳西、潜山、太湖、利辛等地实施土地整治、乡村规划等服务工程,取得显著应用示范效应。

交流与合作

近年来,地信学院师生积极参加交流与合作项目,7名教师分别赴加拿大、美国等国际高等学府及科研院所进行访学研修,2名教师受国际制图协会邀请,赴日本东京参加会议交流;7名学生赴泰国孔敬大学开展交流学习;1名学生作为中国区唯一代表赴美国加州参加全球GIS青年学者颁奖会。

党建与思政工作

2019年,在原党总支基础上转设地信学院党委,现有党支部8个(其中教师党支部4

个、学生党支部4个),其中教师党支部书记"双带头人"全覆盖,党支部标准化验收率为100%,"五好党支部"创建达标率为100%,党员有199人(教师党员71人、学生党员128人)。2019年,地信学院获批全省高校首批党建工作"标杆院系"培育创建单位;2020年,获批城市领域基层党建工作"领航"计划省级培育库单位。2016年,地理信息系党支部荣获全省高校"先进基层党组织"称号。2019年,地理信息系党支部获批全国、全省高校党建工作"样板支部"。

近年来,学院党组织立项党建工作项目9项,培育2项,"科技扶贫进山村,实践育人在田野"获学校首届思想政治工作创新案例优秀项目;获基层党建"三十佳"创新案例4项;2016年,1个团支部荣获全国高校"活力团支部";2018年,院团委荣获滁州市"五四"红旗团总支;2019年,1个团支部荣获安徽省"五四"红旗团支部。

学院利用专业优势开展社会服务、推进实践育人等工作。《中国教育报》《光明日报》等多家媒体作了"滁州学院利用地理信息技术服务脱贫攻坚工作""地信师生在大别山腹地进行野外测量"的报道。

计算机与信息工程学院

历史沿革

计算机与信息工程学院(简称信息学院)是在原信息与教育技术中心的基础上,于2005年8月正式建系。1987年,学校成立计算中心,承担计算机专业课、公共课教学任务。2000年初,计算中心与电教中心合并,成立信息与教育技术中心(简称信息中心),承担学校网络建设与管理、信息化建设、多媒体教室维护、全校计算机基础课程教学,数学系和电子系开设的程序设计类、网络技术类和课件制作类课程教学任务以及全国计算机等级考试、安徽省计算机水平考试、思科、红帽、微软、ITAT等各类IT认证考试组织工作。2003年,信息中心凭借多年网络技术实践,成功申报计算机网络技术专科专业,同年招收学生111人,该专业第一届毕业生初次就业率达100%。

2005年8月,学校在信息中心的基础上,组建计算机科学与技术系,实行"一个机构,两块牌子"运作模式。同年,该系成功申报计算机科学与技术本科专业,招收学生57人,并接收了原属于数学系的计算机教育专科专业和属于原物理系的教育技术专科专业。2006年,该系成功申报软件技术专科专业,招收学生40人。2007年,在总结计算机网络技术、计算机科学与技术、软件技术专业办学经验的基础上,该系成功申报网络工程本科专业,并于当年开始招生。2012年,物联网工程本科专业招生。2014年,通信工

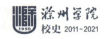

程本科专业招生。2015 年,软件工程本科专业招生。2016 年,空间信息与数字技术本科专业招生。2020 年,智能科学与技术本科专业招生,同年,应急管理与技术本科专业获批设立。

师资队伍

信息学院拥有一支教学经验丰富、结构合理并具备较强实践开发能力的教师队伍。现有教职工 88 人,其中教授 9 人,副教授 21 人;博士 37 人,兼职硕士生导师 15 人;享受国务院政府特殊津贴 1 人,三类领军人才 2 人,省级领军人才团队 1 个,安徽省教学名师 2 人,安徽省优秀党务工作者 1 人,安徽省教坛新秀 4 人;柔性引进人员 7 人(其中教授 6 人);"双能型"教师 44 人,其中具有专业(行业)背景 7 人,具有挂职锻炼经历 43 人,具有国(境)外学习、研修和合作研究经历教师占比 45.56%。

办学条件

信息学院在信息楼、机械楼拥有 3 347 m^2 实验使用场地,建有智慧养老科技与智能居家实验室、消防物联网与公共安全实验室、网络安全攻防实验室等 20 余个专业实验室;拥有入侵检测系统、地物反射波谱仪、网络信息安全实验实训系统、面向对象影像信息提取软件、服务器、交换机、路由器、高性能计算机等教学软硬件设备,其中大型仪器设备为 24 台/套,总值约为 3 200 万元。

学科、专业建设与科学研究

信息学院现设有本科专业 7 个,分别为网络工程、物联网工程、计算机科学与技术、软件工程、通信工程、空间信息与数字技术、智能科学与技术,其中,网络工程 2010 年获批省级网络工程示范实验实训中心,2011 年获批省级特色专业,2012 年遴选为省级专业综合改革试点,2014 年获批省级虚拟仿真教学中心,2019 年纳入省级"六卓越、一拔尖"卓越人才培养创新项目,同年获批省级一流专业建设点;物联网工程于 2014 年获批省级特色专业,2016 年获批省级示范实验实训中心,2018 年获批省级一流(品牌)专业,2019 年获批国家级一流专业建设点。

2014 年"计算机应用技术"被学校列为校级重点建设学科;2015 获批滁州学院"物联网关键技术与应用"科技创新团队;2017 年"计算机科学与技术"被学校列为校级重点学科;2018 年学院签约"国产陆地遥感卫星应用"院士工作站,获批安徽省"国产军民卫星星群数据综合处理关键技术及示范应用"高校领军人才团队,与滁州市民政局、中国科学院合肥智能机械研究所合作共建滁州市大健康与养老产业研究院,获批滁州市智慧养老产业工程技术研究中心;2019年获批安徽省教育厅智能感知与健康养老工程技术研究中心;2020年与滁州市委网信办合作共建滁州市互联网研究院,"电子信息"被学校列为首批专业硕士学位建设点;2021年成立应急管理学院暨智慧安全与应急技术研究院。

近年来,信息学院主持承担国家自然科学基金、国防科工局高分辨率对地观测系统重大专项子课题、国家重点实验室开放基金、安徽省科技重大专项、安徽省重点研究与开发计划项目、安徽省自然科学基金、安徽省高校自然科学研究重大(重点)项目等国家级、省部级项目80余项;主持承担各级产学研项目100余项。

人才培养

信息学院现有在校生1 783人,形成了以应用性、先进性与地方性相互融合,课堂教学、创新实践与自主学习相互融合,校企合作、产学合作与国际合作相互融合为主要内涵及特色的人才培养模式。学院以开放的视野加强与国(境)内外高校、企业及科研院所合作,建有校企合作班4个(康能电气班、华苏大数据班、山石网科班、技鼎软件班),已培养学生200余人,累计选派60余名学生赴台湾地区开展暑期实践教学小学期等活动。

近年来,学院有1人获评全国"奋斗与成长"大学班级创意微文活动优秀学生干部,2人获得中国电信奖学金"飞Young"奖,1人获得安徽省大学生创新创业之星,1人获评安徽省向上向善好青年,3人获评安徽省青年好网民,1名学生在安徽省第四届微团课大赛中获二等奖,1人荣获安徽省大学生体育联赛跳高冠军,1支团队获评团中央"三下乡"暑期社会实践立项,在校级各项文体活动中获奖达2 700余人次;在各类专业竞赛中荣获省级及以上奖项682项,其中国家级一等奖2项,省级特等奖2项、一等奖87项,获奖学生达1 900余人次。

社会服务

面向国家战略与重大民生需求,信息学院围绕智慧养老与健康科技、智慧农业与林业、智慧安全与应急技术、智慧文旅等应用领域开展研究,相关成果应用于养老、农业、林业、旅游以及消防安全行业,取得了良好社会效益;近5年,产学研到账经费2 100余万元;一批具有行业领先水平科研成果落地转化,如安徽省第一批智慧养老院——滁州市福利院、台湾地区首家智慧日照中心——受恩智慧日照中心、滁州市琅琊区紫东社区智慧养老日照中心、滁州智慧文旅综合管理服务平台、定远县消防数字化预案、滁州市农业和林业信息化服务系统等;以滁州学院为第一申报单位获批"安徽省智慧养老产品用品产学研基地",支撑滁州市成功获批"全国智慧养老示范基地""国家级居家和社区养老服务改革试点城市"等5项智慧健康养老国家级和省级试点项目,直接服务老人近万名,

为近百万老人提供基本养老数据管理服务;作为滁州市计算机学会常务理事单位,承担了学会各项活动组织与实施工作,开展了一系列以IT技术推广为主要目标的科普宣传活动,为多家会员单位提供了多项免费技术咨询与方案设计服务,受政府相关部门委托完成多项方案规划设计工作。

交流与合作

近年来,17名教师分别赴日本、美国等高校进行访学研修。加强与台湾地区高校合作,围绕居家养老与健康照护方向进行合作研究,合作开展科技研究项目3项,并选派教师赴台湾地区高校进修、访学或开展合作研究。加强皖台物联网中心建设,连续举办八届"皖台物联网研讨会",共计1300余人次参会,其中境外专家340余人次。

党建与思政工作

2019年,在原党总支基础上转设信息学院党委,现有党支部8个(其中教师党支部4个、学生党支部4个),党员167人(教师党员64人、学生党员103人)。教师党支部书记"双带头人"全覆盖,党支部标准化验收率为100%。2019年,计算机工程系学生党支部获批"全国样板党支部",物联网工程系党支部获批"全省党建工作样板支部"培育创建单位。2020年,获批校级标杆院系培育创建单位。

近年来,信息学院党组织立项党建工作建设项目9项;"科技扶贫进山村,实践育人在田野"获学校首届思想政治工作创新案例优秀项目;基层党建"三十佳"创新案例3项。获评团中央"三下乡"暑期社会实践团队立项1个。

近年来,学院利用专业优势开展社会服务、推进实践育人等工作。学生党支部分别在岳西县毛尖山乡留守儿童服务中心、滁州市精神病院建立大学生党员实践基地,学生党员、团员多年如一日定期在板舍村支教扶贫,多次被中青校园网、安徽电视台及地市级媒体报道。

机械与电气工程学院

历史沿革

机械与电气工程学院(简称机电学院)创建于1987年,前身是滁州师专物理系。

2005年,更名为"电子信息工程系",2011年更名为"机械与电子工程学院",2014年分为机械与汽车工程学院、电子与电气工程学院,2019年组建机械与电气工程学院。

1978年,招收物理教育专业专科生;1993年,招收应用电子专业专科生;2002年,招收电子信息科学与技术专业专科生。

2004年,电子信息工程专业成为学校升本后首批招收本科生的6个专业之一;2006年,应用物理专业招生;2007年,电子科学与技术专业招生;2008年,自动化专业招生;2009年,机械设计制造及其自动化专业招生;2013年,汽车服务工程专业招生;2015年,车辆工程专业招生;2017年,电气工程及其自动化和机械电子工程专业招生;2019年,机器人工程专业招生。

师资队伍

机电学院现有教职工102人,其中教授6人,副教授19人;博士22人,兼职硕士生导师7人,省级学术技术带头人后备人选1人,省级领军人才梯队后备带头人1人,省级教坛新秀3人。

办学条件

机电学院固定资产总值近5 500万元,建有电子与电气实验实训中心、机械与汽车实验实训中心及大学物理实验室,包括机械工程训练中心1个、电子工艺实训中心1个、创新训练中心2个,其中,校级示范实验实训中心2个;另建有滁州市工程技术研究中心2个,校外实习基地28个,其中省级校企合作实习基地2个。

学科、专业建设与科学研究

机电学院开设机械设计制造及其自动化、车辆工程、机械电子工程、电子信息工程、电子科学与技术、自动化、电气工程及其自动化、机器人工程等8个本科专业,其中机械设计制造及其自动化、自动化两个专业为省级一流建设专业,自动化专业为省级特色专业,电子科学与技术、自动化专业为省级综合改革试点专业,机械设计制造及其自动化专业获批省级"六卓越、一拔尖"卓越人才培养创新项目,电气工程及其自动化专业获批中外合作办学专业;教师获省级教学成果二、三等奖多项,主持省级质量工程项目20余项,获全国高校教师技能竞赛二、三等奖各1项,省级教学竞赛一等奖1项,近年来,学院教师主持二类科研项目3项、三类近30项,发表一类论文70余篇,获批发明专利20余项,横向科技项目30多项。

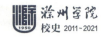

人才培养

近年来,学院在全国大学生自强之星、安徽省优秀大学生、安徽省向善向上好青年等评选中获得佳绩,在"挑战杯"课外学术科技作品竞赛、"互联网+"创新创业大赛、机械创新大赛、电子设计大赛等各级各类竞赛中屡获佳绩,共获国家级奖项近 50 余项,省级奖项数百项。2020 届毕业生硕士研究生录取率达 20.1%,毕业生就业率在 95% 以上。

党建与思政工作

2018 年底,由原机械与汽车工程学院党总支、电子与电气工程学院党总支合并成立机械与电气工程学院党委,现有党支部 11 个(教师党支部 5 个、学生党支部 6 个),其中,教师党支部书记"双带头人"全覆盖,党支部标准化验收率为 100%,"五好党支部"创建达标率为 55%,党员有 216 人(教师党员 76 人、学生党员 140 人)。2020 年,院党委荣获校"先进基层党组织"荣誉称号。2019 年,电子工程系党支部彭靳工作室获批校双带头人工作室。

近年来,机电学院在学校党建和学生工作考核中取得较好成绩;学院党组织立项党建工作项目 5 项、培育 2 项;基层党建"三十佳"创新案例 3 项;2016 年,院团委荣获安徽省"五四"红旗团总支。

学院利用专业优势开展社会服务、推进实践育人等工作。人民日报海外版、学习强国等多家媒体对"滁州学院利用专业技术服务青少年科普创客""机电师生在社区、乡村进行家电义务维修、社区共建"作了报道。

材料与化学工程学院

历史沿革

材料与化学工程学院(简称化工学院)由滁县师范学校理化组发展而来;1977 年改称"安徽师范大学滁县教学点理化教研室",开设两年制化学教育专科专业;1978 年改称"安徽师范大学滁州分校理化科";1980 年改称"滁州师范专科学校理化科";1981 年理化科拆分为物理科和化学科;1984 年"化学科"更名为"化学系";2000 年"化学系"更名为"化学生物系";2004 年更名为"滁州学院化学生物系";2005 年"化学生物系"更名为"化学与生命科学系";2005年开设应用化学首个本科专业,2006年开设生物科学本科专业,2007年开设化学工程与工艺本科专业,2011年开设无机非金属材料工程专业;2011年化学与生命科学系按专业大类一分为二,分别更名为材料与化学工程学院和生物与食品工程学院;2012年开设制药工程本科专业;2018年开设高分子材料与工程专业。

师资队伍

现有教职工67人,其中教授5人,副教授15人;博士50人(含在读),兼职硕士生导师5人,安徽省科技特派员1人,省级教学名师1人,外聘专家37人,柔性引进人员6人(其中教授5人),"双能型"教师37名。

办学条件

学院在化工楼、土木楼拥有3 514 m² 的实验场地,建有"绿色化工与核心技术科研创新平台""新型化工关键技术研发及产业化创新团队""滁州市科技新材料研究会"等科研平台;实验室下设57个校内实验分室,拥有扫描电子显微镜、多功能 X 射线衍射仪、智能傅里叶红外光谱仪、高效液相色谱仪、同步热分析仪、气相色谱质谱联用仪、电感耦合等离子体发射光谱仪、毛细管电泳仪、元素分析仪等教学软硬件设备,其中大型仪器设备为30台/套,总值约为2 700万元。

学科、专业建设与科学研究

学院现设有本科专业5个,分别为应用化学、化学工程与工艺、高分子材料与工程、无机非金属材料工程、制药工程,其中,化学工程与工艺专业于2010年获批省级特色专业,2014年获批省级综合改革试点专业并纳入省级化学工程与工艺卓越工程师教育培养计划项目,2018年纳入省级"六卓越、一拔尖"卓越人才培养创新项目,2019年获批省级一流专业建设点,2020年获批省级一流本科人才示范引领基地。

学院以安徽省"应用化学"重点学科建设为抓手,2015年,分别与全椒南大光电材料有限公司和安徽雄亚塑胶科技有限公司联合申报并获批滁州市"高纯电子气体材料工程研究中心""热塑性弹性体工程技术研究中心";拥有"绿色化工与核心技术科研创新平台""新型化工关键技术研发及产业化创新团队"等。

近年来,学院主持承担国家重大科技专项子课题、国家自然科学基金等国家级项目5项,安徽省自然科学基金、社会科学基金等省级项目40余项,各级产学研项目300多项;发表学术论文260余篇,被 SCI 和 EI 收录150余篇,出版教材6部;获批授权发明专利13件。

人才培养

学院现有在校生近 1 300 人。学院深入探索产教融合育人模式,持续加强与业内企事业单位合作,共建 30 余个实习基地;近年来,在各类学科专业竞赛中获得国家级奖项 50 余项、省级奖项 200 余项。学院毕业生就业率在 95% 以上,用人单位满意率高;历届学生考研录取率近 30%。

社会服务

围绕学校办学定位、地方战略性新兴产业发展,学院坚持"校企政协同、产教研融合"的办学模式,10 年来,先后承担滁州市政府机构、省内地方院校、业内相关企事业单位等化工生产标准与流程等培训 10 余班次,累积培训近千人次。2016 年以来,新型化工关键技术研发及产业化创新团队充分发挥学科专业和技术优势,积极服务滁州市化工企业,共获得产学研服务到账经费近 5 000 万元。

交流与合作

近年来,学院有 6 名教师分赴英国、美国等高校进行访学研修;2 名博士与马来西亚汉达能源有限公司开展产学研合作;与马来西亚汉达能源有限公司、乌兹玛石油公司、国家石油公司等签署共同开发油气行业用非金属高压阀门战略合作协议。

党建与思政工作

2019 年,在原党总支基础上转设学院党委,现有党支部 8 个,其中教师党支部 4 个、教师党员 40 人,学生党支部 4 个、学生党员 105 人。教师党支部书记"双带头人"实现全覆盖,党支部标准化验收率为 100%。材料工程系党支部获批校级"样板党支部",化学工程系党支部、材料工程系党支部获批校级先进基层党组织。材料工程系党支部"做科普志愿者,送科学给儿童"主题党日活动、应用化学系党支部"化学类课程教学思政教育的渗透"获批学校"十佳"主题党日活动案例。2015 级制药工程系团支部荣获"全国活力团支部"荣誉称号。

生物与食品工程学院

历史沿革

生物与食品工程学院(简称食品学院)创建于1978年,前身是滁县师范学校理化科,1984年更名为"化生系",2000年更名为"化学生物系"并单独开设生物教育专科专业,2005年更名为"化学与生命科学系",2006年开设生物科学本科专业、食品营养与检测专科专业,2009年开设农产品质量与安全本科专业,2010年开设园林本科专业。

2011年,随着办学层次与社会需求的提升,生物与食品工程学院挂牌成立,开设生物科学、农产品质量与安全、园林等3个本科专业。2013年农产品质量与安全专业更名为"食品质量与安全专业"招生,同年增设食品科学与工程本科专业,2017年增设过程装备与控制工程本科专业,2018年根据学校办学需要,园林专业外调组建土木与建筑工程学院。至此,学院拥有本科专业4个,形成以生物科学为基础、食品加工为核心、食品安全为保障、食品装备为支撑的食品专业集群。

师资队伍

学院现有教职工60人,其中教授7人、副教授11人、高级实验师1人;博士37人(含在读4人),兼职硕士生导师15人;拥有"安徽省115产业创新团队"1个,安徽省教学名师4人,"双能型"教师33人;柔性引进国内外知名教授6人。

办学条件

拥有5 800 m^2实验楼和2 500 m^2大学生创新创业基地,建有工程实践教育中心、食品检验检测中心、食品加工与品质控制、生物基础实验教学等相关实验室37个,建成国家级星创天地、安徽省热敏性物料加工研究中心等教学科研平台11个;设备为2 007台/套,其中10万元以上大型仪器设备63台/套,总值约为3 767万元。

学科、专业建设与科学研究

学院开设生物科学、食品科学与工程、食品质量与安全、过程装备与控制工程4个本

科专业,其中,食品质量与安全专业于2010年被批准为省级特色专业,2013年获省级振兴计划新专业建设,2014年被批准省级专业综合改革试点专业,2020年获批国家一流专业建设点;食品科学与工程专业2013年获批食品卓越工程师计划,2014年获批校级重点学科并被批准为省级地方应用型高水平大学重点建设专业,2020年获批省级一流专业建设点。

学院拥有国家级星创天地、国家级大学生校外实践教育基地、安徽省博士后科研工作站、安徽省热敏性物料加工工程技术研究中心等教学科研平台11个,建有国际合作联合实验室1个、校企合作实验室4个。

近年来,学院教师共承担各类科研项目近200项,其中国家自然科学基金5项、国家星火计划项目2项,农业部公益行业(农业)科研专项项目1项,省部级项目46项,产学研合作项目140多项;发表学术论文350余篇;获授权专利66项,其中国家发明专利25项,3项发明专利成功转让;建立企业标准5项,省级小麦品种审定1项,芡实品种鉴定3项。

人才培养

学院与美国嘉吉公司联合创办"嘉吉学院",启动"嘉吉班-卓越嘉人"计划;与安徽尚善生物科技股份有限公司、安徽雅客食品有限公司等联合开展卓越工程师计划;与安徽达诺乳业有限公司联合创办"达诺班";与安徽金禾实业股份有限公司联合创办"金禾食品班"。

学院于校内通过开展实验室开放课题、专业技能竞赛、创新创业训练计划等方式,培养学生创新意识和能力。通过招标免费提供技术、设备、场地和启动资金,供学生创业实战,培养学生创业实践经验。学生已注册公司5个,获省级创业计划奖励2项。

学院学生在各类竞赛中成绩突出,共获国家级一等奖1项、省级一等奖10项,发表学术论文30余篇,获批国家级大学生创新创业项目25项;近3年就业率保持在96%以上;毕业生考研录取率达20%。

社会服务

学院立足地方食品产业链,坚持产教融合,以项目为载体、以现有科研平台为依托,秉承为企业服务、为农业服务、为社会服务的宗旨,结合区域特色,打造示范效应;突出产学研结合,努力发挥桥梁纽带作用,形成集聚效应,与地方食品企业开展深度合作,加速成果转化,为食品行业和地方经济服务,近年来有5人次担任省市级科技特派员,为省内外24家企业提供了技术服务;有12人参与百名专家进百村、百名专家进百企活动。签订横向课题180多项,经费1 000多万元,扶持了嘉吉动物蛋白、金玉滁菊、安徽健颐源蜂业、达诺乳业、顺鑫盛源等23家农业产业化龙头企业,产生直接经济效益2亿元。

交流与合作

近年来,学院柔性引进马来西亚院士、博特拉大学知名学者陈振滨教授,定期到学院开展访问指导并为本科生授课,先后指导中青年教师7人赴马来西亚博特拉大学开展访问和研究,拓宽师生国际视野,在此基础上双方联合成立食品乳状液国际合作联合实验室、联合举办食品低温加工国际学术研讨会(已主办3届);培养和引进海外留学经历博士4人,3名教师多次赴海外高校开展访问和研究。

党建与思政工作

2019年,在原党总支基础上转设食品学院党委,现有党支部6个(其中教师党支部3个、学生党支部3个),教师党支部书记"双带头人"全覆盖,党支部标准化验收率为100%,"五好党支部"有4个,党员有105人(教师党员40人、学生党员65人);获批学校首批党建工作"标杆院系"培育创建单位、文明院(部)创建先进集体;食品安全系党支部获批"全省党建工作样板支部";2020年,被学校评为新冠肺炎疫情防控工作先进基层党组织。

近几年,学院党组织立项党建工作项目6项、培育2项;"三因理念三全育人,提高质量提升效果"获学校首届思想政治工作创新案例优秀项目;基层党建"三十佳"创新案例1项。2019年,院团委荣获安徽省"五四"红旗团委。

近年来,学院利用专业优势开展社会服务、推进实践育人等工作。聚焦"五个到位",探索"三因理念三全育人"机制,凝练"五航"育人模式,获得师生好评。

土木与建筑工程学院

历史沿革

土木与建筑工程学院(简称土木学院)创建于2018年,开设土木工程(安徽省一流专业)、风景园林(国家级新农科改革试点专业)、给排水科学与工程3个本科专业。

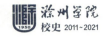

师资队伍

学院现有教职工 60 人,其中教授 3 人,副教授 5 人;博士 25 人(含在读),省部级及以上高层次人才 1 人,省级教学名师 2 人,省级教坛新秀 2 人,国家级注册执业工程师 4 人,滁州市"113"产业创新团队 1 个。

办学条件

学院拥有总建筑面积 21 000 m² 的综合实验楼,设有数字建造教育部产学合作协同育人实训中心、数字建造安徽省示范实验实训中心、安徽省桥梁结构数据诊断与智慧运维国际联合研究中心、土木信息化研究所、BIM 数字建造中心、水处理技术及应用研究中心、健康城市与风景园林研究中心、土木工程材料应用研究中心、农林作物育种与栽培研究所等教学科研平台;拥有 BIM 信息化综合实验室、装配式建筑实验室、混凝土综合实验室、无损检测实验室、给排水仿真实验室、水处理生物实验室、园林规划设计实验室、景观模型创作实验室、城市生态环境等实验室。

学科、专业建设与科学研究

学院开设土木工程、风景园林、给排水科学与工程 3 个本科专业。

学院紧紧围绕区域经济社会和产业发展需求,着力开展智慧城市、数字建造、土木工程新材料、水环境综合治理、乡村振兴与景观设计、农林作物育种与栽培等领域研究和应用,先后与杭州品茗技术股份有限公司、滁州市建筑业协会、金鹏筑工集团等共建工程技术中心、科技创新基地、研发基地等;近年来,教师承担国家自然科学基金、国家公益性行业专项、国家重点研发计划项目子课题、国家重点实验室开放基金、安徽省自然科学基金等项目 30 余项,获批国家专利 50 余项,科研到账经费达 600 多万元;在各类核心期刊上发表学术论文 150 余篇,其中 SCI、EI 检索 40 余篇。

人才培养

学院现有在校生近 1 100 人,深入探索产教融合育人模式,持续加强与业内企事业单位合作,共建 16 个实习基地,先后与杭州品茗技术股份有限公司、滁州市建筑业协会、金鹏筑工集团等共建工程技术中心、科技创新基地、研发基地等。

近年来,学院学生在大学生结构设计竞赛、全国周培源大学生力学竞赛、大学生先进成图技术与产品信息建模创新大赛、高校建筑信息模型(BIM)应用大赛等学科专业竞赛中屡获佳绩,累计获得省部级及以上奖励 200 余项。毕业生就业率在 96% 以上。

社会服务

学院秉承高水平、应用型办学定位,坚持服务地方,大力提升各学科专业科研实力,聚焦专业技能培训、关键技术攻关、科技副总、项目合作等社会服务工作;近 3 年,和中国图学会、远大教育、深圳斯维尔、品茗股份等企业合作,开展 BIM 技能、装配式技能和 1+X 职业技能培训。

党建与思政工作

学院现有党支部 6 个(其中教师党支部 3 个、学生党支部 3 个),其中教师党支部书记"双带头人"全覆盖,党支部标准化验收率为 100%,"五好党支部"创建达标率为 100%,党员有 107 人(教师党员 34 人、学生党员 73 人)。2019 年,土木工程教工党支部荣获校"五好党支部"称号;2020 年 1 个支部获评滁州市"五四红旗团支部";2019 年 1 支团队获暑期社会实践全国聚力乡村振兴专项行动立项;近 3 年,获批省级课程思政示范课程 4 项。

数学与金融学院

历史沿革

数学与金融学院(简称金融学院)始于 1977 年创办的数学系,当年首次招收数学教育专业本科学生,1978 年开始招收数学教育专业专科生;2000 年,开设计算机教育专业专科,并从当年开始招生。

2004 年,数学系开设的信息与计算科学专业成为学校升本后首批招收本科生的 6 个专业之一,并于当年开始招生;2006 年,数学系开设了数学与应用数学本科专业;2014 年,新增金融工程本科专业并招生;2016 年,新增经济统计学本科专业并招生;2018 年,新增数据科学与大数据技术本科专业并招生。

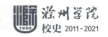

师资队伍

学院坚持"外引内培"并举,加强人才引进力度,积极推进"博士化"工程,不断改善教师队伍学历学位结构,师资队伍规模实现稳步增长,师资队伍结构不断优化;现有专任教师76人(含柔引专家2人),其中教授7人、副教授15人;博士(含在读)30人;近年来,先后获批省级教学团队5个,学术技术带头人、教学名师、教坛新秀等省级人才20余人,20人获省级以上教师教学竞赛奖。

办学条件

学院拥有约700 m^2 实验场地,建有金融工程综合实训中心、大数据分析中心、创客实验室等;已建成金融工程数据终端、金融与统计建模、量化投资、金融仿真虚拟交易、大数据分析等实训软件平台,可同时容纳280余人开展实验、实践教学和实训;实践教学条件能充分满足应用型信息化人才培养需要,实验室设施完善。

学科、专业建设与科学研究

学院以"信息技术"为手段,以"金融"与"社会经济"为应用领域,坚持内涵发展,完善高质量人才培养体系;开设金融工程、经济统计学、数据科学与大数据技术、数学与应用数学(师范)4个本科专业,其中金融工程专业为省级一流专业;拥有应用数学、应用经济学等2个校级重点学科;拥有应用数学、金融工程、大学数学、经济统计学、大数据等5个省级教学团队,拥有"国元证券"省级校企合作实践教学基地。

近年来,学院主持承担国家自然科学基金项目3项,其中面上项目1项、青年基金2项;安徽省自然科学基金、社会科学基金等省级项目50余项。

人才培养

学院现有在校生1 100余人,近年来,获批省级教学成果一等奖1项;深入探索产教融合育人模式,持续加强与业内企事业单位合作,共建20余个实习基地。

近年来,学院在各类专业竞赛中获得国家级奖项30余项、省级奖项1000余项;毕业生就业率在93%以上,近3年,学生考研录取77人。

社会服务

学院围绕地方经济社会发展,调整优化学科专业布局,创新政产学研用合作机制,以服务求支持,以贡献求支撑,形成稳定产学研基地;探索产教融合、校企合作、协同育人新路径,拓展政产学研合作新领域,提升校地合作质量和层次;近年来,先后与滁州市统计局、安徽省经典调查公司等企事业单位开展合作研究;依托教师社会实践基地,建设学生实习实训基地,以横向项目为落脚点,开展专题社会实践;近年来,教师成功获批横向课题 30 余项。

党建与思政工作

学院坚持以政治建设为统领,扎实开展党内集中教育,强化班子建设,坚守意识形态阵地,不断提升思想政治工作质量,推进党建"双创"工作,建设学院文化,持续优化风清气正、干事创业的政治生态;2019 年,在原党总支基础上转设数学与金融学院党委,现有党支部 5 个(其中教师党支部 3 个、学生党支部 2 个),教师党支部书记"双带头人"全覆盖,党支部标准化验收率为 100%,"五好党支部"创建达标率为 100%,党员有 125 人(教师党员 43 人、学生党员 82 人);2016 年、2017 年,荣获学校"先进基层党组织"称号;2020 年,经济统计系党支部获批学校"样板支部"。

近几年,学院党组织立项党建工作项目 5 项、培育 1 项;基层党建"三十佳"创新案例 4 项。

近年来,学院利用专业优势开展社会服务、推进实践育人等工作。2020 年,获批立项国家级暑期"三下乡"社会实践团队 1 支,荣获学校暑期"三下乡"社会实践先进单位称号,获评"十佳大学生"1 人,《安徽日报》等多家媒体作了报道。

经济与管理学院

历史沿革

经济与管理学院(简称经管学院)前身是 1985 年开始招生的乡镇经济(职师)班,1987 年设立乡镇经济系,1988 年更名为"企业管理系",2001 年更名为"经济管理系",是原滁州师专最早开设非师范专业的教学系,2011 年更名为"经济与管理学院"。

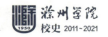

1985年,学院招收企业管理专业专科生37名;1993年,开始招收财务会计专业专科生;2002年,招收市场营销专业专科生;2003年,招收经济信息管理专业专科生,并与安徽工业大学联合培养工商管理本科生35人;2004年,招收电子商务专业专科生。

2004年,滁州师专升格为本科高校,市场营销专业获批成为首批招收本科生的6个专业之一,当年招收本科生60名;2006年,工商管理本科专业招生;2008年,国际经济与贸易本科专业招生;2009年,财务管理本科专业招生;2016年,审计学本科专业招生;2018年,物流工程本科专业招生。

师资队伍

学院现有教职工84人,其中教授7人,副教授16人,博士18人(含在读),兼职硕士生导师4人,省级教学名师1人,省级教坛新秀4人,安徽省企业科技特派员3人,省情智库专家2人,柔性引进人员2人。"双能型"教师35名,具有境外学习经历教师18名,取得中级以上职业资格教师30名。

办学条件

学院拥有超过1 000 m² 的实验场地,仪器设备值约为1 200万元,有计算机300余台,装有办公自动化软件、跨境电子商务模拟软件、世格国际贸易模拟软件、博导前程网络营销软件、电子商务模拟软件、金蝶K3、用友U8、用友VBSE、创业之星、审计之星等40余款教学软件,还有数据库管理系统和常用软件,并且每个实验室都配有投影仪、无线扩音设备、多媒体网络;下设基础实验室、商务谈判实验室、会计综合模拟实验室、ERP企业综合模拟实验室、国贸综合模拟实验室、物流实验室等7个分实验室以及新媒体营销实训平台、虚拟仿真实训平台,其中多个实验室都是按照企业实际经营情景场景设计。

学科、专业建设与科学研究

学院开设工商管理、市场营销、物流工程、国际经济与贸易、财务管理、审计学6个本科专业;2014年,工商管理专业获批省级综合改革试点项目,工商管理学科获批校级重点建设学科,财务管理专业获批省级专业结构优化调整与专业改造项目;2016年,在"城镇化与新农村建设研究所"的基础上建设校级科研平台"小岗村与农村改革发展研究中心";2017年,"应用经济学"获批校级重点学科并被确定为硕士学位授权点建设学科;2019年,国际经济与贸易专业获批安徽省一流本科专业;2020年,财务管理专业获批安徽省一流本科专业。

2016年以来,学院获批教育部人文社科项目2项、省级项目20余项;产学研项目

100 余项。

人才培养

学院现有在校生近 2 400 人,不断深化教育教学改革,推进"新文科"建设,打造"新经管",探索创新人才培养模式;坚持校企合作、协同育人,共建 20 余个实习基地,与江苏盛世康禾生物技术有限公司合作建立"康禾班",与安徽甲方网络科技有限公司合作建立"滁州本土化跨境电商人才班";坚持集中性实践教学真题真做,引导学生深度参与学院同地方政府、企事业单位合作产学研项目,将实践教学与服务社会深度融合;培养具有熟练经济技能、敏锐经济意识、良好信息化素养,有强烈社会责任感,具有创新精神和创业能力,适应长三角地区经济社会发展需要的高素质新型经管人才。

2016 年以来,学院学生在学科竞赛及创新创业比赛中获得国家级奖项 120 项、省级奖项 480 项;1 名学生获评安徽省优秀共青团员、1 名学生获评安徽省优秀大学生;毕业生就业率稳定在 95% 以上。

社会服务

学院不断强化产学研合作,增强服务地方能力,近年来,充分发挥自身智力资源与人力资源优势,与滁州市政府部门和企业"政产学研用"合作成果丰硕;2016~2018 年,承担安徽省脱贫攻坚第三方监测评估工作,累计参与师生 1 000 余人次,评估对象包括五河县、怀远县、固镇县、庐江县等 9 个县区,审慎、客观、严谨的工作态度获得了委托方和被评估单位一致好评;2019 年以来,接受委托编制《滁州市工业经济发展"十四五"规划》《滁州市乡村振兴产业发展"十四五"规划》等各级各类规划 40 余项;2020 年为上市公司全柴动力开办中层管理人员能力提升培训班,为滁州市审计局开办审计干部能力提升培训班。学院在发展规划编制、公共绩效评估、经营管理培训咨询等方面形成了社会服务的比较优势。

交流与合作

近年来,学院有 5 名教师分别赴美国、马来西亚等国际高等学府及科研院所进行访学研修;2 人受美国经济学协会的邀请赴美国费城参加会议交流;院领导带队到淡江大学、大同大学等台湾地区高校开展学术交流与项目合作等研讨活动;2016~2019 年选派30 多名学生到马来西亚博特拉大学、马来西亚城市理工大学等国外高校开展交流学习、攻读 MBA 硕士学位。

党建与思政工作

2019年,学院在原党总支基础上转设经济与管理学院党委,辖9个党支部(教师党支部3个、学生党支部6个);学院共有党员288人(教师党员56人、学生党员232人),教师党支部书记"双带头人"实现全覆盖,党支部标准化验收合格率为100%;经济系党支部获评校"先进基层党组织"。

近年来,学院基层党组织获批学校党建项目10项(其中,书记项目2项、理论研究项目1项、党支部特色项目7项)、党支部培育项目3项;获批基层党建"三十佳"创新案例2项。学院团委连续5年获得暑期社会实践优秀组织奖,2次获得"五四红旗团委"称号;6个团支部获得"五四红旗团支部"称号;学生会2次获得优秀学生会荣誉称号。

近年来,学院党委坚持党建引领发展,基层党组织发挥战斗堡垒作用,师生党员发挥先锋模范作用;持续深化班导师制、朋辈结对帮扶、学生党支部"情暖工程"、师生党支部结对共建等工作,加强"学风班风""师德师风"等教育,形成"三通道、三平台""党建+"系统化育人体系,创新基层党组织活动,推进院系基层党建工作质量不断攀升。

文学与传媒学院

历史沿革

文学与传媒学院(简称文学院)前身是中文系,创办于1977年,是学校最早创办的系(部)之一,2011年更名为"文学与传媒学院"。1977年作为安徽师范大学滁县教学点招收中文系本科生,1980年学校更名为滁州师范专科学校后,开始招收语文教育专科生;2004年学校升本,汉语言文学专业为最早招收本科生的专业之一;2006年开始招收"专升本"学生;2007年新闻学专业招生;2016年网络与新媒体专业开始招生。

师资队伍

学院现有教职工42名,其中教授4人,副教授13人;博士15人(含在读3人),省级中青年优秀骨干教师1人,省级教坛新秀1人,安徽省高校优秀青年人才支持计划2人,外聘专家10人,柔性引进人才1人,"双能型"教师16人。

办学条件

学院拥有非线性编辑实验室、编辑实验室、微格教学实验室、新闻摄影实验室、新闻演播厅、融媒体中心、普通话培训测试中心、网络传播研究中心等实验实训场所,图书资料室有专业期刊70余种,各类图书资料3 000余册,拥有专业摄影摄像器材100余台,建有校外实习基地12个。

学科、专业建设和科学研究

学院开设汉语言文学(师范)、新闻学、网络与新媒体3个本科专业,其中,汉语言文学和新闻学专业于2013年获批省级卓越人才培养计划建设单位;2016年新闻学获批省级特色专业建设单位,2020年汉语言文学(师范)专业获批省级一流专业建设和"六卓越、一拔尖"卓越人才培养创新计划项目;新闻学专业获批2020年省级新文科研究与改革实践项目。

近年来,学院教师先后主持国家社科基金项目3项、教育部人文社科项目3项、省社科规划项目等省级科研项目30余项,出版学术专著8部,发表核心期刊论文40余篇,与地方合作共建皖东历史文化研究中心校级平台。

学院为加强学术交流,2011年作为主办方之一成功举办吴敬梓诞辰310周年纪念大会暨中国《儒林外史》高峰论坛;2013年6月与滁州市文联联合主办了滁州文艺大讲堂暨首届滁州作家讲习班开班仪式;2013年12月主办安徽省文学院院长(系主任)协作会暨学科建设研讨会;2019年成功举办"张汝舟诞辰120周年全国学术研讨会"和张汝舟生平展。

人才培养

近年来,学院不断优化人才培养方案,构建合理课程体系,注重学生素质的全面培养,不断改革教学内容和教学方法,创新人才培养模式,教学质量稳步提高;积极拓展适合市场需求的信息传媒类应用型专业领域,更多地开设应用写作、口语交际、摄录采编和上机实验类课程,强化学生能说会写、擅长交际、教学技能、网络运用等实践能力培养,满足社会对应用型人才多元化需求;为进一步提升学生实践能力,先后与滁州多家单位共建教育实习基地,如滁州市二中、三中、九中,滁州市精神文明办公室、滁州市电视台、滁州市南谯区融媒体中心,天长市融媒体中心;同时与滁州市文明办合作成立新媒体从业人员资格培训中心,新媒体舆情研究中心和新媒体传播研究中心。

近年来,学院学生在学科竞赛和专业比赛中获国家级奖项10项、省级奖项100余人

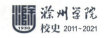

次;就业率稳定在90%以上,考取研究生182人;秉承"做精中文,做特新闻"办学方针,持续推进本科教育,坚持立德树人,"三全育人"工作成效明显。

学院依托"红烛"话剧社、"石上松"文学社、DV影协、"红楼梦读友会"社团和文学院微视界等社团和实践平台开展各项校园文化活动,丰富学生校园义化生活,提升学生专业实践能力;3次获得安徽省原创话剧比赛奖项,其中,2019年获得滁州市禁毒剧比赛一等奖;2020届毕业生侯妮佳毕业作品《一个春天》获"疫情中的国际青年生活短片云展映"活动一等奖。

社会服务

学院秉承学校高水平、应用型办学定位,坚持服务地方文化建设,大力提升学科专业科研水平和服务地方经济社会发展能力,聚焦地方文化产业发展规划和文化创意,开展地方文化服务培训,合作开展地方文化研究;近年来,先后为地方开展各类培训30余场,培训人数500人次,与滁州市地情人文研究会开展长期合作,共同完成滁州市主城区公园主题规划、滁州市廉政文化基地镜园廉政文化景观设计和廉政读本编写;主持滁州市"十三五"文化发展规划、明光市"十三五"文化产业发展规划、《滁阳志》校点整理等横向课题近20余项;"滁州区域文化级文化产业发展研究智库"获批滁州市重点智库,1名教师入选滁州市文化产业智库人选;与滁州市多家网络媒体及单位开展横向项目合作,在地方的影响力不断提升。

交流与合作

近年来,学院有1名教师赴韩国开展对外汉语教学并在韩国取得博士学位;1名教师赴台湾地区淡江大学攻读博士学位;5名教师先后赴美国、英国进行访学和研修;2009年开始招收韩国留学生,先后完成9个批次45人次的韩国留学生汉语教学工作,并与美国布里奇波特大学达成"4+1"传播学硕士研究生合作培养项目,数名学子赴美攻读硕士学位;学生积极参与境外游学和学分互换项目,开阔视野,提升综合能力。

党建和思政工作

2019年,学院在原党总支基础上转设文学与传媒学院党委,现有党支部5个(其中教工党支部3个、学生党支部2个),教师党支部书记"双带头人"全覆盖,党支部标准化验收率为100%,"五好党支部"创建达标率为100%,党员有112人(教师党员23人、学生党员89人)。

近年来,学院党委组织立项党建项目7项,紧紧围绕思想引领、组织保障、教学科研、服务师生等方面充分发挥战斗堡垒作用;2020年院团总支获评滁州市五四红旗团委。

外国语学院

历史沿革

外国语学院(简称外语学院)是在1979年8月成立的"艺体科"的基础上建立和发展起来的,当时艺体科包括音乐、美术、体育、外语4个专业,隶属同一个党支部;1984年1月,学校将艺术、体育合并成立艺体系,并单独设立了外语系,开设英语教育专科专业,首届招生32人;1993年增设商贸英语专科专业;1999年学校成立大学英语教学部,挂靠在该系;2011年,外语系更名为"外国语学院"。

2004年学校升本,外语系英语专业成为升本后首批招收本科生的6个专业之一,并于当年开始招生,首届招生66人;2006年,英语专业(专升本)开始招生;2010年,增设英语(师范)专业,商务英语本科专业获教育部批准并于次年开始招生,学校成为安徽省第一所开办商务英语专业的高校。

师资队伍

学院现有教职工90人,其中,教授4人、副教授18人;博士7人(含在读),省级教学名师、省级优秀教师1人、省级教坛新秀5人、省级先进德育工作者1人、省级师德先进个人1人,"双能型"教师37人,具有国(境)外培训学习经历教师26人。

办学条件

学院现有13个语言实验室(含商务英语综合实训中心、综合录播实验室、同声传译实验室和数字语言实验室)、3个调频电台、8个校外实习基地;校图书馆有各类英文著作、期刊等资料共17989种。

学科、专业建设与科学研究

学院开设商务英语和英语(含师范方向)2个本科专业,其中,商务英语专业于2011年开始招生;2019年,商务英语专业获批安徽省一流专业建设点;根据2021"软科中国大

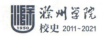

学专业排名",商务英语专业在全国开设相同专业的 400 余所高校中排名第 74,在安徽省排名第 2,位列 B+ 层次。

学院现有"翻译中心"校级科研平台 1 个;近 5 年,教师主持安徽省哲学社会科学基金等省厅级项目 20 余项;发表学术论文 200 余篇,出版专著 4 部;承担产学研项目近百项。

人才培养

学院现有在校生近 1 000 人。学院不断深入探索产教融合育人模式,持续加强与业内企事业单位合作,共建 8 个校外实习基地,如与安徽轩昂教育咨询公司合作成立跨境电商班,实现人才培养、科学研究、技术创新、企业服务、学生创业"五位一体"现代化发展模式。

近年来,学院学生在各类专业竞赛中获得国家级奖项 4 项、省级奖项百余项;毕业生就业率在 95% 以上。历届学生考取研究生逾 300 人;学院致力于打造"综合素质高,应用能力强,能服务地方经济"的一流本科人才。

社会服务

学院坚持开放式、应用型办学定位,坚持服务地方,聚焦英语与商务技能培训、项目合作等社会服务工作;10 年来,先后承担滁州市企事业单位业务翻译多项,开展外语培训多次;特别是"十三五"期间,服务社会培训累计达 4 000 人次,签订产学研项目近百项;学院持续做好志愿服务工作,品牌志愿服务项目"爱心家教"荣获滁州市志愿服务项目大赛三等奖。

交流与合作

近年来,有 20 名教师分别赴美国、英国等高校及科研院所进行访学研修;49 名学生赴马来西亚等国家和地区开展交流学习;6 名学生赴美国参加夏令营等活动。

党建与思政工作

2019 年,学院在原党总支基础上转设外语学院党委,现有党支部 8 个(其中教师党支部 4 个、学生党支部 4 个),教师党支部书记"双带头人"全覆盖,党支部标准化验收率为 100%,党员 133 人(教师党员 53 人、学生党员 80 人);2020 年,荣获安徽省三八红旗集体称号。

近几年,学院党委立项党建工作项目4项、培育项目2项;获基层党建"三十佳"创新案例1项;纪念改革开放40周年大合唱比赛获一等奖,庆祝新中国成立70周年师生大合唱比赛获一等奖,庆祝中国共产党成立100周年师生大合唱比赛获一等奖;2016年,院团委荣获滁州市"五四"红旗团总支。

近年来,学院利用专业优势开展社会服务、推进实践育人等工作;"爱心家教"志愿服务队被省文明委授予"我最感动的江淮志愿服务"先进集体典型;《安徽日报》、中国文明网、新民网等媒体进行了报道。

教育科学学院

历史沿革

教育科学学院(简称教科院)前身是政史系,创建于1985年,是学校最早创办的系部之一;2004年学校升本,2005年8月政教系更名为"教育与法政系";2011年,更名为"教育科学学院"。

1977年,学院开始招收政史教育专业专科生,学制2年;1991年以后,学制调整为3年,首次招收72名学生;2005年,专业名称改为"思想政治教育";2001年增设教育管理专业(专科);2003年增设小学教育和公共事业管理专业(专科);2005年分别更名为"初等教育和行政管理专业"。

2005年,增设人文教育本科专业(师范类);2006年增设小学教育本科专业(师范类);2007年增设公共管理本科专业;2012年学前教育本科专业(师范类)招生。

师资队伍

学校现有教职工40人,其中教授3人,副教授13人;博士10人(含在读)。全省优秀教师1人、教学名师2人、教坛新秀4人、师德先进个人1人、高校辅导员年度人物1人、"双能型"教师15人。

办学条件

学校拥有三大类实验实训室体系:分别为心理学实验室、教学基本技能实训室、学前教育实训室。其中,心理学实验室下设基础心理学实验室、ERP脑电实验室;教学基本技能实训室下设书写技能实训室、微格实训室；学前教育实训室下设数码钢琴实验室、幼儿舞蹈创编实训室、学前综合模拟实验室、学前儿童卫生保健实验室、创艺手工创客实验室、蒙台梭利实训室等校内实验实训场所。建筑总面积超过 700 m²。

学科、专业建设与科学研究

开设小学教育、学前教育 2 个本科专业。学前教育专业 2013 年获批安徽省综合改革试点专业，2020 年获批安徽省一流本科专业建设点，在 2020 年 1 月发布的《安徽省普通本科高校教育学类专业合作委员会专业评估报告》中，学前教育专业位列全省同类专业第三名，并在 2021"软科中国大学专业排名"中位列第 126 位，综合排名等级为 B 级。小学教育专业 2014 年纳入省级卓越教师培养计划改革项目，2019 年纳入省级"六卓越、一拔尖"卓越人才培养创新项目，并在 2020 年 1 月发布的《安徽省普通本科高校教育学类专业合作委员会专业评估报告》中位列全省同类专业第四名。

近年来，主持承担国家社会科学基金 1 项，教育部人文社会科学研究项目、全国教育科学规划教育部青年项目、安徽省哲学社会科学规划项目、安徽省高校人文社会科学基金等省部级项目 10 余项，产学研项目 20 多项。

人才培养

学院现有在校生 1 001 人。以教师教育和心理健康教育为特色，培养适应经济社会发展需要的高素质教育人才，具有良好的办学传统和丰富的人才培养经验。与滁州市琅琊区教育局等单位签署教育合作协议，实行大学与基础教育联姻，校地联动，实践育人，联合培养卓越中小学、幼儿园教师。与滁州市琅琊路小学、紫薇小学等建立实习实训基地，并建有省级示范实习基地 1 个，校级示范实习基地 2 个。大力实施卓越中小学教师教育培养计划，全面推进"2+1"校地合作，着力构建"三位一体"基础教育卓越人才培养模式。

学院大力开展创新创业培养和实践育人活动，不断提高学生的综合素质。学院党总支多次荣获省、市、校"优秀基层党总支"称号，4 个班级被评为"安徽省先进班集体"，1 个班级被评为"全国先进班集体"。学生在南京都市圈全国体育舞蹈公开赛、安徽省大学生职业生涯规划设计大赛、安徽省师范生教学技能大赛、安徽省大学生艺术展演、安徽省大学生话剧比赛、安徽省大学生演讲比赛等各类素质拓展活动中均获得奖项。近年来，毕业生就业率高，大多在教育部门和党政机关工作，分布在全省各地及江苏、浙江、北京、上海等省市。

社会服务

积极推进校地合作,通过产学研项目合作,寻求与地方教育事业合作渠道和路径,不断提升服务基础教育事业发展能力。签订《滁州教育现代化2035》和"十四五"教育体育事业发展规划项目5项。承接完成中小学教师转岗培训、新任教师培训、幼儿园教师专业补偿培训、园长培训以及教师专业发展培训。

交流与合作

近年来,3名教师受第11届亚洲比较教育学会年会组委会邀请赴柬埔寨参加会议交流;1名教师赴美国布里奇波特大学学习进修;学前教育本科专业4名学生赴马来西亚博特拉大学(UPM)交流学习。

党建与思政工作

2019年,在原党总支基础上转设教科院党委,现有党支部5个(其中教师党支部3个、学生党支部2个),党支部标准化验收率为100%,"五好党支部"创建达标率为100%,党员78人(教师党员25人、学生党员53人)。

近几年,立项党建工作项目5项、培育1项,基层党建"三十佳"创新案例2项;获庆祝新中国成立70周年"我和我的祖国"师生大合唱比赛一等奖;2017年,院团总支获滁州市"五四红旗团总支"称号。

近年来,学院利用专业优势开展社会服务、推进实践育人等工作。中国青年网、《安徽青年报》等多家媒体作了"教科院共建古道社区党组织""教科院知行学堂"的报道。

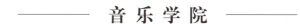

音 乐 学 院

历史沿革

音乐学院是在1972年创办的滁县师范学校艺术班(包括美术、音乐两个专业)的基础上建立发展起来的。1979年8月,学校决定成立艺体科,当时的艺体科包括音乐、美术、体育、英语4个专业,隶属一个党支部;1987年,音乐单独建系;2011年,更名为音乐

学院。

1981年首次单独招收音乐教育专业专科生（师范类），当时全省开设音乐专业的高校只有4所，安徽师范大学、阜阳师范学院招本科生，滁州师专、宿州师专招专科生；2000年，音乐系增设音乐表演专科专业（非师范）；2005年，增设音乐学专业本科（师范类）专业；2013年，改招音乐学专业本科（非师范类）专业。

师资队伍

现有专任教师44人，其中教授2人、副教授15人；博士（含在读）5人，省级思政教学名师1人，外聘专家6人，柔性引进教授2人，"双能型"教师21人，2名教师具有国内访学经历。

办学条件

学院拥有5 800 m² 实验场地，建有音乐实验实训中心和教育部"中华优秀传统文化（凤阳花鼓）传承基地"；实验室包括凤阳花鼓展厅1个、音乐厅1个、小型多功能排练厅1个、凤阳花鼓剧目排练场1间、民乐排练教室1间、录音实验室1间、MIDI实验室1间、数码钢琴教室1间、双排键钢琴教室1间、舞蹈教室1间、合唱教室1间、"百家筝鸣"古筝教室1间、"THE ONE"智能钢琴教室1间和琴房178间（其中教师琴房33间、学生琴房145间）；拥有钢琴、数码钢琴、双排键钢琴、中西乐器、录音设备、舞蹈动作捕捉系统、录课系统等教学软硬件设备，其中大型仪器设备4台。

学科、专业建设与科学研究

学院开设音乐学本科专业，音乐学专业2007年获批教育部全国普通高等学校音乐学本科专业课程教学试点，2011年获批滁州市"非遗"传习基地，2015年成立滁州学院"凤阳花鼓"音乐研究所，2016年获批安徽省首批"非遗"教育传习基地，2019年获批教育部"中华优秀传统文化传承基地"。

近年来，主持安徽省哲学社会科学项目1项，安徽省教育厅教科研项目40余项，主持省级一流课程4门，主持产学研项目20多项。教师先后在国际、国家、省级专业赛事中获奖近100项，获得省级教学成果奖4项。

文化传承

学院长期致力于优秀传统文化研究与传承，确定以凤阳花鼓为支点，力图在教育普及、保护传承、创新发展、传播交流等方面,推动凤阳花鼓乃至花鼓戏、安徽花鼓灯、凤阳民歌等滁州民间艺术的整体传承和发展。经过数十年努力,凤阳花鼓传承、发展与创新已彰显出了明显成效,取得了一系列成果。获批教育部"中华优秀传统文化传承基地""安徽省首批非物质文化遗产传习基地""滁州市非物质文化遗产传习基地"。"凤阳花鼓文化传承与实践项目"荣获2015年全国校园文化成果奖二等奖,原创音乐剧《忠魂》入选2019年教育部思政司"高校原创文化精品推广行动计划";凤阳花鼓舞蹈作品荣获全国美育教育成果奖一等奖;音乐学院教师作为副主编参编的全国首部国家级非物质文化遗产著作《凤阳花鼓全书》荣获安徽省2013～2016年度社会科学奖一等奖;凤阳花鼓相关作品获得全国大学生艺术展演二等奖2项、安徽省大学生艺术展一等奖3项等。

坚持校地、校企合作,搭建"产学研用"一体化平台,强化艺术成果的推广应用。2017年4月,安徽宝中招商有限责任公司与学校签署研学合作框架协议,合作3年以来约有2万多名中小学生受益。通过与滁州市文化和旅游局合作,获批2019年滁州市南谯区"戏曲进校园"活动,与南谯区38所中小学校,为1万余名师生进行了互动表演和示范教学。与滁州中学、滁州市第三中学、滁州市第二实验小学共建凤阳花鼓辐射基地,为传承地方传统文化作出了贡献。3名教师分别获得滁州市"凤阳花鼓""凤阳民歌"非物质文化遗产代表性传承人称号。

2008年起,音乐学院参与历届中国农民歌会演出活动。

2009年开始承担高雅艺术进校园演出活动,先后成功赴中共安徽省委党校和42所省内兄弟院校进行演出,受到广大师生一致好评。2019年,花鼓艺术团4名演员在天安门广场参加了"新中国成立七十周年阅兵式"安徽彩车巡游演出,2019年10月,花鼓艺术团圆满完成了赴台湾地区大中小学文化巡演活动。

人才培养

学院现有在校生615人。持续加强与企事业单位合作,共建12个就业实习基地,与百家筝鸣教育集团合作开办"百家筝鸣校企合作班"。与地方政府及相关单位开展密切合作,利用学科专业优势,积极组织学生参与服务地方文化发展各类活动,培养应用型人才。

近年来,积极组织学生参加中国农民歌会、教育部高雅艺术进校园等国家级活动,学生在各级各类专业竞赛中获国家级奖项40余项、省级奖项近200项。毕业生就业率在95.5%以上。学院致力于打造地方性、应用型特色专业人才,育人成效显著。

社会服务

学院秉承高水平、应用型办学定位,坚持服务地方,结合学科、专业实际,充分发挥自

身区域优势和人才优势、文化优势,深入挖掘地方传统文化,对地方文化建设产生了良好辐射和影响作用;10年来,先后承担安徽省教育厅、安徽省文联、滁州市政府、省内地方院校、滁州市大、中小学等音乐专业培训60余班次,累积培训近万人次。

学院圆满完成八届中国农民歌会开幕式舞蹈、伴唱等演出任务,先后参加了中央电视台(江苏扬州)举办的"水韵扬州"文艺晚会、全国足球甲A联赛(芜湖)开幕式、江苏省第十届运动会开幕式、中国滁州醉翁亭文化旅游节开幕式等,安徽省教育工委、省教育厅主办的"唱响百年青春风华——安徽省高校师生庆祝建党100周年主题文艺展演"、安徽省教科文卫体工会主办的"红心向党赞百年,劳动筑梦展新篇"安徽省教科文卫体系统职工庆祝建党100周年文艺汇演、安徽省侨联主办的"侨心永向党,奋进新征程"安徽省侨联系统庆祝建党100周年文艺汇演、滁州市春节联欢晚会等省市级大型文艺演出活动,受到社会各界广泛赞誉;多次承办军民联欢晚会、元旦文艺汇演和重大庆典活动文艺演出等校内外大型演出,常年组织师生"送文化"活动,将优秀音乐文化表演送入企事业单位、部队、社区、农村,丰富群众音乐文化生活。

交流与合作

近年来,学院师生积极参加交流与合作项目,先后有4名教师分别赴布里奇波特大学进行访学研修;多名教师赴台湾地区交流传承凤阳花鼓艺术,1名教师赴屏东大学参加学术交流;希尔德斯海姆大学先后5次来院开展学术交流活动;承办中国侨联印度尼西亚华裔青少年网上冬令营活动;近20名学生赴美国、英国、意大利等国家进行深造学习。

党建与思政工作

学院现有党支部5个(其中教师党支部3个、学生党支部2个),教师党支部书记"双带头人"全覆盖,党支部标准化验收率为100%,党员有77人(教师党员28人、学生党员49人);荣获全国"三八红旗集体"、教育部"中华优秀传统文化传承基地"、安徽省"非物质文化遗产教育传习基地"、安徽省"先进基层党组织"、安徽省"教育工会工作先进集体"、安徽省"大中专学生志愿者暑期三下乡社会实践活动先进集体"、滁州市"巾帼建功先进集体"等称号。

近几年,学院党委立项党建工作项目6项、培育1项,基层党建"三十佳"创新案例1项。学校花鼓艺术团实践团队通过服务社区文化艺术生活获得了2015年全国大学生社会实践优秀团队称号。

近年来,学院利用专业优势开展社会服务、推进实践育人等工作。滁州学院音乐学院凤阳花鼓传承亮相央视纪录片《花鼓纪》、安徽卫视国际频道《我是花鼓人》,此外,有关活动被《中国青年报》《安徽日报》等媒体广泛报道。

美术与设计学院

历史沿革

美术与设计学院(简称美术学院)前身是创办于1972年的滁县师范学校艺术班(美术、音乐两个专业)。1979年艺体科正式建立。1984年,艺术、体育合并,成立艺体系。1985年艺体分开,音乐、美术成立艺术系,体育单独建系。1987年音乐、美术分开单独设系,美术系正式设立。

2004年,学校升本,美术系开始招收艺术设计专业本科生。2011年美术系更名为"美术与设计学院",2018年在美术与设计学院党总支基础上设置院党委。

师资队伍

学院现有教职工64人,其中教授3人,副教授17人;博士(含在读)11人。"双能型"教师40余人,60%以上教师具备中级以上职业资格技能证书;1人获评全国优秀教师,1人获评安徽省优秀教师,1人享受安徽省政府津贴,1人获"徐悲鸿美术教育奖",2人被安徽省文联授予"十佳优秀青年美术家"称号。学院教师主持国家重大历史题材美术创作工程、国家艺术基金、安徽省重大历史题材美术创作工程、安徽省委宣传部重点文艺项目等国家级、省级重大项目多项,教师作品在历届全国各级各类美术作品展中获奖百余次。

多名教师赴美国、英国、意大利等国家和台湾地区访学,每年选派青年教师赴中央美术学院、北京电影学院、北京大学、南京艺术学院等高校短期进修;聘请13名省内外知名艺术院校教授、企业高管为客座教授。

办学条件

学院共有办学场地7 200 m^2,拥有摄影实验室、数字图形艺术实验室、苹果机房、皖东旅游艺术品研发实验室、实验器材室5个基础实验室,艺术设计实验实训中心、美术学教师工作室、数字传媒工作室、创新联合实验室、包装印刷工作室、设计艺术研发中心和三间智慧教室等9个实验实训场地。建立"皖东旅游艺术品及民间工艺产品研发平台"。2017年建成2 000 m^{2}艺术馆展厅,2020年11月,"建校70周年美术作品展"在艺术馆顺利开展,受到全校师生和社会各界一致认可和好评。2019 年,中央财政支持地方高校改革发展资金项目获批立项,建设人机工学智慧教室、设计基础智慧教室、专项设计智慧教室。

学科、专业建设与科学研究

从 2004 年起,学院开始招收艺术设计(非师范)本科生;2005 年美术学(师范类)开始招生;2007 年广告学(非师范)开始招生;2008 年艺术设计"2+2"专业(与韩国韩瑞大学合作办学)开始招生;2010 年工业设计专业开始招生;2013 年视觉传达设计专业和视觉传达设计"2+2"专业(与韩国韩瑞大学合作办学)、环境设计专业和产品设计专业开始招生,艺术设计和艺术设计"2+2"专业(与韩国韩瑞大学合作办学)停止招生;2015 年数字媒体艺术专业开始招生;2018 年视觉传达设计专业和数字媒体艺术专业分别面向中职对口招生,2019 年广告学专业、视觉传达设计"2+2"专业(与韩国韩瑞大学合作办学)、视觉传达设计专业(对口招生)和数字媒体艺术专业(对口招生)停止招生。学院现开设美术学、视觉传达设计、环境设计、产品设计、数字媒体艺术、工业设计、广告学 7 个本科专业,在校生 1 296 人。

学院紧紧围绕学校"地方性、应用型、开放式、信息化"办学定位,转变人才培养模式,构建适应学院专业特色的应用型人才培养模式,适时制(修)订各专业建设规划,及时修订 2019 版各专业人才培养方案和课程建设计划,顺利完成各专业"双基"达标检查。2019 年,产品设计专业获批省级一流本科专业建设点,获批中央财政支持地方高校改革发展资金项目,建设人机工学智慧教室、设计基础智慧教室、专项设计智慧教室。现有 7 个本科专业中视觉传达设计、环境设计、产品设计、工业设计、美术学 5 个专业已经顺利通过省级专业评估。

学院高度重视科研工作,采取多种措施鼓励教师积极开展科研工作。近年来,教职工获批各类知识产权 115 项,发表教科研论文 201 篇,省级各类教科研项目 32 项,出版专著 10 部、教材 25 本,教师专业获奖近 300 项。其中,2016 年获批国家艺术基金项目 1 项,2019 年 3 名教师作品入选第十三届全国美展,2020 年 3 名师生作品入围教育部抗击疫情公益作品征集活动百部优秀作品。

人才培养

学院现有在校生 1 296 人,先后与安徽黟县屏山、江西婺源、江西景德镇、无锡荡口古镇以及滁州市多家企业开展校企合作,建立 13 个校外实习实训基地。通过项目教学和校企合作,共有 2 000 余人次在校外实习实训基地开展各类实习活动,构建"产学研"共建的专业办学特色平台并赢得了良好口碑,为学院应用型人才培养奠定了坚实基础。

近年来,学生获得国家级奖励50多项,省级专业获奖400多项。其中,2016年,全国大学生工业设计大赛获得一等奖1项。2018年,2015级视觉传达设计专业学生尹立洁获评安徽省优秀大学生;2020年,2018级广告学专业学生董静获评安徽省暑期"三下乡"社会实践活动优秀个人。

2011~2020届毕业生共计近3 000人,就业率超过90%;2019届、2020届分别有7名和15名毕业生考取硕士研究生。

社会服务

学院紧紧围绕应用型办学定位,始终坚持服务地方。近年来,师生多次服务中国农民歌会宣传及会场氛围营造,助力章广镇太平集村"壁画小村"建设,拍摄宣传片协助皇甫山申报4A国家景区等。学院积极鼓励、组织学生利用寒暑假和课余时间奔赴街道社区、乡镇农村开展各类社会实践和志愿服务活动。

交流与合作

学院有7名教师攻读博士学位,7名教师赴外研修;与韩国韩瑞大学开展"2+2"联合培养,与意大利佛罗伦萨大学等国家和地区的高校开展学生交流项目,每年有10余名学生进行为期半年或一年以上的学习。2018年5月,与韩国韩瑞大学艺术学院共同举办"第一届中韩大学生艺术设计作品展"。2019年选派6名学生外出进行交流学习。2020年,视觉传达设计专业、环境设计专业与澳大利亚埃迪斯科文大学开展合作办学项目。

党建与思政工作

2018年在院党总支基础上设置院党委。2019年,支部换届后共设9个党支部,其中教师党支部5个,分别为美术学系党支部、视觉传达系党支部、广告学系党支部、工业设计系党支部和环境设计系党支部;学生党支部4个,分别为美术学系和广告学系学生联合党支部、视觉传达系学生党支部、工业设计系学生党支部、环境设计系学生党支部。

各党支部严格落实"三会一课"、组织生活会、民主评议党员等组织制度,积极探索"微党建"模式,创新开展主题党日活动,着力提升基层支部党建质量。2020年新冠肺炎疫情爆发以来,各支部积极行动,充分发挥了在疫情防控中的战斗堡垒作用,党员也较好地发挥了先锋模范作用,为全院疫情"零状态"作出重要贡献。2020年7月,学院党委获评学校新冠肺炎疫情防控工作先进基层党组织。

思想政治工作平稳有序。2014年,1名辅导员获评"安徽省优秀辅导员";2020年,1

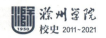

名辅导员"悦己兮"网络思政育人工作室项目获批2020年安徽省"三全育人"试点省建设暨高校思想政治工作能力提升项目(弘扬社会主义核心价值观名师工作室项目—辅导员类),1名辅导员荣获安徽省高校辅导员素质能力大赛一等奖。

学院党委始终坚持以习近平新时代中国特色社会主义思想为指导,把政治建设摆在首位,认真贯彻落实习近平总书记考察安徽重要讲话指示精神和关于教育的重要论述,持续强化理论武装,不断增强"四个意识"、更加坚定"四个自信"、坚决做到"两个维护",牢记为党育人、为国育才初心使命,坚持立德树人根本任务,努力培养德智体美劳全面发展的社会主义事业建设者和接班人。

体育学院

历史沿革

体育学院起源于1972年滁州师范学校体育教研室,1975年开始招收体育班,1979年成立艺体科招收体育教育专业专科,1984年合并成立艺体系,1987年成立体育系,1996年合并成立公共教学部,1998年恢复体育系,2002年增设社会体育专科专业,2006年开始招收体育教育专业本科,2011年成立体育学院至今。

师资队伍

学院现有专任教师46人,教授5人、副教授16人;博士2人、在读博士2人,校学术技术带头人后备人选1人,中青年骨干教师6人。教师队伍年龄、职称、学历结构较为合理,专业水平较高,科研能力较强。

办学条件

学院现有专业综合实验室面积246 m^2,拥有功率自行车、体成分测试仪、肌肉、骨骼标本、尿液、肺功能、血乳酸分析仪等仪器,基本满足专业实验教学需求。建成教育实习实训(就业)基地近30个,覆盖省内外各中小学和知名健身有限公司(俱乐部)等,为专业人才培养提供了丰富的优质实习实训资源。

学科、专业建设与科学研究

学院设专业理论、专业术科、大学体育3个教研室,大学生体质测试中心1个,专业综合实验室1个。本着教师与学生互促共进、专业与素养并重发展、理论与术科并举推进、科研与服务互动共赢的办学定位,办出体育专业个性化特色。为改变体育专业传统课程体系设置,学院在2014版和2016版人才培养方案中合理减少和整合了部分必修课程,增加选修课程,突出课程休闲、娱乐和健身特性,课程体系构建日趋合理,层次更加立体,基础课程、主干课程、选修课程更加明晰,课程开设顺序、实践环节课程安排等更加合理;初步形成以球类传统优势项目为龙头,以健美操、体育舞蹈等特色项目为亮点,以户外运动与野外生存、游泳与救生等休闲项目为拓展方向的专业特色。

人才培养

学院以社会对体育人才的需求为导向,培养基础扎实、知识面宽、适应能力强、综合素质高,富有社会责任感,具有创新精神、创业意识和创新创业能力,能够胜任基础教育体育教学、业余运动训练、体育管理和体育教学研究等工作,适应经济社会发展需要的应用型体育专门人才。

毕业生可在中小学、健身会所、健身俱乐部、体育产业公司等领域从事体育教育教学、课余训练、健身指导、体育产业管理等工作。

学院毕业生近3年就业率在95%以上,近5届毕业生教师编制考试录取人数占学生总数的34%,公务员占5.4%,研究生占10.5%,就业情况优良,用人单位对毕业生满意度达到90%以上。

学科竞赛

近年来,学院学生在安徽省大学生体育比赛和安徽省运动会比赛(高校部)中取得优异成绩,健美操和足球项目还代表安徽省参加了中华人民共和国第十三届学生运动会。2016年,学校男足获"谁是球王"安徽赛区高校第二名,女足获2018年安徽省第十四届运动会(高校部)大学生足球比赛和2019年安徽省大学生足球联赛第三名,2017级体育教育专业学生周学文获2019年华东赛区师范生技能大赛二等奖。2021年7月,2018级学生代表安徽省参加在天津体院举办的全国高校体育教育专业学生基本功大赛,获得团体及单项三等奖。

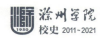

社会服务

近年来,学院承办和协办了2012年安徽省大学生田径运动会和2015年CCTV5华东地区青少年"谁是球王"总决赛;承办多期安徽省一级社会体育指导员培训工作,培训学员近1 000人;承办滁州市各区、县、市中小学体育教师继续教育工作,培训学员500余人次;承办了滁州市、安徽电力、烟草等系统乒乓球、羽毛球、篮球等交流或比赛,为全民健身运动推广作出了积极贡献。

交流与合作

"十三五"期间,学院与北京体育大学、上海体育学院等高校科研院所以及各教育实习基地开展长期、稳定、实质性合作;主动、积极了解现今社会对体育人才需求的标准,加强教师队伍在职培训力度,有针对性调整人才培养目标,力争学生优质毕业与优质就业零距离。

党建与思政工作

学院现有教师党支部3个、学生党支部2个,其中教师党支部书记"双带头人"全覆盖,党支部标准化验收率为100%,"五好党支部"1个,现有党员82人(其中教师党员36人、学生党员46人)。

2019年,体育学院党总支荣获学校"先进基层党组织"称号;近几年,立项党建工作项目3项、基层党建"三十佳"创新案例1项;2019年,院团委荣获"五四"红旗团委称号。

马克思主义学院

历史沿革

马克思主义学院前身为马列主义教研室,成立于1977年12月。1985年5月,马列主义教研室挂靠政史系。1990年,学校筹建德育室,隶属于校党委宣传部。1998年,学校组建公共教学部,下设思政室和教育学及心理学教研室。2001年,思政室与马列主义教研室合并,组建思想政治教育教研室,与政教系一个机构两块牌子。学校升格后,政教系更名为"教育与法政系",思想政治教育教研室更名为"思想政治理论课教学研究部",与教育与法政系一个机构两块牌子。2011年8月,思想政治理论课教学研究部独立设置。

2016年11月,成立马克思主义学院,承担全校思想政治理论课教育教学、马克思主义理论学科建设与研究等工作。设有思想政治教育教研部、马克思主义中国化教研部和形势政策教育教研部和2个教工党支部。拥有安徽省大学生思想动态分析研究中心和滁州学院廉政文化研究中心。指导管理滁州学院大学生习近平新时代中国特色社会主义思想研究会和何新学术研究与批判学会两个学生社团。

师资队伍

学院现有专任教师44人,其中教授7人、副教授12人,博士(含博士后1人,在研博士后1人,博士在读2人)12人,兼职教师18人;教师学缘结构合理,分别毕业于复旦大学、浙江大学等高校。学院独立设置以来,马克思主义学院获批全国优秀教师1人,安徽省优秀教师1人、优秀党员1人、高校优秀德育工作者4人、高校拔尖人才和省学科带头人后备人选1人、高校思想政治理论课教师"影响力提名人物"1人、教科文卫体系统"师德先进个人"1人、教学名师1人、教坛新秀3人、优秀教学管理工作者1人。

办学条件

学院拥有近900 m² 办公场所;拥有安徽省大学生思想动态分析研究中心和滁州学院廉政文化研究中心,建有图书资料室1个。

学科建设与科学研究

学院围绕滁州地方经济社会发展理论问题和现实问题,加强科学研究,促进学科建设;凝练形成具有地方特色和持续发展潜力的学科建设方向,围绕学科方向,组建了成员相对稳定、研究方向清晰、研究成果集中的4支学科队伍,初步遴选了各学科方向带头人、教学科研骨干,明确了所有教师学科归属。

近年来,学院获批国家社科基金青年项目1项,教育部项目3项,省哲学社科规划项目7项,省教育厅人文社科重大项目3项、重点项目8项,省社科联项目4项,四类项目8项;获安徽省社会科学奖二等奖、三等奖各1项,省社科联"三项课题"研究成果二等奖1项。教师出版专著4部、合著1部;发表二类论文4篇、三类论文81篇、四类论文9篇,1篇被新华文摘"论点摘编"收录。

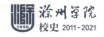

社会服务

学院积极参与地方发展,发挥智库作用,为地方发展出谋划策。"十三五"期间,组织由教授博士组成的理论宣讲团(其中有2名教师为安徽省党的十九大精神百人宣讲团成员)为滁州市党政机关、高校、企事业单位宣讲党的十九大精神和党的十九届二中、三中、四中、五中全会精神等100余场次;担任滁州市高校新教师岗前培训主讲教师3人,滁州市中小学幼儿园新教师岗前培训主讲教师2人,滁州市中小学幼儿园校长班院长班培训主讲教师2人,为促进地方社会经济发展提供智力支撑。

学院参与滁州市琅琊区组织部习近平新时代中国特色社会主义思想主题教育馆、新中国史党性教育主题馆和延安精神主题馆3个主题馆建设工作,对3所场馆布局、展示图片和文字内容进行修改和完善;与滁州市委宣传部合作,开展决策咨询服务活动,3名教授成为滁州市理论研究专家库首批专家,与中共滁州市委党校签署共建协议,积极为服务地方思想文化建设,建设现代化新滁州作出贡献。

党建与思政工作

学院设有思想政治教育教研部党支部和马克思主义中国化教研部党支部,所有教师全部为中共党员,其中党支部书记"双带头人"全覆盖,党支部标准化验收率为100%;思想政治教育教研部党支部2017年、2019年、2021年被评为校"先进基层党组织";2019年获批校"五好党支部";2018年、2019年、2020年连续三年获批校特色党建项目立项;2019年获校"文明系(室)创建先进集体"荣誉称号;马克思主义中国化教研部党支部2016年被评为校"先进基层党组织",2020年获批学校2020年基层党建"三十佳"创新案例。

附录二 2011年以来滁州学院大事记

2011年

1月17日,学校召开离退休人员迎春茶话会。校党委副书记、院长许志才,副校长倪阳,纪委书记汪湘水出席,100余名离退休老同志参加。

1月24日,学校获评"2010年全省普通高等学校毕业生就业工作标兵单位"。

2月16日,省委、省政府决定,程曦同志任滁州学院党委委员、副院长。

3月11日,校团委荣获"2010年度全省高校共青团工作先进单位"称号,这是自2005年以来连续6年获此殊荣。

3月12日,学校与安徽工业大学联合培养工程硕士研究生开班。

3月15日,安徽省应用型本科高校联盟第三届年会在学校举行。学校开展以"解放思想,深化改革,进一步推进应用型本科院校建设"为主题的新一轮教育思想观念大讨论。

3月28日,"滁州学院官方微博"正式开通。

4月9日,学校与全椒县人民政府签署校县全面合作协议。

5月25日,学校召开"实践教学体系建设推进年"活动动员大会。

5月27日,校企合作班"金禾化工班"举行开班典礼。

5月30日,校党委书记余在岁在全省高校思想政治理论课教学工作会议暨建设工程推进会议上作《重视实践教学,提高思想政治理论课教学实效性》经验交流。

6月1日,省委决定,倪阳同志任学校党委副书记。

6月11日,学校荣获2010年度"全国高校节能管理先进院校"。

6月16日,美国温第安纳管乐团一行32人应邀到校交流访问,联合举办了主题为"和谐之旅·友谊之桥"的交流音乐会。

9月7日,学校召开庆祝第27个教师节大会。

9月13日,学校举行2011级新生开学典礼暨军训动员大会。

9月25日,安徽省首届大学生体育舞蹈大赛落下帷幕,学校获团体总分第一名。

10月13日,学校荣获第九届"安徽省文明单位"称号。

11月4日,韩国韩瑞大学代表团一行49名师生到学校访问交流。

11月14日,校党委书记余在岁、党委副书记倪阳参加全国新建本科院校联席会议暨第11次工作研讨会,并作交流发言。

11月19日,外国语学院学生李欢荣获第六届安徽省大学生职业规划设计大赛暨大学生创业大赛金奖,教育科学学院朱祎婧、体育学院金月、张万、汪德宝荣获铜奖。

11月26日,由安徽省文化厅、安徽省文联、中国民协节庆委员会、滁州市人民政府和我校主办的"吴敬梓诞辰310周年系列"纪念活动在全椒县隆重举行。

12月20日,学校荣获"全国文明单位"称号,受到中央文明委表彰。

12月23～25日,学校召开2011年教学工作会议。

12月25日,学校地理信息与旅游学院带着瘫痪母亲上学的"坚强小妹"方美娇,作为全国5位嘉宾之一,到北京参加2012年全国农民春节晚会节目录制。

2012年

1月5日,学校召开离退休人员新年茶话会,校领导余在岁、许志才、倪阳、汪湘水、程曦出席,110多名离退休老同志参加。

1月11日,学校获评"2011年安徽省普通高校毕业生就业工作标兵单位"。

2月2日,学校获批"安徽省一级社会体育指导员培训基地"。

2月29日,许建康教授国画《平民教育家陶行知》、赵振华副教授油画《人民群众离不开的好干部沈浩》和青年教师撒后余、林琳雕塑作品《民生工程惠万家》入选安徽省重大历史题材美术创作工程。

3月6日,学校入选安徽省高等教育信息化试点单位。

3月17日,学校召开第二届教职工暨工会会员代表大会第三次会议。

3月27日,地理信息与旅游学院王春副教授"多源多尺度DEM可用性评价模型研究"(项目编号212078)获得教育部科学技术研究重点项目立项资助,这是学校首次获得该项目立项。

3月30日,安徽省人民政府副省长谢广祥深入学校调研指导工作。

4月13日,中共滁州市委副书记、代市长张祥安来校交流调研。

4月16日,学校被滁州市人民政府授予"2011年度全市消防工作先进单位"称号。

4月24日,学校获评"2011年安徽省普通高校大学生创新创业教育示范校"。

4月24～26日,2012年安徽省大学生田径运动会在学校举行。

4月28日,学校带着瘫痪母亲上大学的"坚强小妹"方美娇荣获"中国大学生自强之星"称号。

5月3~4日,安徽省高校2012年宣传思想工作会议在学校召开。

5月3日,省委教育工委书记、省教育厅厅长程艺深入学校调研指导工作。

6月5日,学校获得省教育厅高校2011年节能工作考核"优秀"等次。

6月28日,学校召开"保持党的纯洁性,迎接党的十八大"主题教育实践活动动员大会。

6月30日,学校与琅琊区人民政府签署全面合作协议。

7月18日,学校获得"高校'农校对接'与学生食堂采购工作先进院校"荣誉称号。

7月25日,学校认定首批159名校内"双能型"教师。

8月1日,"汉语桥——德国中学生夏令营"130余名德国师生来校考察交流。

8月6日,学校带母求学的2008级学生方美娇获评"安徽省十大教育新闻人物"。

8月27日,省委决定,庆承松同志任学校党委委员、书记;王永富同志任学校党委委员、纪律检查委员会书记。

9月5日,学校召开大会庆祝第28个教师节。

9月11日,学校举行2012级新生开学典礼暨军训动员大会。

9月11日,学校召开干部教师大会,宣布省委、省政府关于学校党政领导任免决定:庆承松同志任党委书记,郑朝贵、吴开华同志任党委委员、副院长,王永富同志任党委委员、纪律检查委员会书记;余在岁、汪湘水同志改任督导员。省委教育工委书记、省教育厅厅长程艺到会讲话。

9月20~21日,首届全国大学生GIS技能大赛在学校举行。

10月20日,省委教育工委副书记高开华、省教育厅副厅长李和平、副巡视员张培银率委厅高等教育考察调研团一行深入学校调研指导工作。

11月28日,校党委书记庆承松、校长许志才出席全国新建本科院校联席会议暨第12次工作研讨会,并作了主题发言。

12月9日,学校荣获"2012年全国高校后勤系统信息宣传工作先进单位"荣誉称号。

12月10日,学校大学生创业孵化基地获批第二批省A级大学生创业孵化基地。

12月19日,学校获批第一批省级教育信息化试点单位。

12月21~23日,中国共产党滁州学院第二次代表大会召开。省委教育工委常务副书记高开华,中共滁州市委副书记袁华,省委组织部、省委教育工委处室负责同志,校领导庆承松、许志才、倪阳、程曦、郑朝贵、吴开华、王永富出席开幕式,来自全校各基层党组织的118名正式代表出席大会。学校的老领导,各级人大代表、政协委员,民主党派和无党派代表人士,学校副处级以上干部列席会议。校党委书记庆承松作题为《加强内涵建设,夯实发展基础,为创建高水平应用型本科院校而奋斗》的报告。

12月28日,学校召开2012年教学工作会议。

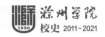

12月29日,地理信息与旅游学院副院长王春博士获得"安徽优秀科技工作者"荣誉称号。

2013年

1月9日,中国民主建国会滁州高校支部在学校成立。

1月24日,"安徽省大学生思想动态分析研究中心"在学校挂牌。

2月27日,音乐学院荣获全国妇联"全国三八红旗集体"称号。

3月1日,教育部思想政治工作司司长冯刚一行,深入学校调研指导工作。

3月16日,学校召开第二届教职工暨工会会员代表大会第四次会议。

3月22日,学校教师教学发展中心揭牌。

4月2日,学校大学生事务中心揭牌。

4月26日,学校启动"加强内涵建设,提升办学水平"系列研讨活动。

5月7日,学校获批教育部"本科教学工程"大学生校外实践教育基地建设项目。

5月21日,省委教育工委书记、省教育厅厅长程艺来校调研指导工作。

5月30日,学校退教协被省退离休教育工作者协会授予"全省教育系统退离休协会工作先进集体"荣誉称号。同日,学校荣获滁州市"双拥模范单位"称号。

6月3日,地理信息科学专业获批教育部"本科教学工程"地方高校第一批本科专业综合改革试点。

6月8日,滁州文艺大讲堂开班式暨首期文学讲习班在学校举行。

7月11日,学校召开深入开展党的群众路线教育实践活动动员大会。

7月12日,学校被评为2012~2013年度全国大学生志愿服务西部计划"优秀等次项目办",是安徽省同类院校中唯一获此殊荣的学校。

7月24日,德国汉诺威孔子学院院长蔡琳及省教育厅有关负责人带领90余名德国师生,到校考察交流。

8月15日,安徽省2013物联网技术与应用研讨会在学校举行。

8月19日,学校入选第一批省级节约型公共机构示范创建单位。

8月27日,学校与明光市人民政府签订战略合作协议。

8月29日,学校举行加入滁州市人民政府与合肥工业大学产学研合作战略联盟框架协议签约仪式。省委教育工委书记、省教育厅厅长程艺,滁州市委负责同志,合肥工业大学校长徐枞巍、校党委书记庆承松、校长许志才出席。

9月9日,学校召开庆祝第29个教师节大会。

9月10日,学校举行2013级新生开学典礼暨军训动员大会。

9月23~26日,以长春工业大学校长张德江教授为组长的教育部本科教学工作合格评估专家组对学校本科教学工作进行实地考察和评估。

10月12日,学校荣获教育部"2007~2012全国亿万学生阳光体育冬季长跑活动优秀学校",是安徽省唯一受到表彰的高校。

10月13日,学校退休老教师张华三荣获"全国健康老人"称号。

10月15日,学校组织近百名离退休老同志前往江苏省盱眙县欢度重阳节。

11月2日,安徽省应用型本科高校联盟实践教学研讨会在学校召开。

11月6~8日,学校举行第八届田径运动会。

11月23~24日,安徽省科社界坚持和发展中国特色社会主义理论研讨会在学校召开。

12月14~15日,安徽省心理学会第八届二次会员代表大会暨第十五次学术年会在学校召开。

12月19日,《滁州学院学报》获得"安徽省高等学校优秀学报"称号。

12月21日,安徽省行为科学学会2013年年会在学校召开。

12月27日,学校召开2013年教学工作会议。

2014年

1月7日,学校召开离退休老同志新年座谈会。

1月10日,学校音乐剧《忠魂》荣获第二届全国高校廉政文化作品大赛表演艺术类三等奖。

1月20日,学校官方微信公众平台开通试运营。

1月27日,学校召开党的群众路线教育实践活动总结大会。

2月18日,学校获批第一届安徽省教育系统文明单位立项建设学校。

3月6日,学校与上海体育学院签署共建体育专业硕士培养基地协议。同时,图书馆荣获"2013年度安徽省高校数字图书馆先进集体"称号。

3月15日,学校党委召开第二次党代会2013年年会。

3月22日,学校召开第三届教职工暨工会会员代表大会第一次会议。第三届教代会执委会第一次全体会议上倪阳当选主任,第三届工会委员会第一次全体会议上张玉虎当选主席。

3月27日,滁州市食品加工研究院揭牌暨协同创新推进会在学校召开。

4月3日,学校在全省高校宣传思想工作会议上交流新媒体工作经验。

4月9日,学校处级以上干部学习贯彻党的十八届三中全会和习近平总书记系列讲

话精神培训班开班。

5月8日,学校艺术专业第一个校企合作班"百家筝鸣班"开班。

5月19日,学校与中国家用电器研究院举行创新设计联合实验室揭牌仪式,并签订合作协议。

5月21日,学校成立滁州学院社会科学界联合会,省社科联党组书记、常务副主席刘飞跃,副主席卜幼凡出席大会。程曦当选为第一届主席。

6月6日,学校3 700个学生宿舍新装空调全部启用。同日,学校被省纪委、省监察厅命名为"安徽省廉政文化建设示范点"。

7月4日,中共滁州市委书记李明来校调研。

7月11日,学校获批安徽省地方应用型高水平大学建设单位。

8月17日,"汉语桥——德国中学生夏令营"72名师生访问学校。

8月20日,学校"安徽地理信息集成应用协同创新中心"获批省级"2011协同创新中心"。

9月5日,学校外国语学院党总支书记姚志英荣获"安徽省教育系统师德先进个人"称号。

9月9日,学校"滁州市特色农产品深加工工程技术研究中心"被认定为滁州市工程技术研究中心,是首个市级工程技术研究中心。

9月10日,学校召开第30个教师节庆祝大会。

9月20日,学校举行2014级新生开学典礼暨军训总结大会。

9月20~21日,第二届国产遥感卫星应用学术交流会在学校召开。

9月27日,安徽省地理信息协同创新联盟启动会议在学校召开。

9月28日,中共滁州市委书记李明一行深入学校调研。

9月29日,学校召开"地方应用型高水平大学"和省级"2011协同创新中心"项目建设方案论证会。

10月8日,《滁州学院学报》被评为全国高校优秀社科期刊。"皖东文化研究"栏目被评为全国高校社科期刊特色栏目。

10月14日,学校组织离退休老同志一行90余人赴扬州双博馆参观考察。

10月21日,学校获评"2011~2014年安徽省体育社会科学研究先进单位"。

10月30日,学校获评"2014年度省直单位档案年检优秀"等次。

10月31日,学校科学技术协会成立,副校长郑朝贵当选为第一届科协主席。

12月10日,校团委荣获2014年"全国大中专学生志愿者暑期'三下乡'社会实践活动先进单位"称号。

12月21日,学校召开第四届思想政治教育研究会全体会员大会暨党建与思政工作理论研讨会。

12月21日,中共滁州市委书记李明来校看望慰问结对帮扶的困难学生。

12月27日，学校获评2014年度安徽省教育和科研计算机网先进用户单位。

12月29日，学校被授予第十届"安徽省文明单位"荣誉称号。同日，民盟滁州学院支部荣获"全省先进基层组织"荣誉称号。

12月30日，学校与滁州健颐园蜂业有限公司共建的"安徽省热敏性物料加工工程技术研究中心"获批省级工程技术研究中心。

2015年

1月6~7日，学校召开第二次科技工作大会。启动"科技工作推进年"活动，滁州市人民政府副市长李树与校长许志才共同签署了战略合作框架协议。中共滁州市委书记李明、省教育厅副厅长李和平、科技厅副厅长朱建基、校党委书记庆承松见证签约。

1月10日，安徽省应用型本科高校联盟公共基础课程改革暨慕课课程建设研讨会在学校举行。

1月19日，学校召开2014年教学工作会议。

1月27日，学校召开离退休老同志座谈会。

2月28日，学校蝉联"全国文明单位"荣誉称号。

3月21日，学校召开第三届教职工暨工会会员代表大会第二次会议。

3月21~22日，学校党委召开第二次党代会2014年年会（与第三届教代会工代会第二次会议合并召开）。

4月2日，学校成为"高分安徽中心"协同创新联盟成员单位。

4月21日，学校获安徽省第二届平安校园建设优秀成果二等奖。

6月3日，滁州学院凤阳花鼓音乐研究所和滁州市非物质文化遗产传习基地挂牌。

6月10日，学校《传承非遗"东方芭蕾"，提升校园文化品位——滁州学院传承国家非遗凤阳花鼓的实践与探索》荣获第八届全国高校校园文化建设优秀成果奖二等奖。

6月17日，"亲情中华·追梦中国"中美青年文化交流主题音乐会在学校举行。

7月1日，学校与高分辨率对地观测系统安徽数据与应用中心签约合作。

7月16~17日，安徽省首届地理信息协同创新联盟学术技术与产业发展交流会在学校召开。

7月31日，学校与驻滁部队共建共育活动签约暨基地揭牌。

8月7日，省委决定，张勇同志任学校党委委员、副书记。

8月19日，中国教育电视台展播《滁州学院风采》专题片。

9月6日，学校召开庆祝第31个教师节大会。

9月18日，学校举行2015级新生开学典礼暨军训总结会。

9月29日，学校获安徽省第一届教育系统文明单位。

10月15日，学校柔力球队获得第四届全国柔力球大赛高校组B类一等奖。

10月16日，学校召开以"提升办学理念，深化转型发展，加快建设地方应用型高水平大学"为主题的教育思想观念大讨论动员大会。

10月20日，学校组织近百名离退休老同志赴江苏镇江考察。

11月12日，学校获批设立安徽省博士后科研工作站。

11月16日，学校会峰校区西区校门门牌编制号确定为"滁州市会峰西路1号"。

11月27日，学校获批2016年安徽省本科高校理工类教师应用能力提升计划培训项目。

11月29日，学校获"2015年度全国高等学校创业教育研究与实践先进单位"称号。

12月7日，学校"安徽省江淮分水岭生态环境与区域发展研究中心"获批省高校智库项目。

12月31日，学校召开新闻发布会，正式启用新校徽。

2016 年

1月8~9日，学校召开2015年教学工作会议。

1月17日，许志才校长获由中国高等教育学会、中国青年报社举办的"2015年学生喜爱的大学校长"。

1月22日，学校召开离退休老同志座谈会。

4月15日，学校召开第三届教职工暨工会会员代表大会第三次会议。

4月15~17日，学校党委召开第二次党代会2015年年会（与第三届教代会工代会第三次会议合并召开）。

4月29日，学校召开"两学一做"学习教育动员部署会。

5月11日，以省政协教科文卫体委员会副主任、省委教育工委原常务副书记高开华为组长的省委第二十综合考核组到校反馈2015年度省属高校领导班子及成员综合考核结果，宣布滁州学院领导班子获"优秀"等次。

6月12日，学校与滁州市共建众创空间"萤火虫创孵梦工场"揭牌。

6月15日，学校获批首批安徽省公共机构能源资源计量示范单位。

6月23日，中共滁州市委副书记、市长张祥安应邀来校为师生作题为《以新发展理念引领成长成才》的报告。

6月30日，学校举行纪念中国共产党成立95周年暨"七一"表彰大会。

6月30日，学校传习"凤阳花鼓"入选安徽省首批非物质文化遗产教育传习基地。

7月18日,省委第三专项巡视组进驻学校开展专项巡视工作。省委第三专项巡视组组长陆勤毅作动员讲话,校党委书记庆承松主持动员会并作表态讲话。省委第三专项巡视组副组长李文及巡视组全体成员、校党委班子成员、副处以上干部、特邀教授及部分离退休老干部参加了动员会。

8月22日,滁州市人民政府和学校签订共建创业学院协议。

9月8日,中共滁州市委书记姚玉舟来校看望慰问教师。

9月8日,学校召开庆祝第32个教师节大会。

9月9~11日,学校34种新产品(新技术)在2016中国安徽名优农产品暨农业产业化交易会展出。

9月18日,学校举行2016级新生开学典礼暨军训总结大会。

9月20日,地理学、计算机科学与技术、数学、生物学、化工、食品科学与工程、工商管理7个一级学科获批高校教师系列副教授任职资格评审权。

9月21日,学校与安徽理工大学签订联合培养研究生协议。

10月8日,学校启动"加强党的建设,落实'十三五'规划,推动审核评估"专项行动。

10月19日,学校组织近百名离退休老同志赴滁州长城文化创意产业园考察。

10月25日,省委第三专项巡视组组长陆勤毅向学校反馈省委专项巡视情况。

11月15日,学校与安徽省国防科技工业办公室合作共建安徽省高分辨率对地观测系统数据产品与应用软件研发中心揭牌。

11月16日,学校首届青年教师微格教学训练营开营。

11月18日,学校举办第一届大学生专利比赛。

11月18日,学校"皖农乐创新创业孵化基地"入选科技部第一批"星创天地"备案名单。

11月23日,学校召开马克思主义学院成立大会。

12月30日,地信学院2014级地理科学专业团支部获得全国高校"活力团支部"荣誉称号。

2017 年

1月6日,学校召开思想政治教育研究会2016年年会暨党建与思政工作理论研讨会。

1月6日,学校召开离退休老同志座谈会。

1月12日,李虎教授获得2016年度国家科技进步奖二等奖。

1月13日,学校召开2016年教学工作会议。

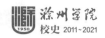

1月15日,学校荣获"2016安徽活力校园新媒体"奖。

2月13日,学校在腾讯智慧校园2016年度QQ校园号综合评比中被评为"最具影响力校园号排行榜冠军"。

2月15日,学校再次荣获滁州市"爱国拥军模范单位"称号。

3月2日,学校获批共青团中央创业教育项目全国"大学生KAB创业教育基地"。

3月9日,学校与安徽工程大学签订联合培养研究生协议。

3月31日~4月1日,学校党委召开第二次党代会2016年年会(与第三届教代会工代会第四次会议合并召开)。

4月18日,学校举行滁州正大有限公司地块102.5亩(约$6.83×10^4$ m²)土地划拨签约仪式。

5月3日,省委组织部电教中心副主任欧阳鸣代表省委第18考核组向学校反馈综合考核情况,学校领导班子在2016年度省属高校综合考核中获"优秀"等次。

5月4~6日,学校联合中国青年报社、腾讯公司共同举办"互联网+教育"高校新媒体建设研讨会。

5月9日,学校召开"两学一做"学习教育常态化制度化暨基层党组织标准化建设动员部署会。

6月2日,学校召开正处级以上干部会议,省委教育工委书记张岳峰,省委教育工委委员、省纪委驻省教育厅纪检组组长王光虎传达省委关于学校主要领导调整的决定,庆承松同志调任省委教育工委副书记。

6月7日,地理学入选安徽省省属公办普通本科高校一流学科奖补资金项目(B类)。

6月20日,学校获第十一届"安徽省文明单位"荣誉称号。

7月11日,学校召开"讲政治、重规矩、作表率"专题警示教育动员部署会。

7月19日,学校获评"2017年度全国创新创业典型经验高校50强"。

7月21日,学校获评"全国第二批深化创新创业教育改革示范高校"。

8月22日,地理信息智能感知与服务工程实验室获批"2017年省工程实验室立项"。

8月25日,地信学院《产教融合GIS应用型人才培养模式的探索与实践》获得首届全国高校GIS教学成果一等奖。

8月29~30日,第一届皖台食品科学技术研讨会在学校召开。

9月8日,学校召开庆祝第33个教师节大会。

9月12日,学校举行2017级新生开学典礼。

9月26日,学校与金寨县人民政府合作签约仪式在金寨县人民政府举行。

9月30日,学校召开干部教师大会,宣布省委决定:陈润同志任党委书记,谭中元同志任党委委员、纪委书记。省委组织部副部长肖超英,省委教育工委副书记庆承松,省委组织部、省委教育工委相关处室负责同志出席会议。

9月30日,地信学院王春教授入选第十一批省学术和技术带头人后备人选。

10月10日,2017年安徽省大学生足球联赛在学校开幕。

10月20日,滁州学院精神"思变尚新、务实求真"、校风"爱国荣校、尊学敬道"、教风"博学善导、敬业爱生"和学风"勤学善思、知行合一"表述语正式发布。

10月27日,学校组织近百名离退休老同志参观了南京珍珠泉景区和滁州菊博园。

10月28日,全省高校首个学习研究习近平新时代中国特色社会主义思想的大学生理论社团成立,校党委书记陈润、党委副书记张勇为社团揭牌。

11月22日,学校与凤阳县人民政府签订校地合作战略框架协议。

11月29日,安徽省第五届大学生艺术展演活动在学校举行。

11月30日,学校"安徽地理信息集成应用协同创新中心"入选省委组织部、省人才办Ⅱ类引才平台。

12月18日,以武汉科技大学党委书记孔建益教授为组长的教育部本科教学工作审核评估专家组一行11人对学校进行审核评估工作。省委教育工委副书记庆承松,省教育厅高教处负责同志,学校全体校领导出席会议。

12月25日,学校名列2017年安徽省发明专利百强排行榜,国家发明专利授权量居全省高校第11位。

2018年

1月17日,校领导陈润、张勇、谭中元赴解放军某部开展慰问,并与部队签订双拥共建协议。

1月18日,副省长谢广祥一行专程来校,就"学科专业建设,产学研用合作,服务地方经济社会发展"开展专题调研。

1月18~19日,学校召开2017年教学工作会议。

1月19日,学校召开退休老同志座谈会。

2月2日,学校"国产军民卫星星群数据综合处理关键技术及示范应用"团队入选2018年安徽省高校领军人才团队。

2月24日,学校荣获"安徽省语言文字工作先进单位"称号。

3月8日,外语学院2015级学生戴雨晴获评全省"争做新时代向上向善好青年"(孝老爱亲类)。

3月12日,学校与岳西县人民政府签署县校合作框架协议。

3月16日,学校蝉联"全国文明单位"荣誉称号。

4月1日,中共安徽省委宣传部2018年重点文艺项目《引江济淮》创作工程启动仪

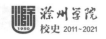

式在学校举行,省委教育工委副书记庆承松、省文联主席吴雪等出席仪式。

4月7日,学校与潜山县签订增减挂钩项目技术合作协议。

4月27日,学校工会获得安徽省教科文卫体工会"先进教工之家"荣誉称号。

5月13日,学校举行与中国科学院合肥智能机械研究所、滁州市民政局三方合作共建滁州大健康与养老产业研究院签约仪式。

5月28~30日,信息学院教授陈冬花作为科技工作者杰出代表应邀赴京参加了"中国科协成立60周年"系列活动。

6月1日,第二届食品低温加工国际学术研讨会在学校召开。

6月2~3日,学校承办2018年"创新创业"全国管理决策模拟大赛安徽省决赛。

6月5日,省委第二十考核组向学校反馈2017年度校领导班子及成员综合考核情况,并宣布学校领导班子综合考核结果为"优秀"等次,省委第二十考核组组长、省妇联主席刘苹和考核组成员出席。

6月7日,学校召开干部教师大会,宣布省委决定,郑朝贵同志任党委副书记、院长。省委教育工委副书记庆承松,省委组织部相关处室负责同志出席会议。

6月13日,学校获评"安徽省2018年无偿献血先进集体"。

7月18日,中国共产党滁州学院第三次代表大会隆重召开。省委教育工委副书记庆承松,中共滁州市委副书记朱诚,省委组织部、省委教育工委相关处室负责同志,校领导陈润、郑朝贵、张勇、吴开华、谭中元出席大会,全校各基层党组织的125名正式代表参加大会。

7月28日,学校获评"全省就业工作先进集体"荣誉称号。

9月10日,学校召开庆祝第34个教师节大会暨2018年秋季开学工作会议。

9月11日,学校举行2018级新生开学典礼暨军训动员大会。

9月16日,《滁州学院学报》获得"安徽省优秀学报"称号。

9月17日,学校获批全省"智慧高校试点项目"立项建设。

9月27日,学校与中国社会科学院人口与劳动经济研究所签订战略合作伙伴协议。

10月9日,2018人居环境与空间信息应用高峰论坛在学校举行。国际宇航院院士、中国遥感应用协会理事长罗格,中国工程院院士赵文津,中国科学院院士薛永祺,安徽省国防科工办、高分安徽中心负责人出席开幕式。

10月10日,学校举行国产遥感卫星应用院士工作站签约仪式,中国工程院院士赵文津与校党委副书记、校长郑朝贵代表双方签署共建合作协议。

11月14日,第十三届全国高校心理委员暨朋辈心理辅导研讨会召开,学校增选为全国高校心理委员研究协作组理事单位。

11月11日,学校省级博士后科研工作站获批省委组织部、省人才办Ⅲ类引才平台奖励。

12月5日,学校作为主持单位获批3项安徽省科技重大专项课题,实现了在省级重大科技项目上的新突破。

12月8日,省委教育工委书记钱桂仑来校就学校党的建设、内涵发展和创新创业教育等工作进行调研指导。

12月20日,学校召开机械与电气工程学院、土木与建筑工程学院成立大会,校党委书记陈润,党委副书记、校长郑朝贵,党委副书记张勇出席大会。陈润为新成立的两学院揭牌。

12月23日,学校与阜阳师范学院签订产学研合作战略联盟框架协议、联合培养硕士研究生协议和地理信息协同创新项目协作合同书等三份协议。

12月31日,学校荣获首届"中国农民丰收节"安徽滁州分会场暨第七届中国农民歌会先进单位称号。

2019年

1月24日,学校第四届教代会执委会和工会委员会分别召开第一次会议,校领导陈润、郑朝贵、张勇、吴开华、谭中元出席会议,校党委副书记张勇为第四届教代会执委会主任,张玉虎当选为第四届工会委员会主席。

1月26日,学校举行离退休教职工2019年迎春座谈会。

1月30日,校党委副书记、校长郑朝贵和来安县委副书记、县长杨文萍共同签订《来安县人民政府滁州学院校地全面合作框架协议》,党委常委、办公室主任陈桂林和来安县汊河经济开发区管委会主任王敏香共同签订《汊河工业园滁州学院校地全面合作框架协议》。来安县副县长董文增及县科技局、发改委、国土房产局、民政局、农委等部门负责人,学校科技处、地信学院、信息学院、化工学院、食品学院等部门和学院负责人见证了签约仪式。

2月24日,学校召开2018年教学工作会议。

4月1日,学校博士后科研工作站获省人社厅评估"优秀"等级。

4月26日,学校召开第三次科技工作大会。

4月30日,安徽工业大学党委副书记、校长魏先文和学校党委副书记、校长郑朝贵代表两校签订联合培养研究生协议。

5月21日,学校学生戴雨晴获孝老爱亲类"滁州好人"称号,杨荣坤获助人为乐类"滁州好人"称号。

5月24日,学校荣获"安徽省级节水型单位"称号。

5月28～29日,学校与天长市人民政府签订产学研合作协议。

6月5日,学校举办2019年首期"青春对话——我与书记面对面"主题座谈会,校党

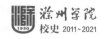

委书记陈润与来自各学院的20余名学生代表亲切交谈。

6月11日,由国家图书出版社正式出版的《张汝舟手稿集》新书发布座谈会在学校举行。

6月12日,学校与滁州市政府举行校地合作专题会议。中共滁州市委副书记、市长许继伟,市委常委、常务副市长金力,校党委书记陈润,党委副书记、校长郑朝贵,党委常委、办公室主任陈桂林出席会议。

6月19日,学校召开"我与校长有个约"主题座谈会,校党委副书记、校长郑朝贵,党委常委、副校长吴开华与来自14个学院的28名毕业生代表同叙离情,共话未来。

6月21日,省委第二十一考核组副组长、省直纪检监察工委书记潘友庆向学校反馈2018年度校领导班子及成员综合考核情况,并宣布学校领导班子综合考核为"优秀"等次。

7月1日,学校荣获第一届"安徽省文明校园"称号。

7月24日,2019全国金融数学与金融工程学科建设与学术研讨会暨量化投资专题培训在学校开幕。

9月10日,学校举行2019级新生开学典礼暨军训动员大会。

9月10日,学校召开庆祝第35个教师节大会。

9月18日,学校两项成果入选第一届安徽高校科技成果转移转化大赛全省优质成果三十强。

10月13~18日,副校长吴开华带队学校"鼓乡情韵——凤阳花鼓"艺术团赴台湾地区新北、台北、高雄三市高校及中小学巡演。

10月26日,学校举办纪念张汝舟先生诞辰120周年全国学术研讨会。

11月2日,安徽省首届应用型本科高校联盟毕业生就业市场暨滁州学院2020届毕业生秋季校园双选会在学校举办。

11月12日,学校申报的"凤阳花鼓"入选教育部2019年全国普通高校中华优秀传统文化传承基地。

11月25日,滁州学院外国语学院荣获"安徽省巾帼建功先进集体"称号。

11月25~28日,《滁州学院学报》荣获第六届全国高校社科期刊优秀期刊称号。

11月26日,学校青年志愿者总队荣获"安徽省青年志愿者优秀组织"称号。

12月3日,学校党委入选首批"全省党建工作示范高校"培育创建单位,地理信息与旅游学院党委入选首批"全省党建工作标杆院系"培育创建单位,地理信息科学系党支部、物联网工程系党支部、食品安全系党支部入选首批"全省党建工作样板支部"培育创建单位。

12月12日,安徽省党建研究会第四次会员大会暨四届一次理事会在合肥召开。学校当选为理事单位,校党委书记陈润当选为研究会理事。同日,学校与华为技术有限公司签署校企合作框架协议。

12月19日,安徽省首届昆虫学术论坛在学校举办。

12月20日,学校举行"教育部中华优秀传统文化传承基地(凤阳花鼓)"揭牌仪式,校党委书记陈润、党委副书记张勇,省文化和旅游厅、省教育厅、滁州市委市政府相关部门领导,专家学者、凤阳花鼓传承人孙凤城及我校师生参加仪式。陈润为基地揭牌。

12月30日,学校首次获批认定安徽省重点实验室"实景地理环境安徽省重点实验室"。

12月31日,物联网工程专业入选国家级一流本科专业建设点,国际经济与贸易、学前教育、商务英语、地理信息科学、机械设计制造及其自动化、自动化、网络工程、测绘工程、化学工程与工艺、食品质量与安全、产品设计等11个专业被确定为省级一流本科专业建设点。

2020 年

1月3日,学校召开离退休老同志2020年迎春座谈会。

1月8日,学校"蔚园蜂巢"众创空间入选安徽省2019年度省级备案众创空间。

1月9日,学校召开学科建设推进年工作总结会暨科研工作例会。

1月10日,学校召开2019年教学工作会议。

1月15日,学校举行"不忘初心、牢记使命"主题教育总结会。省委第十五巡回指导组副组长刘力出席会议并讲话,校党委书记陈润作学校主题教育总结报告。

1月25日,学校成立新型冠状病毒感染的肺炎疫情防控工作领导小组。

2月1日,根据省政府办公厅通知,经省政府同意,学校延迟开学。

2月20日,省委教育工委副书记庆承松来校督察指导疫情防控工作。学校采用网络视频会议形式召开2020年春季学期第一次教学工作会议。

3月6日,学校入选教育部"应急安全智慧学习工场(2020)"暨应急管理学院建设首批试点学校。

3月14日,学校党委召开第三次党代会2019年年会视频会(与2020年全面从严治党工作会议合并召开)。

3月31日,音乐学院花鼓艺术团线上教学公开课《花鼓健身操》入选教育部体育艺术教育传承中华优秀传统文化成果展示,被中青在线登载。

4月3日,学校新冠肺炎疫情防控工作领导小组召开会议,总结学校防控工作取得成效,分析研判当前防控重点,研讨完善学校"两案八制"相关工作方案。

4月29日,学校召开第四届教职工暨工会会员代表大会第二次会议。

5月6日,学校2020年春季学期首批学生返校。

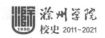

5月7日,省委第九巡视组巡视滁州学院党委工作动员会召开。省委第九巡视组组长李玉平、副组长汪志勇及巡视组成员,省委巡视办有关同志,校党委书记陈润等领导班子成员出席会议。

5月15日,省委决定,陈桂林同志、李庆宏同志任滁州学院副院长。

6月2日,省教育厅专家组来校督察指导本科教学合格评估整改落实情况。

6月29日,学校作为第一完成单位,地信学院王春教授等完成的"实景地理环境关键技术示范与应用"项目获安徽省科技进步奖二等奖。

7月1日,学校召开庆"七一"暨党建"双创"工作推进会,庆祝中国共产党成立99周年,对新冠肺炎疫情防控工作先进基层党组织和优秀共产党员进行表彰。

7月3日,学校参加全省高等学校教学工作会议,并获"安徽省线上教学示范高校"称号。

8月15日,学校食品学院副院长朱双杰博士获评助人为乐类"滁州好人"称号,机电学院2018级机械电子工程专业学生李硕获评"淮北好人"称号。

9月8日,学校召开庆祝第36个教师节青年教师代表座谈会,会议以"立德树人奋进担当、教育脱贫托举希望"为主题,校领导郑朝贵、谭中元出席会议。

9月9日,省委第九巡视组向学校党委反馈巡视情况。省纪委常委、省委巡视工作领导小组成员、省委巡视办主任唐汝平主持向党委书记陈润的反馈会议,出席向领导班子反馈会议,对巡视整改提出要求。

9月9日,学校召开庆祝第36个教师节高层次人才代表座谈会。校领导陈润、陈桂林出席会议,并为获得2019年度全国、全省优秀教师颁发证书。

9月12~13日,中国教育报副总编辑储召生一行来校调研指导。

9月17日,省教育厅原副巡视员、省高校网络思想政治工作中心专家委员会主任左其琨一行,来校调研"教管服"一体化智慧思政平台建设。

9月18日,学校举行2020级新生开学典礼暨军训动员大会。

9月18日,陆晓雨博士、刘嘉博士获国家自然科学基金青年科学基金项目。

9月26日,学校召开2019年度省委综合考核反馈会,省委第十四综合考核组副组长、省委教育工委委员、省教育厅副厅长储常连代表考核组向学校领导班子反馈综合考核情况。

9月28日,校党委召开巡视整改工作动员部署会。

10月14日,文学与传媒学院兼职教授杜宏春获国家社科基金后期资助项目。

10月14日,根据中央统一部署和省委、省政府安排,学校向参加抗美援朝作战的老同志陈继本颁发了"中国人民志愿军抗美援朝出国作战70周年"纪念章。

10月18日,学校召开党委领导班子巡视整改专题民主生活会。

10月22日,根据教育部关于批准2020年上半年中外合作办学项目的通知,学校与泰国易三仓大学合作举办的电气工程及其自动化专业本科教育项目获批,实现学校教育部中外合作办学项目零突破。

10月23日,中国教育报在头版显著位置"教改先锋重大典型报道"栏目,以《一所地方高校的第二次转型——滁州学院专业再造记》为题,报道了学校以信息化为突破口,通过"信息化+"模式对专业再造,促进学校第二次转型的探索发展之路。

10月25日,音乐学院花鼓艺术团作品《凤阳花鼓》入选教育部体育卫生与艺术教育司主办、中国青年报社承办的"第三届《传承的力量》学校体育艺术教育弘扬中华优秀传统文化成果展示活动"重阳节篇章。

10月28日,根据团中央青年发展部关于2020年全国大中专学生志愿者暑期"三下乡"社会实践活动的通报,校团委再次获评全国优秀单位,这也是学校连续第七年获此表彰。

10月28日,安徽师范大学音乐学院一行来学校开展艺术交流活动,两校音乐学院合作举办了"不忘初心、乐动未来——庆祝滁州学院建校70周年专场音乐会"。

10月29日,安徽省教育厅公布2020年高等学校省级质量工程项目名单,学校获批课程思政建设先行高校。

10月31日,"食品低温加工技术创新与发展"第三届食品低温加工国际学术研讨会在学校举行。

10月31日,教育部高等学校食品科学与工程类专业教学指导委员会2020年全国食品类一流专业建设研讨会在学校举办。

11月1日,教育部政策法规司副司长王大泉应邀来校作题为《深化依法治校推进高校治理体系和治理能力现代化》的专题报告。

11月5日,中国工程院院士朱蓓薇教授应邀做客学校70周年校庆学术讲坛,为师生作了题为《功能食品和特殊膳食用食品产业的创新与发展》的学术报告。

11月6日,学校校史馆落成开馆。校领导陈润、郑朝贵、张勇、吴开华、谭中元,退休老领导余在岁、甘霖,校友代表,学校相关部门负责人,2020年新入职教师等参加开馆仪式。

11月6日,学校举办"滁州学院70周年校庆前沿科技与高等教育创新高峰论坛"。中国工程院郑纬民院士、合肥工业大学原党委书记李廉教授、安徽工业大学校长魏先文教授、中国科学技术大学丁卫星教授、南京理工大学刘孝恒教授、天津理工大学胡章贵教授、安徽工业大学储向峰教授、中国科学院软件研究所刘立祥研究员等校友应邀做客论坛。校党委副书记、校长郑朝贵教授主持论坛。

11月7日,学校举办庆祝建校70周年地方应用型高水平大学建设与发展论坛。省政协副主席肖超英,国务院台湾事务办公室联络局局长孙升亮,省委教育工委副书记王佩刚,滁州市委副书记、市长许继伟,滁州市人大常委会主任王图强,滁州市委副书记朱诚,滁州市委秘书长杨甫祥,滁州市委常委、军分区司令员刘士春大校,滁州市人大常委会副主任沈中林,滁州市副市长陆峰,滁州市副市长姚志,滁州市政协副主席王成山,中

国工程院院士、清华大学教授郑纬民等出席论坛。嘉宾、校友、企业家、来自省内外高校的领导、学校历任校领导、现任领导班子全体成员、全校中层正职领导人员以及部分师生代表共同参会庆祝。

11月9日,学校举行主题为"不忘初心、乐动未来——庆祝建校70周年"教师专场音乐会。

11月12~14日,学校举行第十五届田径运动会,15人次打破12项校记录。

11月20日,中央文明委公布了第二届全国文明校园名单,学校荣膺第二届"全国文明校园"称号。

11月24日,教育部公布了首批国家级一流本科课程认定结果,学校冯春梅副教授主持的《管理学》课程被认定为国家级首批线下一流课程。

12月3日,安徽省文明办公布2020年11月份"安徽好人"榜单,学校生物与食品工程学院副院长朱双杰博士与妻子、安徽农业大学教师董丽丽博士入选"安徽好人"。

12月9日,由团省委党组书记、书记杨正带队的评估工作组一行8人来校开展学生会深化改革评估验收,并调研指导团学工作。

2021年

1月8日,学校连续第4年入围全省发明专利百强榜。

1月20日,中共安徽省委教育工委副书记王佩刚到校调研教管服一体化智慧思政平台建设工作。

2月10日,学校获滁州市创建全国双拥模范城"六连冠"工作先进集体称号。

2月19日,学校艺术馆入选"安徽省社会科学普及基地"。

3月5日,校党委召开落实中央巡视组巡视我省反馈意见整改暨新一轮深化"三个以案"警示教育动员部署会议,传达学习了中央第五巡视组巡视安徽省反馈意见整改暨新一轮深化"三个以案"警示教育动员部署大会精神。

3月5日,教育部办公厅公布2020年度国家级和省级一流本科专业建设点名单,学校地理信息科学和食品质量与安全2个专业入选国家级一流本科专业建设点,金融工程、汉语言文学、土木工程、食品科学与工程和财务管理5个专业入选省级一流本科专业建设点。

3月9日,成立滁州学院硕士学位授予单位创建专项工作领导小组、人才工作领导小组、校市合作专项工作领导小组、校园基建专项工作领导小组、地理学学科综合改革实验区暨重点实验室建设专项工作领导小组。

3月11日,校党委召开党史学习教育动员部署会,传达中央党史学习教育动员大会和全省党史学习教育动员部署大会精神。

3月18~19日,召开第四届第三次教代会工代会暨2021年春季开学工作会议。

3月22日,学校入围2020年全国普通高校学科竞赛排行榜,获奖数量172项,进入2016~2020年全国普通高校大学生竞赛排行榜(本科)前300,排名第282名;进入2016~2020年全国新建本科院校大学生竞赛排行榜前100,排名第26名。

3月22日,召开应急管理学院建设初步方案暨应急技术与管理专业人才培养方案论证会。教育部应急安全学术委员会、应急安全产教融合工作委员会执行主任董传仪,教育部应急安全学术委员会、应急安全产教融合工作委员会秘书长李德明、执行秘书长孙守军,应急安全产教融合工作委员会副主任王雪黎应邀担任评审专家。

4月2日,召开人才工作领导小组专题会议,推进2021年人才引进工作。

4月9日,校党委理论学习中心组全体成员赴皖南泾县红色教育基地开展党史学习教育。

4月15~16日,省政协文化文史和学习委员会副主任杨兵任组长,省委教育工委委员、省教育厅副厅长徐静平任副组长的省委第14综合考核组一行来校,对学校领导班子和省管干部进行2020年度综合考核。

4月23日,省委党史学习教育第八巡回指导组开始进驻学校,对党史学习教育情况进行督导。省委党史学习教育第八巡回指导组组长、省政协经济委副主任李工,指导组副组长、蚌埠市政协副主席孟祥光和指导组成员出席见面会。

4月27日,学校工会荣获"全国模范职工之家"荣誉称号。

5月4日,学校《小岗村的"红手印"》入选团中央微团课。

5月28日,举行应急管理学院暨智慧安全与应急技术研究院揭牌仪式。校党委书记陈润与教育部学校规划建设发展中心应急安全产教融合联盟秘书长李德明,滁州市人民政府副市长张其广,安徽省应急管理厅党委委员、副厅长李大华,安徽省教育厅高等教育处处长张尔桂共同为滁州学院"应急管理学院""智慧安全与应急技术研究院"揭牌。

6月7日,校党委书记陈润、校长郑朝贵一行拜会了滁州市人民政府市长吴劲,就新发展阶段推动市校深度合作、实现"共建共兴共享"进行了交流和会商。

6月25日,举行2021届毕业生毕业典礼暨学士学位授予仪式。

6月,学校教师朱双杰荣登"中国好人榜"。

7月1日,滁州市人民政府市长吴劲一行来学校调研,进一步深化市校合作。

7月1日,隆重举行庆祝中国共产党成立100周年暨"两优一先"表彰大会。

7月16日,学校与德国希尔德斯海姆大学云签合作备忘录,推动双方教育项目合作。

7月19日,学校体育学院女子手球队在第34届中国大学生手球锦标赛荣获女丙A组冠军。

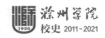

7月20～21日,第八届皖台物联网研讨会在学校召开。

8月5日,滁州市人大常委会主任、汽车及装备制造产业链链长王图强率调研组一行来校围绕校地合作共建滁州大学、共创高水平一流学科、共育人才队伍、共抓科技成果转化、共挖学校智库资源等内容开展专题调研。

8月6日,召开2020年度省委综合考核反馈会,省委第十四综合考核组向学校领导班子反馈综合考核情况。

8月31日,学校在安徽省第七届"互联网+"大学生创新创业大赛中荣获金奖5项。

9月7日,校党委书记陈润,党委副书记、校长郑朝贵赴滁州市人民政府进行交流共商推进校市合作事宜,受到滁州市人民政府市长吴劲的热情接待。

9月10日,召开庆祝第37个教师节暨2021年秋季开学工作会议。

9月14日,中央军委国防动员部副部长王滨少将视察学校"两站"建设。

9月18日,举行2021级新生开学典礼暨军训总结大会。

9月24日,学校与泰国易三仓大学合作的电气工程及其自动化专业本科教育项目举行开学典礼。

9月24日,召开党委巡察工作领导小组2021年第一次会议,专题研究推进校内巡察工作。

10月18日,召开2021年乡村振兴定点帮扶工作推进会,贯彻落实全省定点帮扶工作相关文件精神,对学校定点帮扶工作进行部署。

10月20日,举办"鼓乡情韵"高雅艺术进校园暨2021年迎新晚会。

10月20日,举办"学党史 强信念 跟党走"全国功臣模范事迹报告会。

10月20日,学校与嘉吉动物蛋白(安徽)有限公司举行人才培养战略发展暨嘉吉奉献奖学金签约仪式。

10月21～23日,举办第十六届田径运动会,共有6人次打破4项校田径运动会记录。

11月3日,召开第十次教学工作会议。

11月3日,校花鼓艺术团圆满完成在兄弟高校演出任务。

11月10日,成功举办首届课程思政教学设计大赛。

11月11日,学校参加第十届皖台科技论坛暨2021皖台高校"云交流"活动。

11月15日,《中国教育报》"治校方略"栏目刊载党委书记陈润《以高质量党建引领高质量发展》,介绍学校打造"一核四维"党建工作成效。

11月17日,举行"中央专项彩票公益金宏志助航计划"全国高校毕业生就业能力培训基地揭牌暨首期培训班开班仪式。

11月19日,举办"赓续百年初心 担当育人使命"2021年新进人才主题午餐会。

11月20日,安徽大学党委书记蔡敬民、常务副校长陈诗一一行在滁州市人大常委会主任王图强、市委副书记金力的陪同下来校调研,就校校、市校合作进行交流。

11月24日,举办"我和校长有个约"师生座谈暨纪念晨跑30周年活动。

11月27日,学校召开第五次学生代表大会。

12月2日,学校与安徽大学签署《安徽大学-滁州学院联合培养研究生协议》。

12月8日,暑期"三下乡"社会实践工作连续八年获团中央表彰。

12月13日,图书馆在"2021图书馆学术能力排名"中在全国高校图书馆类别中排名120,位居安徽省各类别图书馆第一,并在全国各类别图书馆中总排名151。

12月13日,学校荣获"全省教育外事工作先进单位"称号。

12月14日,姚志英教授荣获全国维护妇女儿童权益先进个人称号。

12月16日,《滁州学院学报》荣获"第七届华东地区优秀期刊奖"。

12月25日,第四届安徽地方音乐研究论坛在学校开幕。

12月30日,学校成立应急管理学院,挂靠计算机与信息工程学院。

附录三　2011年以来历任党政领导一览表

历任党委、纪委负责人一览表

职　务	姓　名	任职时间
党委书记	余在岁	2005年1月～2012年8月
	庆承松	2012年8月～2017年6月
	陈润	2017年9月至今
党委副书记	武从云	2008年9月～2011年2月
	许志才	2010年11月～2018年5月
	倪阳	2011年6月～2015年6月
	张勇	2015年8月至今
	郑朝贵	2018年5月至今
纪委书记	汪湘水	2007年1月～2012年8月
	王永富	2012年8月～2017年4月
	谭中元	2017年9月至今

历任校长、副校长一览表

职　务	姓　名	任职时间
校长	许志才	2010年11月～2018年5月
	郑朝贵	2018年5月至今
副校长	倪阳	2006年1月～2011年6月
	程曦	2011年2月～2018年3月
	郑朝贵	2012年9月～2018年5月
	吴开华	2012年9月至今
	陈桂林	2020年5月至今
	李庆宏	2020年5月至今

附录四 2011年以来党政机构设置一览表

2011年处科级机构设置情况

机构类别	处级机构名称	科级机构名称
党政管理机构	办公室(党委办公室、外事办公室合署、档案馆)	文秘科、校务科、外事科、档案馆(机要室)
	党委组织部(离退休处合署、党校办公室)	
	党委宣传部(党委统战部合署)	宣传科、校报编辑部
	监审处(纪委办公室合署)	审计科
	人事处	劳资科、师资与职称科、人事科(人才交流中心)
	教务处(招生办公室、评建办公室、考试中心、高等教育研究所)	教务科、教研科、教学质量管理科、实践教学科、教材科
	科技处(学科建设办公室、服务地方办公室、学报编辑部)	科研管理科、学报编辑部办公室
	学生处(党委学工部合署、就业指导中心、大学资助管理中心、大学生心理健康咨询中心)	学生教育与管理科、学生资助管理中心、大学生心理健康教育与咨询中心
	财务处	会计核算科、综合科、计划财务科
	后勤管理处(会峰校区二期建设办公室)	基建科、房地产管理科、校园管理科
	国有资产管理处	资产管理科、招投标办公室
	保卫处(党委保卫部、武装部合署)	南校区保卫科、北校区保卫科
教学机构	文学与传媒学院	院办公室
	数学科学学院	院办公室
	计算机与信息工程学院	院办公室
	机械与电子工程学院	院办公室
	地理信息与旅游学院	院办公室
	材料与化学工程学院	院办公室

续表

机构类别	处级机构名称	科级机构名称
教学机构	生物与食品工程学院	院办公室
	经济与管理学院	院办公室
	外国语学院	院办公室
	音乐学院	院办公室
	美术与设计学院	院办公室
	体育学院	院办公室
	教育科学学院	院办公室
	思想政治理论课教学研究部	
	继续教育学院	学历教育部、培训部
教辅机构	图书馆	办公室、采编部、流通部、期刊部、参考咨询部、信息技术部
	实验实训中心	实验室管理中心、工程训练中心、现代教育技术中心、大学英语自主学习中心、计算机基础实验中心
科研机构	地理信息技术研究所	
	化工技术研究所	
其他机构	机关党总支	
	团委	组织部、宣传部
	工会	
	后勤服务集团	

2014 年处科级机构设置情况

机构类别	处级机构名称	科级机构名称
党政管理机构及机关党组织	办公室（党委办公室合署、档案馆）	档案馆副馆长、秘书
	党委组织部（离退休工作处合署、党校办公室）	
	党委宣传部（党委统战部合署）	校报编辑部、宣传科
	监审处（纪委办公室合署）	审计科
	人事处	人事科（人才交流中心）、师资与职称科、工资福利科
	发展规划处（质量管理办公室、高教研究所）	规划统计科、质量评估科

续表

机构类别	处级机构名称	科级机构名称
党政管理机构及机关党组织	教务处（招生办公室、实验实训中心、考试中心、教师发展中心）	教务科、教研科、学籍与学位科、实践教学中心、教育技术中心
	科技处（学报编辑部、学科建设办公室、服务地方办公室、学术委员会办公室）	学报编辑部办公室、科研管理科
	学生处（党委学工部合署、就业指导中心、学生资助管理中心、学生心理健康咨询中心）	学生教育管理科
	财务处	会计核算科、综合科、计划财务科
	国际交流与合作处	
	后勤管理与基建处	基建科、房地产管理科、校园管理科
	资产与设备处	资产管理科、设备管理科、招投标办公室
	保卫处（党委保卫部、武装部合署）	治安科、综合管理科
	机关党总支	
教辅、群团及直属机构	图书馆	办公室、流通部、期刊部、综合部、咨询阅览部、资源建设与技术部
	团委	组织部、宣传部
	工会	
	后勤服务集团	
教学机构	文学与传媒学院	院办公室
	数学与金融学院	院办公室
	计算机与信息工程学院	院办公室
	机械与汽车工程学院	院办公室
	电子与电气工程学院	院办公室
	地理信息与旅游学院	院办公室
	材料与化学工程学院	院办公室
	生物与食品工程学院	院办公室
	经济与管理学院	院办公室
	教育科学学院	院办公室
	外国语学院	院办公室
	音乐学院	院办公室
	美术与设计学院	院办公室
	体育学院	院办公室
	思想政治理论课教学研究部	行政办公室
	继续教育学院	院办公室

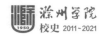

2016年处科级机构设置情况

机构类别	处级机构名称	科级机构名称
党政管理机构及机关党组织	办公室（党委办公室合署、档案馆）	档案馆副馆长、秘书
	党委组织部（离退休工作处合署、党校办公室）	
	党委宣传部（党委统战部合署）	校报编辑部、宣传科
	监审处（纪委办公室合署）	审计科
	人事处	人事科（人才交流中心）、师资与职称科、工资福利科
	发展规划处（质量管理办公室、高教研究所）	规划统计科、质量评估科
	教务处（招生办公室、实验实训中心、考试中心、教师发展中心）	教务科、教研科、学籍与学位科、实践教学中心、教育技术中心
	科技处（学报编辑部、学科建设办公室、服务地方办公室、学术委员会办公室）	学报编辑部办公室、科研管理科
	学生处（党委学工部合署、就业指导中心、学生资助管理中心、学生心理健康咨询中心）	学生教育管理科
	财务处	会计核算科、综合科、计划财务科
	国际交流与合作处	
	后勤管理与基建处	基建科、房地产管理科、校园管理科
	资产与设备处	资产管理科、设备管理科、招投标办公室
	保卫处（党委保卫部、武装部合署）	治安科、综合管理科
	机关党总支	
教辅、群团及直属机构	图书馆	办公室、流通部、期刊部、综合部、咨询阅览部、资源建设与技术部
	团委	组织部、宣传部
	工会	
	后勤服务集团	
教学机构	文学与传媒学院	院办公室
	数学与金融学院	院办公室
	计算机与信息工程学院	院办公室
	机械与汽车工程学院	院办公室
	电子与电气工程学院	院办公室
	地理信息与旅游学院	院办公室

续表

机构类别	处级机构名称	科级机构名称
教学机构	材料与化学工程学院	院办公室
	生物与食品工程学院	院办公室
	经济与管理学院	院办公室
	教育科学学院	院办公室
	外国语学院	院办公室
	音乐学院	院办公室
	美术与设计学院	院办公室
	体育学院	院办公室
	马克思主义学院	行政办公室
	继续教育学院	院办公室

2018年处科级机构设置情况

机构类别	处级机构名称	科级机构名称
党政与群团机构	办公室（党委办公室）、校友工作办公室、档案馆	档案馆副馆长、秘书
	纪委办公室（纪检监察室）、审计处	监督审查科、执纪审理科、审计科
	党委组织部（党校办公室）、机关党委	组织科、干部科（干部监督科）
	党委宣传部、党委统战部	宣教科、理论科、统战科、新闻中心（校报编辑部）
	人事处（党委教师工作部）、教师发展中心	人事科（干部人事档案室）、师资科、人才科、工资社保科
	发展规划处、高教研究所	规划统计科、目标管理科
	教务处（实验实训中心、招生办公室）、教学评估中心、创新创业学院	教务科（考试中心）、教学研究中心、实践教学中心、教育技术中心、质量管理科、评估认证科、学籍与学位科
	科技处（学科建设办公室）、学术委员会办公室、学报编辑部	科技合作与知识产权科、项目管理科、学报编辑部办公室
	学生处（党委学工部）、就业指导中心、学生心理咨询中心、学生学习与发展中心	学生教育管理科（易班发展中心）
	财务处	会计核算科、计划财务科、综合业务科
	国际交流与合作处（港澳台事务办公室）	外事科（港澳台事务科）
	资产与设备处	资产管理科、设备管理科、采购管理科

续表

机构类别	处级机构名称	科级机构名称
党政与群团机构	后勤管理与基建处	综合管理科、基建工程科、计划控制科、物业管理科、房产能源管理科、饮食管理科、校医院(医保办)
	安全保卫处(党委保卫部、党委武装部)	安全科、综合科、退役军人事务科、征兵工作站
	工会、离退休工作处	工会办公室
	团委	组织部、宣传部
教辅与直属机构	图书馆	办公室、信息咨询部、数字化系统与技术部、流通阅览部、琅琊校区服务部、资源建设部
	继续教育学院	学历教育部、培训部
	信息化建设与管理中心	信息化部、用户服务部、网络安全部
	科技服务与成果转化中心(工程研究院)	成果转化部
教学机构	地理信息与旅游学院、党委	院党政办公室
	计算机与信息工程学院(大学计算机教学部)、党委	院党政办公室
	机械与电气工程学院(大学物理教学部)、党委	院党政办公室
	材料与化学工程学院、党委	院党政办公室
	生物与食品工程学院、党委	院党政办公室
	土木与建筑工程学院、党委	院党政办公室
	数学与金融学院(大学数学教学部)、党委	院党政办公室
	经济与管理学院、党委	院党政办公室
	文学与传媒学院、党委	院党政办公室
	外国语学院(大学英语教学部)、党委	院党政办公室
	教育科学学院、党委	院党政办公室
	音乐学院(公共艺术教育部)、党总支	院党政办公室
	美术与设计学院、党委	院党政办公室
	体育学院(大学体育教学部)、党总支	院党政办公室
	马克思主义学院、党总支	院党政办公室

2020年处科级机构设置情况

机构类别	处级机构名称	科级机构名称
党政与群团机构	办公室(党委办公室)、校友工作办公室、档案馆	档案馆副馆长、秘书
	纪委办公室(纪检监察室)、审计处	综合管理室、纪检监察室、案管审理室、审计科
	党委组织部(党校办公室)、机关党委	组织科、干部科(干部监督科)
	党委宣传部、党委统战部	宣教科、理论科、统战科、新闻中心(校报编辑部)、意识形态工作科
	党委巡察办公室	
	人事处(党委教师工作部)、教师发展中心	人事科(干部人事档案室)、师资科、人才科、工资社保科、思想政治工作科
	发展规划处、高教研究所	规划统计科、目标管理科
	教务处(实验实训中心、招生办公室)、教学评估中心、创新创业学院	教务科(考试中心)、教学研究中心、实践教学中心、教育技术中心、质量管理科、评估认证科、学籍与学位科
	科技处(学科建设办公室)、学术委员会办公室、学报编辑部	科技合作与知识产权科、项目管理科、学报编辑部办公室
	学生处(党委学工部)、就业指导中心、学生心理咨询中心、学生学习与发展中心	学生教育管理科(易班发展中心)
	财务处	会计核算科、计划财务科、综合业务科
	国际交流与合作处(港澳台事务办公室)	外事科(港澳台事务科)
	资产与设备处	资产管理科、设备管理科、采购管理科
	后勤管理与基建处	综合管理科、基建工程科、计划控制科、物业管理科、房产能源管理科、饮食管理科、校医院(医保办)
	安全保卫处(党委保卫部、党委武装部)	安全科、综合科、退役军人事务科、征兵工作站
	工会、离退休工作处	工会办公室
	团委	组织部、宣传部
教辅与直属机构	图书馆	办公室、信息咨询部、数字化系统与技术部、流通阅览部、琅琊校区服务部、资源建设部
	继续教育学院	学历教育部、培训部
	信息化建设与管理中心	信息部、用户服务部、网络安全部
	科技服务与成果转化中心(工程研究院)	成果转化部

续表

机构类别	处级机构名称	科级机构名称
教学机构	地理信息与旅游学院、党委	院党政办公室
	计算机与信息工程学院（大学计算机教学部）、党委	院党政办公室
	机械与电气工程学院（大学物理教学部）、党委	院党政办公室
	材料与化学工程学院、党委	院党政办公室
	生物与食品工程学院、党委	院党政办公室
	土木与建筑工程学院、党委	院党政办公室
	数学与金融学院（大学数学教学部）、党委	院党政办公室
	经济与管理学院、党委	院党政办公室
	文学与传媒学院、党委	院党政办公室
	外国语学院（大学英语教学部）、党委	院党政办公室
	教育科学学院、党委	院党政办公室
	音乐学院（公共艺术教育部）、党总支	院党政办公室
	美术与设计学院、党委	院党政办公室
	体育学院（大学体育教学部）、党总支	院党政办公室
	马克思主义学院、党总支	院党政办公室

附录五　2011年以来历年全校教职员工统计表

年　度	在编人数（人）	人事代理（人）
2011年	623	58
2012年	670	57
2013年	675	108
2014年	678	156
2015年	682	220
2016年	668	257
2017年	658	325
2018年	677	326
2019年	673	326
2020年	703	375
2021年	745	403

附录六 2011年以来历年招生人数统计表

二级学院名称	专业名称	首次招生时间	授予学位	招生人数（人）											备注
				2011年	2012年	2013年	2014年	2015年	2016年	2017年	2018年	2019年	2020年	2021年	
地理信息与旅游学院	地理信息科学	2004年	理学	180	170	120	100	120	100	100	110	110	120	100	原专业名称为"地理信息系统"，2013年更名为"地理信息科学"
	测绘工程	2008年	工学	85	110	110	90	110	100	100	110	110	100	60	
	地理科学	2007年	理学	60	70	60	60	70	70	70	80	80	80	80	
	旅游管理	2011年	管理学	70	70	70	60	70	60	60	60	50	50	50	
	酒店管理	2014年	管理学	/	/	/	60	70	70	60	60	50	50	/	2014年开始招生
	导航工程	2018年	工学	/	/	/	/	/	/	/	50	50	50	50	2018年开始招生
	地理科学（专升本）	2009年	理学	68	35	/	/	/	/	/	/	/	/	/	2009年开始招生，自2013年后停招

附录六 2011年以来历年招生人数统计表

续表

二级学院名称	专业名称	首次招生时间	授予学位	招生人数（人）											备注
				2011年	2012年	2013年	2014年	2015年	2016年	2017年	2018年	2019年	2020年	2021年	
地理信息与旅游学院	旅游管理（对口）	2016年	管理学	/	/	/	/	/	60	110	110	83	77	85	2016年开始招生
	酒店管理（对口）	2019年	管理学	/	/	/	/	/	/	/	/	37	73	65	2019年开始招生
	涉外旅游（专科）	2008年		100	100	80	100	/	/	/	/	/	/	/	2008年开始招生，自2015年后停招
文学与传媒学院	汉语言文学	2004年	文学	81	87	75	100	110	70	70	85	100	100	80	
	新闻学	2007年	文学	60	80	80	70	100	70	70	70	60	60	60	
	网络与新媒体	2016年	文学	/	/	/	/	/	70	70	70	65	65	60	2016年开始招生
	汉语言文学（专升本）	2006年	文学	70	40	/	/	/	/	/	/	/	120	50	2006年开始招生，2013年后停招，至2020年恢复招生
	语文教育（专科）	1992年		145	120	130	100	/	/	/	/	/	/	/	1992年开始招生，自2015年后停招，2008年起由"汉语言文学教育"更名为"语文教育"

389

续表

二级学院名称	专业名称	首次招生时间	授予学位	2011年	2012年	2013年	2014年	2015年	2016年	2017年	2018年	2019年	2020年	2021年	备注
数学与金融学院	信息与计算科学	2004年	理学	80	70	/	/	/	/	/	/	/	/	/	自2013年后停招，2019年撤销
	数学与应用数学	2006年	理学	140	150	140	70	70	/	/	/	/	50	100	2016年停招，至2020年恢复招生
	金融工程	2014年	经济学	/	/	/	100	140	140	140	120	130	120	100	2014年开始招生
	经济统计学	2016年	经济学	/	/	/	/	/	70	70	70	70	70	60	2016年开始招生
	数据科学与大数据技术	2018年	工学	/	/	/	/	/	/	/	50	55	60	50	2018年开始招生
	数学与应用数学（专升本）	2008年	理学	51	37	/	/	/	/	/	/	/	/	/	2008年开始招生，自2013年后停招
	金融工程（专升本）	2020年	经济学	/	/	/	/	/	/	/	/	/	23	/	2020年开始招生
计算机与信息工程学院	计算机科学与技术	2005年	工学	80	57	70	60	60	80	60	125	120	120	120	
	网络工程	2007年	工学	190	170	125	120	120	80	80	80	80	80	60	
	物联网工程	2012年	工学	/	70	125	120	120	80	80	80	80	85	60	2012年开始招生

附录六 2011年以来历年招生人数统计表

续表

二级学院名称	专业名称	首次招生时间	授予学位	招生人数（人） 2011年	2012年	2013年	2014年	2015年	2016年	2017年	2018年	2019年	2020年	2021年	备注
计算机与信息工程学院	通信工程	2014年	工学	/	/	/	70	80	80	40	60	40	/	/	2014年开始招生，自2020年后停招
	软件工程	2015年	工学	/	/	/	/	70	80	80	80	100	80	60	2015年开始招生
	空间信息数字技术	2016年	工学	/	/	/	/	/	50	40	40	40	40	40	2016年开始招生
	智能科学与技术	2020年	工学	/	/	/	/	/	/	/	/	/	60	40	2020年开始招生
	应急技术管理	2022年	工学	/	/	/	/	/	/	/	/	/	/	/	
	计算机科学与技术（专升本）	2008年	工学	70	50	37	/	/	/	/	/	/	/	/	2008年开始招生，2014年后停招
	计算机科学与技术（对口）	2014年	工学	/	/	/	50	70	55	50	/	/	/	/	2014年开始招生，2018年后停招
	计算机网络技术（专科）	2003年		175	110	/	/	/	/	/	/	/	/	/	2003年开始招生，2013年后停招

391

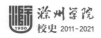

续表

二级学院名称	专业名称	首次招生时间	授予学位	招生人数(人) 2011年	2012年	2013年	2014年	2015年	2016年	2017年	2018年	2019年	2020年	2021年	备注
机械与电气工程学院	机械设计制造及其自动化	2009年	工学	114	160	180	130	110	150	150	160	120	120	100	
	电子信息工程	2004年	工学	140	135	120	70	80	100	100	60	80	80	80	
	电子科学与技术	2007年	工学	140	135	130	120	100	80	80	60	60	60	/	
	自动化	2008年	工学	140	135	160	130	120	80	70	130	90	100	80	
	电气工程及其自动化	2015年	工学	/	/	/	/	90	140	140	120	100	100	/	2015年开始招生,2021年开始以中外合作形式招生
	机器人工程	2018年	工学	/	/	/	/	/	/	/	50	50	60	50	2018年开始招生
	汽车服务工程	2013年	工学	/	/	80	120	130	90	90	70	60	/	/	2013年开始招生,自2020年后停招
	车辆工程	2015年	工学	/	/	/	/	100	120	120	120	110	80	50	2015年开始招生
	机械电子工程	2017年	工学	/	/	/	/	/	/	60	80	80	60	50	2017年开始招生

续表

附录六 2011年以来历年招生人数统计表

二级学院名称	专业名称	首次招生时间	授予学位	招生人数(人) 2011年	2012年	2013年	2014年	2015年	2016年	2017年	2018年	2019年	2020年	2021年	备注
机械与电气工程学院	机械设计制造及其自动化（对口）	2014年	工学	/	/	/	50	70	/	/	/	/	/	/	2014年开始招生，自2016年后停招
	电子信息工程（对口）	2014年	工学	/	/	/	50	70	50	/	/	/	/	/	2014年开始招生，自2017年后停招
	机械设计与制造（专科）	2006年	工学	95	100	/	/	/	/	/	/	/	/	/	2006年开始招生，自2013年后停招
	电气工程及其自动化（中外合作办学）	2021年	工学	/	/	/	/	/	/	/	/	/	/	80	2021年开始以中外合作形式招生
材料与化学工程学院	应用化学	2005年	工学	80	80	80	80	80	80	80	80	80	80	80	
	化学工程与工艺	2007年	工学	80	80	80	80	80	80	80	80	70	70	60	
	无机非金属材料工程	2011年	工学	80	80	80	80	80	80	70	70	70	70	50	

续表

二级学院名称	专业名称	首次招生时间	授予学位	招生人数(人)											备注
				2011年	2012年	2013年	2014年	2015年	2016年	2017年	2018年	2019年	2020年	2021年	
材料与化学工程学院	制药工程	2012年	工学	/	70	70	80	80	80	80	80	80	80	70	2012年开始招生
	高分子材料与工程	2018年	工学	/	/	/	/	/	/	/	50	50	50	50	2018年开始招生
	应用化学(专升本)	2020年	工学	/	/	/	/	/	/	/	/	/	14	/	2020年开始招生
	制药工程(专升本)	2020年	工学	/	/	/	/	/	/	/	/	/	1	/	2020年开始招生
	应用化工技术(专科)	2006年		80	80	80	/	/	/	/	/	/	/	/	2006年开始招生，2008~2009年停招，2010年恢复招生，2014年后停招
土木与建筑工程学院	土木工程	2013年	工学	/	/	80	70	80	99	100	110	110	120	100	2013年开始招生
	给排水科学与工程	2016年	工学	/	/	/	/	/	60	60	60	60	80	70	2016年开始招生
	风景园林	2020年	工学	/	/	/	/	/	/	/	/	/	90	80	2020年开始招生
	园林	2010年	农学	70	70	70	80	90	80	70	70	70	/	/	2020年开始停招
	土木工程(对口)	2014年	工学	/	/	/	50	60	48	50	/	/	/	/	2014年开始招生，2018年后停招
	园林(对口)	2016年	农学	/	/	/	/	/	48	60	50	50	/	/	2016年开始招生，2020年后停招

附录六 2011年以来历年招生人数统计表

续表

二级学院名称	专业名称	首次招生时间	授予学位	2011年	2012年	2013年	2014年	2015年	2016年	2017年	2018年	2019年	2020年	2021年	备注
生物与食品工程学院	生物科学	2006年	理学	70	70	80	70	70	80	50	50	50	50	50	原专业名称为"农产品质量与安全",2013年更名为"食品质量与安全"
	食品质量与安全	2009年	工学	70	70	70	70	70	80	70	70	70	70	60	
	食品科学与工程	2013年	工学	/	/	70	70	80	80	70	60	60	60	50	2013年开始招生
	过程装备与控制工程	2017年	工学	/	/	/	/	/	/	50	50	50	50	40	2017年开始招生
经济与管理学院	工商管理	2006年	管理学	100	120	120	110	100	100	100	110	110	110	80	
	市场营销	2005年	管理学	100	85	65	65	60	60	60	60	60	60	50	
	国际经济与贸易	2008年	经济学	100	110	110	105	110	100	100	110	110	110	80	
	财务管理	2009年	管理学	120	160	160	110	130	130	140	140	120	120	100	
	公共事业管理	2008年	管理学	70	65	55	50	50	/	/	/	/	/	/	原专业名称为"公共管理",2013年更名为"公共事业管理";自2016年后停招,2020年撤销

续表

二级学院名称	专业名称	首次招生时间	授予学位	2011年	2012年	2013年	2014年	2015年	2016年	2017年	2018年	2019年	2020年	2021年	备注
经济与管理学院	审计学	2016年	管理学	/	/	/	/	/	80	90	110	110	110	60	2016年开始招生
	物流工程	2018年	管理学	/	/	/	/	/	/	/	50	50	50	50	2018年开始招生
	市场营销（专升本）	2018年	管理学	/	/	/	/	/	/	/	60	60	120	60	2018年开始招生
	工商企业管理（专科）	2004年		90	80	120	160	/	/	/	/	/	/	/	2004年开始招生，自2015年后停招
	市场营销（专科）	2001年		80	/	/	/	/	/	/	/	/	/	/	2001年开始招生，2005年停招生，2006年恢复招生，自2012年后停招
教育科学学院	人文教育	2005年	教育学	53	50	50	40	50	50	50	30	/	/	/	自2012年后撤销，2019年撤销
	小学教育	2006年	教育学	50	65	54	50	50	50	50	/	40	50	40	
	学前教育	2012年	教育学	/	/	/	/	/	/	/	/	40	40	40	2012年开始招生，2018年停招一年，2019年恢复招生
	人文教育（专升本）	2005年	教育学	80	64	101	/	/	/	/	/	/	/	/	2005年开始招生，自2014年后停招

396

续表

附录六 2011年以来历年招生人数统计表

二级学院名称	专业名称	首次招生时间	授予学位	招生人数（人）											备注
				2011年	2012年	2013年	2014年	2015年	2016年	2017年	2018年	2019年	2020年	2021年	
教育科学学院	小学教育（专升本）	2014年	教育学	/	/	/	120	120	80	80	72	61	60	60	2014年开始招生
	学前教育（专升本）	2018年	教育学	/	/	/	/	/	/	/	68	60	60	50	2018年开始招生
	学前教育（对口）	2014年	教育学	/	/	/	40	70	70	120	120	120	120	120	2014年开始招生
	初等教育（专科）	2005年		75	90	130	60	/	/	/	/	/	/	/	2005年开始招生，自2015年后停招
	学前教育（专科）	2013年		/	/	80	90	/	/	/	/	/	/	/	2013年开始招生，自2015年后停招
外国语学院	英语	2004年	文学	68	105	40	40	40	40	40	40	40	40	40	
	英语（师范）	2004年	文学	60	80	80	40	40	40	40	40	40	40	40	
	商务英语	2011年	文学	40	80	120	120	160	120	120	120	120	120	120	
	英语（专升本）	2011年	文学	80	35	103	100	100	80	80	80	80	40	40	
	英语（师范）（专升本）	2020年	文学	/	/	/	/	/	/	/	/	/	80	/	2020年开始招生

续表

二级学院名称	专业名称	首次招生时间	授予学位	2011年	2012年	2013年	2014年	2015年	2016年	2017年	2018年	2019年	2020年	2021年	备注
外国语学院	英语教育（专科）	1991年		80	80	80	90	/	/	/	/	/	/	/	1991年开始招生，自2015年后停招
	商务英语（专科）	2005年		80	40	/	/	/	/	/	/	/	/	/	2005年开始招生，自2013年后停招
音乐学院	音乐学	2005年	艺术学	160	160	160	160	160	160	160	160	140	140	120	
	音乐学（对口）	2019年	艺术学	/	/	/	/	/	/	/	/	20	20	20	2019年开始招生
美术与设计学院	美术学	2005年	艺术学	60	40	60	30	30	30	30	30	40	40	40	
	广告学	2007年	文学	60	60	60	60	60	60	60	30	/	/	/	2007年开始招生，自2019年后停招
	视觉传达设计	2004年	艺术学	90	120	60	60	60	60	60	30	90	60	60	原专业名称为"艺术设计"，2013年更名为"视觉传达设计"
	视觉传达设计（与韩国韩瑞大学合作办学）	2009年	艺术学	30	30	30	30	30	30	30	30	/	/	/	2009年开始招生，原专业名称为"艺术设计"，2013年更名为"视觉传达设计"，自2019年后停招

续表

2011年以来历年招生人数统计表

二级学院名称	专业名称	首次招生时间	授予学位	2011年	2012年	2013年	2014年	2015年	2016年	2017年	2018年	2019年	2020年	2021年	备注
美术与设计学院	工业设计	2010年	工学	60	70	70	70	60	40	60	30	30	30	/	2021年开始停招
	环境设计	2004年	艺术学	/	/	30	60	60	60	60	60	60	60	60	2013年由艺术设计专业拆分出的新专业
	产品设计	2004年	艺术学	/	/	60	60	60	60	60	60	60	60	60	2013年由艺术设计专业拆分出的新专业
	数字媒体艺术	2015年	艺术学	/	/	/	/	30	60	60	30	30	60	60	2015年开始招生
	视觉传达设计(对口)	2018年	艺术学	/	/	/	/	/	/	/	30	/	/	/	2018年开始招生,2019年停招
	数字媒体艺术(对口)	2018年	艺术学	/	/	/	/	/	/	/	30	/	/	/	2018年开始招生,2019年停招
体育学院	体育教育	2006年	教育学	150	150	150	150	150	150	150	150	150	150	140	
	体育教育(对口)	2019年	教育学	/	/	/	/	/	/	/	/	30	30	30	2019年开始招生
	体育教育(师范)(专升本)	2020年	教育学	/	/	/	/	/	/	/	/	/	33	/	2020年开始招生
合计(人)				4 800	4 800	4 800	4 800	4 800	4 800	4 850	5 120	5 001	5 291	4 300	

附录七 2011年以来考取研究生人数统计表

年 份	考取研究生人数（人）	考取"985""211"高校人数（人）	研究生录取率	被"985""211"录取人数占比
2011年	274	120	11.94%	43.8%
2012年	203	73	8.55%	36.0%
2013年	258	98	9.43%	38.0%
2014年	216	67	6.88%	31.0%
2015年	298	85	8.51%	28.5%
2016年	262	77	6.89%	29.4%
2017年	340	121	8.71%	35.6%
2018年	366	117	9.15%	32.0%
2019年	456	142	9.91%	31.1%
2020年	571	141	11.80%	24.7%
2021年	652	129	12.44%	19.8%

附录八 2011年以来受到省级以上表彰优秀教师名录

姓 名	荣誉称号	奖励单位	时 间
王春	全省优秀教师	安徽省教育厅	2014年9月
郑建东	全省优秀教师	安徽省教育厅	2014年9月
梁贵红	全省优秀教师	安徽省教育厅	2014年9月
韩传强	全国优秀教师	中华人民共和国教育部	2019年9月
蔡华珍	全省优秀教师	中共安徽省委教育工作委员会、安徽省教育厅	2019年9月

附录九 2011年以来校园、校舍面积变化示意简图

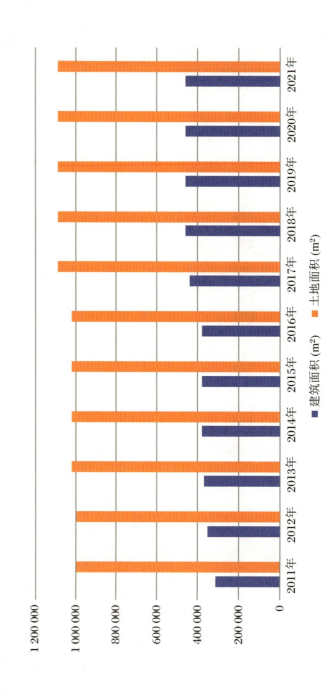

后　　记

为更好地展示办学成果、总结发展经验、传承学校精神,同时向建校70周年献礼,学校组织编纂了《滁州学院校史(2011～2021)》。在编纂委员会领导下,校史编纂工作自2019年12月启动以来,经过多轮修改,于2022年3月完成。

全书编写历经四个阶段。

第一阶段:准备阶段。

2019年12月4日,召开校史编纂筹备会议。校党委书记陈润对校史编纂工作提出了明确要求。校领导、相关单位负责人参加会议,会议提出和讨论了校史编纂组织架构、初步方案及前期准备工作。

2020年1月2日,召开校史编纂培训会。校党委副书记张勇、相关单位负责人、各学院党政办主任参加会议,安徽师范大学史志专家、校史编写组负责人受邀作辅导报告。

2020年1月9日,召开2020年党委常委会第一次会议,正式研究成立学校校史编纂委员会及编写组。编委会由党委书记和校长任主任,党委副书记任常务副主任,负责领导和指导校史编纂工作,研究决定编纂工作的重大事项。编委会下设编写组,校办公室主任任组长,负责统筹协调和推进落实校史编纂工作。

第二阶段:起步阶段。

2020年1月15日,召开校史编写组第一次工作会议。校党委副书记张勇出席会议对编写工作作具体指导,指出编写工作要坚持实事求是原则,尊重史实、实事求是,以史为线、论从史出,全面记载、详略得当,以重点工作和重要事件为主,兼顾各部门、各学院的工作,客观、准确地总结学校发展历程。编写组全体成员参加会议。会议提出并讨论了校史编写提纲和编写体例,明确了分工和撰写思路。

2020年3月10日,编写组召开第二次工作会议。与会人员就校史提纲修改稿和前一阶段编写工作情况作交流汇报,对做好下一步工作提出意见和建议。

2020年3～8月,各参编部门查阅资料、梳理史实、汇总数据,按照编写提纲撰写各自章节,于8月底汇总形成校史汇总稿。

第三阶段:形成初稿阶段。

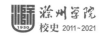

2020年9月2日,召开校史编写组第三次工作会议。会议提出了进一步修改完善校史汇总稿的指导意见,党委常委、副校长陈桂林对各章节修改作具体指导。会后,各撰稿部门认真修改、反复打磨,丁荣祥、吴文杰、邢金卫、刘克忠、王果、王亚斌等同志参与审阅,经过"三上三下",数易其稿,形成了校史初稿送审稿。

2020年10月21日,召开校史审稿会,编委会成员进行充分讨论,提出进一步修改完善意见。同期,还举行了征求意见座谈会,听取师生代表和离退休老领导老同志意见。各撰稿部门根据意见再次进行认真修改,最后由丁荣祥、吴文杰、邢金卫、刘克忠、刘海涛、王亚斌进行统稿,正式形成《滁州学院校史(2011～2021)》初稿。

第四阶段:修改完善阶段。

鉴于人事变动和工作需要,2021年9月10日,印发《中共滁州学院委员会关于调整滁州学院校史编纂委员会成员的通知》。2021年9月30日,印发《〈滁州学院校史(2011～2021)〉编纂后续工作实施方案》。在前期工作基础上,为保持工作连续性和实际需要,制定了编纂后续工作实施方案。明确各章节审稿人,明确路线图、时间表和任务书。志书内容增加附录,整体由前言、绪论、9章正文、附录(含大事记、二级学院发展概况、相关部门统计等)和后记组成。

2021年10～12月,各章节内容由撰稿人撰写,经所在部门主要负责人审核,并报分管校领导审阅同意后报审稿人。各章节内容在撰稿人、部门主要负责人、分管校领导、审稿人之间多次往返,均经过至少三次以上的修改完善。党委副书记张勇多次召集各章节撰稿人和审稿人,对章节结构及内容提出修改意见,指导编写组开展编写工作。编写组多次利用晚上或周末,召开审稿人会议,对各章节内容进行修改完善。

2022年1月上旬,形成校史第二稿。绪论由办公室撰写;第一章"党的领导和内部治理"由组织部、发规处撰写;第二章"应用型本科教育"由教务处撰写;第三章"学科建设与科技工作"由科技处撰写;第四章"人事人才工作"由人事处撰写;第五章"学生工作"由学生处撰写;第六章"开放办学"由国际处撰写;第七章"文明创建和大学文化建设"由宣传部撰写;第八章"资源保障"由发规处牵头,图书馆、信息中心、财务处、资产处、审计处、后勤处和安保处分别撰写各节;第九章"党的建设和思想政治工作"由组织部牵头,会同纪委办、宣传部、工会、团委、离退休处分别撰写各节。

2022年1月20日,学校召开编纂委员会会议,编委会成员提出了修改建议。编写组根据建议进一步进行了修改,形成校史第三稿。

2022年3月28日,学校再次召开编纂委员会会议,审定书稿。会后,编写组征求了相关老领导、老同志的意见和建议,作了进一步修改完善,最后经校党委书记陈润审定后付印。

十一年校史，涉及内容广泛、事件繁多。由于我们水平有限、经验不足，仓促间难免有疏漏之处，恳请全校师生员工、校友和广大读者批评指正。

校史编纂是学校工作中的一件大事，凝聚着学校各级领导和广大师生的心血和智慧，倾注着广大校友和社会各界的期盼和希冀，汇聚着编写组各位同志的才智和辛劳。在此，向关心支持校史编写工作的各界人士，向参与本次校史谋划、编写、讨论、审稿、修改、统稿、印制等各个环节的所有同志，表示衷心的感谢。

《滁州学院校史(2011～2021)》编写组

2022年3月